Dr Živko Marković
Dr Slobodan Pokrajac

DRUŠTVO U PROMENAMA

DRUŠTVO U PROMENAMA
Dr Živko Marković
Dr Slobodan Pokrajac

Prvo Izdanje

Izdavač: IP „Naučna knjiga", Beograd, Uzun Mirkova 5

Za Izdavača: dr Blažo Perović

Urednik: Slobodan Stojadinović

Recenzenti: prof. dr Radojica Dubonjić, prof. dr Đura Stevanović

Kompjuterska priprema: Nenad Ranković
Tehnički urednik: Darko Manojlović

Štampa I povez: Vojna štamparija, Beograd, Generala Ždanova 40b

CIP – Katalogizacija u publikaciji
Narodna biblioteka Srbije, Beograd

316.75

МАРКОВИЋ, Живко

    Društvo u promenama / Živko Marković, Slobodan Pokrajac. –
Beograd : Naučna knjiga, 1997 (Beograd : Vojna štamparija). – 360 str. ;
20 cm

Tiraž 500.

ISBN 86-23-03075-3

1. Покрајац, Слободан
а) Идеологија
б) Технологија

ID = 57990668

Sadržaj

3

UVODNE NAPOMENE

Suština svega postojećeg ispoljava se i ostvaruje kroz **promene** kao neposredni izraz kretanja. Sve što postoji, kreće se od nekud i nekuda, menjajući ne samo svoju poziciju, nego i svoj izgled pa i svoju suštinu, koji su, u suštini, određeni odnosom prema drugim objektima postojeće stvarnosti. Stoga se ništa postojeće ne može suštinski shvatiti ni objasniti u statičnom stanju i samo u jednom, bilo kojem momentu svog postojanja.

To je osnovni razlog što smo se odlučili da ljudsko društvo posmatramo **dinamički** kroz promene u njegovom razvoju - nastajanju, postojanju i postajanju. Društvo je zajednica ljudskih bića u čijoj su prirodi svesne težnje ka promenama, koje su izvorna osnova i društvenih promena. To nisu težnje za bilo kakvim, već za takvim promenama koje vode ostvarenju generičke suštine ljudskog bića, izraženoj u njegovoj duhovnoj, i pre svega stvaralačkoj delatnosti.

Mada se društvo nalazi u promenama otkad postoji, poslednjih nekoliko decenija označavaju period u kojem promena postaje najvidljivije i najznačajnije obeležje njegovog postojanja. Promene su sve šire i dublje, njihov socijalni sadržaj sve raznovrsniji, broj aktivnih učesnika sve veći, a samim tim i istorijske posledice sve dalekosežnije. Ove činjenice nikog mislećeg i odgovornog danas ne mogu, a verovatno i ne smeju, ostaviti po strani. U tom pogledu intelektualci imaju posebnu odgovornost, ne samo kao autori ideja, teorija, filozofskih sistema, naučnih koncepcija, tehnoloških rešenja itd., već pre svega kao pripadnici biološke vrste koja se prva od svih sada poznatih "osposobila", odnosno razvila, da može uništiti ne samo sebe nego i sve oko sebe. Ovakav, istovremeno i zadivljujući i zastrašujući, razvoj čoveka otvara pitanje **zašto** i **kako** je do toga uopšte došlo, na koji način i uz pomoć kojih sredstava, u kakvim društvenim uslovima itd.

Ljudski rod je nastajao i opstajao zahvaljujući isključivo svojim **stvaralačkim potencijama**, pa će i njegova budućnost zavisiti isključivo od daljeg razvoja tih potencija. A da bi se one razvijale, čovek se mora sve više oslobađati od proizvodnog fizičkog rada, koji je do sada apsorbovao najveći deo njegove radne i životne energije. Težnja za tim oslobađanjem je u osnovi svih društvenih promena, koje su na liniji razvijanja proizvodnih tehnologija i društvenih, pre svega proizvodnih odnosa.

Društvene promene su rezultat svesnog delovanja ljudi vođenog određenim **idejama** kao duhovnim izrazom ljudskih težnji. Pošto ljudske težnje same po sebi impliciraju promene, ideje nisu ništa drugo nego zamisli ili duhovne projekcije tih promena. I pošto se čovek samo svesnim delovanjem može održavati, idejna aktivnost je način njegovog postojanja i opstajanja; sve što radi mora se u njegovoj svesti projektovati i svešću prožimati.

Ljudi, međutim, ne deluju samo individualno, već i kolektivno, pa se u svom delovanju i ne rukovode samo individualnim, nego i **kolektivnim idejama**. I s obzirom na generičke težnje koje izražavaju, njihove kolektivne ideje su pretežno usmerene na menjanje načina proizvodnje i društvenih odnosa, čime je predodređena i osnovna sadržina ovog rada. Na putu ka ostvarivanju generičke suštine ljudskog roda, proizvođačko društvo je preokupirano pre svega menjanjem proizvodnih tehnologija i proizvodnih odnosa, u čijoj su funkciji i njegove idejne preokupacije.

Razvoj proizvodnih tehnologija je presudni činilac oslobađanja čoveka od mukotrpnog proizvodnog rada, a time i sve slobodnijeg razvijanja njegovih generičkih potencija. Zato nije neobično što znatan

6

broj veoma uticajnih autora misli da su tehnika i tehnologija daleko najvažnije činjenice savremenog života koje presudno utiču na sadržaj, smer, oblik, ritam i intenzitet svih promena u društvu. Pri tome, neki od njih u tehničko-tehnološkim činiocima vide jedino i samo pozitivne činjenice savremenog života, verujući da tehnologija može i mora biti univerzalni čovekov odgovor na sve probleme i izazove tog života, dok drugi imaju opet preterano oprezan stav o mogućnostima i dometima tehnološke civilizacije.

Istinu treba tražiti u realnom prostoru između ovih ekstrema, a taj prostor sačinjava realni život ljudi, njihovi interesi, želje i nade, njihova istorijska nasleđa i pamćenja, njihove vizije boljeg, naprednijeg, pravednijeg, bogatijeg i lepšeg društva, kao i brojni drugi sadržaji na koje savremena tehnologija itekako utiče, a ponekad ih i bitno determiniše. To je dovoljan razlog da se spozna stvarna priroda, poreklo, protivrečnosti i domašaji savremene tehnologije kao eminentno društvene pojave i procesa sa neslućenim socijalnim sadržajem i nesagledivim društvenim posledicama.

Kao sudbonosna sfera idejne preokupacije društva, tehnologija je jedan od osnovnih i najznačajnijih oblika ideologije, pod kojom se često podrazumeva celokupna svest čoveka, kao njegov sveobuhvatni **pogled na svet** - prirodu, društvo i samu svest, to jest na svekoliku stvarnost. U doslovnom smislu, ideologija su, međutim, samo **zamisli - ideje vodilje** ljudskog delovanja, ponašanja i mišljenja. Kad neko kaže da ima ideju, podrazumeva se da ima zamisao da **nešto** na **određeni način** učini, ili uopšte, **kako** da se **nešto** učini.

Kao rukovodstvo za akciju, **ideje** predstavljaju određena, manje ili više koherentna **usmerenja** ljudskog mišljenja, ponašanja i delovanja, od kojih se konstituiše i odgovarajuća **ideo-logija** kao jedinstven sistem **narmativno-akcione svesti**. Ukoliko samostalno deluje, svaki čovek se pri tom rukovodi sopstvenim idejama, ali bez usmeravanja sopstvene aktivnosti ne mogu ni društvene grupe, kao ni društvena

7

zajednica u celini. Ovde je reč prvenstveno o ideologiji kao normativno-akcionom obliku **društvene svesti**, kojom se u osnovi određuje i predodređuje i društveno delovanje pojedinaca.

U središtu razmatranja nisu, međutim, same ideje i ideologije, već **odnos** između **ideja, ideologija** i **stvarnosti**, ali i same ideje su deo stvarnosti. Ne samo što nastaju i opstoje u ljudskoj glavi, nego se ideje izdvajaju i u posebnu društvenu snagu koja objektivno egzistira kao generička osnova celokupne društvene delatnosti. I sve što je čovek svojim radom stvorio, moralo je prethodno nastati u njegovoj glavi da bi se moglo opredmetiti u njegovim delima kao materijalnim i duhovnim tekovinama društva.

Odnos između ideja i stvarnosti često se jednostrano shvata: ili se ideje shvataju kao odraz stvarnosti, ili se stvarnost shvata kao odraz ideja. Pokušaji da se te jednostranosti premoste, obično naginju jednoj ili drugoj krajnosti. Ovde se pokušava da se to premošćavanje izvrši izdizanjem iznad pomenutih krajnosti, čemu je posvećen prvi deo knjige.

Drugi deo knjige, koji je posvećen tehnološkim izvorima društvenih promena, pored opštih teorijskih objašnjenja istorijske prirode tehnike i tehnologije, najvećim delom predstavlja analizu najnovije faze razvoja tzv. treće tehnološke revolucije, a u okviru toga posebno je obrađena paradigma "informatičkog društva". Takođe, značajna pažnja posvećena je problematici inovativnosti i koncipiranju tzv. inovacionog društva kao najširem analitičkom okviru za izvođenje svih potrebnih i, što je najvažnije, svih poželjnih promena. A u centru svih promena, kao generator, nosilac i uopšte razlog zbog koga i čega se izvode, jeste **čovek**. Iz ovakvog humanocentričnog pristupa izvodimo i sve kriterijume za ocenu ne samo efikasnosti i efektivnosti savremene tehnike i tehnologije, nego i samog smisla njenog postojanja i razvoja.

Autor prvog dela knjige je prof. Živko Marković, a drugog dela prof. Slobodan Pokrajac.

Autori osećaju prijatnu dužnost da se ljubazno zahvale recenzentima ove knjige, uvaženim profesorima Beogradskog univerziteta,

8

dr Radojici Dubonjiću sa Mašinskog fakulteta i dr Đuri Stevanoviću sa Poljoprivrednog fakulteta. Njihove dragocene sugestije i primedbe značajno su doprinele konačnom uobličavanju rukopisa ove knjige.

Takođe, autori koriste priliku da se zahvale i prof. dr Nenadu Rankoviću koji je izvršio kompjutersku pripremu teksta, kao i dipl. inž. Vesni Jovičić za obradu grafičkih prikaza i ilustracija.

Autori se unapred zahvaljuju i svim čitaocima koji će uputiti dobronamerne primedbe i sugestije koje mogu pomoći da sledeće izdanje bude još bolje.

Beograd, oktobar 1997. god.   A u t o r i

PRVI DEO

IDEJE
IDEOLOGIJE
STVARNOST

IDEJE - POTREBE - INTERESI

Potrebe kao inspiratori ideja

Kao razumno biće, čovek radi ono za čim oseća neku **potrebu**, a da ne bi radio i nešto mimo toga, on svoje potrebe **osmišlja**. *"Iz naših potreba proizilaze naše strasti, naše želje i delovanje naših telesnih i duhovnih sposobnosti; naše potrebe nas primoravaju da mislimo, da hoćemo i da delamo"*[1].

Neke potrebe koje se zadovoljavaju nagonski, kao što su disanje, krvotok, probava ili spavanje, ne moraju se osmišljati jer se njihovo zadovoljavanje vrši automatskim aktivnostima ili mirovanjem organizma. Ali osmišljati se moraju i nagonske potrebe koje se ne zadovoljavaju automatskim aktivnostima, kao što su ishrana, odevanje i seks.

Bez obzira kako se vrši, svako zadovoljavanje životnih potreba podrazumeva nekakvu, neposrednu ili posrednu **komunikaciju sa životnom sredinom**. Iako predstavljaju strogo interne aktivnosti ljudskog organizma, i disanje, krvotok ili probava su u funkciji njegove razmene materije sa prirodom, bez koje života ne bi ni bilo. Svaki živi organizam je u stalnoj komunikaciji sa životnom sredinom, koja se u suštini svodi na zadovoljavanje njegovih potreba.

Da bi živeo, čovek iz prirode uzima sve što mu nedostaje, a oslobađa se svega što je u njegovom organizmu suvišno. Životne potrebe ispoljavaju se kroz **trebo(vanje)** ili **potr(ažnju)** onog što je za život

---

[1] Holbah, *Sistem prirode*, "Prosveta", Beograd, 1950, str. 244

neophodno, a kako se to što **pritekne i potr(oši), održavanje životne egzistencije** podrazumeva stalno narušavanje i ponovno uspostavljanje narušene ravnoteže između živog organizma i prirode.

Ceo život odvija se na relaciji između živog organizma i životne sredine. Na jednoj strani je **osećanje potrebe** za nečim što organizmu nedostaje, a na drugoj **objekt potrebe** kao sredstvo njenog zadovoljenja. Osećanje potrebe prelazi u **htenje, želju** ili **čežnju**, čija se usmerenost prema objektu potrebe javlja kao **interes** ili **zainteresovanost** za nešto. Interes je, zapravo, spoljna manifestacija unutarnje potrebe, kao neposredni izraz njene usmerenosti ka sopstvenom zadovoljenju.

Za čoveka se, u njegovim svesnim aktivnostima, objekt potrebe najpre pojavljuje interno u obliku predstave, zamisli, **ideje**. Potreba za nečim se svesno oblikuje pre no što se u svom zadovoljavanju ustremi prema odgovarajućem objektu. Tako se pri svesnim aktivnostima objekti potreba javljaju dvostruko: najpre u obliku ideja (shvaćenih u najširem smislu), a potom u obliku "spoljnih" objekata. Gladan "sanja" hranu a žedan piće pre nego ih čulno okuse.

Objekt potrebe može se zamisliti i kad objektivno ne postoji, a za čoveka on najčešće i ne postoji u obliku u kojem može zadovoljiti njegove potrebe. U tom slučaju on i objektivno postoji samo kao ideja koju tek treba ostvariti da bi se odgovarajuća potreba zadovoljila. Čovek može zamisliti kakvu god poželi kuću, ali dok je ne sagradi neće imati nikakvu. Da bi ostvario svoje želje, on mora nešto praktično preduzeti.

Konkretnu potrebu ne može zadovoljiti bilo koja stvar i bilo koja aktivnost. Čovek ne može jesti kamenje ili preskakati okeone da bi utolio glad ili razvijao fizičke sposobnosti. *"Čovekova potreba i predmet te potrebe stoje u korelaciji; potreba se odnosi uvek na neki konkretan predmet ili na neko predmetno delanje"*[1]. Svakoj potrebi odgovara **određeni** objekt kojim se ona može zadovoljiti i koji se mora identifikovati kao objekt **određene** potrebe. Ljudska glad može se utoliti

---

[1] Agneš Heler, *Vrednosti i potrebe,* "Nolit", Beograd, bez god. izd., str. 105

isključivo **ljudskom** hranom koja po vrsti i kvalitetu može varirati samo u granicama njene upotrebljivosti za ljudski organizam.

Prvi čin svesnog - osmišljenog zadovoljavanja bilo koje ljudske potrebe je **idejna identifikacija** njenog objekta. U proizvodnji, to je projekat, skica ili model; u duhovnoj delatnosti - naučni projekat, odnosno zamisao književnog ili drugog umetničkog dela, kao ideje vodilje duhovnog stvaranja; u ličnoj potrošnji - svaki predmet potrošnje. Za razliku od proizvodnje, u duhovnim delatnostima se kao objekt ljudskih potreba, pored stvaralačkog dela javlja i sam proces stvaranja. Objekt ljudskih potreba je i svaka igra, fizička i duhovna rekreacija, kulturna zabava i svaka druga aktivnost kojom čovek zadovoljava neku potrebu.

Idejna identifikacija objekta potrebe je u suštini identifikacija **osećanja potrebe** za željenim objektom. Pošto je osećanje potrebe zapravo izraz nedostajanja objekta potrebe, njihovo identifikovanje ne može se izvršiti bez posredovanja duhovne aktivnosti, koja se osećanjem potrebe samo podstiče na idejno oblikovanje nedostajućeg objekta.

Ali idejna identifikacija nije samo mogućnost, već i **nužan uslov stvarne identifikacije osećanja i objekta** bilo koje potrebe koja se zadovoljava svesnom aktivnošću ljudskog bića. Sve što kao osnovno sredstvo egzistencije ulazi u ljudski organizam, pretvara se u sam organizam, njegovu životnu supstancu i životnu energiju. Identifikacija se ostvaruje i u slučaju ljudskih aktivnosti koje kao egzistencijalna potreba, čine samu egzistenciju ljudskog bića. Čovek **postoji** ukoliko nešto **radi**, a kad ništa ne radi - kao da ne postoji; njegov identitet potvrđuje se njegovom aktivnošću.

Identifikacija podrazumeva **polarizaciju** onoga što se identifikuje. Nedostatak je nedostajanje nečeg što je na drugoj strani i čime treba popuniti nastalu prazninu da bi se nedostatak otklonio. Organizam traži to što nema; u njega staje ono što mu nedostaje. Bez polarizacije nema stvarne identifikacije.

Suprotstavljenost osećanja potrebe i objekta potrebe nije, međutim, samo u tome što osećanje izražava nedostatak objekta, već i što se

15

oni kroz međusobno uslovljavanje međusobno i **poništavaju**. Zadovoljenjem potrebe istovremeno nestaju i osećanje i objekt potrebe. Jedenjem se hrana pojede a glad utoli, kao što se pijenjem piće popije a žeđ ugasi. Da bi se ponovo jelo i pilo, mora se ponovo gladneti i žedneti.

U odnosima polarizacije, objekt potrebe je relativno ili čak apsolutno nedostupan osećanju potrebe. U tom pogledu, mogu se razlikovati tri vrste objekata: **postojeći** objekti; objekti koje tek treba **stvoriti**; i **imaginarni** ili praktično nedostupni objekti o kojima se može samo maštati. Ali u sferi mašte mogu ostati i objekti druge, pa i prve vrste ako se ne mogu stvoriti ili se do njih ne može dospeti.

Nijedan objekt nije, međutim, dostupan bez ikakve **aktivnosti subjekta** čiju potrebu treba da zadovolji, zbog čega je život potpuno pasivnog organizma praktično nemoguć. Ali za razliku od drugih bića, čovek se u životu ne bi mogao održati ne samo bez fizičke, već ni bez duhovne aktivnosti. I ne samo što mora zamišljati objekte svojih potreba, nego mora smišljati i kako da ih učini dostupnim jer i bogomdane blagodeti prirode "prkose" njegovim željama.

Time je predodređena i osnovna struktura kjudskih ideja, od kojih se jedne odnose na objekte potreba i mogu se nazvati **ciljnim idejama**, dok se druge tiču načina njihovog ostvarivanja pa se mogu označiti kao **instrumentalne ideje**. Da bi se životne potrebe zadovoljavale, uz svaku ideju objekta potrebe mora ići ideja njenog ostvarivanja. Pa i kad su u pitanju sasvim imaginarni objekti, mora se imati ideja kako da se napr. zasluži božja milost ili onozemaljski raj, da bi se makar stvorile iluzije o ličnoj sreći koje i same za sebe predstavljaju psihičku potrebu unesrećenih vernika.

Kao projekcija ostvarivanja ciljnih ideja, instrumentalne ideje su ključni činilac zadovoljavanja ljudskih potreba. Objekt potrebe može biti predstavljen i kroz čulni opažaj, ali subjektu potrebe on bez umne dovitljivosti ne može biti učinjen dostupnim.u toj funkciji, instrumentalne ideje su glavni putokazi ostvarivanja ljudskih interesa jer upravo one pokazuju kako se ljudske želje mogu ispunjavati i osećanja ljudskih potreba utoljavati.

Ukoliko su ljudskim potrebama inspirisane, i ciljne i instrumentalne ideje su njima i **određene**, pa karakter ideja odgovara karakteru potreba, koje su u osnovi dvojake - fiziološke i duhovne prirode. Stoga i struktura ideja odgovara strukturi potreba; idejne preokupacije su sastavni deo životne preokupacije. Svaka ljudska jedinka je i fizički i duhovno angažovana prvenstveno na zadovoljavanju sopstvenih potreba.

To angažovanje je **nužno** ili **fakultativno**, zavisno od toga da li su nužne ili fakultativne životne potrebe. Nužne potrebe mogu se smatrati primarnim, a fakultativne sekundarnim, pa se shodno tome, i sve ideje u funkciji njihovog zadovoljavanja mogu podeliti na **primarne** i **sekundarne**, ili na one bez kojih se ne može, i one bez kojih se može živeti.

Ne može se živeti, pre svega, bez zadovoljavanja određenih fizioloških potreba, kao što su ishrana ili odevanje, ali da bi se one zadovoljavale, moraju se proizvoditi hrana i odeća, te obavljati druge delatnosti u funkciji proizvodnje, što nije moguće bez obrazovanja, naučnih istraživanja i stvaranja proizvodnih tehnologija. A to znači da je u funkciji zadovoljavanja primarnih fizioloških potreba neophodno i zadovoljavanje određenih duhovnih potreba (uključujući i stvaranje novih ideja), koje se time i same svrstavaju u priimarne potrebe.

Ali kao što nisu sve duhovne potrebe fakultativne, nisu ni sve fiziološke potrebe nužne. Ako mora uzimati vodu i belančevine, čovek ne mora uživati u drogama i alkoholnim pićima, kao što ne mora muzicirati ako mora sticati proizvodna znanja da bi mogao proizvoditi neophodna sredstva životne egzistencije. Shodno tome, mogu biti nužne ili fakultativne i ideje, bilo da su u funkciji fizioloških ili duhovnih potreba.

Osećanja primarnih potreba su, po pravilu, intenzivnija od osećanja sekundarnih potreba, pa je i idejna aktivnost u funkciji njihovog zadovoljavanja intenzivnija od idejne aktivnosti u funkciji zadovoljavanja sekundarnih potreba. Neke fakultativne potrebe, kao što su narkomanija

17

ili alkoholizam, mogu po svom intezitetu, kad pređu u organsku naviku ili strast, čak i nadmašiti pojedine nužne potrebe, među koje se time i same svrstavaju, ali ne na generičkom, već na individualnom planu. A preokupiranost strastima ne može prolaziti bez idejnih preokupacija.

Ideje kao inspiratori potreba

Nisu, međutim, samo potrebe inspiratori ideja, i same ideje su **inspiratori potreba**. Čovek se od drugih bića razlikuje i po tome što svoje potrebe sam stvara, a to stvaranje je duhovna aktivnost, u kojoj potrebe potiču od ideja umesto da ideje potiču od potreba.

Ako osećanja fizioloških potreba, kao inspiratori ideja, prethode idejama o njihovom zadovoljavanju, ideje kao inspiratori duhovnih potreba prethode osećanjima potreba koje izazivaju. Osećanja potreba za uživanjem u umetničkim delima, nisu mogla nastati dok nisu nastala umetnička dela, o gledanju televizijskih emisija niko nije ni sanjao dok televizija nije izmišljena. Ni potreba za duhovnim stvaranjem nije mogla nastati dok se duhovno stvaralaštvo nije odvojilo od fizičke aktivnosti, niti se potreba za konkretnim stvaralačkim poduhvatima može osetiti dok ne sine ideja o stvaralačkom cilju koji se želi ostvariti.

Ali ne potiču od ideja samo duhovne, već i kultivisane fiziološke potrebe. Ne samo što čovek osmišlja zadovoljavanje svojih fizioloških potreba, nego osmišlja i same potrebe da bi ih produhovljavanjem kultivisao i unapređivao. *"Potrebe za hranom i pićem, za stanovanjem i oblačenjem, na primer, mogu, i često menjaju svoj sastav, tendencijski ga najčešće bogate, proširuju"*[1]. U odnosu na pećinsko sklonište i upotrebu divljih plodova, konforan stan i savremena ishrana znače, zbog svoje produhovljenosti, viši nivo ljudske egzinstencije, koja se bez idejnog osmišljavanja ne bi mogla unapređivati.

Unapređenje fiziološke egzinstencije nije, međutim, ni jedini ni glavni motiv njenog idejnog osmišljanja i oblikovanja. **Glavni motiv**

---

[1] P. Ralić, *Nove ljudske potrebe i revolucija*, "Gradina" i "Jedinstvo", Niš, 1978, str. 38

duhovne aktivnosti, kao osnovnog izvora svih mogućih ideja, je sama **duhovna aktivnost**. Kao specifična funkcija ljudskog mozga, duhovna aktivnost predstavlja specifičnu **organsku potrebu** ljudskog bića, koja se po svom značaju i snazi izjednačava sa nagonskim potrebama. *"Zbog aktivnosti svojih duhovnih sposobnosti, čovek ne može da izbegne razmišljanje...*"[1] koje se odvija gotovo bez prekida, pa se i snevanje definiše kao *"... duševni život za vreme spavanja"*[2].

To, međutim, nisu neke bogomdane, od prirode podarene sposobnosti, već su one **proizvod same duhovne aktivnosti**, kojom se duhovne potencije ljudskog mozga vekovima razvijaju. Priroda samo nameće potrebu takve aktivnosti kao neizostavni uslov opstanka ljudskog roda, koji mora stvarati svoju sopstvenu prirodu da bi se u borbi za opstanak sa prirodom mogao nositi. To je upravo specifična generička sposobnost ljudskog bića da po sopstvenoj volji i zamisli menja svaku, pa i sopstvenu prirodu i da se razvijanjem sopstvene prirode osposobljava za osvajanje cele prirode.

Menjanje ljudske prirode podrazumeva i **menjanje ljudskih potreba**, koje zapravo iz duhovne aktivnosti potiče i duhovnom aktivnošću se oblikuje. Duhovna aktivnost je nepresušni izvor ideja o kultivisanju postojećih i rađanju novih potreba. I sama reč "potreba" potiče od reči "treba", a treba(nja) su zahtevi koje samo (raz)umna bića mogu postavljati. Životinje nemaju potrebe jer ne znaju šta im treba, one imaju samo nagone, a čovek je i svoje nagone pretvorio u potrebe.

Snagom svoje **volje** čovek prirodne nagone savlađuje, modifikuje i usmerava, a njihovo zadovoljavanje unapred obezbeđuje, planira i uređuje stvarajući određene navike kao elementarne činioce sopstvenog kultivisanog bioritma. Time se nagonske potrebe sve više osvešćuju i podređuju duhovnim potrebama, pa se i sve više diferenciraju prema individualnim željama i mogućnostima, odakle proističe i njihova sve veća raznolikost, kako po raznovrsnosti tako i po nivou zadovoljavanja.

[1] Čarls Darvin, *Čovekovo poreklo i spolno odabiranje*, Matica srpska, Novi Sad, 1949, str. 175

[2] Sigmund Frojd, *Uvod u psihoanalizu*, IV izdanje, "Kosmos", Beograd, 1961, str. 64

Kultivizacija životinjskih nagona njihovim preobražavanjem u produhovljene potrebe označava razvojni put ljudskog bića. Već "... *sama podmirena prva potreba, radnja podmirivanja i već stečeni instrument za podmirivanje dovode do novih potreba - i to proizvođenje novih potreba predstavlja istorijski čin*"[1]. Taj put ide od čisto bestijalnog nagona ka sve produhovljenijim i čisto duhovnim potrebama. Pod vlašću nagona, čovek egzistira kao svaka životinja, ukoliko vlada nagonima on egzistira kao **ljudsko** biće.

Između životinjske i ljudske egzistencije čoveka nema, međutim, raskida jer nema raskida između nagonskog i voljnog te fiziološkog i duhovnog u njegovim potrebama. Iako su u stalnom sukobu, nagonsko-fiziološko i voljno-duhovno su u egzistenciji čoveka nerazdvojni, i u stalnom sukobu su upravo zbog toga što su nerazdvojni. Čovek nije dopola životinjsko a otpola ljudsko, niti čas životinjsko a čas ljudsko biće, nego je **celim** svojim bićem **istovremeno** i jedno i drugo, samo što je sve više ljudsko, a sve manje životinjsko biće, i što je ljudsko kod jednih individua više prisutno nego kod drugih.

Svojim životinjskim bićem čovek se **identifikuje s ostalom prirodom**, kojoj se svojim ljudskim bićem **suprotstavlja** i iznad nje izdiže. A pošto priroda obuhvata i čoveka, ona se kroz ljudsko biće suprotstavlja samoj sebi i sama nad sobom izdiže. To suprotstavljanje i izdizanje odvija se zapravo kroz duhovnu aktivnost, iz koje se iznedruju i same ideje o samoprevazilaženju prirode i čoveka.

Suštinu čoveka, po kojoj se on bitno razlikuje od drugih životinja, čini prema tome, njegovo **duhovno biće**, ali pošto je ono neodvojivo od njegovog životinjskog bića, stvarni čovek je protivrečeno (unutar samog sebe polarizovano) - poluživotinjsko poluljudsko biće, čija pojava protivreči njegovoj suštini. Bez duhovnog bića, on bi se spustio na nivo životinje, bez životinjskog bića, vazdigao bi se do nadčoveka. Stvarni čovek je, u stvari, na raspeću između životinje i nadčoveka.

---

[1] Navod Marksa, Prvoslav Ralić, cit. rad, str. 36

Kao što skriveno suštinsko biće svega postojećeg teži da probijanjem svoje pojavne ljušture samo izbije na površinu, tako i neispoljeno ljudsko biće teži da prevladavanjem i nadvladavanjem životinjskog bića čoveka izbije na površinu njegove egzistencije. A preovladavanje duhovnog bića pretpostavlja preovladavanje duhovne aktivnosti, kao prve generičke potrebe i nasušne potrebe svih potreba čoveka, bez koje se nijedna ljudska potreba ne bi mogla zadovoljiti.

Duhovna aktivnost je zapravo neiscrpno vrelo ideja kojima se izmišljaju nove potrebe i smišlja zadovoljavanje i novih i starih potreba, pa čovek stalno o nečemu mašta, skraja nekakve planove i razmišlja o njihovom ostvarivanju. To je njegova izvorna aktivnost kojom je preokupiran i kad mora i kad ne mora, i kad treba i kad ne treba, i radi ostvarivanja svih svojih ciljeva, i radi same duhovne aktivnosti koja je osnovni smisao egzistencije i sama egzistencija ljudskog bića.

Mogućnosti duhovne aktivnosti su, međutim, ograničene, s jedne strane samim intelektualnim sposobnostima, a s druge strane fizičkim aktivnostima čoveka. Pošto se intelektualne sposobnosti razvijaju samim duhovnim aktivnostima, glavno ograničenje su fizičke aktivnosti, koje se moraju smanjivati da bi se duhovne aktivnosti povećavale. U tome je i glavni sukob između duhovnog i fizičkog bića čoveka jer su duhovne aktivnosti tipično ljudski, a fizičke životinjski oblik egzistencije.

Ali duhovne potrebe su u sukobu samo s instrumentalnim fizičkim aktivnostima koje same po sebi ne predstavljaju neposrednu životnu potrebu nego nužno **sredstvo** zadovoljavanja drugih potreba. Fizičke aktivnosti koje predstavljaju neposrednu - organsku potrebu ljudskog organizma, ne samo što nisu u sukobu sa duhovnim aktivnostima, nego su njihova neposredna fiziološka osnova bez koje ne bi bilo ni duhovnih potreba ni duhovnih aktivnosti. I dok se instrumentalnim fizičkim aktivnostima suprotstavljaju, s organskim fizičkim aktivnostima se duhovne aktivnosti identifikuju jer one nisu, i ne mogu biti ništa drugo do fiziološka funkcija ljudskog mozga, sa čijim prestankom i same prestaju. O zavisnosti duhovne od fizičke aktivnosti ljudskog organizma, govori i narodna poslovica da je *"u zdravom telu i zdrav duh"*, a medicina je dokazala da je zdravo i telo u kojem je zdrav duh.

Podudarnost duhovnih i fizičkih aktivnosti ogleda se i u tome što se one, u principu, ne obavljaju iz nužde nego iz neposredne **organske potrebe**, čije zadovoljavanje već samo po sebi pričinjava zadovoljstvo. Čovek uživa u maštanju, slikanju, vajanju ili muziciranju, kao što, samo na drugačiji način, uživa u slobodnim fizičkim aktivnostima, seksu, dobrom jelu ili piću. Te aktivnosti su svojevrsna igra ljudskog duha ili ljudskog tela, koja se ne igra zato što se mora, nego zato što se želi i što se u njoj uživa, pa i stari Heraklit *"... ljudska mišljenja nazivaše dečijim igrama"*[1].

Nasuprot tome, **instrumentalne fizičke aktivnosti** se obavljaju iz nužde i zato što se **moraju** obavljati da bi se zadovoljila neka organska potreba. To su, pre svega, neposredne proizvodne aktivnosti kojima se stvaraju neophodna sredstva biološke egzistencije čoveka. I to u čemu čovek uživa su zapravo sama ta sredstva za kojima oseća neposrednu potrebu, a ne njihovo proizvođenje, koje može predstavljati, a najčešće i predstavlja mukotrpan rad čijim se obavljanjem siluju i ljudski duh i ljudsko telo.

Zbog teške podnošljivosti, **proizvodni rad** je oduvek bio nepoželjan, pa je i *"... za Grke bio samo prokletstvo i ništa više - pogled koji su očigledno delili i Rimljani i Jevreji..."*, a i *"... rani hrišćani su sledili jevrejsku tradiciju, shvatajući rad kao kaznu za čovekov prvobitni greh"*[2]. Zato čovek, po prirodi svog ljudskog bića, teži da se što više i što pre oslobodi takvog rada da bi mogao uživati u slobodnim fizičkim i duhovnim aktivnostima.

Takve težnje izbijaju iz najdublje dubine ljudskog bića i predstavljaju osnovu svih ljudskih težnji, zbog čega pozivanje ovozemaljskih

---

[1] *Heraklitovi fragmenti*, fragment 70

[2] D.R. Dejvis, V..Dž. Šeklton, *Psihologija rada*, "Nolit", Beograd, bez god. izd., str. 13

"grešnika" na ljubav prema svakom radu znači ne samo jalovo moralisanje, već i retrogradnu ideologiju onih koji su daleko od svakog proizvodnog rada. Ukorenjivanju takve ideologije nije mogla pomoći ni masovna sovjetska propaganda u nastojanjima da se nedostatak proizvodne motivacije nadomesti ideološkim kultom rada. *"Istraživanja koja su sproveli sovjetski sociolozi pokazuju da jednaki postotak sovjetskih građana i građana kapitalističkih zemalja ne žele biti radnici ili seljaci, i da velika većina radnika ne bi željela da njihova djeca postanu radnici"*[1]. I kineski eksperiment ("kulturne revolucije") sa veštačkim prevazilaženjem suprotnosti umnog i fizičkog rada, ne samo što nije dao pozitivne, nego je imao negativne efekte.

To su bili ideološki promašaji same ciljne ideje vodilje ljudskog roda, pa i putokaznih ideja njenog ostvarivanja. Jer niti je pomirenje nepomirljivih suprotnosti umnog i fizičkog rada objektivno moguće, niti je ljudski rod tome ikada težio. Te suprotnosti mogu se prevazići jedino prevazilaženjem fizičkog rada pošto sa nestajanjem jednog od polova suprotnosti nestaje i sama suprotnost, a to čemu čovek neodoljivo teži, nije oslobođenje od umnog, već od fizičkog rada.

Ideološka racionalizacija klasnih interesa

Prevazilaženje suprotnosti umnog i fizičkog rada počinje praktično već sa njenim nastajanjem, odnosno sa samom pojavom duhovne aktivnosti u funkciji životne egzistencije čoveka. Prva racionalna ušteda ljudske energije pri pribavljanju životnih sredstava, predstavljala je i prvi akt prevazilaženja tek nastale suprotnosti, kojim je označen istorijski smer razvijanja duhovne, i smanjivanja mukotrpne fizičke aktivnosti čoveka.

Surova priroda je primoravala čoveka na **dovijanje** da što lakše i što brže dolazi do neophodnih sredstava za život, čime su razvijane

---

[1] Branko Horvat, *Politička ekonomija socijalizma*, "Globus", Zagreb, 1984, str. 71

njegove duhovne sposobnosti, a smanjivan fizički napor i vreme potrebno da do životnih sredstava dođe. Tri stvari radi kojih je bilo neophodno razvijanje duhovnih sposobnosti, tome su posebno doprinosile: usavršavanje sredstava rada; sticanje znanja i veština rukovanja tim sredstvima; i zamenjivanje ljudske radne snage prirodnom energijom.

Kao neposredna pokretna poluga ljudske radne snage, ruka je bila prvo, i u početku jedino sredstvo rada (oruđe za rad), koje se moglo svrsishodno upotrebiti sa relativno malim umnim sposobnostima ali sa dugotrajnim uvežbavanjem. I verovatno je proteklo mnogo vremena dok se došlo na ideju da se ona produži i uvežba za rukovanje prirodnim predmetima, za čiju je obradu i efikasnu upotrebu u obezbeđivanju životnih sredstava i odbrani od neprijatelja bilo potrebno i mnogo više pameti.

Tek su se na relativno visokom stupnju intelektualnog razvoja mogle pojaviti ideje o zameni ljudske radne snage prirodnim silama pomoću stočne zaprege, vodenice, vetrenjače ili upotrebe vatre. Ali to su bili veliki revolucionarni skokovi u razvoju proizvodnih tehnologija do kojih nikada ne bi došlo da nije neodoljive težnje čoveka za oslobađanjem od mukotrpnog proizvodnog rada, koja se samo duhovnim stvaralaštvom može ostvarivati.

Svest o značaju duhovnog stvaralaštva za održavanje i napredovanje ljudskog roda formirana je, po svemu sudeći, samim razvijanjem duhovne aktivnosti. Iako je veština rukovanja sredstvima i predmetima rada prvobitno imala izuzetno značajnu i za sve očiglednu ulogu u reprodukovanju ljudskog života, izgleda da je sasvim rano shvaćeno da ni ona ne potiče iz same ruke već iz glave, pa ni pomisao o poreklu ljudske **kulture** nije potekla od kulta ruke nego od **kulta lubanje**. *"Briga oko čuvanja lubanja koje se posebno sahranjuju u samom obitavalištu ljudi, pokazuje, da je Sinanthropus već imao neke određene predodžbe o važnosti glave i da je zato izradio poseban ritual"*[1]. Za majstore svog zanata kaže se da imaju "zlatne ruke", ali se kroz narodnu izreku *"um caruje, snaga klade valja"*, stvarna moć čoveka pripisuje njegovom intelektu.

---

[1] Oleg Mandić, *Od kulta lubanje do hrišćanstva*, Matica Hrvatska, 1954, str. 22

Prvobitno je duhovna aktivnost, u funkciji reprodukovanja životne egzistencije divljaka, bila **isprepletana** ili **stopljena** sa fizičkom aktivnošću. Ideje slučajnog ulova ili odbrana od iznenadnog neprijatelja iskrsavale su momentalno i momentalno prelazile u ostvarenje, kao sastavni deo spontane borbe za opstanak. Pa i kad je odvajana od fizičke aktivnosti, duhovna aktivnost je podsticana prvenstveno fiziološkim potrebama i prožimana brigom za fizički opstanak. *"U osnovi totemičke ideologije nalazi se osjećanje prirodne veze sa određenom vrstom (ili sa vrstama) životinja i biljaka..."*, pa su prvobitni lovci *"... vjerovatno priređivali obrede koji su bili neposredno povezani sa lovom na zvijer"*[1].

Do **izdvajanja duhovne aktivnosti** u posebnu delatnost dolazilo je sa povećavanjem produktivnosti, čime su povećavane i mogućnosti oslobađanja od proizvodnog rada. Da bi se određeni, makar minimalni deo vremena mogao posvetiti duhovnoj egzistenciji, moralo je za toliko biti smanjeno vreme potrebno za obezbeđenje fiziološke egzistencije. A da bi se pojedinci mogli posvetiti samo duhovnim aktivnostima, ostali su pored sopstvene egzistencije, morali brinuti i o njihovoj fiziološkoj egzistenciji.

Tako je upravo i započela **društvena polarizacija** na "posvećene" i "grešnike" - duhovno privilegovane i na fizičko rintanje osuđene. *"Ljudi za koje se iz ovog ili onog razloga,...pretpostavljalo da imaju mađiske moći u najvećoj meri, postepeno su se izdvajali od svojih zemljaka i postajali jedna odvojena klasa, kojoj je bilo suđeno da vrši jedan od najdalekosežnijih uticaja na političku, versku i intelektualnu evoluciju čovečanstva"*[2]. Po svemu sudeći, to su bili duhovno najvispreniji pojedinci, koji su uživali neiznuđeni autoritet, pa su zahvaljujući tome birani i za poglavice. Oni su prvobitno živeli od poklona i dobrovoljnih priloga dobijenih u znak zahvalnosti za magijske čini i prigodne obrede za koje se verovalo da donose ličnu ili kolektivnu sreću.

---

[1] S.A. Tokarjev, *Rani oblici religije i njihov razvoj*, "Svijetlost", Sarajevo, bez god. izd., str. 57, 69

[2] Džems Džordž Frezer, *Zlatna grana*, Geca Kon, Beograd, 1937, str. 143

25

Stečeno saznanje da se može živeti i od tuđeg rada, predstavljalo je dovoljno iskušenje da se sa dobrovoljnog darivanja pređe i na prinudno izrabljivanje, odakle je potekla ideja i o **porobljavanju**, te pretvaranju zarobljenika u robovsku radnu snagu, koja se može maksimalno izrabljivati. Time je izvršena velika **klasna polarizacija** društva na izrabljivače i izrabljivane, eksploatatore i eksploatisane, sa različitim i međusobno suprotstavljenim klasnim interesima, čije ostvarivanje podrazumeva i međusobnu borbu polarizovanih klasa.

Da bi se obezbedilo trajno izrabljivanje, uz porobljavanje je moralo ići i **prisvajanje** - i proizvođača i proizvodnih sredstava. Jedna klasa je morala biti lišena proizvodnih sredstava da bi druga klasa posedovala monopol nad proizvodnim sredstvima, koji zapravo predstavlja osnovu klasnog društva, čija je osnovna protivrečnost u naizgled paradoksalnoj činjenici da su proizvođači lišeni, a neproizvođači posednici proizvedenih sredstava.

Polarizacija ljudskog roda na izrabljivačku i izrabljivanu klasu odgovara polarizaciji ljudske jedinke na ljudsko i životinjsko biće. Na jednoj strani je klasa koja se izdiže na nivo ljudske, a na drugoj klasa koja se spušta na nivo životinjske egzistencije. Pošto se ceo ljudski rod ne može odjednom izdići na nivo svoje generičke egzistencije, jedan njegov deo to je mogao postići samo na račun njegovog drugog dela.

U neodoljivoj težnji da se domogne ljudske egzistencije, čovek se nije libio da **podjarmi drugog čoveka**, ali njegovi ljudski horizonti nisu prvobitno ni sezali dalje od horizonata njegovog plemena. Sve izvan sopstvenog plemena bilo je ravno životinjskom, pa se prema drugim plemenima i njihovim pripadnicima tako i odnosilo. Zato bi za nivo plemenske svesti bilo i nepojmljivo da su zarobljenici izjednačavani sa pripadnicima domicilnog plemena, pa je čak i genijalni Aristotel mislio da je "... *rob neka vrsta žive stvari...*" i da "... *ima samo toliko zajedničkog s razumom što može da zapaža, ali da nema razuma*"[1].

---

[1] *Politika*, IV izdanje, BIGZ, Beograd, 1984, str. 7, 9

To objašnjava zašto su robovi (kao "oruđa koja govore") izjednačavani s ostalim sredstvima prozvodnje i lišavani svih ljudskih prava. Robovlasničko društvo bilo je društvo robovlasnika, ljudi koji su sa posedovanjem robova posedovali sopstvena sredstva za proizvodnju, te stoga nisu ni bili svesni svoje **klasne** pripadnosti niti su postojeće društvo smatrali **klasnom** zajednicom. Bez robova, i uz apstrahovanje srednjih slojeva koji su živeli od sopstvenog rada, robovlasničko društvo je nastojalo da bude ono što zapravo i treba da je jedna ljudska zajednica oslobođena neposrednog proizvodnog rada i u stanju materijalnog izobilja.

Ali uprkos velikoj ideološkoj zabludi, robovi su ipak bili razumni ljudi, koji su svojom inteligencijom često nadmašivali svoje gospodare, zbog čega se nisu, kao životinje, samo silom mogli pokoriti. Zato se glavni oslonac klasne vladavine, umesto u fizičkoj prinudi, morao tražiti u **ideološkoj racionalizaciji** takve vladavine. Nedovoljnost fizičke batine morala je biti nadomeštena **duhovnom batinom**.

Kao razumno biće, čovek je sklon ka tome da sve "orazumi", opravda i objasni, pa i ono što je nerazumno, nepravedno i neobjašnjivo. *"Naš svet je* - kako kaže Karl Manhajm - *karakterisan time što teži da po mogućstvu sve racionališe, da sve oblikuje u skladu sa upravljanjem i da potpuno ukloni iracionalni manevarski prostor"*[1]. Racionalizacija klasnih interesa imala je istorijski oslonac u nasleđenim oblicima kolektivne svesti (animizmu, totemizmu, plemenskim običajima) kojima je krvno zajedništvo nadopunjavano ideološkim zajedništvom, sve neophodnijim što su s proizvodnim osamostaljivanjem porodičnih domaćinstava, pojedinačni i porodični interesi češće dolazili u sukobe sa zajedničkim plemenskim interesima.

Od ulaska robova u porodično gazdinstvo, koje je sem porodičnim, postalo bremenito i klasnim suprotnostima, krvno zajedništvo je i za održavanje njegove sopstvene koherentnosti postalo nedovoljno, zbog čega je **integrativna uloga kolektivne svesti** morala jačati na

---

[1] *Ideologija i utopija*, "Nolit", Beograd, 1968, str. 93

svim nivoima društvenog organizovanja. Umesto prirodnih veza, generičke veze ljudskog roda postajale su njegovim prirodnim vezama, bez čega se ljudsko društvo ne bi moglo ni razvijati ni opstati.

Ukoliko je, međutim, generička egzinstencija ljudi posredovana njihovom proizvodnom (pretežno fizičkom) delatnošću, i njihovi generički odnosi su posredovani proizvodnim odnosima, i sve dok su preokupirani fizički, oni su svojom fizičkom egzistencijom preokupirani i duhovno. A sve dotle nije proizvodna delatnost društva u funkciji njegove dehovne delatnosti, nego je duhovna delatnost u funkciji proizvodne delatnosti. Duhovne aktivnosti ne proističu prvenstveno iz duhovnih, već pretežno iz fizioloških potreba; pravnik, sveštenik, ideolog - ne rade svoj posao iz ličnog zadovoljstva već da bi (obavljanjem društveno korisnih aktivnosti) preživeli. Pravo, moral, religija i politika su, po svojoj prirodi, u funkciji materijalne reprodukcije društva, kojoj su čak i filozofija, nauka i umetnost podređeni sve dok je čovek neposredna proizvodna snaga.

Pošto osnovni cilj neposredne **proizvodne** delatnosti čoveka nije sama delatnost već **proizvod** delatnosti kao nasušna potreba njegove biološke reprodukcije, i njegova duhovna aktivnost je nužno i prvenstveno usmerena na zadovoljenje te nasušne potrebe. A s obzirom da je materijalna proizvodnja kolektivna delatnost, za njeno obavljanje potrebna je i kolektivna svest kao oblik zajedničke duhovne usmerenosti na ostvarivanje proizvodnih ciljeva. Svi oblici primitivne svesti neposredno su proisticali iz kolektivne brige za golu egzistenciju i bili su najneposrednije povezani s kolektivnom aktivnošću na njenom obezbeđivanju.

Sa klasnom polarizacijom društva, **polarizovana je i društvena svest**: svaka klasa formira, prema svojim interesima, i sopstvenu svest; na suprotstavljenim klasnim interesima stvaraju se i suprotstavljene ideologije sa suprotnim i u osnovi nepomirljivim društvenim težnjama, za čije se ostvarivanje klasna borba ne vodi samo fizičkom, već i duhovnom silom, i ne dobija se snagom oružja već snagom ideja. Za ostvarivanje klasnih, kao i za ostvarivanje individualnih interesa, koristi se i

28

fizička i duhovna moć, a fizička sila poteže se samo kad su duhovna sredstva za ostvarivanje određenih ciljeva nedovoljna.

Eksploatatorska i eksploatisana klasa su, međutim, neravnopravne u raspolaganju i fizičkim i duhovnim sredstvima; jedina prednost eksploatisane klase je u njenoj brojnosti. Kao vlasnik proizvodnih sredstava, eksploatatorska klasa vlada i eksploatisanom klasom, koju i fizički i duhovno drži u pokornosti jer "...*klasa kojoj stoje na raspolaganju sredstva za materijalnu proizvodnju, raspolaže time u isto vreme i sredstvima za duhovnu proizvodnju, tako da su joj na taj način, u proseku, potčinjene i misli onih koji nemaju sredstva za duhovnu proizvodnju...*", zbog čega su "...*misli vladajuće klase u svakoj eposi vladajuće misli, tj. klasa koja predstavlja vladajuću* **materijalnu** *silu društva, ujedno je i njegova vladajuća duhovna sila*"[1].

Da bi stalno bila slobodna od neposredne proizvodnje, povlašćena klasa mora sredstva svoje egzistencije stalno obezbeđivati putem **eksploatacije**, a pošto eksploatisanu klasu ne može samo fizičkom silom držati u pokornosti, ona je ideološkim sredstvima mora i ubeđivati da bi je privolela na pomirenje sa "sudbonosnom" klasnom pozicijom. Zato je "...*svaka nova klasa koja stupa na mesto klase koja je pre nje vladala, prinuđena da, radi ostvarenja svog cilja, svoj interes prikazuje kao zajednički interes svih članova društva, tj. idejno izraženo, da svojim mislima daje oblik opštosti, da ih prikazuje kao jedino razumne, opšte važeće*"[2].

Glavni oslonac ubedljivosti misli vladajuće eksploatatorske klase za potčinjenu eksploatisanu klasu je **podudarnost**, a glavni razlog oslanjanja na fizičku silu - **suprotstavljenost** njihovih interesa. Sasvim je razumljivo da jedna bez druge ne bi ni postojala, ali i da je eksploatacija sudbonosni kamen njihovog razdora. Preokupirana sopstvenim interesima, svaka strana ističe samo jednu, a previđa drugu stranu

---

[1] K. Marks, F. Engels, *Nemačka ideologija*, Dela, "Prosveta", Beograd, 1974, tom VI, str. 44
[2] Isto, str. 44

protivrečnosti jer eksploatatorskoj klasi odgovara da eksploataciju prikrije, a eksploatisanoj da je ukine.

Najbezobzirnije poricanje klasne eksploatacije vršeno je kad je i sama eksploatacija bila najbezobzirnija. Najveći ideolog robovlasništva Aristotel nije robovlasničko društvo tretirao kao ekploatatorsko jer nije robove priznavao za njegove članove, a poricanjem eksploatacije poricao je i klasne suprotnosti između robovlasnika i robova. Iako je smatrao da je sama priroda jedne predodredila da robuju a druge da gospodare, on je tvrdio da *"... između gospodara i robova, koje je sama priroda takvima stvorila, postoji zajednički interes i međusobno prijateljstvo...",* ili šta više da *"... gospodar i rob imaju isti interes...",* jer rob tobože *"... predstavlja neku vrstu živog ali odvojenog dela gospodareva tela"*[1]. Poricanje eksploatacije i klasnih suprotnosti u feudalizmu zasnivano je na tezi da je feudalna renta samo pravedna naknada za korišćenje feudalne zemlje, a u kapitalizmu da radnik za svoj rad u razmeni sa poslodavcem dobija u obliku najamnine ekvivalentnu naknadu.

Nasuprot eksploatatorskim klasama, eksploatisane klase su zainteresovane za razotkrivanje, žigosanje i ukidanje eksploatacije. Razotkrivajući eksploataciju radničke klase, Marks je naučno dokazao da iza prividno ekvivalentne razmene rada, stoji neekvivalentna raspodela novostvorene vrednosti na najamninu i profit koji poslodavac prisvaja bez ikakve naknade. Pokazalo se, međutim, da su eksploatatorske tendencije u samoj prirodi proizvođačkog društva, zbog čega im nisu mogli odoleti ni najljući protivnici eksploatacije. Opsednute revolucionarnim idejama ukidanja svake eksploatacije, radničke partije su preuzimanjem vlasti umesto buržoaskog, uvodile etatistički oblik eksploatacije, prikrivajući ga licemernim parolama o "proleterskoj", "socijalističkoj" ili "opštenarodnoj" državi.

Prikrivanje eksploatacije i klasnih suprotnosti sračunato je na klasno pomirenje i trajnu vladavinu eksploatatorskih klasa. A da bi se eksploatacija prikrila, trebalo je učiniti javnim - svetovnim i svetim

---

[1] Cit. rad, str. 4 i 10

svojinski monopol na sredstvima i objektima eksploatacije. **Privatna svojina** je stoga postala osnovni interes i glavni objekt ideološke racionalizacije eksploatatorskih klasa.

U uslovima ograničenih proizvodnih mogućnosti, kad su proizvedena sredstva nedovoljna za neograničeno zadovoljavanje egzistencijalnih potreba čovečanstva, **raspodela** i **prisvajanje** proizvedenog predstavljaju primarnu potrebu i neizostavni uslov opstanka ljudskog roda; "...*potreba za* **imanjem** *je ono na šta se redukuje svaka potreba i što homogenizuje svaku potrebu...*"[1], jer bez imanja nema ni bivanja; imati dolazi ispred biti. Stoga se u takvim uslovima i "...*ne smatra bitnim biće, nego imanje...*", pa i "...*čovek doživljava sebe kao ličnost prevashodno na osnovu svojine, koju poseduje ili kontroliše*"[2].

Zato se u proizvođačkom društvu ne razmišlja samo o tome kako da se proizvodi već i kako da se proizvedeno prisvoji i od prisvajanja (otuđivanja) sačuva. A pošto se prisvajati može samo od drugog, prisvajanje je kao **osnova proizvođačkog društva**, glavna preokupacija i individualne i društvene svesti. Ukoliko je posedovanje preka potreba životne egzistencije čoveka, i pojedinac i zajednica su više okrenuti posedovanju nego egzistenciji; i nije posedovanje u funkciji egzistencije nego je egzistencija u funkciji posedovanja; ne stiče se da bi se živelo nego se živi da bi se sticalo.

Pošto je monopol na sredstvima proizvodnje osnovni uslov eksploatacije i prisvajanja tuđeg rada, eksploatatorske klase su se kroz celu istoriju klasnog društva borile za njegovo očuvanje, a eksploatisane za ukidanje. U funkciji te borbe, svaka je klasa, prema sopstvenim interesima, stvarala i sopstvenu ideologiju, definišući ciljeve svoje borbe i opravdavajući sredstva za njihovo ostvarivanje. "*Najmoćniji kao i najbedniji smatrali su da im njihova snaga, odnosno oskudica, daje neko pravo na tuđu imovinu, koje, prema njihovom nahođenju, ima vrednost imetka*"[3].

---

[1] Agneš Heler, cit. rad, str. 125
[2] Erih From, *Revolucija nade*, "Grafos", Beograd, 1978, str. 4, 10
[3] Žan Žak Ruso, *Društveni ugovor*, "Prosveta", Beograd, 1949, str. 148

Prema svom nahođenju i svojim interesima, svaka je klasa smišljala odgovarajuće **norme kao pravila ponašanja**, ne samo sopstvenih pripadnika nego celog društva jer to što smeta ostvarivanju njenih interesa, jeste pre svega ponašanje protivničke klase. I svaka je oslonac za ostvarivanje svojih ideja tražila i u duhovnoj i u fizičkoj prinudi, baš kao što celo proizvođačko društvo počiva i na jednoj i na drugoj vrsti prinude. Iako se po svojoj prirodi zasniva na ubeđenjima, zbog protivrečnosti klasnih interesa nijedna klasna ideologija nije mogla postati vladajućom ideologijom društva samo iz ubeđenja.

Ali ideje eksploatisanih klasa protiv svojinskog monopola kao glavnog oslonca eksploatacije, nisu mogle postati vladajućim idejama, ne samo, niti prvenstveno zato što nisu imale oslonca u potrebnoj fizičkoj prinudi, već što bi ukidanjem svojinskog monopola kao temelja proizvođačkog društva, bilo ukimuto i samo društvo. Uostalom, one su i nastale tek kad je nastala privatna svojina kao osnova klasne polarizacije društva, pa i svake klasne ideologije.

Klasna svest je i nastala radi **pravnog** sankcionisanja svojinskog monopola, koji se bez toga ne bi ni mogao obezbediti. U funkciji svojinskog monopola, **pravo** i samo predstavlja monopol posedničkih klasa, koje radi obezbeđenja svojinskog, moraju posedovati i politički monopol, koji zapravo omogućava da "... *svaka vlast postavlja zakone za svoju korist*"[1]. I pošto obavezuje sve - i one kojima odgovara i one kojima ne odgovara, pravo se u toj funkciji mora oslanjati i na lično ubeđenje u pravednost pravnih normi, i na društvenu prinudu kojom se uz pomoć fizičke sile obezbeđuje njihovo poštovanje.

Društvenom prinudom se svojinski i politički monopol može obezbediti samo ako se ima **monopol i na samu prinudu** odnosno fizičku silu u njenoj funkciji. Stoga je prisvajanje tuđeg rada putem eksploatacije proizvođačkih klasa od početka moralo biti praćeno koncentracijom javne vlasti u rukama posedničke klase, gde je skocentrisana i neophodna fizička sila koju niko drugi nije smeo posedovati.

---

[1] Platon, *Država*, Matica Hrvatska, Zagreb, 1942, knjiga I, str. 57

Ta sila nikada nije služila samo za fizičku, već i za **duhovnu prinudu**. Monopolom na fizičku prinudu obezbeđuje se i monopol na pravnu regulativu, koja samo uz fizičku silu dobija snagu društvene obaveznosti. Zato niko ko ne poseduje monopol na fizičku prinudu, ne može deliti **svoju** pravdu već se mora povinovati pravdi koju vladajuća klasa deli. Pravo je po svojoj prirodi monopolistički oblik društvene svesti koji društvenu važnost zadobija upravo zahvaljujući svojoj monopolističkoj prirodi.

To je velika prednost, ali i veliki nedostatak pravne svesti, koja se nametanjem "odozgo" brzo širi ali nikada ne prodire u dubine duše; pravni propisi se ne osećaju kao sopstvena, već se podnose kao tuđa svest; zbog njihovog izigravanja se ne pati nego se likuje. Pošto se spolja nameću, za njihovo sprovođenje i primenjivanje potreban je i spolja iznuđeni autoritet, koji se ne oslanja na silu ubeđenja nego na ubeđenje silom.

Zato je posednička klasa čvršći ideološki oslonac za ostvarivanje svojih interesa morala potražiti u masovnoj **religijskoj svesti** koja je ponikla u samom narodu, ali koja je, baš zbog toga, u svom izvornom obliku bila usmerena protiv interesa, i pre svega protiv svojinskog monopola posedničke klase. Sve religije *"...po pravilu, nastaju kao pokreti eksploatiranih slojeva, protiv vladavine imućnih..."*[1], pa i u hrišćanstvu *"...nalazimo pre svega neobuzdanu klasnu mržnju protiv bogataša; iz Jevanđelja se vidi da je biti bogat i uživati svoje bogatstvo zločin koji zahteva najmučniju kaznu"*[2]. Islam je, takođe, *"...na početku bio socijalistički, a država koju je osnovao prorok Mohamed, bila je prva socijalistička država na svijetu, smatraju islamisti"*[3].

Da bi se iz mržnje preobratila u naklonost prema bogatašima i stavila u funkciju ostvarivanja njihovih interesa, morao je biti napravljen radikalan obrt u osnovnim porukama religijske svesti. I to je pre

---

[1] Oleg Mandić, cit. rad, str. 244
[2] Karl Kaucki, *Poreklo hrišćanstva*, "Kultura", 1954, str. 282, 283
[3] Dr Ivan Cvitković, *Marksistička misao i religija*, "Svjetlost", Sarajevo, 1980, str. 53

svega društvenom institucionalizacijom religije, bogaćenjem njihovih propovednika i vezivanjem duhovne za svetovnu vlast, i učinjeno. Umesto prvobitne poruke da će "...*pre kamila proći kroz iglene uši nego bogataš u carstvo nebesko...*"[1], sada "...*pored velikih obećanja u vezi sa životom na onom svetu, Zaratustra za sebe i svoje verne pristalice očekuje da božja milost donese pre svega bogatstvo; kao nagradu za moralno ponašanje, budizam obećava svetovnjacima častan i dug život i bogatstvo, u potpunom skladu sa učenjem sveindijske verske unutarsvetske etike; bog bogatstvom blagosilja pobožnog Jevrejina, a kod asketskih pravaca protenstatizma (kalvinista, baptista, meonita, kvekera, reformisanih pijetista, metodista), bogatstvo je - ukoliko je stečeno racionalno i legalno - i jedan od simptoma "potvrde" stanja milosti*"[2]. Kod Indoiranaca "...*seljaci se nisu nadali zagrobnom životu...*", jer je i "...*raj, obasjan suncem, bio samo za moćne i bogate ljude, za svećenike i vladare*"[3].

Od usmerenosti ka ukidanju ropstva, religija je usmerena na održavanje ropstva; fizičko robovanje dopunjeno je duhovnim robovanjem; mrcvarenje tela mrcvarenjem duha ("ubijanjem u pojam"). Religija je tako iz protesta protiv eksploatacije pretvorena u blagoslov eksploatacije. "*Hrišćanstvo je pobedilo ne kao prevratnička, već kao konzervativna sila, kao nova potpora ugnjetavanja i eksploatacije; carska moć, ropstvo, siromaštvo masa i koncentraciju bogatstva u malo ruku ono ne samo što nije odstranilo, već ih je učvrstilo*"[4]. Od zaštitnika nemoćne sirotinje, religija je pretvorena u zaštitnika bogatih moćnika; poruke o podeli imovine sirotinji i rasturanju porodice ustupiše mesto zabranama krađe i preljube. Teologija tako postade "...*korisna samo onima koji žive na račun drugih, ili koji sami sebi pripisuju pravo da misle za sve one koji rade*"[5].

[1] Branko Bošnjak, *Filozofija i kršćanstvo*, "Naprijed", Zagreb, 1946-1966, str. 87

[2] Maks Veber, *Privreda i društvo*, tom I, "Prosveta", Beograd, 1976, str. 444

[3] *Religije sveta*, Grafički zavod Hrvatske, Zagreb, 1987, str. 84

[4] Karl Kaucki, cit.rad, str. 398

[5] Holbah, cit. rad, str. 300

Ali ni religijskim propovedima se izrabljivane mase ne mogu dovoljno ubediti u opravdanost izrabljivanja. I religijska svest se formira spolja i preko tuđih zapovesti koje zbog toga ne mogu biti do kraja shvaćene i bez ikakvih rezervi prihvaćene. Iza svake vere skriva se mogućnost nevere; izostajanje božje milosti prema vernicima dovodi samo božanstvo u nemilost vernika. Vera u tuđe biće ne može zameniti veru u sopstveno biće.

Zato se i pravo i religija oslanjaju na moralnu svest, koja spontanim formiranjem kroz duhovni život samih masa dublje prodire u njihove duše. Vera u boga i cara dopunjuje se verom u samog vernika, bez kojeg ne bi bilo ni boga ni cara; griža savesti, koju ne može izbeći, više mu bola nanosi i od božije i od carske kazne.

Zbog toga se pravne i religijske poruke "pretaču" u moralne norme, ali i obratno, pravo i religija preuzimaju iz moralne svesti poruke koje odgovaraju interesima vladajućih klasa. Otuda je sadržina sva tri oblika svesti u osnovi ista, samo su sankcije različite. U funkciji zaštite privatnog vlasništva, i pravo i religija i moral zabranjuju krađe, ubistva i preljube, a troduplim kažnjavanjem se postiže da se te zabrane ređe krše nego kad bi bile zaštićene samo jednom vrstom sankcija.

Ali ne zabranjuje se samo kršenje proklamovanih normi. Pored društvene institucionalizacije i materijalne potpore, monopol vladajuće ideologije obezbeđuje se i zabranama bilo kakvih drugih i drugačijih ideja, koje bi odudarale od težnji vladajuće klase. Država i crkva ne podnose, ne samo tuđu pravdu i tuđu veru nego ni bilo koju misao koja se kosi sa njihovim pravnim i religijskim dogmama. Za njih, po zapovedi *"nemoj imati drugih bogova"*, postoji samo **jedna pravda, jedna vera** i **jedna misao**.

Monopolizacija svojine i svojinskih prava iziskuje i **monopolizaciju prava na mišljenje**. Zato obezvlašćene proizvođačke klase nemaju ni **sopstvenog** prava ni **sopstvene** religije; one se i caru i bogu obraćaju molbama i molitvama koje su im drugi smislili; i osuđene su da svakog dana ponavljaju iste misli, baš kao što svakodnevno obavljaju iste radne operacije. Ali ni proizvoditi se ne može bez sopstvene glave.

Da bi se proizvodilo, mora se živeti, kao što se mora proizvoditi da bi se živelo, a i potrebe proizvodnje i potrebe života teraju na razmišljanje, koje se nikakvim zabranama ne može sprečiti. Zato proizvođačke mase pored materijalnih dobara, i za sebe i za druge, proizvode za sebe i misli koje "društvo" ne priznaje ali koje se ispod društveno sankcionisanih pravila ponašanja skrivaju kao alternativna životna uputstva, često suprotstavljena oficijelnim uputstvima, baš kao što su interesi neposrednih proizvođača suprotstavljeni interesima pretpostavljenih vlastodržaca.

Kao što rade i za sebe i za druge, proizvođačke klase tako i misle. One moraju poštovati vladajuće društvene norme koje štite interese vladajuće klase, dok za "svoju dušu" i zaštitu svojih interesa stvaraju posebnu sferu privatne, društveno potisnute svesti. Ukoliko između tih sfera postoji određena podudarnost, to je samo zato što postoji, i ukoliko postoji podudarnost klasnih interesa koje one izražavaju. I samo utoliko postoji **stvarna opštedruštvena svest** kao izraz stvarnih opštedruštvenih interesa.

Iako se stalno teži njenom prevazilaženju, ta polarizacija klasne svesti nije nikakva mana nego vrlina klasnog društva. **Idejna polarizacija** je u prirodi klasne polarizacije. Svaka klasa ima svoje sopstvene težnje iz kojih proističu odgovarajuće ideje, čije sučeljavanje podstiče društvene promene, bez kojih se društvo ne bi moglo ni razvijati ni opstati. Ne samo što javna svest prodire duboko u sferu privatne svesti nego se pod njenim uticajem i sama menja. Težnja za menjanjem svojinskih odnosa, iz kojih su proisticale nove ideologije, poticale su upravo iz potisnute privatne sfere pod naponom velike klasne napetosti zbog preživelosti postojećih oblika svojinskog monopola.

Uspon i carstvo religijske svesti vezani su za uspon i carovanje feudalnog zemljovlasništva, kada je crkva postala ne samo najveći zaštitnik, nego i najveći posednik svojinskog monopola. Da bi se robu skinuli fizički, morali su kmetu biti namaknuti duhovni okovi. Što je više osamostaljivana fizički, duhom obdarena radna snaga morala je tim više duhovno biti vezana za gospoda i gospodara; podaništvo koje je robu nametano prevashodno fizičkom prinudom, trebalo je kmetu nametnuti prevashodno duhovnom prinudom; obaveze prema gospodaru, koje su ispunjavane iz straha, sada je trebalo ispunjavati iz ubeđenja.

Dok je u robovlasništvu izrabljivanje proizvođačke klase obezbeđivano prvenstveno neposrednom fizičkom prinudom od strane izrabljivača, u feudalizmu je fizička prinuda posredstvom države, morala biti pojačana duhovnom prinudom, radi čega se crkva i država spojiše u jedinstvenu izrabljivačku silu. Ali uspon do vrhunca, označio je i početak pada društvene moći religijske svesti. Opijena svetovnom vlašću, duhovna vlast je samu sebe isprofanisala, obelodanjujući pravi smisao svog postojanja i pobuđujući sve veće sumnje u iskrenost verskih propovedi.

Najzloslutnije sumnje po sudbinu vladajućeg klera potekle su iz redova samog klera, odakle se i mogao najbolje sagledati pravi smisao njegove "izbaviteljske" misije. Pod apsolutnom duhovnom dominacijom crkve, tako gromovit protest protiv same crkve kakav je izvršio **protenstantizam**, teško da se i mogao pojaviti izvan njenih sopstvenih nedara. *"Za protestanta ljudska je duša bila bespomoćno osamljena pred bogom, bez posredovanja crkve ili zajednice svetaca..."*, a *"...religija se smatrala posve ličnom stvari u odnosu između čovjeka i njegova boga"*[1].

Takav duhovni zaokret ne bi bio moguć bez zaokreta u samim temeljima društva. Protest protiv apsolutističke vladavine crkve i religije predstavljao je nagoveštaj velike opštedruštvene pobune: protiv vladavine mističnih iracionalnih sila, za vladavinu ljudskog razuma; protiv podele na razumne i nerazumne - teglèću marvu i gospodu, za bratsku jednakost svih ljudi; protiv aristokratskog monopola svojinskih prava, za opšte svojinsko pravo svih građana; protiv podele na povlašćene i

---

[1] J.A.C. Brown, *Socijalna psihologija u preduzeću*, NP "Privreda", Zagreb, 1962, str. 23

obezvlašćene, za izjednačavanje građana u svim ljudskim pravima; protiv svih oblika ropstva i robovanja, za opštu slobodu svih i svakoga. U najdubljim dubinama, to je bio nagoveštaj istorijskog raskida sa tradicionalnim težačkim i naturalnim načinom proizvodnje pod tajanstvenim ćudima prirode, te prelaska na savremenu, mehanizovanu industrijsku i robno-novčanu proizvodnju, pod dirigentskom palicom samog čoveka.

Sve je to podrazumevalo **spuštanje s neba na zemlju** i okretanje od onozemaljskog ka ovozemaljskom svetu. Umesto obećanog nebeskog raja, o kojem se samo maštalo, trebalo je započeti sa stvaranjem zemaljskog raja, radi čega se umesto u izmišljena božja obećanja, moralo pouzdati u snagu sopstvenog razuma. *"Odlučujući zaokret što ga je - po* Hegelu *- povijest učinila Francuskom revolucijom bio je taj da se čovjek počeo pouzdavati u svoj duh i da se usudio podvrći datu zbilju mjerilima uma"*[1].

Za rušenje starog sveta bili su zainteresovani, ne samo srednji staleži kojima je u životu i u poslu bila potrebna slobodna inicijativa, već i sve eksploatisane mase, od kojih je, po "volji božijoj i carskoj", sve uzimano a ništa nije darivano. I svima su odgovarale ideje bratstva, jedinstva i slobode koje je, kao borbeni poklič, istakla buržoaska revolucija, zbog čega se u velikom revolucionarnom zanosu našla ogromna većina društva.

Dalekosežne težnje koje su te ideje izražavale nisu se mogle odmah ostvariti. Da bi se ostvarila društvena jednakost, trebalo je ne samo proglasiti opšte svojinsko pravo, nego ukinuti samu svojinu, što je bilo nemoguće bez društvenog izobilja, koje pretpostavlja automatizovanu proizvodnju, a ni opšte društvene slobode ne može biti bez opšteg oslobođenja od proizvodnog rada.

Zato su se iz mase koja je učestvovala u rušenju starog poretka, brzo izdvojili novi nosioci svojinskog monopola - posednici privatnog kapitala, kao nova vladajuća i eksploatatorska klasa, nasuprot obezvlašćenoj i eksploatisanoj masi proletarijata. I ostvarenje velikih ideala

---

[1] Herbert Markuze, *Um i revolucija*, "Veselin Masleša"- "Svjetlost", Sarajevo, 1987, str. 21

svede se na ostvarenje klasnih težnji buržoazije: *"...jednakost se svela na buržoasku jednakost pred zakonom,...kao jedno od najbitnijih čovekovih prava bila je proklamovana - buržoaska svojina..."*, a "*...država razuma, Rusovljev društveni ugovor, ostvarena je i mogla je biti ostvarena jedino kao buržoaska, demokratska republika"*[1].

Kao glavno sredstvo proizvodnje i najveće bogatstvo, zemlja je, uz božji blagoslov, osvajana i prisvajana uglavnom silom. Zato je glavnu ideologiju zemljovlasništva i zemljoradnje obavijene tajanstvenim prirodnim silama, predstavljala religija. Nasuprot tome, kapital se kao glavno sredstvo industrijske proizvodnje, stiče uglavnom razumnim privređivanjem na osnovu iskorišćavanja tuđe radne snage, koja se na korišćenje, putem ugovora o iznajmljivanju, ustupa **dobrovoljno**. Stoga glavnu ideologiju kapitalističkog društva predstavlja **politička ekonomija**, koja se u suštini svodi na **idolopoklonstvo profitu**.

Profit je, naime, to novovekovno ovozemaljsko božanstvo kojim je opsednut ceo poslovni svet, dok je najamna radna snaga samo puko sredstvo njegovog stvaranja. Jer profit je ta čudotvorna sila koja stvarno upravlja kapitalističkim društvom i ponašanjem njegovih članova, bez koje se ono ne bi ni razvijalo ni održalo. Stoga "*...kapitalistički princip da svako, težeći sopstvenom profitu, doprinosi sreći svih, postaje vodeći princip ljudskog ponašanja"*[2]. Kad kapitalista ne ostvari profit, onda propada, a radnici ostaju bez posla kao osnovnog izvora egzistencije.

Na tome se zasniva ideološka apsolutizacija profita, pod koji se podvode svi izvori životne egzinstencije, i koji svoj profani izraz dobija u **novcu** kao opštem uslovu svake i svačije egzinstencije. Novac je zauzeo mesto božjeg, za svakog dodirljivog proviđenja, kojem se svi klanjaju, i koje sve spašava. Politička ekonomija i buržoasko pravo potrudili su se da pravno izjednače proletera i buržuja, svodeći izvore njihove egzistencije na zajednički formalno - pravni imenitelj: svakom

---

[1] F. Engels, *Razvitak socijalizma od utopije do nauke*, K. Marks, F. Engels, izabrana dela, tom II, "Kultura", Beograd, 1950, str. 13

[2] Erih From, *Zdravo društvo*, "Rad", Beograd, 1983, str. 101

zagarantovano privatno vlasništvo - proleteru rad, buržuju kapital, tako da svako živi od **svog vlasništva**.

Pošto na osnovama kapitalističkog vlasništva, rada nema bez kapitala, a kapitala bez profita, egzistencija kapitalističkog društva svodi se na egzistenciju kapitala i njegovo oplođavanje pravljenjem profita. Egzistencija kapitala praktično apsorbuje egzistenciju radnika. U slobodnom (liberalnom) kapitalizmu najamni radnik ceo dan provodi u radionici, a preostalo vreme služi mu samo za obnavljanje radne snage. Na poslu on funkcioniše kao živi kapital; proces najamnog rada je proces oplođavanja kapitala; život u tuđoj radionici je tuđi život.

Ni biološka reprodukcija najamnog radnika nije u suštini reprodukcija njegovog života već reprodukcija kapitala. Radnik u kapitalistički proces prozvodnje ulazi kao **živi kapital**, dakle kao **tuđa** radna snaga pošto je prodajom svoju radnu snagu već otuđio. Iz procesa proizvodnje njegov opredmećeni rad izlazi kao robni kapital, koji se u procesu razmene pretvara u novčani kapital. Najamnina kojom se radnik isplaćuje predstavlja promenljivi kapital, čijim se trošenjem vrši obnavljanje radne snage. Ako Aristotelova teza da je rob deo tela svog gospodara nije dovoljno ubedljiva, politekonomska teza o najamnom radniku kao sastavnom delu kapitala, deluje mnogo ubedljivije.

Najamni radnik doista postoji i može da postoji samo kao sastavni deo kapitala, čija je osnovna životna funkcija da proizvodi profit. Kapital koji ne odbacuje profit, nije kapital, i kao takav ne može opstati. Iako najamni radnik ne prisvaja nikakav profit, njegov život je, kao i život celog kapitalističkog društva, **profiterski** život. Profit nije **njegov** životni cilj, ali on pored profita ne može ni da ima drugih i svojih životnih ciljeva. Proizvodnja profita nije njegova ideja, ali on nije ni pozvan da proizvodi neke ideje. Ideologija kojom on kao najamnik treba da se rukovodi je ideologija njegovog poslodavca, a ona se vrti oko toga kako da se ostvari što veći profit.

Vladajuća ideologija kapitalističkog društva je **apologija vladavine kapitala**. Ali kapital je samo jedna strana kapital-odnosa, i ako

40

najamnog rada nema bez kapitala, ni kapitala ne može biti bez najamnog rada. Vlasnik zemlje može svoju zemlju i sam obrađivati, dok vlasnik kapitala mora zapošljavati tuđu radnu snagu jer kapitala nema bez najamnog rada i njegove eksploatacije. Zato i među suprotstavljenim klasama kapitalističkog društva postoji veća organska međuzavisnost nego među klasama ranijih društvenih formacija.

Upravo zbog roga, buržoaska revolucija je priznala, i morala je radničkoj klasi priznati, ne samo veću samostalnost u odnosu na ranije eksploatisane klase, nego i društvenu **ravnopravnost** s ekspoloatatorskom klasom. Kapitalističko društvo je prva klasna formacija u kojoj su pripadnici eksploatisanih klasa udostojeni ljudske samobitnosti i priznati za punopravne članove ljudske zajednice, što je i prvi nagoveštaj ukidanja klasne polarizacije. Uz jednaka svojinska prava morala su ići i jednaka politička prava, izražena pre svega kroz opšte pravo glasa i pravo političkog organizovanja i delovanja, što je predstavljalo polaznu osnovu i za ostvarivanje društvenih jednakosti političkim sredstvima. Argumenti sile mogli su u međuklasnim obračunima biti zamenjeni silom argumenata.

Radnička klasa je protiv kapitalističke klase mogla javno i legalno istupati, i istupila je sa svojom politikom i **svojom ideologijom**, koja je nasuprot interesima kapitala istakla interese najamnog rada. Polazne osnove takve alternativne ideologije sadržane su u velikim idejama same buržoaske revolucije. Ideja jednakosti upućivala je na ukidanje eksploatacije i prisvajanja tuđeg rada kao osnovnog uzroka društvenih nejednakosti, a ideja slobode na oslobođenje rada kao osnove svih društvenih sloboda.

Polazeći od već poznate teze da je privatna svojina osnovni uzrok društvenih nejednakosti i klasnog izrabljivanja, **marksizam** je njeno ukidanje postavio za osnovni cilj socijalističke revolucije. Polarizacija najamnog rada i kapitala uzdignuta je time do nivoa ideološke i političke polarizacije; suprotstavljenost klasnih interesa buržoazije i proletarijata dobila je ideološki izraz u suprotstavljenosti njihove klasne

41

svesti; dok su za jedne ideje slobode i jednakosti bile već ostvarene, za druge ih je tek trebalo ostvarivati.

Ali do **ideološke polarizacije** došlo je i u **samoj radničkoj klasi**. Ako je saglasnosti bilo u ciljnim, do razlaza je došlo u instrumentalnim idejama. Osnovne razlike nastale su u opredeljenjima za revolucionarnu ili evolutivnu transformaciju kapitalizma u socijalizam, koje su u žestokim ideološkim konfrotacijama prerasle u polarizaciju **za**, i **protiv** revolucije. A to je dovelo i do političkog rascepa u radničkom pokretu na "levo" i "desno" krilo - komuniste i socijal-demokrate.

U osnovi takve polarizacije bio je unutrašnji konflikt između dugoročnih i neposrednih interesa radničke klase, izražen kroz dilemu čemu dati primat, i da li jedne interese podrediti drugim da bi se uz veće žrtve pre stiglo do cilja, ili da bi se po cenu odlaganja konačne pobede koristile mogućnosti iznuđivanja sitnih klasnih ustupaka. Opredeljenja za evolutivni put odnela su prevagu u industrijski razvijenim zemljama gde su mogućnosti za klasne kompromise bile veće, dok je revolucionarni put više prihvatan u pretežno agrarnim zemljama gde su klasni sukobi bili oštriji.

Za ostvarivanje i dugoročnih i neposrednih interesa radničke klase sudbonosna je bila transformacija svojinskih odnosa. Dok se za razvijanje zadrugarstva i radničkog akcionarstva opredelio socijaldemokratski pokret, opredeljenje komunističkog pokreta bilo je za pretvaranje privatnog vlasništva najpre u državno vlasništvo, koje bi prema zamisli osnivača pokreta Marksa i Engelsa, trebalo da se predavanjem fabrika na upravljanje radnicima, odmah transformiše u socijalističko vlasništvo.

Odbacivanjem revolucije, **socijaldemokratija** je, na čelu sa svojim ideologom Bernštajnom, izvršila korenitu **reviziju izvornog marksizma**, koji je, međutim, još korenitijoj reviziji, pre svega po pitanju svojine, podvrgnut od strane komunističkog pokreta na čelu sa Staljinom. Zamisao osnivača marksizma o revolucionarnom ukidanju privatne svojine odnosila se samo na svojinu stečenu prisvajanjem tuđeg

42

rada, dok bi svojina stečena sopstvenim radom, morala ostati i u socijalizmu, kad treba da se ostvari "... *opšte privatno vlasništvo*..."[1], koje će se "... *tek onda moći ukinuti kad bude stvorena masa sredstava za proizvodnju koja su za to potrebna*"[2].

Nacionalizacijom, kolektivizacijom i drugim administrativnim merama, komunističke partije su, međutim, nakon preuzimanja vlasti ukidale samo saoptvenim radom stečeno vlasništvo jer se i državno vlasništvo stiče prisvajanjem tuđeg rada, te je i ono jedan od oblika takvog privatnog vlasništva koje bi socijalističkom revolucijom trebalo ukinuti. Uprkos tome; Staljin je državnu svojinu proglasio za najviši oblik društvene svojine, koji će se samo pod drugačijim nazivom, zadržati čak i u razvijenom komunizmu[3].

U isto vreme kad je pod ideološkim plaštom socijalističke revolucije vršena u agrarnim zemljama, **nacionalizacija privatnog kapitala** sprovođena je u industrijskim zemljama pod idološkim plaštom **države blagostanja**. Ali bez obzira na različita ideološka opravdanja, u oba slučaja radilo se samo o administativnoj koncentraciji i centralizaciji kapitalističkog privatnog vlasništva, sa kojom se dospelo tek do praga stvarne socijalizacije.

Stvarna **socijalizacija vlasništva** podrazumeva uspostavljanje jedinstva individualnog i kolektivnog svojinskog subjektiviteta, a nacionalizacijom je individualni svojinski subjektivitet pravno ukinut. Stvarnim nosiocem kolektivnog subjektiviteta postala je državna birokratija, a pošto je individualni subjektivitet u prirodi svakog vlasništva, on je kod državnog vlasništva zamenjen snažnom tendencijom koncentracije kolektivnog subjektiviteta u licu državnog poglavara.

Socijalizacija privatnog vlasništva tekla je još od sredine devetnaestog veka preko zadrugarstva i akcionarstva, i ona je do početka

---

[1] K. Marks, F. Engels, Dela, "Prosveta", Beograd, tom III, str. 235

[2] Isto, tom VII, str. 301

[3] Vidi: Živko Marković, *Koncepcija KPSS o razvitku socijalističke demokratije*, "Hronometar", Beograd, 1970, str. 72

ubrzane nacionalizacije sredinom prve polovine dvadesetog veka, u industrijskim zemljama zahvatala veliki deo kapitala kojim su raspolagala akcionarska društva i zadruge. Stoga ovde etatizacija vlasništva ni po širini ni po dubini nije imala one dimenzije kakve je zadobila u agrarnim zemljama, gde je pod ideološkom opsesijom ukidanja privatnog vlasništva, zahvatila gotovo celokupna sredstva društvene reprodukcije.

Zato je u tim zemljama **državno vlasništvo** postalo vladajući produkcioni odnos, pa je u funkciji njegove zaštite, pod velom marksizma, stvorena i odgovarajuća vladajuća ideologija, koja je šteteći državno vlasništvo, štitila interese državne birokratije. Marksizam je tako doživeo kobnu sudbinu religije: od ljutog protivnika privatnog vlasništva, postao je okoreli zaštitnik njegovog najekstremnijeg oblika, od zastupnika ugnjetenog proletarijata - zastupnik ugnjetačke elite, od propovednika iskrenog - propovednik licemernog komunizma. Stoga je nesporna ocena Michael Harrington-a da je "...*sovjetski marksizam, barem nakon pobjede staljinizma, bio ideologija države koja je stajala iznad radnika...*" i da "*...komunistička interpretacija marksizma nije pogrešno razumijevanje nego prije transformacija marksizma u vlastitu suprotnost*"[1].

Radi ubrzane akumulacije državnog kapitala, "socijalistička država" je vršila rigoroznu, i često rigorozniju eksploataciju proizvođačkih klasa nego buržoazija. Dok je u periodu 1913-1956. godina nacionalni dohodak po glavi stanovnika SSSR-a povećan za 13 puta, realne zarade radnika u industriji i građevinarstvu porasle su za 3,4 puta, realni dohoci seljaka za 4 puta, a plate su u vreme ubrzane akumulacije stalno padale i tek su 1954. dostigle nivo od 1928. godine. Za isto vreme drastično su povećane razlike u životnom standardu proizvodnih radnika i birokratije; plate najviše birokratije u proizvodnji bile su 1950. godine 16 puta veće od prosečne radničke plate, a 55 puta veće od najniže plate radnika u mašinskoj industriji[2].

[1] *Sumon kapitalizma*, "Globus", Zagreb, 1979, str. 48, 49
[2] Vidi: Živko Marković, cit. rad, str. 34-37

Da bi prikrila eksploataciju i kompenzirala odsustvo individualnog svojinskog subjektiviteta državnog vlasništva, **birokratsko-etatistička ideologija** je morala biti obuhvatnija, glasovitija i rigoroznija od drugih vladajućih ideologija. Država i vladajuća partija uzdizani su do neba, a partijski vođa, koji je, po pravilu, i državni poglavar, stavljan je na piedestal svemogućeg i nepogrešivog božanstva: u vođu se nije smelo sumnjati, njemu se i u njega se moralo bezgranično verovati; za njega je trebalo i živeti i umirati; on se morao voleti više od svega na svetu; svako ko bi protiv njega bio, proglašavan je neprijateljem partije, države i naroda.

Što se u stvarnosti država više udaljavala od naroda, vršena je u ideologiji sve licemernija identifikacija naroda sa državom; birokratska država je proglašavana narodnom i opštenarodnom državom, a državni funkcioneri slugama naroda. Država je predstavljana kao veliki dobrotvor, dušebrižnik i zaštitnik naroda, ali pošto je od naroda sve uzimala, jedino je ona narodu mogla i nešto darivati.

Da bi se vera u spasiteljsku misiju države održala, bila je potrebna stalna ideološka i politička konfrontacija sa stvarnim ili potencijalnim, spoljašnjim ili unutrašnjim neprijateljem, koji se, i kad nije postojao morao izmišljati. Stoga je tuđim i neprijateljskim proglašavano sve što nije na liniji vladajuće ideologije i što bi moglo podstaći i najmanju sumnju u njenu ispravnost.

Ali totalitarna birokratsko-etatistička ideologija, iz istog razloga, ne podnosi ne samo drugačije poglede, nego ni drugačije oblike svesti. Ona nije potisnula samo religiju; već je zasenila i radi pretvaranja u sopstvenu apologiju, podredila sebi i pravo, moral, filozofiju, nauku i umetnost. Etatizacijom privatnog vlasništva narušeni su ukidanjem individualnog svojinskog subjektiviteta sami temelji prava, a snažnom političkom indoktrinacijom ispunjen je gotovo celokupan prostor za spontano formiranje moralne svesti, uz snažnu težnju da se ona izjednači sa političkom svešću. Monopolizacijom sredstava za naučna istraživanja, selektivnom kadrovskom politikom i rigoroznom cenzurom maksimalno je sužavan prostor i za samostalnost naučne delatnosti.

Ideološki hegemonizam je u funkciji političkog hegemonizma, koji je u prirodi svakog etatizma, čija dominacija nad sopstvenom nacijom teži da se produži u dominaciju nad drugim nacijama. Staljinizam je i politički i ideološki težio svetskoj dominaciji, i uspeo je da je uz pomoć vojne sile ostvari nad istočnoevropskim i delom azijskih nacija. A iz težnji za dominacijom nad drugim nacijama, rađale su se i nacionalističke ideologije, koje su prikrivane internacionalističkim licemerjem.

Ideologija etatizma i međunacionalnog hegemonizma nije, međutim, nikakav originalni izum staljinizma. Ona je zajednički proizvod etatističkih kolonijalističkih tendencija koje su u prvoj polovini dvadesetog veka zahvatile ceo svet. Pod njihovim uticajem, uporedo sa staljinizmom nastajao je, sa sličnim ili istim ambicijama i odlikama, i **fašizam**, koji je prošao i sličan put, od pokreta eksploatisanih masa i nižih srednjih slojeva do zastupnika krupnog kapitala.

Pod zastavom komunizma na jednoj, i antikomunizma na drugoj strani, i **staljinizam i fašizam** su težili uspostavljanju unitarističkog autoritarnog režima sa jednom ideologijom, jednom partijom, jednim vođom i jednim međunarodnim centrom. U ostvarivanju tih težnji služili su se i sličnim metodama: ideološkom indoktrinacijom celokupnog stanovništva, duhovnom i fizičkom torturom, apsolutizacijom države, rukovodeće uloge partije i obogotvorenog vođe, sa strogom subordinacijom i gvozdenom disciplinom, licemerjem, potcenjivanjem, ucenjivanjem, i nasilnim potčinjavanjem.

Bila je to u suštini ista ideologija etatizma i svetskog imperijalizma, sa prividno suprotnim ideološkim primesama. Buržoaski liberalizam i komunizam bili su samo ideološke maske za pridobijanje masovne podrške; fašizam nije ništa manje antiliberalistički, nego što je staljinizam antikomunistički nastrojen; i jedan i drugi bili su najveći grobari buržoaskog liberalizma i ljuti protivnici istinskog komunizma; jer oni su ideološka racionalizacija sasvim suprotnih - diktatorskih i zavojevačkih ambicija, koje se ne mogu pripisati nekakvoj sumanutosti njihovih protagonista jer su proisticale iz objektivnih, pre svega ekonomskih tendencija ubrzane koncentracije i centralizacije nacionalnog i svetskog kapitala, koje je trebalo ideološki i politički bodriti i podupirati.

Takve tendencije morale su dolaziti u sukob sa suprotnim tendencijama decentralizacije i demokratizacije raspolaganja i upravljanja krupnim kapitalom. Pošto odgovaraju interesima ogromne većine naroda i narodâ, njima nisu potrebna nikakva ideološka opravdanja, zbog čega se istovremeno sa najvećom političkom ideologizacijom s pravom počinje govoriti o potrebi dezideologizacije.

Kao vrhunac privatizacije dovedene do ruba deprivatizacije, državno vlasništvo je u staljinizmu i fašizmu našlo vrhunac svoje ideološke racionalizacije dovedene do ruba dezideologizacije. Ali kao proces stvaranja neklasne svesti, dezideologizacija nastaje već sa nastajanjem ideologizacije i trajaće sve dok traje i sama ideologizacija. Da bi se to shvatilo, potrebno je dublje ući u suštinu ideološke svesti.

ŽELJE - MOGUĆNOSTI - MOĆ

Mogućnosti ostvarivanja želja

"Odlika ljudskog bića je da tokom svog života skoro stalno nešto želi...", i *"...kada je jedna želja zadovoljena, druga iskrsava na njenom mestu..."*[1], a tako i mora biti jer **želje** su težnje za zadovoljavanjem ljudskih potreba, bez kojeg i nema života. **Osećanje potrebe** prelazi u **želju**, a da bi se želja ostvarila, potrebna je **volja** za određenim **angažovanjem**. Na tom putu može se zastati ali se ni jedna stepenica ne može preskočiti da bi se mnoge životno sudbonosne potrebe zadovoljile.

Kao osvešćeno osećanje potrebe, želje su pokretačka snaga svih svesnih, i poželjnih i nepoželjnih, aktivnosti čoveka. U budizmu one su ozloglašeni *"...uzrok svih nesreća..."*, kao što su *"...pohote za moći, uspjehom, novcem, seksom, udobnošću i drugim tjelesnim zadovoljstvima uzrok svih zala u životu..."*[2], ali želje su uzrok i svih dobrih dela koja čovek čini i koja u životu može učiniti.

Mnoge želje se, međutim, ne ostvaruju, zato što ih potiskuju jače želje ili što se ni uz najjaču volju, ne mogu ni ostvariti. Ali postoje i želje koje ne teže spoljašnjem ostvarenju već završavaju u maštanju i sanjarenju, koji su i sami svojevrsna duhovna potreba ljudskog bića. U imaginacijama završavaju i mnoge potisnute želje koje se iz bilo kojeg razloga nisu mogle ostvariti.

---

[1] Abraham H. Maslov, *Motivacija i ličnost*, "Nolit", Beograd, 1976, str. 83

[2] *Religije svijeta*, isto, str. 48

Prepreka za ostvarenje ljudskih želja je mnogo, a sve se uslovno mogu svrstati u **objektivne** i **subjektivne**, zavisno od toga da li su u spoljašnjem svetu ili u samom subjektu čijih se želja tiče. Sve spoljašnje prepreke nisu za sve ljude podjednako savladive, što ne zavisi samo od objektivnih okolnosti već i od subjektivnih sposobnosti, zbog čega je savlađivanje unutrašnjih, uslov savlađivanja spoljašnjih prepreka.

Razuman čovek ne teži nečemu što je neostvarivo; *"...opšte uzev, mi svesno čeznemo za onim što razumno možemo stvarno dostignuti..."*[1]; mnogi poremećaji u duševnom životu potiču upravo iz nerealnih ambicija. Ne samo što je za pojedinca neostvarivo ono što je neostvarivo za čoveka uopšte, nego je i za jedne nedostižno ono što je za druge dostižno, i to ne samo zbog subjektivnih, već i zbog određenih objektivnih, za pojedince nesavladivih prepreka.

Individualne mogućnosti za ostvarivanje konkretnih želja kreću se u granicama objektivnih mogućnosti, koje su različite ne samo za pojedine individue, nego i za pojedine želje iste individue. U prouzvođačkom društvu, životne mogućnosti ljudi ograničene su društvenom podelom rada, u okviru koje pojedinac samo delimično sudeluje u izboru svog mesta i uloge. Zato se svako u svojim životnim težnjama mora suočavati sa društvenim mogućnostima njihovog ostvarivanja.

Ali **društvene mogućnosti** nisu fatalistički predodređene; njih svojim delovanjem određuju sami ljudi u skladu sa sopstvenim željama i potrebama; samo što se pojedinačne želje i potrebe često suprotstavljaju, pa se društvene mogućnosti njihovog ostvarivanja svode na neku rezultantu različitih i međusobno suprotstavljenih interesa. Sučeljavanjem sopstvenih težnji sa težnjama drugih, svaki pojedinac igra određenu, manju ili veću ulogu u određivanju društvenih mogućnosti ostvarivanja i sopstvenih i tuđih želja.

Svojim angažovanjem pojedinac sudeluje ne samo u određivanju, već i u širenju društvenih mogućnosti za ostvarivanje ličnih želja.

---

[1] Maslov, cit. rad, str. 89

50

Celokupan razvoj društva, kao rezultat individualnih i kolektivnih napora, kreće se upravo u pravcu sve većeg širenja tih mogućnosti jer se ljudi za društvene promene i bore u skladu sa sopstvenim interesima i željama. Razvojem nauke, tehnologije i društvenih odnosa šire se mogućnosti i ljudskog korišćenja prirode, i pravednije raspodele društvenog bogatstva na sve učesnike u njegovom stvaranju.

Odlučujuću ulogu u tome imaju **duhovne težnje i duhovno angažovanje**, kojim se stvaraju uslovi ne samo za ostvarivanje starih, već i za izazivanje novih želja. U osnovi takvih težnji je generički nagon za istraživanjem, pronalaženjem, saznavanjem i stvaranjem, koji i sami po sebi i sami za sebe predstavljaju ostvarivanje generičkih želja i zadovoljenje ljudske radoznalosti, čije ispoljavanje počinje gotovo od rođenja.

Zbog neprekidnosti takvih težnji, **čovek se nikada ne zadovoljava postignutim i dostignutim**. Da je zbog toga on najambicioznije i najnezadovoljnije biće na svetu, primetio je još stari Heraklit genijalnom opaskom da "*...za ljude ne bi bilo bolje kad bi im se sve želje ispunile*"[1]. Šta više, nezadovoljstvo je veće što su potrebe više zadovoljene; životinja je zadovoljna kad se najede, ljudsko nezadovoljstvo nakon zadovoljenja fizioloških potreba tek počinje.

Ljudsko nezadovoljstvo proističe iz nemira ljudskog duha, koji stalno teži inovacijama ne podnoseći stagnaciju i ponavljanja. Zbog toga čovek, i kad je najzadovoljniji, traži promenu, koja mu i sama po sebi pričinjava zadovoljstvo. Zadovoljstva traju dok se želje ostvaruju, i prestaju kad se ostvare; da bi stanje zadovoljstva trajalo, potrebne su nove želje i nova zadovoljstva. Ostvarivanje želja je kao igra koja pričinjava zadovoljstvo dok se igra.

Pošto, po pravilu, svako teži onome što je za njega dostižno, niko se ne zadovoljava dostignutim: ni oni sa malim, ni oni sa velikim ambicijama. Veće mogućnosti povlače veće ambicije ali i veća nezadovoljstva dostignutim, što se više napreduje, teži se još većem napredovanju.

---

[1] *Heraklitovi fragmenti*, fragment 110

Umni radnici su ambiciozniji od fizičkih radnika, i manje se zadovoljavaju ostvarenim rezultatima.

Te razlike ne proističu iz prirode radnika, već iz prirode rada. Dok je smisao fizičkog rada u stvorenom proizvodu, osnovni smisao umnog rada je u samom stvaranju. I samo zbog toga fizički radnici se više zadovoljavaju ostvarenim nego stvaranjem, dok je kod umnih radnika obrnuto. U principu, fizičkim radom se niko ne zadovoljava jer ga niko ne želi.

Predrasude o urođenim sklonostima ka fizičkom ili umnom radu proističu iz pozitivističkih saznanja zasnovanih na društvenoj podeli rada, koja jednima omogućava zato što drugima onemogućava da se bave umnim delatnostima. Ali uprkos tome, mnogi veliki umovi potekli su iz težačkih slojeva, kao što uostalom cela inteligencija nije imala odakle poteći nego iz redova fizičkih radnika; još i danas se stvaralačka inteligencija više regrutuje iz proizvođačkih klasa nego iz sopstvenih redova, a razvijene industrijske zemlje uvoze stručne i naučne kadrove iz nerazvijenih agrarnih zemalja.

Lišeni mogućnosti da se bave umnim radom, fizički radnici su više naklonjeni jalovom maštarenju i sanjarenju, kao najskromnijim duhovnim prohtevima; imaginarna svest je njihova bedna kompenzacija za nedostajuću stvarnu svest. Povučeni u sopstvenu duhovnu duplju, oni uobražavaju da je u njihovoj mašti ceo svet o kojem sve znaju i u kojem sve mogu, sve dok se tako zaslepljeni ne sudare sa stvarnim svetom o kojem malo šta znaju i u kojem malo šta mogu.

Prekraćivanjem objektivnih, fizičkim radnicima se prekraćuju i subjektivne mogućnosti za ostvarivanje ličnih želja. Lišeni mogućnosti da se bave umnim radom, oni nisu u mogućnosti ni da razvijaju svoje umne sposobnosti, zbog čega ni njihove želje ne sežu mnogo dalje od zadovoljavanja golih fizioloških potreba, što lako navodi na pomisao da ih je sama priroda učinila tupavim i nezainteresovanim za duhovni život.

Ukoliko su lišeni sredstava proizvodnje, fizičkim radnicima su, uz to, uskraćene i materijalne mogućnosti za ostvarivanje bilo kakvih drugih želja sem održavanja gole fizičke egzistencije, izvan koje ostaje samo sfera puke imaginacije. Bez mogućnosti proizvođenja stvarne svesti, proizvođač postaje podložnik imaginarne svesti; ukoliko nije gospodar sopstvene, zarobljenik je tuđe svesti.

Objektivne i subjektivne mogućnosti su u obrnutom odnosu prema ličnim željama i njihovom ostvarivanju: što su manje objektivne, neophodne su veće subjektivne mogućnosti, i obratno, da bi se određene želje ostvarile. Za ostvarenje istovetnih želja, pripadniku nižeg sloja potrebne su veće lične sposobnosti i mnogo više napora nego pripadniku višeg društvenog sloja.

Moć i nemoć

Spoj objektivnih i subjektivnih mogućnosti predstavlja **moć** za ostvarivanje ličnih želja, koje bez tog spoja nema. Ni najbolji majstor ne može napraviti kuću niodčega, kao što je ni od najboljeg materijala ne može sagraditi neko ko ne zna kako se kuće grade. A da li će do spajanja objektivnih i subjektivnih mogućnosti doći i da li će se potencijalna moć ispoljiti, zavisi od postojanja samih želja. Ako niko ne želi da gradi kuću, kuće nipodkojim uslovima neće biti.

Pošto se zasniva i na subjektivnim i na objektivnim mogućnostima, svaka moć ima **subjektivnu** i **objektivnu** komponentu, koje su neodvojive. Subjektivna komponenta se samo uslovno može nazvati **ličnom**, a objektivna **društvenom** moći, s obzirom da jednodimenzionalne moći nema, zbog čega je moć svakog pojedinca - **individualna moć**, istovremeno i lična i društvena.

Ali individualna moć ljudskog bića je prevashodno društvena moć jer se i lična moć pojedinca pretežno zasniva na drušvenim mogućnostima. Subjektivne mogućnosti su manje urođene a više stečene društvenim angažovanjem i usvajanjem društvenih tekovina. Lična moć

53

čoveka najvećim delom počiva na znanju koje je od drugih stekao, i saznanjima do kojih je zajedno sa drugima i u odnosima sa drugima došao. Ona je, na taj način, najvećim delom transponovana, i na urođene predispozicije pojedinaca nadograđena društvena moć. Pa i urođene predispozicije čoveka su samo jednim delom opštebiološke i fizičke, a drugim delom generičke i duhovne - nastale razvojem ljudskog roda.

To što čini specifično ljudsku - generičku ili duhovnu moć pojedinca je, prema tome, društvena moć koju je on od drugih i zajedno sa drugima stekao, a što mu je sama priroda podarila je samo njegova fizička moć, po kojoj se bitno ne razlikuje od drugih životinja. I upravo zato što je stvarana angažovanjem mnogih pojedinaca i generacija, duhovna moć čoveka daleko nadmašuje njegovu fizičku moć, ali bez fizičke, ne bi bilo ni duhovne moći.

Razlike u duhovnim i fizičkim, urođenim i stečenim mogućnostima pojedinaca čine da je njihova lična moć i pri jednakim društvenim mogućnostima veoma različita. Nejednakim društvenim mogućnostima te razlike se drastično uvećavaju sve do razlike između cara i prosjaka. Mada se manja lična moć može kompenzirati većom društvenom moći, u toj prilici su praktično samo pripadnici povlašćenih slojeva.

Pošto ljudske želje nemaju granica, nema ni te moći koja bi za ostvarivanje svih želja bila dovoljna. Zato s one strane ljudske moći uvek stoji osećanje **nemoći**, koje je upravo zbog toga što čovek stalno teži nekom napredovanju, po pravilu jače od osećanja moći. Usled nejednakosti objektivnih i subjektivnih mogućnosti, granica između moći i nemoći je za svakoga različita i stalno se pomera u zavisnosti od toga kako se menjaju mogućnosti.

Granica između moći i nemoći je i **granica između stvarne i imaginarne svesti**. Svako je u granicama svoje moći, i praktično i idejno preokupiran ostvarivanjem ostvarivih želja, a preko tih granica nastaje maštarenje i sanjarenje. Ko ima veću moć, potrebno mu je više vremena i angažovanja da bi to što želi ostvario, pa za maštarenje i sanjarenje nema ni dovoljno vremena ni naročite potrebe. Veliki biznismeni,

54

istraživači i stvaraoci ne stižu ni da posvršavaju sve poslove, ali i oni koji ništa ne rade a sve imaju, provode vreme u raznim zadovoljštinama sve dok u njima ne prorade ljudski geni i ne počnu razmišljati o smislu života.

Maštarenju se najviše odaju najnemoćniji i najbesposleniji koji svega imaju premalo a vremena previše. Ali i među najnemoćnijim su velike razlike, pa radnik koji ceo dan provodi za mašinom, manje maštari od nezaposlenog radnika ili od patrijarhalnog seljaka koji u apsolutnoj zavisnosti od ćudi prirode, više vremena provodi uz ognjište nego na njivi.

Generator imaginarne svesti je svako osećanje nemoći, koje razumno biće tera na razmišljanje radi pronalaženja objašnjenja, opravdanja i utehe za neostvarene želje. Zato svako, makar nakratko, maštari kad se nađe pred preprekom koju ne može da savlada, što ne treba brkati sa stvaralačkom maštom usmerenom na traženje rešenja u funkciji produkovanja i reprodukovanja stvarne svesti.

Imaginarni svet je jedan posebni, čisto duhovni svet, u koji čovek sam beži iz stvarnog sveta; on je duhovna kompenzacija za sve nedoživljenosti stvarnog života, uobražena samouteha za neutešne, izmišljena sreća za neusrećene. U mašti se može uživati i doživljavati sve što se u stvarnosti ne može; najnemoćniji mogu sebe zamišljati najmoćnijim, najnesrećniji najsrećnijim.

Zato se **religija** kao univerzalni oblik imaginarne svesti, ne može svesti na ideološku racionalizaciju klasnih interesa. Za razliku od prava, nije ona iz racionalizacije klasnih interesa pretvorena u vladajuću društvenu svest nego je, obrnuto, kao vladajuća društvena svest stavljena u funkciju racionalizacije klasnih interesa.

Religija je, naime, opšti oblik racionalizacije ljudskih želja, proistekao iz opšte nemoći ljudskog roda, i baš zbog toga je nejpogodnije sredstvo ljudskog porobljavanja. Kao "*...stvar čovekovih težnji da se oslobodi zla koje ima ili kojeg se plaši, i da postigne dobro koje priželjkuje, koje mu njegova fantazija dočarava...*", ona "*...nastaje samo u*

55

noći neznanja, nevolje, bespomoćnosti; suština božanstva otkriva samo suštinu želje i suštinu s njom povezane uobrazilje..."[1]; religija je "*...proizvod nemoći...*"[2], "*...iluzorno sunce koje će se okretati oko čoveka sve dok se on ne bude kretao oko samog sebe...*"[3]; "*...bog je nada u spas usred brodoloma, fiktivni osećaj sigurnosti za slabiće i kukavelje*"[4].

Ali apsolutne nemoći nema kao što nema ni apsolutne moći; postoji samo dovoljna i nedovoljna moć da se neka želja ostvari. Zbog neograničenosti ljudskih težnji, opojnosti religije podležu i moćni i nemoćni. U osnovi svake nerealne svesti su nerealne težnje za neograničenom moći. Zamisao realno nezamislive apsolutne moći božanstva je fantastični izraz nezajažljive težnje čoveka za apsolutizacijom sopstvene moći. I svi božanski atributi su samo do savršenstva dovedeni nesavršeni ljudski atributi jer "*...bog nije ništa drugo do cilj, ideal čovekov...*"[5], kojem "*...pripisujemo svoje sopstvene...*" atribute, koje "*...samo uvećavamo ili preterano naduvavamo toliko da na kraju krajeva ne prepoznajemo osobine koje smo na početku dobro znali kao svoje*"[6].

Geneza religijske svesti izražava zapravo neodoljive težnje čoveka za bezgraničnim povećanjem sopstvene moći i postizanjem sopstvenog savršenstva. Najpre su tajanstvene sile - duše (animizam) raštrkane po celoj prirodi; "*...u očima primitivnog čoveka ceo svet je živ, pa ni drveće i biljke u tom pogledu nisu izuzetak*"[7]. Zatim se te sile kancentrišu u sve manjem broju sve moćnijih božanskih sila (politeizam), sve do jednog jedinog svemogućeg božanstva (monoteizam), sa tendencijom da se totalitarizacijom jedne vere celom čovečanstvu nametne jedno božanstvo, ili sa "*...težnjom ka jednoj religiji koja bi se u celini sadržavala*

---

[1] Ludvig Fojerbah, *Predavanja o suštini religije*, "Kultura", Beograd, 1955, str.52

[2] Dr Vilim Keilbach, *Psihologija religije*, Tisak grafičke škole, Zagreb, 1951, str. 62

[3] K. Marks, F. Engels, Dela, isto, tom III, str. 151

[4] M. Krleža, *O religiji*, "Oslobođenje", Sarajevo, "Mladost" Zagreb, 1982, str. 127

[5] Fojerbah, cit. rad, str. 110

[6] Holbah, cit. rad, str. 335

[7] Džejms Džordž Frejzer, *Zlatna grana*, BIGZ, Beograd, 1977, str. 145

u unutrašnjim i subjektivnim stanjima i koju bi svako od nas slobodno gradio"[1].

Uz veličinu, menjan je zavisno od ljudskih težnji, i karakter božanske moći. Dok je u reprodukovanju svoje životne egzistencije koristio prevashodno fizičku snagu, čovek je i bogove zamišljao u obliku fizičkih - prirodnih sila, *"...u životinjskom ili biljnom obličju"*[2]. Ukoliko je u tome sve značajniju ulogu dobijao ljudski um, bogovi su predstavljani u ljudskom obličju, a kad je um počeo da dobija prevagu nad fizičkom snagom, počelo je i predstavljanje bogova kao bezličnih, nadljudskih i čisto duhovnih sila. Prema islamu, *"...bog je neshvatljiv, on ne liči čoveku, neka su prokleti oni koji mu pripisuju ljudsko, jer njegova je glavna osobina nadčovečanska"*[3].

Već u ljudskom obličju, bogovi su se od običnih ljudi razlikovali prvenstveno ili isključivo po većoj duhovnoj moći. Bogovima su obično postajali vidari i vrači, koji su posedovali moć lečenja i predviđanja, pa je tako i stari *"...sicilijanski filozof Empedokle objavio da je on ne samo vrač nego i bog"*[4]. Iznad boga - čoveka bog - nadčovek se uzdiže do apsolutne moći da samo snagom svoje reči stvara čuda. *"Alah je svemoćan, što hoće stvara snagom svoje Riječi: "Ako nešto hoćemo, Mi samo za to reknemo: "Budi" - i ono bude"*[5]. Prema Talmudu, *"...s deset je riječi stvoren svijet"*[6].

Granice božanske moći pomerane su sa pomeranjem granica ljudske moći; sa povećavanjem ljudske moći uvećavana je i božanska moć kao poželjna anticipacija ljudske moći. I kakvu je moć želeo za sebe, takvu je moć čovek pripisivao svojim božanskim idolima, pa ukoliko se nije zadovoljavao dostignutim nivoom sopstvene moći, nije se mogao

---

[1] Emil Dirkem, *Elementarni oblici religijskog života*, "Prosveta", Beograd, 1982, str. 44

[2] Isto, str. 62

[3] Esad Bej, *Muhamed, postanak i širenje islama*, Geca Kon, Beograd, 1940, str. 84

[4] Dž. Dž. Frejzer, *Zlatna grana*, BIGZ, izd. iz 1977, str. 119-124

[5] Kur. 16, 40, Jean-Rene Milot, *Islam i muslimani*, "Hrišćanska sadašnjost", Zagreb, 1982, str. 50

[6] Izd. "Otokar Keršovani", Rijeka, bez god. izd., str. 162

zadovoljiti ni jednom zauvek anticipiranom božanskom moći; boga-čoveka morao je u njegovim imaginacijama zameniti bog-nadčovek.

To je zato što je bog samo drugo - imaginarno biće čoveka; ako je živi čovek oličenje stvarne, bog je oličenje poželjne - nestvarne moći. Pošto živog čoveka nema bez ikakve moći, ne bi se bez moći moglo zamisliti ni bilo kakvo božanstvo jer je zamisao božanstva pre svega zamisao poželjne moći; *"...moć je čak prvi predikat božanstva ili, štaviše, prvo božanstvo"*[1]. Čoveku je bog i potreban samo kao moćno, i to što moćnije biće od njega samoga, kao biće kojem će se moliti za nešto u čemu je sam nemoćan. Božanska moć je zapravo refleksija ljudske nemoći; sve što ne može čovek, treba da može bog, inače njegova zamisao gubi svaki smisao.

Religijska svest je najnaivnija, ali i najvernija refleksija ljudskih težnji za neogrničenom duhovnom moći i za oslobađanjem ljudskog roda od mukotrpnog proizvodnog rada. Kad je iluzornost takve svesti uočena, ljudski um se od božanske uobrazilje počinje vraćati samome sebi, tražeći u sopstvenim mogućnostima realne izvore neograničene, ili sve manje ograničene moći. Teizam prelazi u **ateizam**, a religijska svest ustupa mesto naučnoj svesti.

Time se religijska svest vraća svom ishodištu, koje se u njoj samo izgubilo dok još nije bilo u stanju da sebe pronađe u samome sebi. Bezbožništvo ne samo što je prethodilo pobožnosti, nego je celo vreme predstavljalo njenog nerazdvojnog pratioca. *"Prvi zapisan primjer pravog ateizma potječe iz Jeruzalema: Bezumnik reče srcu: Nema Boga"* (Ps. 14.1). *Zanimljivo je da bi drugi primjer mogla biti odlučna skupina ateista u Indiji pet stoljeća pre Krista"*. Po Valdhamani Mahaviri (599-527. g. pr. Hr.), *"...svećenici i žrtve, pa čak i Bog nepotrebni su, budući da ovaj svijet ima ugrađen, nemilosrdan moralni poredak koji automatski nagrađuje dobrotu, a kažnjava zlo"*[2].

---

[1] Ludvig Fojerbah, cit. rad, str. 102

[2] *Religije svijeta*, isto, str. 47, 48

Tražeći spasa u moći samog ljudskog uma, budizam je ostao najverniji svom duhovnom ishodištu. Budistički "...*preporod bi se zasnivao na samom ljudskom naporu bez posredništva božanstva, tako da se budizam često s pravom naziva religijom bez boga. U stvari, budizam i jeste u osnovi jedno etičko-filozofsko učenje s malim primesama religioznosti*"[1]. Ni đainisti "...*ne priznaju stvoritelja; svet je za njih večit, i izričito odriču da bi od pamtiveka moglo postojati jedno savršeno biće*"[2].

Filozofija je već stalno "ratovala" sa religijom. U ranoj kineskoj misli "...*pojava civilizacije nije se pripisivala božanskoj volji nego umu drevnih mudraca*...", a i "...*na promene u dobro uređenom ljudskom društvu gledalo se kao na delo ljudskih nastojanja*"[3]. Stari grčki filozofi bili su mahom ateisti, a novi vek je bar u filozofiji i nauci doneo konačnu prevagu ateizma nad teizmom. Hegel boga identifikuje sa umom[4], Spinoza sa životom[5], a Niče sa voljom za moć[6].

Potiskivanje vere u božansku moć verom u ljudsku moć ubrzava se približavanjem ljudske moći božanskoj moći. Što više veruje u sebe, čovek ima sve manje razloga da veruje u boga. I što manje veruje u boga, više će verovati u sebe. Što manje bude molio za božiju pomoć, brže će podizati sopstvenu moć.

Individualna i kolektivna moć

To što ljude spaja i radi čega se oni udružuju, jeste pre svega, **snaga kolektivne moći**, koja nadmašuje individualnu moć pojedinca. Kao spoj individualnih moći, kolektivna moć za opstanak čoveka mnogo

[1] Vuko Pavićević, *Sociologija religije*, BIGZ, Geograd, 1988, str. 209

[2] Emil Dirkem, cit. rad, str. 32

[3] *Rani srednji vek*, Izdavački zavod "Jugoslavija", Beograd, 1976, str. 354

[4] *Filozofija povijesti*, "Kultura", Zagreb, 1951, str. 51

[5] Baruh Spinoza, *Metafizičke misli*, "Grafos", Beograd, 1988, str. 56

[6] Fridrih Niče, *Volja za moć*, "Prosveta", Beograd, 1976, str. 62, 80, 262, 280, 297, 432

znači, ali ona nije prost zbir pojedinačnih moći nego nešto više, i često mnogo više od toga. Mnogo toga što pojedinac ne može sam postići, može udruženim snagama sa drugim pojedincima.

Već i povezivanje same fizičke snage pojedinaca u kolektivnu snagu grupe omogućava da se obave poslovi koji se pojedinačno ne bi mogli obaviti. Ali udruživanje ljudi nikada se ne svodi samo na povezivanje njihove fizičke snage, već uključuje i povezivanje njihoveih duhovnih sila, koje potkrepljuje i duhovnu i fizičku moć. *"Čim se pojedinci skupe, iz njihovog zbližavanja oslobađa se neka vrsta elektriciteta koji se brzo uznosi do izvanrednog stanja zanosa..."*, pa *"...usled skupa raspaljenog zajedničkom strašću postajemo podložni osećanjima i delima za koje smo nesposobni kada smo svedeni samo na naše sopstvene snage"*[1].

Snagom kolektivne moći obezbeđuje se opstanak i ljudske jedinke i ljudskog roda. Čovek se rađa, živi i umire u kolektivu, van kojeg i ne može egzistirati. Drugi čovek je njegova nasušna - biološka i duhovna potreba, jer ne samo što je usamljeništvo ljudske jedinke nemoguće nego se i njena individualna moć zasniva uglavnom na društvenim mogućnostima.

U početku se individualna moć nije ni izdvajala iz kolektivne moći, pa čovek tu još i *"...ne postoji kao pojedinac..."* već je *"...uronjen u kolektivitet"*[2]. Individualizacija moći počinje s osposobljavanjem ljudske jedinke za relativno samostalnu egzistenciju, sa čim se istovremeno nameće i problem njenog vezivanja za kolektiv jer osamostaljivanje podrazumeva i suprotstavljanje koje može ugroziti opstanak i jedinke i kolektiva. To je u suštini problem odnosa jedinke i kolektiva, individualnih i kolektivnih interesa, individualne i kolektivne moći, te individualne i kolektivne svesti.

Dok ih je sama priroda terala da unutar horde deluju kao jedno biće, pojedinci nisu mogli ni pomišljati na neko **osamostaljivanje**, a čim

---

[1] Emil Dirkem, cit. rad, str. 200, 195

[2] Branko Horvat, cit. rad, str. 428

su se počeli osamostaljivati prema prorodi, postalo je moguće i osamostaljivanje jednih prema drugima, zbog čega je radi povezivanja, da se klan ne bi raspao, odmah morao biti izmišljen neki kult - autoritet kolektivne moći u obliku **totema**, kao začetka kolektivne - religijske (religare=veza) svesti. *"Totem je izvor moralnog života klana; sva bića koja se sjedinjuju u istom totemskom principu smatraju se, samim tim, među sobom moralno povezana; jedna prema drugima imaju definisane dužnosti pomoći, osvete, itd., i upravo te dužnosti čine srodstvo"*[1].

Pošto fizička moć nema takvu kohezionu snagu koja bi iole osamostaljene pojedince vizivala jedne za druge, vezivno tkivo ljudskog zajedništva otpočetka su predstavljale duhovne veze, utkane u samu produkciju i reprodukciju ljudskog života. Ukoliko su nedostajala saznanja, tome su morala poslužiti verovanja, umesto stvarnih veza korišćene su izmišljene veze. Što je više upoznavao stvarni, čovek je sve manje morao izmišljati nestvarni svet, i što se više snalazio u ovom, sve je manje mislio na onaj svet.

Dok su živeli od sakupljačke aktivnosti i lova, ljudi nisu imali čvrst materijalni oslonac svog zajedništva, pa su ga među mnoštvom tajanstvenih sila tražili u izmišljenom zaštitniku svog klana - totemu. Sa prelaskom na zemljoradnju i stočarstvo, taj oslonac su dobili u zaposednutoj zemlji, koju su kao osnovno sredstvo svoje egzistencije sami obrađivali i štitili. Tajanstvene sile su se sada mogle polako povlačiti u tajanstvene sfere prirode od čije su ćudljivosti zavisili nepredvidivi prinosi poljoprivrede.

Kao kolektivni posednik zaposednutog zemljišta, o kojem je samo brinulo, pleme je moralo samo brinuti o i sopstvenoj moći, kako prema spoljašnjem neprijatelju, tako i prema individualnoj moći svojih pripadnika. Uz zajedničko zemljovlasništvo morale su ići i određene **plemenske norme** zasnovane na zajedničkim interesima i zajedničkim odlukama, kojima je preduprečivana moguća zloupotreba individualne moći. Čim su plemensku zemlju dobila na samostalno korišćenje,

---

[1] Emil Dirkem, cit. rad, str. 177

porodična domaćinstva su dobila i određenu samostalnu moć, naspram koje je odmah morao biti uspostavljen autoritet kolektivne **plemenske moći.**

Do pojave zemljovlasništva nije bilo diskriminacije u društvenim mogućnostima jer nije bilo ni postojanih društvenih mogućnosti. Čim je se, međutim, zemlja kao osnovno i postojano sredstvo društvene reprodukcije, počela deliti različitim korisnicima, morale su nastati razlike u njihovoj društvenoj moći jer je jedan dobio bolje a drugi lošije parče zemlje, pri čemu su, zahvaljujući svom autoritetu, naročito plemenske starešine profitirale.

Egocentričnost koja je ekscentričnim svojinskim tendencijama podsticana, pretila je da ugrozi jedinstvo zajednice, u čiju su odbranu morale biti pokrenute raspoložive duhovne snage. Dok su po sili prirodne nužde stvarno postojali, pozivanje na jednakost i solidarnost nije bilo potrebno, a čim su nastale imovinske nejednakosti i egoistička gramzivost, nastali su i vapaji za jednakošću i solidarnošću. Sve velike religije nastale su kao masovni pokreti za povratak preživelog prakomunističkog zajedništva. *"Prema jevanđelima, Isus uvek zahteva od svojih učenika da svaki preda sve što ima...",* a *"...za napuštanje porodice i imovine dobiće se u državi budućnosti bogate nagrade u zemaljskim uživanjima"*[1].

Religija je tako nastala kao iluzorni vapaj za izgubljenom moći, i kao duhovna pobuna nemoćne sirotinje protiv moćnih bogataša. Religijska propoved socijalne jednakosti zamenila je stvarnu jednakost, duhovna pobuna protiv moćnika pokrenuta je umesto stvarne pobune nemoćnika. Sem maštanja o ponovnom uspostavljanju izgubljenih jednakosti, nije bilo nikakvih izglednih mogućnosti za suzbijanje tek nastajalih ekonomskih i socijalnih nejednakosti.

Proces **ekonomske i socijalne diferencijacije** nastavljen je sve do krajnje polarizacije na nemoćne robove i svemoćne robovlasnike.

---

[1] Karl Kaucki, cit. rad, str. 288, 307

Uz monopolizaciju ekonomske moći išla je i monopolizacija duhovne moći, kojom su religijske propovedi izokrenute u svoju suprotnost: od apologije društvene jednakosti u apologiju društvene nejednakosti. Od vladajuće svesti još nepolarizovane komunističke opštine gde je bogaćenje na tuđ račun predstavljalo izuzetak, religija je preobraćena u vladajuću svest polarizovane klasne zajednice u kojoj je prisvajanje tuđeg rada i tuđeg vlasništva postalo pravilo.

Zasnovana na koncentraciji ekonomske moći, **koncentracija duhovne moći** u posedu vladajuće klase, dobila je svoj oslonac u fizičkoj i duhovnoj **prinudi** iza koje je kao krajnji oslonac stajala **sila**. Prvobitno je kolektivna svest prihvatana prevashodno iz ubeđenja, spontano i uz visoki stupanj identifikacije sa kolektivnim idejama, baš kao što se u celokupnom životu pojedinac identifikovao sa kolektivom. Što su se interesi pojedinaca više razilazili, razilazila su se i njihova ubeđenja, kako međusobno, tako i sa kolektivnom svešću, na koju su presudnije uticali autoritativniji pripadnici kolektiva.

Suprotstavljenost individualnih interesa i ubeđenja dostigla je krajnji domet u robovlasništvu kada je, zahvaljujući gotovo apsolutnoj društvenoj moći, presudan uticaj na formiranje društvene svesti zadobila vladajuća klasa. Pošto su robovi odbačeni od društva, društvena svest je i formalno izjednačena sa svešću robovlasnika, ali u funkciji klasnog izrabljivanja ona je proizvođačkoj klasi morala biti nametnuta.

U funkciji klasnog izrabljivanja vladajuća svest nameće se, kao i samo izrabljivanje, svim sredstvima, pa i fizičkom silom. Pravo se izričito oslanja na fizičku prinudu, koja predstavlja ne samo zastrašujuću pretnju, već i izvršnu kaznu religije, pa i morala. Ne samo što je "...*strah stvorio bogove...*"[1], nego i bogovi ulivaju <u>strah</u>poštovanje jer se bogohuljenje kažnjava i smrću, zašta je, pored ostalog, izmišljena i giljotina. Ni moralne sankcije se ne ograničavaju samo na društvenu osudu, već se kao kazna primenjuju i fizički linč ili krvna osveta, a protiv skrnavljenja vladajućih političkih ideologija izmišljena su progonstva,

---

[1] Holbah, cit. rad, str. 440

koncentracioni logori, električna stolica, streljanje, klanje, vešanje, i mnogo šta drugo što pri samom pomenu izaziva strah i užas.

Pošto snaga ideoloških normi zavisi od ličnih opredeljenja, uterivanje straha radi iznuđivanja ličnih opredeljenja je njihov glavni adut kad su u koliziji s ličnim interesima. Zato su sankcije prema prekršiocima lične a egzekucija kolektivna, ali jedino moćniji nemoćnije i mogu kažnjavati. Zbog suprotstavljenosti klasnih interesa, ideologija klasnog društva je i moguća samo kao iznuđena i **nametnuta svest**.

Kao opštevažeća pravila, vladajuće ideološke norme i moraju biti u obliku **oktroisane, ukalupljene** i **neporomenljive** svesti, nasuprot izvornim, raznolikim i promenljivim ličnim ubeđenjima, koja po svojoj prirodi ne mogu predstavljati unificiranu svest. Duhovni monopol se može održavati samo pomoću okoštale svesti, baš kao što se ekonomski monopol održava pomoću opredmećenog rada, i kao što opredmećeni rad u toj funkciji dominira nad živim radom, tako i okoštala ideološka svest dominira nad živom svešću.

Koncentracija duhovne moći je zapravo u funkciji klasne koncentracije ekonomske moći kao osnove ukupne društvene moći. Stoga je duhovna vlast uvek vezivana za svetovnu vlast, sa kojom je na vrhuncu svoje moći bila praktično stopljena. "*Spajanje svetih funkcija s kraljevskom titulom...*" je "*...zajednička karakteristika društva na svim stupnjevima razvitka...*", a "*...na izvesnom stupnju razvitka našeg društva često se mislilo da je kralj ili sveštenik obdaren i natprirodnim silama ili da je ovaploćenje božanstva...*"[1], dok su faraoni, satrapi i carevi proglašavani za bogove.

Otuda je koncentracija duhovne moći dosledno sledila koncentraciju ekonomske moći. Totemizam je odgovarao dekoncentrisanoj moći nepolarizovane plemenske zajednice, politeizam policentričnoj koncentraciji robovlasničke moći, a monoteizam centralizovanoj moći feudalne hijerarhije. Da bi se obezbedilo duhovno potčinjavanje, ono je umesto ljudskoj, pripisivano sudbonosnoj božijoj volji, radi čega je

---

[1] Frejzer, *Zlatna grana*, BIGZ, 1977, str. 138 i 214

hijerarhija onozemaljskog sveta "usavršavana" prema usavršavanju hijerarhije ovozemaljskog sveta, tako da "...*katolicizam gradi ispod božjeg prijestolja piramidu četa anđela i svetaca koje malo po malo dobivaju sve raznolikije i sve određenije oblike*..."[1], a slično je i sa drugim religijama.

Hijerarhija svete moći predstavljala je ideološku masku hijerarhije svetovne moći, koju je trebalo pravdati i opravdavati božanskim blagoslovom. Piramida svete moći građena je po uzoru na piramidu svetovne moći, a u svesti svetih i svetovnih podanika stvarana je obrnuta predstava, čiji je jedini smisao bio da se podaništvom prema bogu učvrsti podaništvo prema caru. Da bi se nadomestilo odsustvo stvarne duhovne svemoći cara, njegova ekonomska moć morala je biti nadograđena imaginarnom duhovnom svemoći boga, jer da bi uživao apsolutno poštovanje, car je u očima svojih podanika morao biti najbogatiji i najpametniji, i njegovo bogatstvo moralo je biti pripisano njegovoj pameti a ne obrnuto.

Centralizacijom ekonomske moći, na čijim osnovama je centralizovana ukupna društvena moć, stvorene su velike **razlike u individualnoj moći** pojedinca nezavisno od njihovih ličnih mogućnosti. "*Onaj ko je na položaju, a nedostaje mu znanje ili snaga ličnosti, mora da se osloni na svoju formalnu moć; on i nesvesno popunjava tu prazninu u svojim kvalifikacijama i kvalitetima tako što svakom jasno stavlja do znanja da je on na položaju - vlast; biće kako on kaže*"[2].

Zavisno od imovinskog stanja, na lestvici društvene moći visoko su se mogli uspeti najnesposobniji i nisko pasti najsposobniji, na osnovu čega su stvarane iskrivljene predstave o prirodnim nejednakostima među ljudima, tako da su i društvene nejednakosti prikazivane kao prirodne a prirodne kao društvene. Ako je Aristotel, ne proniknuvši u tajne društvenih nejednakosti, ljude po njihovoj prirodi podelio na razumne

[1] *Sociologija*, zbornik (Gabriel Le Brac), sv. II, red. Georges Gurvitch, "Naprijed", Zagreb, 1966, str. 98

[2] W. Edvards Deming, *Nova ekonomska politika*, izd. Poslovni sistem "Grmeč", Beograd, 1996, str. 111/2

i nerazumne, Niče je, polazeći od proizvoljne pretpostavke - "verovanja" da je "volja za moć", kao prirodna sposobnost, uzrok svih zbivanja, izvršio prividno ubedljivu podelu ljudi na više i niže, jake i slabe, voljne i bezvoljne, moćne i nemoćne.

Nema sumnje da **snaga volje** zavisi od prirodnih predispozicija, ali i od stečenih sposobnosti, a ponajviše od objektivnih mogućnosti da se ljudske želje ostvare. Prirodno je da je prirodna predisponiranost ljudi različita, ali nema ljudskih bića bez ikakvih voljnih predispozicija. Svako može, brže ili sporije, bolje ili lošije naučiti kineski jezik; niko, međutim, neće ni pokušati da govori kineski ako govoriti ne zna; ali niko neće imati volje ni da ga uči ako je bez ikakvih izgleda da stečeno znanje upotrebi. Volja je, bez sumnje, jača ako je prirodna predisponiranost veća, ali ona slabi kad se izgledi za ostvarenje određenih želja smanjuju, kao što pri povećanim izgledima jača i kad je lična predisponiranost manja.

Stoga je razumljivo što svako svoju moć više ispoljava prema slabijim nego prema jačim, jer po sili prirodnih zakona, "*...svaka je molekula u biti sklona da se kreće u pravcu najmanjeg otpora...*"[1], pa i "*...svaki živi organizam zahvata oko sebe onoliko koliko mu to njegova snaga dopušta i pokorava sve što je slabije od njega...*"[2] dok niko i ne pokušava da svoju moć iskušava nad moćnijim od sebe. I religija se, u službi moćnika, povinuje tom pravilu, pa nalaže apsolutnu poslušnost i pokoravanje nemoćnih moćnim i slabijih jačim, a ne obrnuto, ali "*...ljudi, tj. mase radnika i zanatlija samo kad su siromašni ostaju pokorni bogu*"[3].

To zapravo demantuje tezu o prirodnoj podeli na moćnike rođene da vladaju nemoćnim, i nemoćnike rođene da se pokoravaju moćnim. Ne samo što nemoćni postaju moćnim, a moćni nemoćnim, nego je na hijerarhijskoj lestvici društvene moći svako istovremeno i moćan

---

[1] Claude-Henri de Saint-Simon, *Izbor iz djela*, "Školska knjiga", Zagreb, 1979, str. 93

[2] Fridrih Niče, cit. rad, str. 39

[3] *Teorije o društvu*, I sv., "Vuk Karadžić", Beograd, 1969, (Maks Veber), str. 1195

- prema nižim, i nemoćan - prema višim od sebe. Priroda ljude ne stvara ni moćnim ni nemoćnim, oni sebe takvim, jedni sa drugim i jedni protiv drugih, sami stvaraju.

Ali to ne bi bilo moguće da ljudi po svojoj prirodi ne teže ka moći i da *"...svaki čovek, svaka skupina ljudi, ma kakva ona bila..."*, ne *"...želi povećati svoju moć"*[1]. I kad im to ne polazi za rukom, oni kompenzaciju traže u ideološkoj i psihološkoj identifikaciji sa drugim, makar imaginarnim moćnicima. Težnja ka moći se na taj način izražava kroz ispoljavanje nemoći i dobrovoljno potčinjavanje moćnim. Čovek je prinuđen da se u borbi za opstanak protivrečno ponaša: da se potčinjava i da potčinjava, da se pokorava i da pokorava, da se štiti i stavlja pod tuđu zaštitu.

Klanjanjem caru, pojedinac se intimno **identifikuje sa celim društvom** koje car oficijelno predstavlja, i kojem i sam pripada, klanjanjem bogu, identifikuje se sa celim svetom čiji je i on neodvojivi deo. Bog je, po Dirkemu, *"...samo slikovit izraz društva..."*, a *"...kad se neko sveto biće podeli, u svakom od svojih delova ostaje u celosti ravno samom sebi; drugim rečima, u očima religijske misli deo je jednak celini; on ima iste moći i istu delotvornost"*[2]. Identifikovanjem sa moćnijim silama, pojedinac se i sam oseća moćnijim od sebe.

Ideološka i psihološka identifikacija sa društvom nije puka uobrazilja bez ikakvog oslonca u stvarnosti. Kao osnova društvene moći, postojeće bogatstvo društva, bez obzira ko njime formalno i stvarno raspolaže, predstavlja zajedničko delo svih njegovih članova, i pre svega obezvlašćenih proizvođačkih masa; ono je opredmećeni deo njihovog sopstvenog bića u kojem je putem uloženog rada sčvrsnuta i akumulirana njihova životna energija. I više od toga, kao materijalna osnova proizvodnje, to bogatstvo je neizostavni uslov njihove životne egzistencije, opstanka i razvoja celog društva. Ono je skoncentrisana i akumulirana moć celokupnog društva, zbog čega individualna moć

---

[1] Sen-Simon, cit. rad, str. 43

[2] Cit. rad, str. 209, 219

onih koji njime raspolažu, i nadilazi njihove, po pravilu skromne lične mogućnosti.

Ali lične mogućnosti samozvanih ili odabranih predstavnika društva koji raspolažu njegovim bogatstvom i njegovom moći, i ne treba da nadilaze prosečne mogućnosti masa da bi se one sa njima mogle identifikovati i da bi oni na njih mogli uticati. Pravi vođa sa kojim se mase rado identifikuju, "...*ni po čemu se naročito ne izdvajaju iz prosečne mase, i ne sme se suviše razlikovati od proseka...*" jer "...*prosečni čovek rado prihvata vođu koji mu je na ovaj ili onaj način sličan...*"[1], kojeg razume i od kojeg očekuje da ga razume.

Ako sam nije moćan, pojedinac traži utehu u sličnosti sa moćnima, i ako se sa njima ne može izjednačiti u stvarnosti, izjednačava se u mislima. Zato misli moćnika, da bi opsenile mase, moraju biti na nivou mišljenja samih masa, koje za svoje vođe traže i prihvataju svoje istomišljenike. I sam "...*kriščanski bog je duhom veoma siromašan; on je ono što je bila religiozna svijest prije dvije hiljade godina...*"[2], ali izgovorene iz usta velikana, i najbanalnije misli dobijaju epitete velikih misli.

Pripisivanje sopstvenih misli obogotvorenim moćnicima ili osvemoćenim bogovima je samo ideologizirani izraz neostvarenih **težnji za društvenom jednakošću** jer niko ne teži da se izjednači sa nemoćnijim, nego sa moćnijim od sebe. U nemogućnosti da se takve želje ostvare, uteha je božjim i carskim podanicima pružana u jednakosti pred bogom i carem. Niko se, međutim, ni pred bogom ni pred carem ne zadovoljava jednakošću na minimumu egzistencije i pod teretom mukotrpnog proizvodnog rada; svako, bar u snovima, priželjkuje da se izjednači i sa carem i sa bogom.

Lišene društvene moći, pauperizovane i obezvlašćene mase pokušavaju da svoje težnje, u sukobu sa povlašćenim elitama, **udruženim snagama** ostvare. Težnja za društvenom jednakošću, ne međusobno

---

[1] Đuro Šušnjić, *Cvetovi i tla*, NIRO "Mladost", Beograd, 1982, str. 171

[2] Branko Bošnjak, cit. rad, str. 262

68

već sa moćnijim od sebe, predstavljala je glavni motiv svih poznatih ustanaka izrabljivanih proizvođačkih masa - robova, kmetova i proletera. Buržoaska revolucija je mogla pokrenuti mase samo idejom opštedruštvene jednakosti svih sa svakim i svakog sa svakim, koja je neostvariva bez opštedruštvene slobode svih i svakog.

Zasnovane na podeli umnog i fizičkog rada i održavane pomoću fizičke sile, društvene nejednakosti nisu, međutim, mogle biti ukinute na neizmenjenoj osnovi i istim sredstvima kojima su i održavane. Umesto jednakosti pred bogom i carem, buržoazija je proklamovala jednakost pred zakonom, kao novi ideološki veo kojim su prekrivene i prikrivane nove društvene nejednakosti. Podela na imni i fizički rad je ostala, a zemljovlasništvo je kao osnova monopolisane društvene moći zamenjeno vlasništvom kapitala.

U funkciji osnovnog i univerzalnog činioca društvene reprodukcije, **kapital** je postao osnova ukupne društvene - ekonomske, političke i duhovne moći. Stavljajući pod sopstvenu komandu sve nosioce društvene reprodukcije, on se pretvara u najmoćniju društvenu silu i u vrhovno ovozemaljsko božanstvo od kojeg svi zavise i kojem se svi klanjaju. I najmoćniji vlasnici kapitala su njegovi podanici koji moraju slediti njegov reprodukcioni ritam i pokoravati se neumitnim zakonima njegove reprodukcije.

Pred kapitalom su svi jednaki utoliko što se svi (pre nego volji božjoj) moraju pokoravati neumoljivim zakonima njegove reprodukcije, koji nikome ne praštaju jer deluju stihijski ili preko objektiviziranih, od volje pojedinca nezavisnih, pravno sankcionisanih pravila ponašanja. U funkciji kapitalističke reprodukcije, građansko pravo je pravo institucija i uloga koje "...*ne znaju za* **ljude**; *ono zna za dužnike i poverioce, prodavce i kupce, poslodavce i posloprimce, osiguravače, advokate, sudije, policajce, članove udruženja, korporacija, akcionarskih društava, itd.*"[1]. Ko god se nađe u tim ulogama, mora se, hteo ne hteo, ponašati po unapred propisanim pravilima.

---

[1] Erik Vajl, *Politička filozofija*, "Nolit", Beograd, 1971, str. 199

To je tako upravo zato što je građansko **jednako pravo - pravo nejednakih**. Svi su u istoj ulozi jednaki ali su uloge nejednake, a i u istoj ulozi jednaka prava se pri nejednakim mogućnostima nejednako ostvaruju. Poslodavac je samo kupac a posloprimac samo prodavac radne snage, i oni svoje uloge ne mogu po želji menjati iako im zakon to formalno dopušta. I pravo učešća u raspodeli profita je za sve jednako ali prema uloženom kapitalu; moć svakog kapitaliste jednaka je moći njegovog kapitala uprkos, i upravo zbog jednakosti svojinskih prava. Ukidanjem feudalne hijerarhije, buržoaska revolucija nije ukinula hijerarhiju društvene moći; ona je samo promenila karakter moći.

Socijalistička revolucija je pokušala da ukidanjem privatnog kapitala ukine i hijerarhiju društvene moći ali je ustoličavanjem državnog kapitala ustoličila još veću hijerarhiju. Radnik je postao još nemoćniji nego što je bio, a šef države moćniji od najmoćnijeg kapitaliste. Radnik je vezan za državni kapital koji je faktički stavljen u ruke državnog poglavara, kao što je kmet bio vezan za carsku zemlju koja se nalazila u rukama cara, pa je i hijerarhija društvene moći od vrha do dna uspostavljena poput feudalne hijerarhije.

Zapleten u mrežu političkih institucija, kapital je ukroćen ali i uškopljen i onesposobljen za normalno reprodukovanje. Ekonomska moć kapitala podređena je političkoj moći države i vladajuće partije, a politička ekonomija ekonomskoj politici zasnovanoj na voluntarističkim improvizacijama političkog vođstva. Politički predvodnici postali su na taj način vrhunski moćnici kojima bi mogli pozavideti ne samo najmoćniji carevi nego i svemoćni bogovi.

Mislilo se da je kapital konačno pobeđen a pobedu je na koncu odneo kapital. Pod visokim naponom prenapregnutog stanja prigušenih ekonomskih tokova, krhka građevina državnog socijal-kapitalizma (ili kapital-socijalizma) srušila se bez otpora kao kula od karata. Ako je izvesno vreme uspevala da vlada nedovoljno moćnim nacionalnim kapitalom, svemoćna nacionalna vlada se pokazala nemoćnom pred vladavinom svemoćnog svetskog kapitala.

70

Gde je društvena moć manje skoncentrisana u državnom aparatu, do takvih sistemskih lomova nije dolazilo. Razvojem zadrugarstva i akcionarstva stvarana je društvena protivteža državnom kapitalu, koja je predstavljala osnovu razuđivanja društvene moći na veliki, i sve veći broj subjekata. Time su širene društvene mogućnosti i za slobodno političko organizovanje, kakvog u zemljama totalitarnog etatizma nije bilo niti je moglo biti. Razvijanjem ekonomske i političke demokratije vršeno je slobodno povezivanje individualne, i koncentrisanje kolektivne moći na brojnim društvenim punktovima, zbog čega država i vladajuća partija nigde u takvim uslovima nisu mogle osvojiti apsolutni monopol nad političkim životom.

Kapital je odavno prerastao individualnu moć upravljanja njegovim reprodukcionim tokovima, a sve više prerasta i moć nacionalne države. Sve je neophodnije da se na upravljanju tokovima društvene reprodukcije neposredno angažuje celo društvo, što podrazumeva disperziju društvene moći na sve društvene subjekte. Sve šira i sve potpunija **demokratizacija svojinskih odnosa** je nezamenjiva osnova takve disperzije.

Moć ovladavanja savremenim tokovima društvene reprodukcije ne zasniva se ni na izolovanim ličnim ni na otuđenim društvenim mogućnostima, već na njihovoj organskoj sintezi, koja umesto dominacije fizičke sile nad duhovnom silom, podrazumeva dominaciju duhovne sile nad fizičkom silom. Najveću tekovinu buržoaske ideologije predstavlja proglašenje ljudskog uma za pokretačku snagu ovozemaljskog sveta, koje je podstaklo ubrzani razvoj nauke i tehnologije kao najmoćnijih činilaca društvenog progresa. **Osnovni izvor i lične i društvene moći** je u mogućnostima nauke i tehnologije, čija neograničenost počiva na neograničenosti ljudskog uma.

Kao tekovina ljudskog uma, **znanje** se ne može ni otuđivati ni prisvajati; ono se može samo širiti i usvajati. U tome je glavni zalog opšte socijalizacije lične, i opšte individualizacije društvene moći, kojima se ukida svaka monopolizacija društvene moći. Ukoliko svako dobija šansu da bez ograničenja usvaja i koristi tekovine celog čovečanstva, i

71

da sopstvene umotvorine stavlja na slobodno raspolaganje svima, utoliko se brišu nejednakosti u društvenoj moći, koja postaje individualna moć svakog pojedinca.

Ali to je moguće samo ukoliko se svi oslobađaju proizvodnog rada i svi postaju slobodni stvaraoci; i samo utoliko opštedruštveno važenje dobija krilatica "znanje je snaga, znanje je moć" kao prava generička moć ljudskog bića. Jedino na nivou slobodnog stvaralaštva moguće je postići opštu jednakost u društvenoj moći, iza koje će stajati samo nejednakosti u ličnim mogućnostima kao antipod i kao pretpostavka društvene jednakosti.

CILJEVI - SREDSTVA - OSTVARIVANJE

Ideje i ideologije

Čovek ceo život provodi u postavljanju i ostvarivanju nekih ciljeva radi ispunjavanja određenih želja i zadovoljavanja odgovarajućih potreba. Cilj je projekcija ostvarenja želje, odnosno poželjnog objekta potrebe, kojom se predodređuje nivo (obim, kvalitet, pravovremenost i dr.) zadovoljenja potrebe. To je, zapravo, ciljna ideja, prema kojoj se projektuje i način njenog ostvarenja kao određenje instrumentalne ideje.

Ciljevi mogu biti individualni i grupni, egzinstencijalni i esencijalni, kratkoročni i dugoročni, ostvarivi i neostvarivi. **Individualni ciljevi** izražavaju individualne, a **grupni** grupne želje; **egzistencijalni ciljevi** su u funkciji biološkog, a **esencijalni** u funkciji generičkog opstanka čoveka; **kratkoročni** ciljevi su svakodnevni, a **dugoročni** životni orjentiri pojedinaca, odnosno neposredni i istorijski orijentiri društvene grupe ili društvene zajednice.

Grupni ciljevi i njihovo ostvarivanje su osnova grupne ideologije, kao manje ili više konzistentnog kodeksa ciljnih i instrumentalnih ideja u funkciji ostvarivanja grupnih interesa. *"U svakoj ideologiji se radi o interesima pojedine grupe, o perspektivama njenoga razvoja i o savladavanju zapreka koje tim izgledima stoje na putu"*[1]. Osnovna funkcija svake ideologije je da te interese i perspektive osvetljava i pruža neophodnu orijentaciju za kolektivno angažovanje na njihovom

---

[1] N. Dugandžija, *Religija i ideologija suvremenog svijeta*, CDI Sveučilišta u Zagrebu, 1980, str. 17

73

ostvarivanju. Kao što pojedinačne ideje predstavljaju zvezde vodilje za delovanje pojedinca, tako su i grupne ideologije kao kodeksi ideja, zvezde vodilje kolektivnog delovanja društvenih grupa.

Pošto se društvena grupa sastoji od živih pojedinaca, njena ideološka opredeljenja treba da izražavaju i individualne i zajedničke, i egzistencijalne i esencijalne, i kratkoročne i dugoročne interese. **Masovnost i snaga ideologija** zavisi pre svega od toga koliko, i po širini i po dubini, izražavaju stvarne potrebe i želje živih ljudi. *"Ukoliko su historijski potrebne, one imaju snagu i ta je snaga"psihološka", one "organiziraju" ljudske mase, one stvaraju teren na kome ljudi stupaju u pokret, postaju svijesni svog položaja, bore se itd."*[1].

Ideologije inače i **nastaju** iz ideja pojedinaca koji, polazeći pre svega od sopstvenih interesa, želja i životnih ambicija, sagledavaju i šire društvene interese. U svakom društvu i u svakoj društvenoj grupi postoje "vidoviti" pojedinci koji odskaču od ostalih, ne samo po sagledavanju, već i po doslednijem izražavanju zajedničkih potreba i želja. Širenjem njihovih ideja formira se kolektivna svest grupe kojoj pripadaju ili sa čijim životnim težnjama saosećaju.

Ali kao što svaki pojedinac svoje misli saopštava drugima, tako i svaka društvena grupa teži da svoja ideološka opredeljenja proširi i na druge društvene grupe od kojih zavisi ostvarivanje njenih ciljeva. Te težnje su izrazitije kod manjih grupa koje svoje ciljeve ne mogu ostvarivati bez pridobijanja većine društva a jedini način pridobijanja je ideološka indoktrinacija.

Pridobijanje drugih društvenih grupa je lako ukoliko se grupni interesi podudaraju, a teško ili nemoguće kad se oni razilaze i suprotstavljaju. Zbog toga su ubeđivanje i sila komplementarna sredstva ostvarivanja grupnih ciljeva u klasno polarizovanom društvu, gde se sve rešava "milom ili silom"; ako ne pomaže ubeđivanje, primenjuje se sila, a sila se opravdava ubeđivanjem.

---

[1] Antonio Gramši, *Filozofija istorije i politike*, "Slovo ljubve", Beograd, 1980, str. 124

Pošto sila nije generičko sredstvo ostvarivanja ljudskih težnji, ona se upotrebljava zbog neefikasnosti ubeđivanja, a ubeđivanje je efikasnije što se ljudske težnje manje sukobljavaju. Najoštrija sukobljavanja bila su pri nastajanju ljudskog roda kada nije ni bilo nikakvog ubeđivanja i kada su se ljudske horde međusobno fizički uništavale. Klasno društvo nije faza najžešćih sukoba i najvećeg nasilja u razvoju ljudskog roda; naprotiv, ono predstavlja prelaz iz stanja apsolutnog nasilja kao isključivog sredstva razrešavanja međuljudskih sukoba, u stanje bez nasilja i bez grupnih sukobljavanja.

Ideologija je nastala iz generičke težnje da se razrešavanje međuljudskih sukoba primenom sile prevlada, i nasilje je sve više prevladavano **ubeđivanjem**. Iako se i sama oslanja na silu, najznačajnija istorijska misija religije sastoji se u tome što je nasilje uveliko zamenila ubeđivanjem. *"Stari vek je samo **strahom** držao roba u poslušnosti..."*, i *"... tek je hrišćanstvo podiglo bezvoljnu poslušnost roba na **moralnu obavezu**, koju treba radosno ispunjavati"*[1]. I *"... sama reč **islam** znači mir, a to je nenasilje..."*[2]; *"... umesto načela odmazde..."*, Isus *"... traži i propoveda etiku **mirenja, praštanja, i ljubavi**"*[3].

Ako je vera u boga doprinosila da se nasilje smanjuje pre svega dobrovoljnim pokoravanjem, vera u ljudski razum doprinosi da se pokoravanje vrši i **bez nasilja**, te da se ukida i samo pokoravanje. Došlo se dotle da se *"...neprijatelj može tući i pobijediti a da mu ne budu odrezane uši, noge, da ne bude mučen"*[4]. Pa *"...borba se i dalje vodi, ali novim sredstvima: topove zamenjuju parole..."*, a *"...naredbe - "nagodbe""*[5]. Kao da se čovek sve više stidi nasilja, pa ga ne pominje čak i kad ga upotrebljava. *"U savremenom rječniku riječ "nasilje" je izraz koji se ne upotrebljava za djelovanje policije, nacionalne garde,*

[1] Karl Kaucki, cit. rad, str. 355

[2] Mahatma Gandi, *Borba nenasiljem*, "Komunist, Beograd, 1970, str. 34

[3] Vuko Pavićević, cit. rad, str. 239

[4] Herbert Marcuse, *Kraj utopije, esej o oslobođenju*, "Stvarnost", Zagreb, 1972, str. 30

[5] Đuro Šušnjić, cit rad, str. 168

maršala, mornarice, bombardera; "loše" reči su a priori rezervisane za Neprijatelja"[1].

Veliki idealisti čak potpuno odbacuju fizičko nasilje kao sredstvo ostvarivanja ljuskih ciljeva. Po Gandi-u, *"...nenasilje je jedino zakonito..."* a *"...nasilje ne može nikad biti zakonito u našem smislu..."*, pa ni *"...prema zakonu koji je načinila priroda za čoveka..."* čije *"...dostojanstvo zahteva pokoravanje višem zakonu - zakonu snage duha..."*[2], zbog čega se, po Tolstoju, ni *"...nasilju ne treba protiviti nasiljem"*[3].

Ali to su esencijalni ciljevi ljudskog roda do čijeg je ostvarenja dugotrajan i mukotrpan put, a u uslovima surovog sukobljavanja ljudskih želja, ideologija nije samo u funkciji zamene, već i u funkciji **opravdavanja fizičkog nasilja**. Religija opravdava ne samo božansku silu, već i ovozemaljska nasilja ako su u službi njenih ciljeva; kad treba, ona blagosilja i odbranbene i osvajačke ratove, a verski ratovi spadaju među najkrvavije obračune među ljudskim bićima.

Ni političke ideologije ne odustaju od opravdavanja nasilnih obračuna kad god ih treba opravdavati; svako osuđuje samo tuđe, a opravdava sopstveno nasilje. Polazeći od uloge koju je nasilje imalo za još veće jačanje jakih, veliki ideolog nasilja Niče izvlači iz prošlosti pouke i za budućnost, zaključujući da se *"...od ratova moramo naučiti da smrt približimo interesima za koje se borimo..."*, da *"...mnoge žrtvujemo i da svoju stvar shvatamo toliko ozbiljno da ne štedimo ljude..."*, kao i da se *"...moramo naučiti strogoj disciplini i svome pravu na nasilje i lukavstvo"*[4]. Te pouke su široko prihvaćene, a fašizam i staljinizam su u njihovoj primeni samo najdosledniji.

Ideologija, međutim, nije samo sredstvo opravdavanja nasilja; ona je i sama oblik **duhovnog nasilja**, koja je za ljudsko biće poraznije od fizičkog nasilja. U funkciji međuljudskog potčinjavanja, ona i ne

---

[1] Herbert Marcuse, isto, str. 187

[2] Cit. rad, str. 32 i 9

[3] Lav Nikolajevič Tolstoj, *Dnevnici*, "Prosveta"-"Rad", Beograd, 1969, str. 119

[4] Cit. rad, str. 48

može biti ništa drugo do oblik nasilja koje se teško, pa često i teže od fizičkog nasilja podnosi. Kao primećuje Manhajm, "...*fizičko potčinjavanje se spolja teže može podneti, ali volja za duhovnim uništenjem, koja je u mnogim slučajevima stala na njegovo mesto, možda je još nepodnošljivija*"[1].

Nasilništvo ideološke svesti proističe upravo iz karaktera samog potčinjavanja kojem služi. Kao proizvod ideološke indoktrinacije, dobrovoljno potčinjavanje je u stvari iznuđeno samoprisiljavanje na rezonovanje i ponašanje suprotno sopstvenim interesima. I što je suprotstavljenost grupnih interesa veća, mora biti veće i ideološko nasilništvo da bi se potčinjavanje mirnim putem ostvarilo. Zato je iza religijskih propovedi morala stajati utoliko rigoroznija pretnja božjom kaznom što su klasne suprotnosti ovozemaljskog sveta bile oštrije a fizička prinuda neefikasnija. Zbog gotovo apsolutne centralizacije vlasti, fašizmu i staljinizmu je pored ubitačne agitpropagande bila neophodna i snažna policijska potpora.

Ali sem oslonca na fizičku prinudu, bez kojeg ne bi uopšte mogla služiti klasnom potčinjavanju, ideologija u ostvarivanju te funkcije ima i svoje duhovne oslonce, od kojih je **duhovno mračnjaštvo** nesumnjivo najznačajnije jer u velikoj tami i najslabiji svitac zablješti. Zato je crkva u periodu svoje vladavine strogo zabranjivala svako drugo obrazovanje sem onoga koje je ona sama pružala, a nauka i školstvo se i danas podvrgavaju utoliko većoj apologizaciji što su težnje za klasnim potčinjavanjem izraženije. Fašizam i staljinizam su i u tom pogledu predstavljali samo krajnosti a nikako izuzetke od pravila.

Jedan od oblika zamračivanja ljudske svesti je i **ideološka isključivost**, koja se sastoji u odbacivanju i obezvreðivanju svega što nije na liniji date ideologije. Religija odbacuje i obezvreðuje sve što dovodi u sumnju njene propovedi, kao što se svaka politička ideologija odnosi prema protivničkim ideologijama. Sopstvena opredeljenja i dela se idealizuju a protivnička satanizuju, čime se stvara odbojnost prema svemu

---

[1] Cit. rad, str. 32

77

što dolazi i što može doći sa druge strane. *"Slika koju partija, klasa, grupa daje o sebi je idealizovana slika, kao reklama koja hvali neki proizvod; idealizacija je sredstvo da se privuče klijent ili pristalica, da se bori protiv konkurenta ili protivnika koji primenjuju idealizaciju istog tipa"*[1].

Radi stvaranja što većeg **kontrasta**, u ideološkoj polarizaciji se ide do krajnjih granica pa se protivničkoj strani pripisuju sva zla i sve nevolje ovog sveta, čime su se celo vreme bezobzirno služile i buržoaska i komunistička ideologija. Još u vreme formiranja komunističkih pogleda, Marks je pisao *"...da bi se revolucija jednog naroda i emancipacija jedne posebne klase građanskog društva poklapale, da bi jedan stalež važio kao stalež čitavog društva, zato se moraju, naprotiv, svi nedostaci društva koncentrisati u jednoj drugoj klasi, zato mora jedan određeni stalež biti stalež opće smetnje, otjelovljenje općih prepreka, zato mora jedna posebna socijalna sfera važiti kao notorni zločin čitavog društva, tako da se oslobođenje od te sfere pojavljuje kao opće oslobođenje"*[2].

Sa polarizovanjem svetske zajednice na dva politička bloka ideološka polarizacija je sa klasnih proširena i na međunarodne odnose. *"To se jasno videlo u poricanju Sjedinjenih Država da ima bilo kakve slobode iza "gvozdene zavese", koju je, kako su one smatrale, Rusija podigla da izbegne svaki objektivan uvid u svoj unutrašnji život i, u nešto manjoj meri, u život naroda koji su u Rusiji gledali svog vođu"*. I *"...sa ništa manje samopouzdanosti, Rusija je poricala svaku "stvarnu" slobodu u Sjedinjenim Državama i kod naroda koji spadaju u njihovu interesnu sferu"*[3].

Ideološka ekstrapolarizacija vrši se i u **vrednovanju postojećeg društvenog stanja**. Isto stanje društva vladajuća ideologija slika najsvetlijim, a opoziciona najtamnijim bojama. *"Religija gotovo uvijek*

---

[1] Moris Diverže, *Uvod u politiku*, "Savremena administracija", Beograd, 1966, str. 123

[2] K. Marks, F. Engels, *Rani radovi*, "Kultura" Zagreb, 1953, str. 84

[3] Harold Laski, *Sloboda u modernoj državi*, "Radnička štampa", Beograd, 1985, str. 153/3

opravdava, prihvaća ili podnosi društveni poredak..."[1], koji je, pošto ga je bog stvorio, najbolji što može biti. Vladajuće političke ideologije veličaju vrline a prećitkuju mane vladajućeg poretka, dok opozicione ideologije postupaju suprotno.

Crno-belo prikazuje se sadašnjost i u odnosu na prošlost i budućnost. Ocrnjujući sadašnjost, opozicione ideologije obećavaju svetlu budućnost, dok je za vladajuće ideologije prošlost mračna, sadašnjost svetla, a budućnost još svetlija. Srednji vek je i za buržoasku i za komunističku ideologiju vek mračnjaštva, dok je prva već na samom početku kapitalizam proglasila slobodnim, a druga etatizam socijalističkim društvom. Da bi kontrast bio veći, stari simboli se zamenjuju novim simbolima i kad se u stvarnosti bišta bitno ne menja. Komunističke partije su odmah po preuzimanju vlasti uvele socijalističke simbole iako je poredak koji su uspostavile više podsećao na feudalizam nego na kapitalizam a o socijalizmu da se i ne govori.

Kao izraz ljudskih želja, sve ideologije su po svojoj prirodi **okrenute budućnosti** čak i kada vuku u prošlost. Zato sve duhovni oslonac traže u obećanju boljeg sutra i svetle budućnosti. Religija obećava onozemaljski, a političke ideologije ovozemaljski raj. Bez toga ni jedna ideologija ne bi pobuđivala pažnju s obzirom da je čovek celim svojim bićem okrenut budućnosti, na koju misli i kad razmišlja o prošlosti. Dileme nastaju samo u preferiranju bliže ili dalje budućnosti, u čemu je došlo do razlaza ne samo između buržoaske i komunističke, nego i unutar same komunističke ideologije.

Do **ideoloških razlaza** dolazi zbog razlaza interesa i ciljeva. Dugoročniji interesi izražavaju šire, a kratkoročniji uže interese. Velike ideje, kao što su sloboda, jednakost i bratstvo, izražavaju generičke težnje celog ljudskog roda. Kad njihovo ostvarivanje dođe u koliziju sa interesima određenih društvenih grupa, dolazi do razlaza u njihovom tumačenju i vrednovanju, oko čega se formiraju različite ideologije sa

---

[1] Gabriel Le Brac, prilog u zborniku *Sociologija* u red. Gurviča, II sveska, isto, str. 95

različitim ciljevima i sredstvima ostvarivanja. Iste ideje sa različitim značenjima postaju osnova različitih i suprotstavljenih ideologija.

Buržoaska i komistička ideologija su ideološki blizanci rođeni iz ideja slobode, jednakosti i bratstva, koje su upravo zato što izražavaju generičke težnje čoveka, pokrenule u revoluciju gotovo celo društvo. Interesi buržoazije su, međutim, odmah došli u sukob s interesima proletarijata za potpunom slobodom i društvenom jednakošću, zbog čega je ona značenje tih ideja radikalno suzila i njihove vrednosti srozala na nivo sopstvenih interesa. Ali slično su postupile i kuministčke partije podređujući istorijske interese proletarijata svojim interesima za vladanjem proletarijatom u ime proletarijata.

Ni buržoaska ni komunistička ideologija nisu, međutin, odbacile opštečovečanske ideje, već su ih pretvorile u ideološke fraze kojim **prikrivaju** svoju klasnu, i u mnogo čemu antičovečansku sadržinu. *"Svaka klasna partija pokušava da prikrije ono što je za nju karakteristično i da se identifikuje sa sistemom nacionalnih vrednosti maskirajući sopstvene ciljeve vrednostima koje su zajedničke globalnom društvu"*[1]. U ime slobode i demokratije, guši se sloboda i demokratija; u ime bratstva i jedinstva, podstiče se bratoubilaštvo i razara jedinstvo; izrabljivanje se vrši pod maskom dobrobiti izrabljivanih; uz pozivanje na mir, zvecka se oružjem i proliva krv; pod zastavom internacionalizma, izrabljuju se i ugnjetavaju druge nacije.

Licemerje je univerzalno sredstvo ideološkog prikrivanja klasnih i međunacionalnih suprotnosti, radi održavanja klasnog i međunacionalnog potčinjavanja. I *"...ukoliko civilizacija dalje napreduje, utoliko je više prinuđena da nevolje koje je ona s neminovnošću stvorila, pokriva plaštom ljubavi, da ih ulepšava ili poriče, ukratko - da uvodi konvencionalno licemerstvo..."*, koje *"...najzad, dostiže svoj vrhunac u tvrđenju: eksploataciju potlačene klase vrši eksploatatorska klasa jedino i isključivo u interesu eksploatisane klase"*[2].

---

[1] Moris Diverže. cit. rad, str.1 23

[2] Fridrih Engels, *Poreklo pododice, privatne svojine i države*, K. Marks, F. Engels, Izabrana dela, tom II, "Kultura", Beograd, 1950, str. 315/6

Ali licemeri se najčešće ne osećaju licemerima; oni uobražavaju da stvarno čine dobro onima koje izrabljuju i ugnjetavaju; poslodavac iskreno misli da izlazi ususret nezaposlenom najamniku, kao što je svojevremeno smatrano dobročinstvom izdržavanje robova koji su po volji gospodara mogli biti i ubijeni. Licemerje (ako se tako može nazvati jedan objektivno dati društveni odnos) je ugrađeno u sam poredak i u sam način života eksploatatorskog društva. Kritika klasnog licemerja ima osnova samo ako se eksploatisane klase priznaju kao sastavni deo društva, što one faktički, ili dugo čak ni formalno nisu bile.

Ideologija i politika

Ideje se stvaraju da bi se ostvarivale, ideologije su u funkciji ostvarivanja klasnih interesa, a put do njihovog ostvarivanja je **politika**. Ideologija je oblik društvenog mišljenja, politika je oblik društvene prakse; prva je projekcija, druga realizacija; ideologija je vođenje, politika je sprovođenje. Da bi se interesi određene klase ostvarivali i ostvarili, nije dovoljno da se idejno artikulišu, neophodno je i da se politički konstituišu.

Funkcija ideologije i politike je u suštini ista: premošćivanje klasnih suprotnosti opštedruštvenim interesima. Da se društvo zbog tih suprotnosti ne bi raspalo, protivteža se traži i nalazi u klasnom zajedništvu; klasnoj netrpeljivosti parira se klasnom trpeljivošću; klasnom antagonizmu suprotstavlja se klasni konformizam. Što se pokreće u sferi ideologije, nastavlja se u sferi politike.

Kao izraz grupnih interesa i težnji, ideologija je **pogonska snaga politike**. Snaga politike zasniva se na snazi ideja, a snaga ideja na snazi interesa. Na političko angažovanje mogu podsticati samo ideje koje izražavaju konkretne interese i realne mogućnosti njihovog ostvarivanja. Apstraktne i nerealne ideje ne mogu prerasti u političke akcije.

Nije, međutim, dovoljno da ideologija jedne društvene grupe izražava samo interese te grupe; da bi prerasla u politiku, ona mora biti prihvatljiva i za druge društvene grupe od kojih zavisi njihovo ostvarivanje, radi čega je neophodno da pogađa i njihove interese. Da bi bila delotvorna, ideologija eksploatatorske klase mora delimično pogađati i interese eksploatisane klase, što ne bi bilo moguće kad među njihovim interesima ne bi bilo nikakve podudarnosti. Politika vladajuće klase ne bi uopšte bila moguća kad bi potpuno isključivala interese obezvlašćenih klasa, jer ne bi bila moguća ni sama vladajuća klasa.

Ali politika se ne oslanja samo na podudarnost klasnih interesa, već i na međuklasne **kompromise**, zbog čega politički stavovi i programi često odstupaju od ideoloških opredeljenja. Zbog pritisaka i pobune obezvlašćenih masa, vladajuća elita je, da bi se održala, prinuđena da pravi manje ili veće ustupke na račun sopstvenih interesa. Ako to nisu samo privremeni ustupci, već kompromisi koji zadiru u dugoročne interese klase, onda dolazi i do korigovanja ideologije, koja se zapravo i menja u zavisnosti od promene klasnih pozicija i odnosa političkih snaga.

Nisu, međutim, realni interesi jedini oslonac politike. Da bi se osvojila ili zadržala vlast, u političkoj igri su i **lažna obećanja** koja se ne ispunjavaju ili se i ne mogu ispuniti. Time se politički partner namerno izigrava ali se izigrava i političko poverenje, što neizbežno vodi u političke konflikte, koji se moraju razrešavati na bazi uvažavanja realnih interesa - putem kompromisa ili smenom vlasti.

Poverenje se ne izigrava samo lažnim obećanjima, nego i svesnim izigravanjem političkih stavova i odluka kad ne odgovaraju konkretnim interesima pojedinaca i pojedinih grupa. **Razlaz reči i dela** je redovni pratilac politike. **Demagogija** je način izvrdavanja iznuđenih ustupaka, ali i prećutne nedoslednosti u sprovođenju sopstvene politike koja se po sopstvenoj meri za druge skraja. Nije izuzetak nego pravilo da političke odluke najviše krše, i mogu da krše, oni koji ih i donose.

Politika se ne oslanja samo na razum već i na **emocije**. Poverenje se ne stiče samo u politiku nego i u subjekte politike, i to preko politike u subjekte a preko subjekata u politiku. Ako je neko jednom stekao poverenje preko prihvarljive politike, on na osnovu toga dobija

82

blanko poverenje za svaku politiku sve dok ga ne izgubi, ali jednom izgubljeno poverenje teže se povraća nego što se stiče. Zato subjekti politike lako padaju u iskušenje da samouvereno manipulišu poverenjem svojih pristalica, što dovodi i do toga da ga trajno gube.

Stvaranjem emocionalnog naboja, politička temperatura se često podiže do nivoa političke euforije, koja nema osnova u hladnom razumu da će se određene ideje brzo i lako ostvariti, iza čega obično dolaze neočekivana razočarenja. Ceo politički život odvija se tako kroz plime i oseke političkih ubeđenja, koje se kao politička igra pretvaraju u svojevrsnu potrebu ne samo pojedinaca i pojedinih grupa nego i masovnog stanovništva.

Ali politike i nema bez političkog **zatalasavanja masa** kao glavnog objekta svake politike. Stoga pridobijanje masa prestavlja ključni problem transponovanja ideologije u politiku. Kakve ideje osvoje mase, samo takva politika može osvojiti društvo ukoliko se društvo slobodno opredeljuje prema politici.

Dva su načina da **ideje osvoje mase.** Jedan je da nastaju u samim masama kao neposredni izraz njihovih interesa i težnji, a drugi da se promovišu preko već postojećih političkih autoriteta u koje mase imaju poverenje. Na tome se, po pravilu, zasniva i demokratski ili autokratski način kunstituisanja politike, ali od odnosa klasnih i političkih snaga zavisi kako će se konstituisati i ideologija i politika.

Kao neposredni izraz opštenarodnih interesa i potreba, narodni običaji spontano osvajaju svest i ponašanje masa, a na sličan način su se prvobitno širili religijska svest i religijski obredi. U prakomunističkoj opštini nije bilo ni pojedinaca ni grupa koji bi se trajno izdvajali od ostalog sveta, pa se kolektivna svest i kolektivno ponašanje nisu širili iz nekih izdvojenih centara; ma gde se neka ideja pojavila, ona je se spontano širila na sve strane ako je izražavala ili izazivala neku kolektivnu potrebu.

Čim su se pojedinci počeli po nečemu izdvajati iz kolektiva, njihova reč se najviše slušala i kad nije bila najpametnija. *"Ukoliko je bavljenje magijom kao javna profesija uticalo na sklop primitivnog društva, ono je težilo da stavi najvišu kontrolu u ruke najsposobnijih ljudi; ono je težište političke moći prenelo sa mnogih na jednoga, zamenilo demokratiju monarhijom, ili tačnije, oligarhiju staraca monarhom...*[1]*, u kojem je skoncentrisana i politička i duhovna moć. "U rano doba religije, funkcije sveštenika i vrača bile su često spojene ili, možda je tačnije reći, nisu još bile odvojene jedna od druge*[2].

Kad su politička i duhovna moć skoncentrisane u jednoj ličnosti, nije više bilo najvažnije **šta** ko kaže nego **ko** šta kaže. A da bi se kazano i uvažavalo, vladari su proglašavani za bogove; bogovi su bili najpotrebniji kao promotori političkih ideja; izgovorene iz njihovih usta, one su dobijale najveću moguću težinu. **Političke** ideje su upravo i nastale kad su iz nenarodnih usta narodu izgovorene protiv naroda, a i nestaće kad ih narod sam sebi i za sebe počne izgovarati.

Politička ideologija se od religije razlikuje i po tome što se umesto u ime boga, u ime naroda narodu obraća protiv naroda. Čim je sam narod proglašen za sopstvenog boga, njemu su umesto bogu počeli pripisivati vrhovnu vlast, a ukoliko nije imao stvarne vlasti, morao se zadovoljiti imaginarnom vlašću kao zaštitnim znakom stvarne vlasti ovozemaljskih vrhovnika.

Kao što je svojevremeno otkačen od ovozemaljskih vrhovnika i lansiran u nebo, bog je sada, s neba vraćen na zemlju i ponovo pretvoren **u ovozemaljskog vrhovnika**, koji u sebi sjedinjuje svu narodnu vlast da bi u ime naroda vladao narodom. "*Jedinstvo svih državnih funkcija oličava se u "Vođi". On je živa spona između svih državnih institucija; on je šef vlade, šef državne stranke, šef svih korporacija; on je nosilac istorijske nacionalne misije i vođa nacije, koji jedini zna i može da joj odredi put kroz istoriju*"[3]. Firer "*...je bio prvi i osnovni princip, vrh i centar nacionalsocijalističkog političkog sistema i vlasti;*

[1] Frejzer, *Zlatna grana*, BIGZ, 1977, isto, str. 59

[2] Isto, str. 66

[3] Vladimir Simić, *Ideološki frontovi*, Francusko-srpska knjižara A.M. Popovića, 1937, str. 47

on nije bio prvi pojedinac u sklopu neke vrhovne institucije, niti samo institucija u sistemu institucija, već nadinstitucionalni faktor vlasti"[1].

U političkoj "*...ideologiji se, kao i u religiji, ne može ni zamisliti funkcioniranje sistema bez vođstva...*", koje je "*...najčešće prezentirano u individui koja ima pored stvarnih i priželjkivana svojstva*"[2]. Politički vođa je preuzeo mesijansku misiju boga; on je umesto boga postao vrhovni mesija i jedini izbavitelj od svih ovozemaljskih zala i nevolja. Zato se sve manje bogu, a sve više njemu klanjaju i njega obožavaju jer on je, za razliku od zamišljenog, stvarni uslišitelj molbi svojih obožavalaca za koje može ponešto i da učini.

Očekujući više nego što mogu dobiti, politički vernici pridaju svom vođi viša svojstva nego što ih stvarno ima i što ih uopšte može imati, pretvarajući ga u priželjkivanog harizmatskog čudotvorca. "*Društveni odnosi koji se uspostavljaju na temelju harizme, zasnivaju se na potpuno iracionalnoj veri učenika i sledbenika u misiju harizmatskog vođe i često na ličnom poverenju koje vođa ima u njih...*", te na njegovoj "*...nepokolebljivoj samouverenosti u vlastitu misiju*"[3].

Lišene sopstvene vlasti, obezvlašćene mase se emotivno identifikuju sa harizmatskom vlašću jer ona i jeste njihova otuđena vlast. Mase na taj način postaju dobrovoljni zatočenici harizmatske vlasti, koja njima ideološki i politički manipuliše kako hoće. Zaslepljene harizmatskim sjajem, proizvedenim njihovom sopstvenom energijom, one prihvataju i ono što je u potpunoj koliziji sa njihovim generičkim težnjama.

To je omogućilo da se velike ideje buržoaske i socijalističke revolucije izokrenu u svoju suprotnost: da se predstava slobode ispuni neslobodarskom i antislobodarskom, predstava demokratije nedemokratskom i antidemokratskom, predstava socijalizma nesocijalističkom

[1] Vučina Vasović, *Savremeni politički sistemi*, "Naučna knjiga", Beograd, 1987, str. 169

[2] Nikola Dugandžija, cit. rad, str. 52

[3] Todor Kuljić, *Fašizam*, "Nolit", Beograd, bez god. izd., str. 142

i antisocijalističkom sadržinom. Kao gotovo savršeni uzorci harizmatske vlasti, fašizam i staljinizam su svetle socijalističke ideje gotovo preko noći pretvorili u najcrnje uzorke antisocijalističke ideologije. *"Baš kao što je Hitler koristio reč "socijalizam" da bi učinio privlačnim svoje rasističke ideje, tako je i Staljin prisvojio pojam socijalizma i marksizma radi svoje propagande"*[1]. Da bi se zaštitila od sopstvene erozije, harizmatska vlast je sve učinila da se izvorne ideje obezvlašćenih masa, koje su punim sjajem osvetljavale njihove istorijske ciljeve, u njihovim sopstvenim očima ocrne i iskompromituju.

Ideološko manipulisanje naivnom svešću obezvlašćenih masa nije, međutim, dovoljno za održavanje harizmatske vlasti, koja se, kao i svaka druga vlast, mora oslanjati i na fizičku silu. Svaka politika se istovremeno oslanja i na duhovnu i na fizičku prinudu, samo što se težište tog oslonca istorijski sve više pomera od fizičke prinude koja dominira na početku, ka duhovnoj prinudi koja dominira na kraju. Kako primećuje Žan Žak Ruso, *"...u prvim vremenima, vrlo se često pribegavalo diktaturi, jer država još nije imala dovoljno čvrstu podlogu da bi mogla da se održava jedino snagom svoga ustava"*[2].

Po meri fizičkog i duhovnog nasilja pravi se i **razlika između politike i rata**. *"Rat je* - po Diverže-u - *upotreba fizičkog nasilja u rešavanju sukoba; politika, to je upotreba nenasilnih sredstava..."*, ona *"...teži da zameni pesnice, noževe, koplja, puške drugim oružjima borbe; prvi zadatak politike je da eliminiše nasilje, da krvave sukobe zameni manje brutalnim oblicima borbe; politika počinje s one strane rata, građanskog ili međunarodnog"*[3]. Ta razlika se ponekad zanemaruje, pa se i politika definiše kao *"...nasilje jednih nad drugima"*[4], ili se, nasuprot tome, apsolutizuje tretiranjem politike kao potpuno nenasilnog razrešavanja društvenih sukoba, što je neodrživo jer je politika kao

---

[1] Erih From, *Zdravo društvo*, "Rad", Beograd, 1983, str. 241

[2] Cit. rad, str. 96

[3] Cit. rad, str. 136 i 102

[4] Andrija Krešić, *Dijalektika politike*, "Veselin Masleša", Sarajevo, 1968, str. 26

društvena realnost između čistog nasilja i čistog nenasilja; ona je prelaz iz prvog u drugo.

Smanjivanje fizičkog nasilja u razrešavanju klasnih suprotnosti, kao osnovnoj funkciji politike, uslovljeno je smanjivanjem samih klasnih suprotnosti, koje su najveće u robovlasništvu a najmanje u socijalizmu, kao što je povećanje uloge ideologije uslovljeno povećavanjem podudarnosti klasnih interesa, koja je u robovlasništvu najmanja a u socijalizmu najveća. U obračunima između robova i robovlasnika bilo je mnogo krvi a malo ubeđivanja, u razvijenom kapitalizmu je obrnuto, dok u socijalizmu fizički obračuni treba da budu u potpunosti zamenjeni ubeđivanjem.

Zaoštravanje društvenih suprotnosti uvek je vodilo povećanoj upotrebi sile čak kad je povećana i sila ubeđivanja. Uz nezapamćenu agitpropagandu u funkciji formiranja podaničke svesti, fašizam i staljinizam su se u ostvarivanju svojih ciljeva morali oslanjati i na nezapamćeni fizički teror. ·U svakoj iole zaoštrenoj političkoj situaciji, moćnoj političkoj propagandi upomoć pristižu i oružane snage.

Precenjivanje ili potcenjivanje uloge fizičke i duhovne sile u borbi za oslobođenje radničke klase, dovelo je do velikog rascepa u međunarodnom radničkom pokretu, sa dalekosežnim posledicama za ostvarivanje klasnih interesa. Fizička sila bila je efikasna u nerazvijenim agrarnim zemljama sa zaoštrenim klasnim suprotnostima, a neefikasna u razvijenim industrijskim zemljama gde su međuklasnom solidarnošću klasne suprotnosti ublažavane. Zbog sve veće klasne i nacionalne međuzavisnosti, efikasnost fizičke sile rapidno opada, dok se delotvornost duhovne sile naglo povećava; sila argumenata sve više nadjačava argument sile.

To je najneposrednije povezano sa sve većom **demokratizacijom politike**, koja je, takođe, uslovljena ublažavanjem klasnih suprotnosti. *"U doba procvata starogrčke demokratije svaki građanin je bio političar, član narodne skupštine..."*[1], ali robovi, koji su činili većinu

[1] Andrija Krešić, cit. rad, str. 25

stanovništva, nisu imali status građanina. Ako je davanjem određenih građanskih prava kmetovima ta suprotnost ublažena, sa centralizacijom feudalnog zemljovlasništva, centralizovani su i političko i ideološko delovanje.

Otvaranjem procesa opšte privatizacije, kapitalizam je otvorio i proces **opšte politizacije društva**, koja podrazumeva i široku **ideološku pluralizaciju**. Sa mnoštvom političkoh inicijativa nastalo je i mnoštvo političkih, ne samo klasnih, već i unutarklasnih ideologija. Više ne postoji ni jedinstvena ideologija buržoazije ni jedinstvena ideologija radničke klase, kao što nema ni jedinstvene unutarklasne politike. Zbog sve razuđenijih međuklasnih ukrštanja, sve je teže odrediti klasnu sadržinu pojedinih ideologija i političkih pokreta.

S etatizacijom svojinskih odnosa vekovna klasna polarizacija ideologije i politike zamenjena je novom polarizacijom na birokratsko-etatističku i samoupravno-demokratsku ideologiju i politiku. Na toj relaciji nastale su i tehnokratsko-birokratske, nacionalističke, rasističke, liberalističke, anarholiberalističke i druge ideologije i pokreti. Radi pridobijanja što većeg borja pristalica, sve se služe slobodarskim, demokratskim, socijalističkim i sličnim parolama.

Demokratizacijom svojinskih odnosa stvara se ekonomska osnova i za **demokratizaciju ideologije i politike** jer sa jačanjem ekonomske moći jača duhovna i politička moć narodnih masa. U formiranju kolektivne svesti sve je manje potrebno posredovanje zagonetnih harizmatskih ličnosti. Veru u ideologe sve više zamenjuje vera u same ideje, a veru u izbavitelje vera u samoizbavljenje. A ukoliko svi postaju sopstveni kolektivni ideolozi i političari, prestaje potreba za ideologijom i politikom kao posebnim društvenim delatnostima.

Ideologije i institucije

Kao posebna sfera društvene delatnosti, ideologija i politika imaju svoje **posebne institucije** koje brinu o njihovom kreiranju, širenju i

88

ostvarivanju. O pravu brine **država**, o religiji **crkva**, o političkoj ideologiji **političke organizacije**. Pošto su samo različite strane u suštini iste delatnosti, ideologija i politika imaju iste institucije koje vrše i ideološku i političku funkciju ili u tome tesno sarađuju.

Dok su u formiranju kolektivne svesti spontano svi učestvovali, nije bilo potrebe za nekim posebnim institucijama koje bi se time bavile. Čim su se iz mase počeli izdvajati "posvećeni", oni su praktično počinjali delovati kao posebne institucije, pozvane da kroje i skrajaju kolektivnu svest. Sa klasnom polarizacijom društva ideološke institucije postaju nezamenjivi instrumenti zaštite klasnih interesa.

Najznačajniji od tih instrumenata je nesumnjivo **država**, koja se "*...pojavljuje pred nama kao prva ideološka sila nad čovekom*"[1]. U državi su "*...inkorporisani svi interesi, ona je iznad svega pa i iznad vere i morala, pred državnim razlogom padaju sve druge vrednosti*"[2]. Po Hegelu, "*...država je božanska ideja...*", jer ona je "*...realizacija slobode, tj.apsolutne krajnje svrhe...*", i "*...svu vrijednost koju čovek ima, svu duševnu zbilju, ima samo pomoću države*"[3].

Država je kreator, donator i zaštitnik državnog prava, kojim se u klasno polarizovanom društvu zakonodavnom regulativom uređuju ukupni društveni odnosi. Karakter tog uređenja zavisi od karaktera vlasti s obzirom da svaka vlast donosi zakone kakvi njoj odgovaraju. "*U jednom društvu u kome su raspoloživa dobra manje brojna od potreba koje treba zadovoljiti, svaki čovek nastoji da zadobije maksimum prednosti nad ostalim ljudima...*", a "*...držati vlast nad drugim ljudima je sredstvo da se to postigne*"[4].

Kao sredstvo držanja vlasti nad drugim ljudima, država je zapravo i nastala radi prisvajanja tuđih i zaštite od prisvajanja sopstvenih

---

[1] K. Marks, F. Engels, Izabrana dela, isto, tom II, str. 384

[2] Vladimir Sv. Simić, cit. rad, str. 46

[3] *Filozofija povijesti*, isto, str. 53

[4] Moris Diverže, cit. rad, str. 14

dobara. *"Moć političke države..."* je *"...sopstvena vlast privatnog vlasništva, njegova suština koja je dovedena do egzistencije..."*[1], i *"...glavna svrha te organizacije bila je oduvek osiguranje, oružanom moći, ekonomskog ugnjetavanja radne većine od ekskluzivne imućne manjine..."*[2] radi uvećavanja i očuvanja svojine.

Pravo je, zajedno sa državom, stvoreno zato da štiti **privatno vlasništvo**, a tek kroz zaštitu vlasništva, ono štiti i vlasnike. Robovi nisu imali nikakvih prava zato što nisu imali nikakvog vlasništva, pa ih ni država nije štitila kao subjekte, već samo kao objekte tuđeg vlasništva. Faraoni, carevi i kraljevi imali su neograničena prava jer su bez ograničenja raspolagali celokupnom obradivom zemljom. Vlasnička prava ostala su i u kapitalizmu srazmerna veličini vlasništva, pa vlasnici kapitala i u raspodeli ostvarenog profita i u upravljanju zajedničkim preduzećima učestvuju prema veličini uloženog kapitala.

Drugačije i ne može biti jer sve dok se društvo kao proizvodna zajednica, zasniva na svojinskim odnosima, vlasnici postoje radi vlasništva a ne vlasništvo radi vlasnika. I u socijalizmu se prisvajanje novostvorene vrednosti mora vršiti prema doprinosu njenom stvaranju, to jest prema količini uloženog živog i opredmećenog rada, a izokretanje tog principa u troškovnu preraspodelu, dovelo je ne samo do privredne stagnacije već i do izokretanja socijalizma u njegovu suprotnost.

Stvoreno u interesu jače strane, državno pravo je oduvek bilo i ostalo pravo jačeg, ali ono to može biti samo na račun slabije strane, radi čega mora predstavljati celovit sistem opštevažećih i opšteobavezujućih normi koje jednima oduzimaju to što drugima daju. Upravo zbog toga ono se oslanja, i mora se oslanjati na monopol fizičke sile skoncentrisan u državnom aparatu, bez kojeg se ne bi moglo ostvarivati, pa ni postojati. Pravo je duša, a državni mehanizam telo svake države, i jedno bez drugog ne mogu.

---

[1] K.Marks, F.Engels, Dela, "Prosveta", Beograd, tom III, str. 87

[2] Isto, tom XXX, str. 288

Oslonjeno na fizičku silu, pravo je **diktat**, a država **diktatura** vladajuće klase ili državne birokratije koja s etatizacijom privatnog vlasništva stupa na mesto vladajuće klase. Državni zakoni se, poput prirodnih zakona, i nazivaju **zakonima** zato što se bez pogovora **moraju** poštovati, kao što se državnim organima bez prigovora mora povinovati. U državi je do kraja sprovedeno jedinstvo duhovne i fizičke diktature; svako narušavanje pravnih dispozicija povlači propisane sankcije u obliku duhovnog i fizičkog maltretiranja.

Ali fizička prinuda je nepopularna kurativa koja mnogo košta. Zato svaka država preduzima **preventivne mere** da bi sprovođenje svojih propisa unapred obezbedila, a glavna mera je razvijanje podaničke ideološke, pre svega pravne, moralne, religijske i političke svesti. Preko obrazovno-vaspitnog sistema, javnog informisanja, moralnih pridika i religijskih propovedi stvaraju se lična ubeđenja u pravednost i pravičnost državnog prava, te dobronamernost i dobročinstvo države za sve i svakog. Ni pravne sankcije se ne tretiraju kao odmazda već kao sredstvo prevaspitavanja. Kritika države i pozitivnog prava se ne podnosi, prihvata se samo apologija, a samokritika i pokajanje predviđeni su isključivo za okrivljene podanike.

Preko ideološke indoktrinacije i porodičnog prava, država podaničko vaspitanje razvija i uz pomoć **porodice**; kakvo se ponašanje državnih podanika želi u društvu, takvo se razvija i u porodici jer se preko roditelja "...*čovek najpre definiše u odnosu na društvo...*"; oni "...*prvi formulišu pravila, obaveze, zabrane kojima će se dete ubuduće potčinjavati*"[1]. Već od ranog detinjstva čovek se usmerava na ponašanje po vladajućim društvenim normama i navikama na zabrane kojima se odvraća od nepoželjnih ponašanja, bez obzira na prirodne predispozicije i lične sklonosti. Ličnost se, po meri vladajućih društvenih struktura, formira u skladu sa vladajućim društvenim vrednostima.

Što se društvene suprotnosti više ublažavaju, država se može sve više demokratizovati, i u obavljanju svojih funkcija **fizičku silu**

[1] Moris Diverže, cit. rad, str. 27 i 30

zamenjivati ubeđivanjem. Robove nije bilo lako ubediti da se pomire sa svojom sudbinom, ali su se njihovi gospodari, kao vlasnici nezavisnih gazdinstava, mogli međusobno na ravnoj nozi ubeđivati i demokratski dogovarati, pa su demokratski rođene grčke državice predstavljale svojevrsnu anticipaciju demokratske zajednice budućnosti.

Centralizacija feudalnog zemljovlasništva i na njemu zasnovane političke vlasti zahtevala je, međutim, uz jaku vojnu organizaciju i pojačanu ideologizaciju celog društva, i to utoliko jaču što je centralna vlast bila udaljenija od društvene baze. Svetovno podaništvo moralo je imati snažan oslonac u duhovnom podaništvu, vera u jednog cara morala je biti nadopunjena verom u jednog boga jer centralizovana svetovna vlast ne može bez duhovne vlasti. *"Da bi vlast i društvena nejednakost bila podnošljivija, vladarima se daju božanska svojstva..."*, te *"...tako dolazi do stapanja religije i vlasti u obliku teokracije - vladavine vladara-bogova"*[1]. Talmud poziva na molitvu *"...za dobrobit državne vlasti jer bi bez straha od nje čovjek bližnjega svoga živa progutao"*[2].

Zbog izuzetnog značaja religije za održanje feudalnog poretka, **crkva** je predstavljala centralnu ideološku i političku instituciju srednjeg veka koja je identifikovana sa državom i sa kojom je identifikovana država. Ona je držala monopol na celokupnu duhovnu aktivnost, a preko vladanja ljudskim dušama, ona je obezbeđivala i vladavinu ljudskim telima. Crkva je ne samo kao ideološka, već i kao politička sila stajala iznad same države, koja je svoj autoritet sama podupirala autoritetom svevišnjeg. *"Crkveni autoritet je izražen zbirkom crkvenih zakona poznatih kao kanonsko pravo koje su morala da poštuju i duhovna i svetovna lica; kanonsko pravo je duboko uticalo na svakodnevni život ljudi pošto se odnosilo na brak, brigu o deci, polaganja zakletvi, davanje novca pod interes i mnoga druga pitanja građanskog prava; njegov uticaj izlazio je iz okvira crkve i širio se, uobličavajući u celini srednjevekovnu civilizaciju"*[3].

---

[1] Rudi Supek, *Sociologija*, XV izd.,"Školska knjiga", Zagreb, 1987, str. 157

[2] Talmud, isto, str. 152

[3] *Srednji vek i renesansa*, "Narodna knjiga"-"Vuk Karadžić"-"Rad", Beograd, 1984, str. 20

Opšta privatizacija vlasništva je iz temelja razorila feudalnu hijerarhiju postavljajući temelje **nove države**, koja je svoje uporište umesto u svevišnjem, tražila u narodu. Božiji izaslanici "preobraženi" su u narodne izaslanike; volja božja zamenjena je u državnim poslovima voljom naroda. Odnos između crkve i države je i u teoriji i u praksi radikalno promenjen; još je Makijaveli smatrao da ga treba potpuno obrnuti, pa "...*umesto da država služi religiji, religija treba da služi državi, na taj način što će crkva svim svojim autoritetom, podupirati državne zakone...*"[1], a demokratska država, po Marksu, i "...*ne treba religiju za svoje političko upotpunjavanje*"[2].

Nova država je, naime, u duhu ideja buržoaske revolucije, i zamišljena u obliku demokratije, čija je "...*pobeda i došla uz učešće širokih narodnih slojeva; politička sloboda i politička jednakost jesu tekovine koje su prvenstveno imale da zadovolje narodne mase, jer su one bile isključene iz javnog života po sistemima koje je demokratija zamenila...*"[3]. Država je, po Hegelu, "...*apstraktum, koji svoj realitet...ima u građanima...*"[4], a po Marksu, demokratija je "...*suština svakog državnog ustava, socijalizirani čovjek, kao posebni državni ustav*"[5].

Buržoaska država je, međutim, i u demokratskom ruhu autokratska, i to utoliko više što je autokratskija vladavina kapitala radi čijeg reprodukovanja ona prvenstveno i postoji, a demoktarska je samo ukoliko ne može postojati bez naroda. Zato "...*ni u jednom od postojećih društava nema demokracije, a sigurno ne u onima koje se nazivaju demokratskim; postoji samo neka iluzorna demoktacija, prožeta nejednakošću, dok stvarni uvjeti demokracije tek treba da budu stvoreni*"[6].

---

[1] Slobodan Jovanović, *Iz istorije političkih doktrina*, knj. II, izd. Gece Kona, Beograd, 1935, str. 204

[2] *Rani radovi*, isto, str. 53

[3] Vladimir Sv. Simić, cit. rad, str. 56

[4] *Filozofija povijesti*, isto, str. 56

[5] K. Marks, F. Engels, Dela isto, tom III, str. 27

[6] Herbert Markuze, isto, str. 31

"Iluzorna demokratija" ne može bez dušebrižničkih institucija za stvaranje iluzija, koje državno podaništvo uzdižu do nivoa najviših društvenih vrednosti, pretvarajući najveće poniženje u najveći ponos naroda. Crkvu je u toj funkciji zamenila partija; *"…umesto crkve i sveštenstva, sad ideologiju izgrađuju svetovne organizacije i svetovnjaci; političke stranke se razvijaju u organizacije koje se specijalizuju za političku ideologiju"*[1].

Dok se ranije zaklanjala iza duhovnog autoriteta crkve, država se danas zaklanja iza političkog autoriteta partije, a da bi to zaklanjanje delovalo autoritativnije, partija se kao svojevremeno i crkva postavlja iznad države, samo što ona u ime umišljenog naroda čini to što je crkva činila u ime izmišljenih viših sila. Vladajuća partija kreira državnu ideologiju, vodi kadrovsku politiku i nadzire sprovođenje partijskih odluka od strane državnog aparata; ona u vršenju vlasti praktično srasta sa državom, kao što je svojevremeno srastala crkva. *"Političke stranke tokom celog svog postojanja sve do danas zadržavaju svoju trostruku ulogu organizatora izbora, stvaraoca političke ideologije i faktičkog nosioca vlasti"*[2].

U funkciji nacionalne i međunarodne centralizacije kapitala, vršena je i centralizacija državno partijske vlasti, baš kao što je državno-crkvena vlast centralizovana radi centralizacije zemljovlasništva. I kao što je sva feudalna vlast bila skoncentrisana u sprezi jedne crkve i države na čelu sa jednim državnim i crkvenim poglavarem, tako je centralizacija buržoaske i birokratske vlasti svoj vrhunac pod fašizmom i staljinizmom dostigla u jednopartijskom sistemu sa jednim partijsko-državnim vrhovnikom kao oličenjem celokupne vlasti.

Ideološka funkcija vladajuće partije i crkve je u suštini ista: da veličaju i apsolutizuju postojeći politički poredak. Crkva je feudalnu hijerarhiju veličala kao večiti i najsavršeniji bogom dani poredak; sistem parlamentarne vlasti buržoaske stranke prikazuju kao uzorni oblik

[1] Dr Radomir Lukić, *Političke stranke*, "Naučna knjiga", Beograd, 1966, str. 208
[2] Isto, str. 13

demokratije; vladajuće komunističke partije su jačanje birokratske države pravdale nezamenjivom ulogom u izgradnji socijalizma i komunizma. Crkva se i danas prilagođava društvenoj situaciji tako što veliča vladajući poredak.

Ali partije nisu samo konzervatori postojećeg stanja, već i generatori društvenih promena. Dok crkva lebdi između neba i države, partije su čvrsto ukotvljene između države i naroda; one su nepobitni dokaz da se vlast sa neba spušta na zemlju i da narod počinje da sudeluje u vlasti. Dalji razvoj može ići samo u pravcu rastakanja državno-partijske vlasti u neposrednu vlast naroda i prerastanja predstavničkog parlamentarizma u sistem neposredne demokratije. *"Ako demokracija znači samoupravljanje slubodnih ljudi, pravdu za sve, tad bi ostvarenje demokracije predstavljalo ukidanje postojeće pseudo-demokracije"*[1].

Ideje **neposredne demokratije** stare su koliko je stara i država, i one su upravo predstavljale osnovu demokratskog uređenja staroveovne države. U novom veku one su, kao izraz vekovnih težnji obezvlašćenih masa, postale ideološka alternativa idejama predstavničke demokratije kao obliku prikrivene vladavine eksploatatorskih klasa. Po Gandi-u, *"...demokratija mora u suštini... značiti veštinu i znanje kako da se mobilišu celokupni fizički, ekonomski i duhovni izvori različitih slojeva ljudi u službi zajedničkom dobru..."*, i *"...nema demokratije ako u vlasti ne učestvuju svi..."*, pa *"...pravu demokratiju ne mogu ni stvoriti dvadeset ljudi u centru..."*, već *"...treba da je stvara narod u svakom selu..."*[2]. I po Hegelu, *"...ni jedan zakon ne može da važi osim ukoliko su svi suglasni..."*, što podrazumeva da *"...manjna mora ustuknuti pred većinom..."* koja *"...odlučuje"*[3]. U tom smislu treba shvatiti i poznate ideje o samoupravljanju i samoupravnoj demokratiji, odumiranju države i sl., čije ostvarivanje vodi ukidanju svake vlasti i svakog upravljanja ljudima. Demokratizacija svojinskih odnosa vodi i sve većoj

---

[1] Herbert Markuze, napred cit. rad, str. 183

[2] Cit. rad, str. 131, 137, 133

[3] *Filozofija povijesti*, isto, str. 55

demokratizaciji države, koja oslonac za ostvarivanje svojih funkcija mora sve više tražiti u nauci.

BIVSTVOVANJE - UMOVANJE - DELOVANJE

Umovanje i delovanje kao način bivstvovanja

Čovek je "neprirodno" biće, i takav "...*kakav jest, nazvan je nedozrelim plodom; rađa se bespomoćniji i nesavršeniji od bilo koje životinje, treba mu mnogo dulje da dozrije i pritom je ugrožen i od sebe*"[1]. Priroda ga prepušta samom sebi, da se kako zna i ume bori za život; njegov opstanak je njegov problem koji sam mora da rešava.

Kao svako živo biće, čovek mora da se **prilagođava životnoj sredini**, ali on je sticanjem sposobnosti svesno-voljnog prilagođavanja izgubio sposobnost instiktivnog prilagođavanja, i "...*svoju čisto pasivnu ulogu prilagođavanja prirodi preobražava u aktivnu*"[2]. Upravo zbog toga čovek se ne rađa sposobnim za život, nego se tek kroz život za život osposobljava.

Sposobnost svesno-voljnog, "aktivnog" ili bolje reći akcionog prilagođavanja sredini proističe iz generičke sposobnosti čoveka da **sredinu prilagođava sebi**. On se "...*ili prilagođava kroz izvesne promene ili radnje u spoljnem svetu ili je pak u stanju sa izvesne delove spoljneg sveta tako formira (obrazuje), da ih prilagodi svojim ciljevima i da mu oni služe*"[3], ali se te "promene ili radnje" sastoje upravo u prilagođavanju spoljneg sveta čoveku.

[1] Ernst Bloch, *Subjekt i objekt*, "Naprijed", Zagreb, 1959, str. 381

[2] Erih From, *Bekstvo od slobode*, "Nolit", Beograd, 1964, str. 47

[3] Karl Kaucki, *Dijalektika*, izd. "Oslobođenja" A.D. Beograd, bez god. izd., str. 6

Nesposobnost instiktivnog prilagođavanja nije, međutim, nikakva tragedija ljudskog roda jer čovek i ne želi da se predaje sudbini prirode; on hoće da sam brine o svojoj sudbini i da prirodu podređuje sopstvenoj prirodi. **Aktivan odnos prema prirodi** je neizostavni uslov njegovog biološkog opstanka, ali on je i suština njegovog generičkog bivstvovanja; ne samo da mora, nego čovek i hoće da prirodu oblikuje prema sopstvenoj zamisli, i on to zapravo čini i kad mora i kad ne mora. Kao što reče Niče, "*...jaki i silni žele sami da oblikuju i oko sebe ne trpe više ništa strano*"[1], samo što u odnosu na ostalu prirodu, nisu jaki i silni samo neki, nego svi ljudi.

Čovek je, prema tome, "*...prirodno aktivan stvor...*" koji "*...većinu vremena provodi radeći...*"[2]; delovanje je, po čuvenoj Lajbnicovoj izreci: "*quod non agit non existit* (što ne dela, ne postoji)"[3], način njegovog postojanja. "*Sav društveni život je bitno praktičan...*", i "*...sve misterije koje teoriju navode na misticizam nalaze svoje racionalno rešenje u ljudskoj praksi i u poimanju ove prakse*"[4].

Ljudska praksa je zapravo oblikovanje prirode prema ljudskim potrebama, koje je i samo po sebi i samo za sebe ljudska potreba. Kroz praksu se čovek suprotstavlja prirodi, ukida postojeću, i po svojoj meri stvara novu, još nepostojeću prirodu. "*S obzirom na dato, praxis je pozitivnost; ali i ta pozitivnost izbija na "nepostojeće", na ono što još nije bilo*"[5].

Po svojoj prirodi, čovek je **biće promena, prevazilaženja i samoprevazilaženja postojećeg**; priroda koja samu sebe menja i prevazilazi. On se "*...odlikuje pre svega prevazilaženjem date situacije, po onome što on uspeva da napravi od onoga šro je do njega napravljeno, čak i ako se nikad ne prepoznaje u svojoj objektivizaciji; mi nalazimo*

---

[1] Cit. rad, str. 37

[2] William Whyte, *Čovjek i rad*, "Panorama", Zagreb, 1966, str. 635

[3] Dr Borislav Lorenc, *Misao i akcija*, izd. Gece Kona, Beograd, 1930, str. 7

[4] K. Marks, F. Engels, Dela, isto, tom VI, str. 6

[5] Žan Pol Ssrtr, *Egzistencijalizam i marksizam*, "Nolit", Beograd, 1970, str. 82

to prevazilaženje u korenu ljudskog" [1]. A u korenu ljudskog je da se nikad ne zadovoljava postojećim, i da stoga stalno teži nečem novom, još nepostojećem. Čovek je **novatorsko biće** - biće inovacija.

Iz toga proističe i generička težnja ljudskog bića za **stvaranjem**, pa bismo, po Dugalu, "*...bili u pravu ako pretpostavimo da čovek poseduje instikt stvaranja...*", koji "*...jednim delom određuje i dečiju igru"* [2]. Od samog rođenja čovek pokazuje interes za ispitivanje, istraživanje, rušenje i stvaranje, ali se već u početku sudara sa brojnim preprekama koje mu ne dozvoljavaju da svoju radoznalost i stvaralačku inicijativu do kraja ispolji.

Težnja za stvaranjem izražava samu suštinu ljudskog bića, koja se kroz stvaranje neposredno ispoljava. Čovek je, po Hegelu, to što su njegova dela jer je "*...njegovo djelo pravi bitak čovječiji"* [3]. I Hegelova "Fenomenologija duha" i Geteov "Faust" "*...pokazuju čovjeka kao stvaraoca svog svijeta, te kao čovjeka koji prolazi svijet u nastajanju"* [4].

Ali čovek nije samo to što su njegova dela; on je pre svega samo **delanje** i samo stvaranje - delanje kao stvaranje. Kao jedinka, on postoji kad dela i dok dela; čim prestane njegovo delanje, prestaje i njegovo **ljudsko** postojanje. Samo u delanju i stvaranju čovek je u svom elementu jer je samo pri tom u igri njegovo ljudsko biće, čiji je osnovni smisao postojanja upravo u stvaralačkoj igri, koja jedino pričinjava pravo **ljudsko** zadovoljstvo. Dečije igre kao samosvrsishodna aktivnost, su svojevrsna anticipacija budućnosti ljudskog roda, koji neodoljivo teži samosvrsishodnoj delatnosti.

Stvaranje je **funkcija ljudskog duha**, "*...njegovo djelovanje...*" kroz koje se duh "*...pojavljuje kao tvorac"* [5]. Ljudsko delovanje je u

---

[1] Isto

[2] Viljem Mak Dugal, prilog u zborniku *"Teorije o društvu"*, sv.i, isto, str. 721

[3] *Fenomenologija duha*, "Kultura", Zagreb, 1955, str. 179

[4] Ernst Bloh, cit. rad, str. 58

[5] Isto, str. 372

suštini ljudsko umovanje jer *"...mehanizam koji upravlja ljudskim radom je snaga pojmovnog mišljenja..."*[1], bez kojeg *"...nema radne aktivnosti"*[2]. Svaka *"...prava akcija je svesno ostvarenje cilja, dakle upravo ostvarenje misli, ukoliko cilj postoji prvo kao misao (predstava)...",* pa *"...i kad ozbiljno misli, čovek radi (duhovno)"*[3].

S obzirom da je mišljenje svojevrsan - intelektualni nagon usled kojeg *"...duh po nekoj vrsti inercije, teži da nastavi svoju delatnost"*[4], **umovanje** je kao suština ljudskog delovanja, takođe, način bivstvovanja čoveka. Ono je generička osnova njegove ukupne egzistencije jer i *"...mašta, sanjarenje, simbolizam, nesvesno mišljenje, detinjasto emocionalno mišljenje, psihoanalitičke slobodne asocijacije - svi su oni na svoj način plodonosni"*[5].

Kao suština ljudskog delovanja, umovanje je usmereno prema objektu delovanja, a objekt delovanja nije ono što je objektivno dato već ono što je zadato. Za čoveka prirodni predmeti nisu interesantni sami po sebi, nego kao objekti zadovoljenja njegovih potreba, zbog čega ih on samo kroz tu prizmu i posmatra, povezujući ih sa ciljevima koje želi da ostvari i sa zamislima nečeg još nepostojećeg u šta treba da ih preobrazi. Predmet ljudskog delovanja su upravo te zamisli u procesu njihovog ostvarivanja putem prevazilaženja postojećeg, dakle nešto što je na prelazu iz datog u zadato. Ni predmet proizvodnje nije sirovina od koje se izrađuje neki proizvod, već sam proizvod, koji na početku postoji samo kao zamisao nečeg čega u prirodi još nema inače bi proizvodnja bila besmislena.

Čovek se prema spoljašnjem svetu odnosi **egoistički** i "neprijateljski", bilo da ga koristi takvog kakav jeste, ili da ga po svojim zamislima preoblikuje. I njegova egocentričnost je utoliko veća što su veće

[1] Harry Braverman, *Rad i monopolistički kapital*, "Globus" Zagreb, bez god. izd., str. 44

[2] K.K. Platonov, *Problemi psihologije rada*, "Panorama", Zagreb, 1966, str. 97

[3] Dr Borislav Lorenc, cit. rad, str. 39, 9

[4] Žorž Fridman, *Kuda ide ljudski rad*, "Rad", Beograd, 1959, str. 273

[5] Abraham H. Maslov, *Motivacija i ličnost*, "Nolit", Beograd, 1976, str. 314

njegove mogućnosti da od postojećeg stvara neki drugačiji svet kakav samo njemu odgovara. A "...*uloga čoveka nije više pokoravanje nekomu ili nečemu, već osvajanje, razaranje i preoblikovanje svega što jest prema njegovoj zamisli i mjeri*"; on "...*postaje osvajač i stvaralac, i u tom smislu preuzima ulogu logosa i božanstva*"[1]. Čovek nikada ne bi ni mogao zamisliti nekakvo božanstvo kao svemoćnog stvaraoca da sam ne poseduje sposobnost stvaranja, niti bi mu takva zamisao pala na um da ne teži ka tome da on postane taj svemoćni stvaralac.

Ljudski rod se upravo kreće u tom pravcu. Kao racionalno biće, čovek nastoji da sa **što manje truda i za što kraće vreme proizvede što više**, što se može postizati i postiže se samo stvaralačkom delatnošću uma, pre svega automatizacijom, unapređivanjem tehnologije, organizacije i ekonomije proizvodnje. I što se tekovine ljudskog uma više povećavaju, povećava se i njegova delotvornost jer što je veće poznavanje prirode, veće su mogućnosti njenog menjanja. Zbog neograničenosti ljudskih potreba, neograničene su i težnje čoveka za menjanjem prirode u skladu sa tim potrebama. Čak i kad bi sve ostale potrebe bile zadovoljene, ostala bi večita potreba za samim menjanjem i stvaranjem kao generička osnova svih ljudskih potreba.

Prema svom okruženju čovek se odnosi upravo tako kako se odnosi prema svojim potrebama, kojima ne vidi kraja. Pošto sam brine o njihovom zadovoljavanju, on je time i zauzet, zbog čega je stalno okrenut budućnosti u čijem kreiranju i sam sudeluje. Sve što je bilo i što jeste, vidi samo u funkciji onog što mu **treba**; postojeće mu služi samo kao sredstvo za ostvarivanje nečeg još nepostojećeg.

Zato niko nije preokupiran onim što je bio i što jeste, već onim što **želi da bude**, a životna preokupacija je stvarno bivstvovanje čoveka, koji se, po Sartru, "...*definiše svojim projektom...*" jer "...*to materijalno biće neprestano prevazilazi položaj u koji je stavljeno...*"[2]; ono

[1] S. Holadin, *Industrijska sociologija*, Fakultet građevinskih znanosti, Zagreb, 1983, str. 15
[2] Cit. rad, str. 131

"...što čovjek jest, to on tek treba da postane"[1]; njegova *"...suština je u njegovom idealu, koji sam stvara i čime sebe stvara"*[2]. Čovek je *"...zadat a ne dat - otvoren, a ne dovršen..."* jer *"...svoju bit ne posjeduje kao nešto što je dato, što je djelo (ergon), nego je u svome djelovanju neprekidno ostvaruje"*[3].

U svom životu, čovek se stalno razapinje između onoga što jeste i nečeg što želi da bude, između Ja i Ne-ja, između svog postojećeg i svog još nepostojećeg bića. Zato on nikada nije ni to što u stvarnosti jeste, ni ono što želi da bude, već uvek nešto između, ili i jedno i drugo istovremeno; *"...čovek predstavlja jedan proces..."*[4], koji *"...nikad nije završen; njegovo postojanje je postajanju..."*[5], pa je svako ljudsko biće nepročitana knjiga koja se nikada ne može do kraja pročitati ni samo na osnovu pročitanog razumeti.

Težnja da se ta sudbonosna razapetost ljudskog bića prevaziđe je pokretačka snaga njegovog delovanja, i prevazilaženje se stalno vrši ali nikada ne dovodi do kraja jer stalno nastaju nova razapinjanja. Pošto se nikada ne zadovoljava postojećim, čovek uvek čezne za nekim novim stanjem, zbog čega se stalno razapinje i napinje da to čemu teži i dostigne. Ničeova teza da je *"...želja svih slabih i nezadovoljnih samim sobom da pobegnu od sebe..."*[6] može se slobodno generalizovati jer apsolutno jakih i sasvim zadovoljnih sobom nema; šta više, intelektualno jači su, po pravilu, sami sobom nezadovoljniji od slabijih.

Iz nezadovoljstva sopstvenim stanjem proističu **nezadovoljstva stanjem životnog okruženja**, koje čovek menja da bi promenio sopstveno stanje a ukoliko sopstveno stanje menja da bi mogao menjati okruženje, to u krajnjoj liniji, opet čini radi promene sopstvenog stanja.

[1] Milan Kangrga, *Etika i sloboda*, "Naprijed", Zagreb, 1946-1966, str. 29

[2] Dr Radomir Lukić, *Sociologija morala*, II izd., "Naučna knjiga", Beograd, 1976, str. 368

[3] Esad Ćimić, *Dogma i sloboda*, NIRO "Književne novine", Beograd, 1985, str. 107 i 7

[4] Gramši, cit. rad, str. 47

[5] Fon Herder, po G.V. Olportu, *Sklop i razvoj ličnosti*, "Kultura" Beograd, 1969, str. 482

[6] Cit. rad, str. 37

Čovek se i može menjati samo menjanjem i kroz menjanje okruženja, zbog čega je on u suštini to što je u odnosima sa svojim okruženjem. I njegova generička moć proističe upravo iz njegovog stvaralačkog odnosa prema okruženju.

Kao što je osobitost celog ljudskog roda određena odnosom prema ostaloj prirodi, tako je i biće ljudske jedinke određeno **odnosima sa drugim ljudima**; ona je u suštini to što je u odnosima sa drugima. *"Svaki je pojedinac ne samo sinteza postojećih odnosa, već i sinteza istorije tih odnosa, to jest sadrži i svodi u sebi čitavu istoriju"*[1].

Zato čovek nikad nije sam; i kad je (fizički) usamljen, on je (u mislima) sa drugima i drugi su sa njim. Misli su nevidljive niti koje ljude svih meridijana i svih razdoblja vezuju čvršće od bilo kakvih fizičkih veza. I više od toga, svaki pojedinac se duhovno poistovećuje sa drugima i drugi se poistovećuju sa njim: njegov duhovni repertoar je najmanje njegovo duhovno delo, njegova saznanja su najvećim delom od drugih i preko drugih stečena znanja. Umovanje jedne glave je umno zato što se zasniva na umovanju mnogih glava; u mišljenju pojedinca ukrštaju se misli mnogih pojedinaca.

Društveno umovanje je **osnova ljudskog delovanja**. I kad sam dela, pojedinac to čini na osnovu stečenih znanja i sredstvima koja su drugi stvarali. Zato ni jedan ljudski proizvod nije rezultat rada samo svog neposrednog proizvođača, već i mnogih drugih pojedinaca i generacija, a u društvenom delovanju uvek postoji i druga strana, bilo da se radi o individualnom ili kolektivnom delovanju. Pri svakom delovanju, ljudi stupaju u međusobne, neposredne ili posredne veze i odnose, zbog čega je svako ljudsko delovanje u suštini društveni odnos.

Društvenim odnosima prožeto je celo bivstvovanje ljudskog bića, koje i proizvodi i proizvedeno troši zajedno sa drugima. I kao što u odnosu prema prirodi nastoji da sa što manje napora zadovolji svoje potrebe, čovek tako postupa i u odnosima sa drugim ljudima. Ako svoje

---

[1] Antonio Gramši, cit. rad, str. 49

ciljeve ne može da ostvari "dozvoljenim", on se služi i "nedozvolje-
nim" sredstvima, ali što je za jedne dozvoljeno, za druge je nedozvo-
ljeno, i što se jednima dozvoljava, drugima se ne dozvoljava.

U protivrečnim uslovima društvene egzistencije, ljudi se jedni
prema drugima **protivrečno i odnose**: oni jedni druge koriste, i jedni
drugima koriste; i sukobljavaju se i sarađuju; i ratuju i bratime se; čo-
vek je čoveku i sredstvo i cilj, i suparnik i suradnik, i neprijatelj i pri-
jatelj. U skladu s tim, ljudi formiraju i **protivrečne poglede** na život i
svet, kojim se, zavisno od toga kako kome odgovara, sve može prav-
dati i sve osuđivati.

Težeći ka ostvarenju svoje generičke suštine, čovek bi želeo da
postane idealno **ljudsko** biće. Ali ovakav kakav izlazi iz životinjske
džungle, stvarni čovek se prema čoveku odnosi i ljudski i životinjski; i
altruistički i egoistički; i prijateljski i neprijateljski; i dobronamerno i
zlonamerno; i s ljubavlju i s mržnjom; i iskreno i neiskreno; i pošteno
i nepošteno. A da je sve to u njemu još duboko usađeno i društvenim
okolnostima uslovljeno, pokazuje njegovo protivrečno ponašanje i pre-
ma najbližim i najvoljenijim.

Da bi ostvario svoje sebične namere, čovek je u stanju da **sve ra-
cionalizuje** i da svakom svom postupku pridaje širi značaj od onog ko-
ji stvarno ima. A kako se ponašaju pojedinci, tako u ostvarivanju svo-
jih interesa deluju i čitave društvene grupe. U uslovima klasne polari-
zacije društva, ideologija je izuzetno značajna i izuzetno profitabilna
sfera društvenog umovanja i delovanja. Ukroćavanje prirodnih sila
nadopunjuje se ukroćavanjem ljudskih duša da bi se ostvarili isti klas-
ni ciljevi.

Ideologija i poredak

Društveni je značaj ideologije pre svega u tome što je ona **duho-
vna okosnica društvenog poretka**, kojim se u uslovima klasne polari-
zacije obezbeđuje vladavina određene klase ali i neophodna stabilnost

104

celog društva. Svaki poredak uspostavlja nekakav **red** koji u zajednici razumnih bića mora biti utemeljen u njihovoj svesti da bi se ponašala razumno.

Svaka klasa gradi društveni poredak u skladu sa svojim pogledima, pa kakva je ideologija, takav je i poredak. Vladajuća ideologija je ideologija vladajućeg poretka jer predstavlja njegovu idejnu osnovu. Klasa koja se suprotstavlja vladajućem poredku, formira ideološku viziju drugačijeg poretka jer svaki poredak mora imati svoju ideologiju, a svaka ideologija da bi postala vladajuća društvena svest, mora pružati viziju nekakvog društvenog poretka.

Ideologija već sama po sebi predstavlja nekakav **normativni poredak** kojim se, u skladu s interesima koje izražava utvrđuje određeni društveni red. On se sastoji od pisanih i nepisanih pravila mišljenja i ponašanja koja su, bez obzira ko ih stvara, svima namenjena. Osnovu tog poretka čine pravne, moralne i religijske norme, kao i politički stavovi, po kojima treba svi da misle i deluju, bez obzira na lične interese, želje i poglede.

Zbog toga sve ideološke norme predstavljaju nepromenljive **dogme**, čiji je osnovni smisao da trajno ili za sva vremena unuficiraju ljudsku svest i ljudsko ponašanje. Suprotno svoj širini ljudskog uma i bogatstvu ljudskog mišljenja, one su **ukalupljeni stereotipi** koji i živi um i živu misao umrtvljuju i diskredituju, ali to se zapravo i traži.

Obaveznost ideoloških dogmi pravda se opštedruštvenim, trajnim i večnim ciljevima u koje se zaodevaju ograničeni parcijalni interesi određenih društvenih grupa, čijoj se univerzalizaciji i apsolutizaciji zapravo i teži. Kad te diskrepancije ne bi bilo i kad bi ideološke norme stvarno služile ostvarivanju opštedruštvenih ciljeva, bilo bi bespredmetno ne samo njihovo sankcionisanje već i njihovo postojanje jer bi zajedničke ciljeve, i bez spoljašnjeg diktata, svi ostvarivali.

Pošto to nije slučaj, ideološke norme se moraju **nametati** kad god su u koliziji s konkretnim interesima, pa i unutar grupe čije interese izražavaju. Stoga ceo normativni poredak vladajuće ideologije, iza kojeg stoji potrebni arsenal fizičke sile, kao Damaklov mač visi iznad živih glava spreman za posezanje kad god zatreba. Na taj način on deluje kao osamostaljena društvena sila, pa se žive duše moraju "uklapati" u poredak mrtvih duša umesto da se mrtve duše "uklapaju" u poredak živih duša.

Ideološki poredak za društvene orijentire ponašanja i mišljenja postavlja samo određene vrednosti, koje često ne odgovaraju ni većini društva, i što manjem delu društva odgovaraju, utoliko se javno ponašanje i mišljenje više **unificira**. Zato se više misli i dela po nametnutom šablonu nego po sopstvenom izboru, pa "...*mi više ili manje vidimo sebe kako nas drugi vide; nesvesno se obraćamo sebi onako kako nam se drugi obraćaju; i nesvesno se stavljamo na mesto drugih i delamo kao što drugi delaju*"[1].

Osnovni **smisao vladajućeg ideološkog poretka**, koji jedino i može predstavljati celovit normativni poredak s obzirom da pravo može stvarati samo vladajuća klasa, je da celokupno umovanje, delovanje i bivstvovanje ljudi ukalupi tako da se mogu efikasno kontrolisati i prema određenim ciljevima usmeravati. Time se on neizbežno suprotstavlja živoj stvarnosti, koja se opire svakom ukalupljivanju i svakom oktroisanju.

Kao idejna osnova celovitog društvenog poretka, vladajući ideološki poredak zahvata sve sfere i sve oblasti ljudskog života: u ekonomskoj sferi reguliše ekonomske, u socijalnoj socijalne, a u političkoj političke odnose, podvodeći pod sopstveni režim i kulturu, umetnost, nauku i obrazovanje. **Sve se reguliše** i sankcioniše, a slobodna inicijativa se dopušta samo toliko koliko doprinosi funkcionisanju poretka, i u najboljem slučaju ukoliko mu ne smeta; izvan toga sve se zabranjuje i podvodi pod pravne, moralne, verske i političke sankcije. Povreda društvenog poretka, ma kakav da je, tretira se kao najteži prestup.

Po vladajućem ideološkom projektu grade se društvene (ekonomske, socijalne, političke, kulturne i druge) institucije i odnosi, koji

---

[1] Džordž H. Mid, prilog u zborniku *Teorije o društvu*, sv. I, isto, str. 948

zajedno s normativnim poretkom čine celovit društveni poredak, koji sve zahvata i kojem se sve podređuje. Kao što se kuća gradi od temelja i prema temelju, tako se i društveni poredak konstituiše prema svojoj ekonomskoj osnovi. Od idejnog koncepta i praktične institucionalizacije svojinskih odnosa presudno zavisi i socijalna, politička i kulturna struktura poretka.

Pošto su robovi bili potpuno obezvlašćeni, oni su u **robovlasnički poredak**, i ideološki i institucionalno, bili uključeni samo kao objekt vlasništva. Od slobodnih građana kao nezavisnih vlasnika mogao se konstituisati demokratski poredak, a ukoliko je robovlasnička država bila autokratska, ona je imala ograničene funkcije obezbeđivanja opštih uslova proizvodnje, zajedničkog života i odbrane od neprijatelja. Ako je bila isključena za robove, slobodna inicijativa je u velikoj meri bila dozvoljena za slobodne, što je omogućilo da i duhovne aktivnosti procvetaju, a mnogoboštvo je predstavljalo prirodni oblik religijske svesti takvog poretka.

Centralizacija zemljovlasništva uslovila je centralizaciju celog **feudalnog poretka**. Feudalna zajednica je na principu vazalne zavisnosti konstituisana u obliku piramide sa obezvlašćenim kmetovima u bazi i osvevlašćenim poglavarem u vrhu. Da bi takva struktura poretka bila prihvatljivija, i duhovni svet je građen po principu hijerarhije. Krajnja centralizacija duhovne i svetovne vlasti gotovo da nije ostavljala mesta za slobodnu inicijativu, umesto koje je zahtevana apsolutna poslušnost bogu i caru.

Ideja opšte privatizacije vlasništva, sa kojom je pravo svojine proglašeno svetim pravom, "udarila je u srce" centralizovanog feudalnog poretka, i sa rušenjem centralizovanog zemljovlasništva srušen je ceo poredak. Na osnovama sitnosopstveničkog vlasništva kapitala izgrađen je demokratski **poredak liberalnog kapitalizma**, koji je otvorio širok prostor za slobodnu - privrednu, političku i stvaralačku inicijativu. Ideja slobodne konkurencije postala je moto vladajuće ideologije i celog poretka.*"Prema nauci koju su naučavali fiziokrati, a zagovarali su je*

Adam Smit, Rikardo i drugi, od slobodne konkurencije na tržištu očekivao se blagoslov za čovečanstvo"[1].

Ali u uslovima ograničenih proizvodnih mogućnosti, i sama slobodna konkurencija je vodila ukidanju slobodne konkurencije. Centralizacija kapitala, koja je vršena pre svega putem slobodne konkurencije ili pod uticajem njenih negativnih implikacija, dovela do ponovne centralizacije društvenog - i nacionalnog i međunarodnog poretka. Ideologija slobodne konkurencije potisnuta je ideologijom monopolizma, kojim su u svim sferama društvene reprodukcije sužene mogućnosti slobodne inicijative.

Maksimalnom nacionalizacijom privatnog kapitala, komunističke partije su dolaskom na vlast stvorile **totalitarni monopolistički poredak** koji isključije gotovo svaku slobodnu inicijativu. Ideologija etatizma je do krajnosti dovedena ideologija monopolizma gde se, pod plaštom narodne, opštenarodne ili slobodne države, praktično sve pretvara u državni monopol. Po principu hijerarhijske političke subordinacije (pošto su svi privredni, socijalni i kulturni subjekti pretvoreni u državne institucije - objekte), i ovaj se poredak, slično feudalnom, konstituiše u obliku piramide, u čijoj su bazi radne mase a u vrhu partijsko-državni vođa.

Posle neuspelih pokušaja da se na ruševinama takvog poretka rekonstituiše poredak liberalnog kapitalizma, sada se pokušava da se na osnovama demokratizacije svojinskih odnosa konstituiše jedan novi demokratski poredak, koji se kao alternativa državnom monopolizmu, već odavno rađa na osnovama zadrugarstva i akcionarstva. On je u velikom sukobu sa žilavim centralističko-etatističkim - i nacionalnim i svetskim tendencijama da se monopolistički poredak po svaku cenu održi.

Po svojim suštinskim odlikama, taj movi poredak je sasvim drugačiji od svih bivših i svih sadašnjih poredaka; i njegova idejna osnova je potpuno različita od svih vladajućih i nevladajućih ideologija. U

[1] J.A.C. Brown, cit. rad, str. 22

odnosu na tradicionalna odličja društvenih poredaka poznatih u teoriji i praksi, on je pravi **antiporedak**, kojim se društveni red ne uspostavlja spolja jer se po prirodi demokratski konstituisanih svojinskih odnosa, uspostavlja iznutra.

Ideologije i pokreti

Kao opštedruštvena institucija, društveni poredak je institucija vladajuće klase. Vladajućom klasom može postati samo ona klasa kojoj pođe za rukom da celo društvo upregne u svoj "jaram" i ukalupi u "kalup" kojim ona može rukovati. Institucije svakog društvenog poretka su poluge pomoću kojih se vlada društvom, i jedna grupa, ma kolika i ma kakva da je, može društvom vladati samo ako te poluge drži u svojim rukama.

Zato se društveni poredak ne menja sve dok se njime društvo može "zauzdavati" i društvom vladati. Čim neka od poluga poretka zakaže, ona se mora menjati da bi vlast normalno funkcionisala, što vladajuća elita često i sama čini, ne dozvoljavajući da dođe do većih poremećaja, ali ako ceo mehanizam "zariba", onda nastaje duboka kriza poretka, koja dovodi u pitanje opstanak vladajuće elite.

Poredak normalno funkcioniše dok ga mase mirno podnose, a čim postane nepodnošljiv, nastaju otpori njegovom funkcionisanju, koji iz pojedinačnih buntova prerastaju u **društvene pokrete**. Pojedinačne pobune mogu prerasti u masovni pokret samo kad postoji masovno nezadovoljstvo funkcionisanjem vladajućeg poretka, i ako iza tih pobuna stoje ideje o promeni poretka ili njegovih pojedinih institucija. Da bi se širile i da bi pokret jačao, te ideje moraju izražavati šire društvene interese; promene koje ne omogućavaju da društvo slobodnije "diše", ne motivišu na širu pobunu.

Pokretu se može suprotstaviti silom, reformom poretka ili antipokretom. **Gušenje pokreta** silom odlaže promene, ali vodi u još dublju krizu, čije će razrešenje zahtevati i veće žrtve. Reformama se kriza može

109

ublažiti samo ako one idu u susret zahtevima pokreta rešavanjem problema zbog kojih je pokret i nastao, ali ako rešenje problema nije trajno, do zaoštravanja krize će ponovo doći, a i pokret će ponovo oživeti.

Antipokret se formira organizovanim okupljanjem snaga koje su za odbranu postojećeg poretka. On se može oslanjati i na fizičku silu ali glavna snaga mu je u argumentovanom ideološkom suprotstavljanju promenama. Ako pravih argumenata nema, onda se pažnja sa nedostataka samog poretka skreće na neku drugu stranu: subjektivne slabosti, opasnost od spoljneg i unutrašnjeg neprijatelja, pa i na diskreditovanje samog pokreta koji se proglašava antinarodnim, antidržavnim, antipatriotskim i sl. Ali kad za sve to ubedljivih dokaza nema, nema ni šanse za formiranje jakog antipokreta, pa fizička sila postaje njegov glavni oslonac.

Svaki društveni pokret predstavlja, u principu, **dobrovoljnu skupinu** zadojenu određenim idejama iza kojih stoji neki zajednički interesi i ciljevi. Ako se "...*ideje ne mogu materijalizovati, pretočiti u praksu bez "posredničke" uloge pokreta...*"[1], ni pokret se ne može konstituisati i delovati bez neke ideje, kao zajedničke zvezde vodilje njegovih pripadnika. Kohezionu snagu pokreta ne predstavlja fizička, nego duhovna sila koja njegove pripadnike snagom ubeđenja u opravdanost društvenih poduhvata zbija u zajedničke redove.

Glavna snaga pokreta je u snazi njegovih ideja da svojim duhovnim "magnetizmom" privuku mase i zbiju ih oko zajedničkih ciljeva. Mnogo puta se pokazalo da ideje mogu biti moćnije od najmoćnijeg naoružanja, i one su zapravo oduvek predstavljale glavno oružje nenaoružanih masa u borbi za njihovo socijalno i nacionalno oslobođenje. Dobro organizovan pokret naoružan ostvarivim idejama je i jedina realna šansa obezvlašćenih masa da se udruženim snagama izbore za svoje interese. "*Pojedinac se može udruživati sa svima onima koji žele istu promenu, pa ako je ta promena racionalna, pojedinac se može*

---

[1] Branko Pribićević, *Socijalizam svetski proces*, "Partizanska knjiga", Ljubljana, OOUR "Minos" Beograd, 1979, str. 92

umnožiti znatan broj puta i postići mnogo korenitiju promenu od one koja na prvi pogled može izgledati mogućna"[1].

Što je pokret **masovniji**, moguće su i korenitije promene, a korenite promene društvenog poretka nisu moguće bez masovnog pokreta koji celo društvo diže na noge. Masovnih pokreta, međutim, nema bez masovnih ideja, koje celo društvo uzbuđuju i na akciju pobuđuju. Takvu snagu mogu imati samo ideje koje obećavaju spasonosni izlaz iz nepodnošljive situacije u koju je društvo zapalo zbog duboke krize vladajućeg poretka.

Mnogo puta se pokazalo da to i ne moraju biti sasvim ostvarive, ili čak mogu biti i apsolutno neostvarive ideje koje stvaraju samo iluzije o priželjkivanom izbavljenju. Stoga u izuzetno teškim situacijama ne pomažu odvraćanja od takozvanih utopističkih ideja jer da bi se spasao, "davljenik se i za slamku hvata".

Ali nisu sve ideje koje se nazivaju **utopijskim**, i neostvarive. *"Upravo stoga što do konkretnog određivanja utopije uvek dolazi sa nekog određenog egzistencijalnog stupnja, moguće je da **današnje utopije postanu sutrašnje stvarnosti**. Utopije često nisu ništa drugo do prerano zrele istine...*"(Lamartin), pa *"...od utopijske svesti potčinjenih slojeva ... počinje i politika u savremenom smislu, ukoliko se, naime, pod tim razumeva manje ili više svesno sudelovanje svih društvenih slojeva u oblikovanju ovoga sveta*"[2].

Velike ideje nikad se ne ostvaruju preko noći; na ostvarivanju istorijskih ideja smenjivali su se, dizali i padali, mnogi pokreti; cela istorija protiče u ostvarivanju vekovnih opštečovečanskih ideja. Tekuća ostvarenja malih ideja su koraci u ostvarivanju velikih ideja, koje nam iz te sitnokoračničke perspektive izgledaju neostvarivim, kao što nam se vrh visoke planine čini nedostižnim dok smo još u podnožju. Do Tomasa Mincera *"...neodređene nade, ili nade usredsređene na drugi*

---

[1] Antonio Gramši, cit. rad, str. 49

[2] Karl Manhajm, cit. rad, str. 165, 173

svet, najednom su se počele doživljavati kao nešto što pripada ovome svetu, kao nešto što se može realizovati ovde i sada, i posebnom zaštitom su ispunile celokupno ljudsko delanje" [1].

Ideje i pokreti su, po pravilu, **okrenuti budućnosti**. Niko ne želi, niti objektivno može da se vraća u prošlost; svako, po prirodi stvari, teži da se kreće unapred i naviše, ka još nedostignutim visinama. Što je u prirodi ljudske jedinke, to je i u prirodi društvenih zajednica, društvenih grupa i celog ljudskog roda. Masovni društveni pokreti su vođeni težnjama za **unapređenjem** životne egzistencije širokih narodnih masa, na čemu se njihova masovnost upravo i zasniva.

Masovni **pokreti robova** bili su usmereni ka izbavljenju od ropstva, i doprineli su njegovom ukidanju. *"Premda neuspio..."*, Spartakov *"...ustanak imao je dalekosežne posljedice: doveo je do velikog smanjenja koncentracije robova na veleposjedima i, u kasnijim godinama, do ublažavanja postupka prema robovima, jer je neprestano bio prisutan strah od novih pobuna"* [2]. Iako je ugušen, dvadesetogodišnji ustanak kineskih robova krajem II veka n.e. *"...do temelja je potresao imperiju Han..."*, doprineo njenom raspadu, *"...likvidaciji robovlasničkog sistema i uspostavljanju feudalizma"* [3].

Osnovni cilj brojnih srednjevekovnih **buna seljaka kmetova** bio je da se *"...odupru prekomernim zahtevima feudalaca"*. U Nemačkoj, kao i u drugim delovima sveta, seljaci su *"...na prvom mestu tražili ukidanje lične zavisnosti, smanjenje dažbina, vraćanje otetih opštinskih zemalja, slobodu lova i ribolova"* [4]. Pritisnuti opštom privrednom krizom, izazvanom nezadovoljstvom i čestim bunama kmetova, *"...mnogi veleposednici, nadajući se da će obezbediti finansijsku sigurnost, davali su*

---

[1] Isto, str. 173

[2] *Povijest svijeta*, grupa autora, "Naprijed", Zagreb, str. 255

[3] D. G. Reder, E. A. Čerkasova, *Istorija staroga vijeka*, dio I, Zavod za izdavanje udžbenika, Sarajevo, 1972, str. 290

[4] Dr. Sima M. Ćirković, *Istorija ljudskog društva i kulture*, Zavod za udžbenike i nastavna sredstva Srbije, Beograd, 1973, str. 171

*svoju zemlju u najam seljacima, zamenjujući naturalne usluge novča-
nom zakupninom*"[1].

Suprotstavljajući se velikim oslobodilačkim pokretima proizvo-
đačkih masa, **crkva** je se eksponirala kao najveći antipokret u istoriji
čovečanstva, čineći u toj funkciji glavni stub feudalnog poretka. Da bi
zaštitila najratoborniji poredak, ona je obećavala onozemaljski raj kao
nagradu za ovozemaljski mir, a sama je, u težnji za sopstvenom ekspan-
zijom, podsticala, blagosiljala i vodila najkrvavije ratove, ne štedeći
živote tih istih masa od kojih je u ime božije zahtevala mir i poslušnost
prema njihovim ratobornim krvopijama. U vršenju te kontradiktorne
funkcije, crkva je predstavljala najkontradiktatorniju društvenu institu-
ciju; u misiji mirenja nepomirljivih klasnih suprotnosti, ona je istovre-
meno delovala i kao vladajući poredak i kao pokret obezvlašćenog na-
roda protiv narodnih pokreta.

Stoga je razumljivo što je pokret protiv takve uloge crkve poni-
kao unutar same crkve, odbacivanjem njenog posredovanja između bo-
ga i čoveka. **Protestantizam** je, u suštini, predstavljao ideološki pokret
mlade buržoazije, koja se bez odvajanja crkve od države nije mogla os-
loboditi okova vladajućeg poretka. Ali ti okovi nisu smetali samo bur-
žoaziji; srednjovekovni apsolutizam gušio je celo društvo, zbog čega je
protest protiv njega prerastao u opštedruštveni pokret.

Pri opštem nezadovoljstvu, jedinstvo pokreta nije bilo teško ost-
variti u rušenju postojećeg poretka, ali je razlaz nastajao oko samih ide-
ja novog poretka, iza kojih su stajali različiti klasni interesi. Najpre je
dolazilo do razlaza između plemstva i građanstva, a zatim između
buržoazije i proleterijata. U osnovi razlaza stajale su ideje tri različita
pokreta, od kojih ni jedan nije odgovarao svima.

S idelogijom preživelog poretka plemstvo se kao poseban pokret
nije moglo održati, a proleterske i buržoaske ideje novog društva koje
je trebalo stvarati, kao "nebo i zemlja" su se razlikovale. Na osnovama
klasne polarizacije buržoazije i proletarijata nastale su **dve ideologije i**

---

[1] *Srednji vek i renesans*a, isto, str. 179

dva pokreta, od kojih se samo jedan mogao konstituisati u vladajući društveni poredak. Pošto objektivnih uslova za ukidanje klasne polarizacije društva još nije bilo, mogao je biti konstituisan jedino kapitalistički poredak.

Komunistički pokret je, međutim, tu objektivnu činjenicu prevideo, zbog čega je došlo i do njgovog cepanja. U osnovi rascepa nisu više bili različiti klasni interesi, već različite procene mogućnosti njihovog ostvarenja, iza kojih su stajale unutarklasne razlike. Stoga su komunistički i socijal-demokratski pokret uporedo i u međusobnoj konkurenciji delovali ne samo u različitim uslovima, već i u jednoj istoj sredini. Ali proces polarizacije nije na tome i zaustavljen.

U zavisnosti od ideoloških opredeljenja za sitnije ili krupnije promene kapitalističkog poretka, **socijal-demokratski pokret** je dalje **polarizovan** na socijal-demokratsko i socijalističko krilo, sa još razvijenijom diferencijacijom pojedinih partija unutar svakog od tih krila. Ublažavanje klasnih suprotnosti u razvijenim industrijskim zemljama dovelo je do približavanja buržoaskog i proleterskog pokreta čak dotle da su ideološke i političke razlike između buržoaskih i radničkih partija često manje nego među samim radničkim partijama, pa je o njihovoj klasnoj polarizaciji sve teže govoriti.

Osnovnu polarizaciju danas čini **diferencijacija na vladajuće** i opozicione stranke, koje se sve češće smenjuju na vlasti, i koje i sa vlasti i iz opozicije čas štite čas menjaju postojeći poredak. Na taj način dolazi do sve većeg srastanja pokreta i poretka; pokreti sve više prerastaju u poredak, a poredak prerasta u pokret, zbog čega prolazi vreme velikih konfrontacija između pokreta i poretka koje su odlikovale prošlost.

Na drugoj strani, posle dugogodišnje dominacije Komunističke partije Sovjetskog Saveza, došlo je i do polarizacije komunističkog pokreta na prosovjetsko i evrokomunističko krilo, sa manjom ili većom ideološko-političkom diferencijacijom unutar oba krila. Gubljenjem vlasti, komunističke partije su se u istočnoevropskim zemljama raspale

114

i prešle u opoziciju, dok u pojedinim zapadnoevropskim zemljama u koaliciji sa drugim partijama dolaze na vlast.

Preuzimanjem vlasti komunistički pokret je praktično izvršio samoubilački akt. Najveći promašaj komunističkih partija bio je taj što su konstituisanjem sopstvenog vladajućeg poretka prestale delovati kao pokret onemogućavajući i delovanje bilo kakvog drugog pokreta u okviru vladajućeg poretka. Uprkos silnim ideološkim proklamacijama, čim su zasele na vlast one su faktički izdale radničku klasu okrećući se protiv njenih interesa; i što su se od nje više udaljavale, bilo im je potrebno sve veće ideološko udvaranje jer su sve manje bivstvovale njenim bićem.

DIJALEKTIKA - METAFIZIKA - LOGIKA

Biće i svest

Ideologija je oblik **svesti**, a svest je nužno **predmetna**; ona je uvek svest o nečemu što postoji ili što se zamišlja da postoji; spoznaja nečega što je izvan nje ili zamišljanje nečeg u samoj njoj. Prvu sferu čine saznanja o već postojećoj, drugu ideje o još nepostojećoj stvarnosti ili o stvarnosti koja tek nastaje; prva je ono što jeste, druga ono što treba da bude.

Jedna sfera svesti ne postoji bez druge; svet ideja i svet saznanja su **jedan svet**; ideje o nečemu što tek treba da nastane, nastaju iz poznavanja onoga što već postoji, i nemaju odakle drugde nastati. Ali i ono što kao predmet saznanja već postoji, nastaje, pored ostalog, i ostvarivanjem ljudskih ideja radi kojih i sama saznanja nastaju; akumulirano znanje nagonskom snagom teži da se transformiše u nove ideje.

Saznajna sfera je osnova idejne sfere; ona pruža materijal za stvaranje ideja, koje nastaju iz saznanja, ali ideje nisu prosta kombinacija znanja; ljudski um je sposoban da od materijala kojim raspolaže, stvara nove proizvode, čijem se poreklu često gubi svaki trag. Zato on može da uobrazi da je potpuno nezavisan od spoljašnjeg sveta i da je isti njegov sopstveni proizvod, što delimično i jeste.

Iz tog uobraženja nastao je **idealistički pogled na svet**, po kojem je **ideja** osnova postojećeg. Na toj osnovi često nastaju i ideološke iluzije kao duhovni izrazi neostvarenih i neostvarivih ljudskih želja.

117

Tipičan primer takvih iluzija su teističke religije, koje jedno izmišljeno božansko proviđenje kao proizvod ljudske mašte proglašavaju tvorcem svega postojećeg.

Idealizam je nastao nasuprot **materijalizmu**, po kome je **materija** osnova svega postojećeg, pa i samih ideja. Ideja je na taj način suprotstavljena materiji, a idejni svet materijalnom svetu, kao što se u suštini i suprotstavljaju, ali je u vekovnoj borbi između dva polarizovana pogleda na svet ta suprotnost često do krajnosti naduvavana i apsolutizovana, čemu je, pod uticajem suprotstavljenih klasnih interesa, najviše doprinosila ideologizacija filozofske misli, koja se nije zadovoljavala samo time da svet objasni, već je nastojala i da ga bar idejno preobrazi.

Suprotstavljanjem ideje i materije, idealizam i materijalizam, idući do kraja, suprotstavljaju svest i biće, duh i telo. Za idealizam, svest je primarna a biće sekundarno; za materijalizam je obrnuto: biće je primarno a svest sekundarna; po prvom svest određuje biće, po drugom biće određuje svest. Po Marksu, na primer, "*...ne određuje svijest ljudi njihovo biće, već obrnuto, njihovo društveno biće određuje njihovu svijest*"[1].

Ukoliko se samo suprotstavljaju, biće i svest se **metafizički podvajaju**; biće nije svest a svest nije biće; što je biće to nije svest, što je svest to nije biće. Po Spinozi, "*...himera, nestvarno biće i misaono biće ne predstavljaju bića...*" jer "*...misaono biće nije ništa drugo do izvestan modus mišljenja koji pomaže lakšem pamćenju, razjašnjenju i zamišljanju jednom već upoznatih stvari*"[2]. Zbog tog razdvajanja, ni materijalizam ni idealizam ne mogu da objasne stvarnu vezu između bića i svesti, pa stoga ni njihovu pravu suštinu.

Ljudi se ne rađaju ni kao materijalisti ni kao idealisti; pogled na svet stiču i razvijaju kroz život; deca su istovremeno i materijalisti i idealisti, i pesimisti i optimisti; ona i plaču i smeju se, često u istom trenutku. Slično je bilo i pri nastajanju ljudskog roda. U početku su duša

[1] K. Marks, F. Engels, Dela, isto, tom XX, str. 332
[2] Cit. rad, str. 9, 10

i telo stopljeni u jedno. Primitivac još ne poseduje sposobnost apstraktnog mišljenja da bi magao zamisliti tako opšte kategorije i čulno neopipljive stvari kao što su ideja i materija. On čak nema ni takvih pojmova "...*kao što su na primer riba, drvo, ptica itd., nego za posebnu vrstu upotrebljava zasebno ime*"[1].

Tek je na višem stupnju ljudskog intelekta moguće razlikovati nadčulno od čulnog i dušu od tela, ali da bi bila naslućena, i duša je u početku morala biti u telu i oglašavati se kroz čulno dokučive stvari kao što su šum, zvuk, vetar, svetlost i sl. Animizam je bio više materijalistički nego idealistički pogled na svet, ali duša je i tada bila nešto tajanstveno, što se skrivalo iza čulnosti, i što je samo zamišljano.

Do podvajanja i suprotstavljanja idealizma i materijalizma moglo je doći tek kad se mišljenje počelo odvajati od čulnog opažanja, a to odvajanje išlo je istovremeno s odvajanjem umnog i fizičkog rada, i to kao njegova esencija. Ono se najpre ispoljavalo samo kroz sukcesivno smenjivanje opažanja i razmišljanja svake individue, a potom i kroz podvajanje ljudske zajednice na misleći i tegleći deo. I već na prvom stupnju tog podvajanja ljudski um je mogao uobraziti da je nešto zasebno u odnosu na telo, te da se od njega može i sasvim odvojiti.

Razvoj religijske misli je okosnica formiranja idealističkog pogleda na svet, ne ovog ili onog filozofa nego ogromne mase stanovništva, ili doslovce celog društva. Put od animizma kada je posedovanje duše pripisivano svakom predmetu, pa do monoteizma kada se postojanje celog sveta pripisuje jednom jedinom božanstvu, je put postepenog i konačno potpunog povlačenja duhovnog proviđenja iz meterijalnog sveta.

U monoteizmu idealizam dostiže vrhunac svoje metafizičke apsolutizacije. Svevišnji je čisto duhovno proviđenje kojem niko i ništa ne treba, a koje je potrebno celom svetu; koje samo misli i jedino ono misli za sve; čije su misli apsolutne dogme koje sve i za sva vremena

---

[1] Slobodan Žarković, *Primitivni mentalitet*, "Privredni pregled", Beograd, 1945, str. 31

119

obavezuju; one su vrhunac misli, koja se kao takva ne može menjati i razvijati, može se i mora samo od sviju večito ponavljati.

Stoga je **metafizički idealizam** najpogodnija teorijska osnova vladavine klasnih ideologija, ali on je i nastao kao način mišljenja vladajućih klasa i njihovih duhovnih zaštitnika. Misaono odvajanje duha od tela vršeno je istovremeno s odvajanjem robovlasnika kao misleće elite, od robova kao tegleće marve, da bi u carskom apsolutizmu dostiglo svoj vrhunac na kojem je duhovnim autoritetom cara ukroćena svaka i svačija misao. Ukrotiti ljudsku misao da bi se ukrotilo ljudsko biće, to je glavno geslo svake apsolutističke vladavine.

Zasnovan na metafizičkom idealizmu, **ideološki dogmatizam**, nije ništa drugo do način ukroćenog i ukrućenog mišljenja, kojem je strana svaka dijalektika. *"Ideološko rezonovanje je jedan svojevrstan oblik epistemološkog dogmatizma koji predstavlja takvo tradicionalno uporište kod koga se ono što je određujuće - princip, načelo, postavka - ne nalazi u njemu samom nego (za)uvek izvan njega"*[1].

Metafizičkom idealizmu suprotstavljan je **metafizički materijalizam**, kao teorijska osnova rušilački usmerenih ideologija. Pošto potcenjuje stvaralačku moć ljudskog uma, metafizički materijalizam ne pruža misaonu osnovu za prevazilaženje vladajućeg poretka i vladajućih ideologija, zbog čega se jedini izlaz, bez idejnih alternativa vidi u njihovom rušenju i odbacivanju. Zbog metafizičkog pristupa, materijalisti XVIII veka *"...bili su u svom gledanju na istoriju najčistiji idealisti"*[2], a jedan od nejžešćih kritičara idealizma i religije Fojerbah, i sam zapada u metafizički idealizam i svojevrsnu religiju. Pošto je iz dijalektičkog materijalizma faktički izbacio dijalektiku, Staljin je marksizam izokrenuo u subjektivni idealizam koji je postao teorijska osnova partijskog voluntarizma.

---

[1] Dejan Jelovac, prilog u zborniku *Ideologija i društvo*, Centar za marsizam Univerziteta u Beogradu, 1988, str. 23

[2] G.V. Plehanov, *Protiv idealizma*, "Kultura", Beograd, 1967, str. 210

Čisti idealizam i čisti materijalizam su čista metafizika: potpuno isključujuće suprotnosti između kojih je nepremostiv jaz. Valjda zbog toga što ništa ne mogu objasniti, i nema čistog idealizma i čistog materijalizma. *"Idealističke i materijalističke tendencije koje se na bojnom polju sukobljavaju kroz borbe filozofa, nikada se ne ostvaruju u čistom obliku u jednoj "filozofiji""*[1]. Svi filozofski pogledi su samo manje ili više idealistički, i manje ili više materijalistički, ili su u osnovi dualistički i eklektički.

Pravi put za prevazilaženje tog jaza nisu, međutim, ni dualizam ni eklektika, već **dijalektika**, koja izražava generičku težnju ljudskog bića za stalnom promenom, zbog čega se njeno šire društveno ispoljavanje podudara sa slobodnijim ispoljavanjem takve težnje. Stari grčki filozofi bili su gotovo svi odreda "rođeni" dijalektičari, ali ne zato što su se kao takvi rodili, već što su živeli u vreme kada bar mišljenje slobodnih ljudi nije društveno toliko ograničavano da svoje težnje ne bi mogli ispoljavati. Samo zahvaljujući tome, mogli su sa dijalektikom procvetati grčka filozofija, nauka, kultura i umetnost.

Nasuprot tome, vladavina srednjovekovnog apsolutizma označava istovremeno i apsolutnu vladavinu **metafizike** sa bezobzirnim potiskivanjem dijalektike, koju apsolutizam ne podnosi. Odbacivanjem hrišćanske dogmatike Erazmo Roterdamski je svojom "Pohvalom ludosti" nagovestio radikalni obrt, koji je doneo novovekovni procvat dijalektike i ukupne duhovne delatnosti. Razvoj nauke mnogo je doprineo premošćavanju nastalog metafizičkog jaza, dok su svojom dijalektikom u sferi filozofije Hegel i Marks znatno približili idealizam materijalizmu i materijalizam idealizmu.

Ni Hegel ni Marks nisu, međutim, napustili jednostrana polazišta da samo svest određuje biće ili da samo biće određuje svest, i utoliko su i jedan i drugi (dijalektički) metafizičari. Kod Hegela se to ogleda u apsolutizovanju (Apsolutne) ideje, iz koje proizilazi sve postojeće, a kod Marksa u apsolutizovanju ekonomske baze, koja određuje celu društvenu nadgradnju.

---

[1] Luj Altiser, *Elementi samokritike*, BIGZ, Beograd, 1975, str. 45/6

Nauka se sve više približava naučnom razrešenju te velike, u velikoj meri ideološki iskontruisane i nametnute filozofske dileme. Već se danas često ista otkrića u nauci uzimaju za dokazivanje i materijalističkih i idealističkih pogleda, što obavezuje na veću dijalektičnost u razmatranju odnosa između bića i svesti.

Pre svega, **metafizičko podvajanje i supotstavljanje bića i svesti** pored savremenih naučnih dostignuća je neodrživo. Još su stari grci pod bićem podrazumevali "ono-što-biva-kao-takvo-u-celome", a kasnije izdvajanje njegove duhovne komponente vršeno je u duhu izdvajanja idealizma kao uzvišenog pogleda na svet.

Pod uticajem svega što se zbivalo u teoriji i praksi, novija filozofija ponovo se vraća starom shvatanju bića. Po Hajdegeru, "...*biće je najopštiji pojam...*" i "...*njegovo područje važenja proteže se na sve i sva, čak i na ništa, što kao mišljeno i kazano ipak nešto jeste...*", a "...*duh je izvorno usaglašena, svesna odlučnost (otključenost) za suštinu bića*"[1]. Sartr tvrdi da "...*misao u isti mah pripada biću i predstavlja saznanje bića; ona je praxis jednog individuuma ili jedne grupe u određenim uslovima i u određenom momentu istorije: kao takva ona trpi dijalektiku kao svoj zakon, na isti način kao i celina i pojedinost istorijskog procesa*"[2]. I Tejar "...*izjavljuje da se saznanje ne sme razmatrati kao neka samostalna suština; ono je proizvod usložnjavanja i povišenja nivoa organizacije materijalnih sistema*"[3].

Besmisleno je tvrditi da se biće čoveka objektivno može odvojiti od njegove svesti, koja predstavlja suštinu ljudskog bića; i kad bi moglo egzistirati bez svesti, ono više ne bi bilo **ljudsko** biće. "*Živo biće se - veli Aristotel - sastoji pre svega od duše i tela, i duša po prirodi vlada a telo se pokorava*"[4], mada (ako se pod dušom ne podrazumeva ceo život) nije sasvim tako jer se i duša (ako se pod njom podrazumeva samo duhovni život) pokorava i mora pokoravati telu i njegovim nagonima.

---

[1] Martin Hajdeger, *Uvod u metafiziku*, "Vuk Karadžić", Beograd, 1976, str. 32, 56 i 64

[2] Cit. rad, str. 172

[3] Vidi: V.M. Pasika u zborniku *Nauka i teorija u XX veku*, "Gradina", Niš, 1973, str. 114

[4] Cit. rad, str. 8

Potreba je, kako kaže Bloh, "...*realni dijalektički pokretač*"[1], a potrebe su i fiziološke i duhovne, i nagonske i voljne, i jedne bez drugih ne mogu se zadovoljavati. Zato ne određuje samo svest fizičko biće čoveka niti samo fizičko biće čoveka određuje njegovu svest, nego se oni kao neodvojivi polovi jedinstvenog bića, uzajamno **određuju**. Ako se pak svest shvati kao sastavni deo integralnog (duhovnog i fizičkog) bića čoveka, onda proizilazi da biće samo sebe određuje, odnosno da njegova celina određuje njegov deo ili da deo određuje celinu, što je opet jednostrano jer se deo i celina takođe uzajamno određuju pošto celine nema bez delova niti delova ima bez celine.

Biće čoveka nije, međutim, samo njegovo biće. Ako je čovek u suštini to što je u odnosima sa drugim ljudima, onda je biće svake ljudske jedinke društveno biće, i Marks s pravom govori o društvenom biću kao određujućem faktoru ljudske svesti, apstrahujući (samo!) fundamentalnu činjenicu da i suštinu društvenog bića čini njegova - društvena svest.

Ali čovek nije samo to što je u odnosima sa drugim ljudima, već i to što je u odnosima sa prirodom, sa kojom vrši razmenu životne supstancije, i bez koje stoga ne može živeti; i on se "*razvija koliko u jedinstvu s prirodom toliko i u borbi s prirodom*"[2], pa je njegovo biće istovremeno i biće prirode, kao što je biće prirode, i njegovo biće. A kad je tako, onda je i ljudska svest prirodni fenomen i sastavni deo same prirode; ona je svest prirode o samoj sebi ili njena sopstvena samosvest.

Svest, međutim, nije pasivni, nego aktivni, i upravo **najaktivniji deo prirode**, koja se kao njeno sopstveno čedo ne miri sa svojom materom, nego joj se stalno suprotstavlja u težnji da je prevaziđe i da se iznad nje izdigne. I priroda se pomoću svoje ljudske svesti stalno menja, prevazilazi i samoprevazilazi, a nije isključeno da je ljudska

[1] Cit. rad, str. 104

[2] Dr Andrija Stojković, Dr Bogdan Šešić, *Dijalektički materijalizam*, "Naučna knjiga", Beograd, 1967, str. 401

svest samo delić prirodne svesti koja u još razvijenijim oblicima deluje u raznim delovima vasione.

Nije svest "...*samo odraz bića...*", niti "...*u najboljem slučaju njegov približno tačan (adekvatan, idealno tačan) odraz*"[1]; i ona je sastavni deo bića, njegova pokretačka snaga koja se i sama odražava. Tolstoj s pravom tvrdi da "...*razvitak svesti pokreće život čovečanstva*"[2]. Mao Ce Tung i maoisti su "...*verovali da ideologija i politika imaju prioritet u odnosu na tempo akumulacije...*"[3], a Plehanov navodi primer koji pokazuje da ne određuje samo biće svest, nego da i svest određuje biće[4]. "*Ljudi misle na određeni način zato što žive na određen način...*", ali "...*i žive na određen način zato što misle na određen način*"[5]. Kroz to uzajamno dejstvo ceo život se odvija, jer kakav bi to život ljudski bio bez aktivne uloge svesti, i kakva bi to svest bez života bila.

Teza da **društveno biće određuje društvenu svest** u velikoj meri važi za klasno društvo i njegovu ideološku svest, ali se ne može generalisati na odnos bića i svesti uopšte. Nesporno je da je vladajuća svest većini klasnog društva nametnuta prema vladajućim uslovima društvene reprodukcije, da proizvođačke mase proizvođačkog društva nemaju aktivnu ulogu u formiranju sopstvene svesti i da svest tog društva nije njihova izvorna svest; one se zaista nalaze u poziciji da misle kako žive, a da ne mogu živeti kako misle; da moraju misliti tuđom glavom jer je mišljenje njihovom sopstvenom glavom potisnuto i za životnu egzistenciju beznačajno.

Ali to već nije slučaj sa vladajućom klasom, čija je izvorna svest vladajuća svest društva, i koja stoga živi kako misli i misli kako živi. Ideološkim normama, koje izražavaju njene potrebe, interese, težnje i

[1] V.I. Lenjin, *Materijalizam i empiriokriticizam*, "Kultura", Beograd, 1948, str. 341

[2] Cit. rad, str. 118

[3] Lešek Kolakovski, *Glavni tokovi marksizma*, III tom, BIGZ, Beograd, 1980, str. 581

[4] Vidi: *Protiv idealizma*, isto, str. 38

[5] Đuro Šušnjić, cit. rad, str. 66

misli, ona itekako određuje društvene uslove života, i sopstvene i obez-vlašćenih klasa. Istina, ni vladajuća klasa nije svemoćna. Uslovi društvene reprodukcije se menjaju i mimo njene volje, ali iza tih promena opet mora stajati neka društvena snaga koja zna šta hoće i kuda kreće. U životu društva, baš kao i u životu ljudske jedinke, ništa se ne dešava bez **svesnih** aktivnosti ljudi, samo što su one u klasnom društvu, zbog čestog sukobljavanja različitih interesa, težnji i shvatanja, u velikoj meri zamagljene, pa izgleda da se sve odvija nepromišljeno i stihijski.

Nije sporno ni da "...*u društvenoj proizvodnji svoga života ljudi stupaju u određene, nužne odnose ...proizvodnje, koji odgovaraju određenom stupnju razvitka njihovih materijalnih proizvodnih snaga...*"[1], ali glavna proizvodna snaga je čovek sa svojim **znanjem**, bez kojeg se ništa ne može proizvoditi. Celokupan razvoj proizvodnje, na kojem su se zasnivale ostale društvene promene, proisticao je iz razvoja proizvodnih **tehnologija**, i danas je to očiglednije no ikada. Na prelasku industrijskog u informatičko društvo teza da biće određuje svest mogla bi se ponovo obrnuti u suprotnu tezu, ali to bi bila nova ideološka i metafizička lakrdija.

Sve dok postoji, **ideologija** se ne može osloboditi **metafizike**, jer metafizika je njena neizbežna sudbina. Uostalom i sam čovek se ponaša kao metafizičko biće koje mrcvari dijalektičko biće prorode, ali njegova metafizika je samo jedan od oblika i načina ispoljavanja prirodne dijalektike. On prirodu posmatra samo iz svog ugla da bi iz nje izvukao to što njemu treba, previđajući ono što ga u njoj ne interesuje, i priviđajući mnogo toga što bi želeo da vidi, pa kako se odnosi prema prirodnoj, tako se odnosi i prema društvenoj stvarnosti.

Identifikujući se s onim što njemu odgovara, čovek, s jedne strane, subjektivno redukuje objektivno biće stvarnosti, svodeći ga u okvire sopstvene vizije. Čak i u odnosu na ljudsku maštu, "...*stvarnost je ne samo življa, nego i savršenija od fantazije; slike fantazije samo su*

---

[1] K. Marks, F. Engels, Dela, isto, tom XX, str. 332

bleda i skoro uvek neuspela prerada stvarnosti... "; priroda i život su u tom pogledu i "*...iznad umetnosti...*", jer "*...umetnost nastoji da ugodi našim sklonostima, a stvarnost ne može biti potčinjena našoj težnji da vidimo sve u onoj boji i u onom redu kakav se nama sviđa ili koji odgovara našim pojmovima, često jednostranim*"[1].

S druge strane, čovek stalno teži da se svojim subjektivnim bićem nametne objektivnom biću stvarnosti, da u njega utisne sopstveno biće, ne mireći se s ulogom statiste u postojećoj stvarnosti, koju modifikuje i oplemenjuje stvaranjem sopstvene stvarnosti. Transcedentnu ulogu koju u stvaranju sveta pripisuje biću imaginarnog proviđenja, čovek ostvaruje sopstvenim bićem.

Ideologija je karakterističan oblik **metafizičkog redukovanja i transcedentnog oktroisanja** društvene stvarnosti, koja se nametanjem poželjnih i potiskivanjem nepoželjnih vrednosti razdvaja na **pozitivnu** i **negativnu** (legalnu i nelegalnu, pobožničku i bezbožničku, moralnu i nemoralnu, dobru i zlu, korisnu i štetnu, lepu i ružnu, dozvoljenu i zabranjenu) stranu.

Negativna strana stvarnosti je samo **data**, dok je pozitivna i data i **zadata** ili više zadata nego data. Prva je zatečena, a druga je u procesu stvaranja. Negativna strana je u sukobu sa vladajućom ideologijom, dok je pozitivna strana oživotvorenje i društveno ovaploćenje vladajuće ideologije. Stoga je svaka strana društvene stvarnosti u sukobu s njenom drugom stranom.

Taj sukob vodi iz **metafizike u dijalektiku**: iz bića u nebiće i nebića u biće. Ideološkom diskvalifikacijom negativna strana stvarnosti je osuđena da iz bića pređe u nebiće, da to što biva, više ne biva; ukoliko je još neostvareni zahtev, pozitivna stvarnost je nebiće koje objektivno tek prelazi ili treba da prelazi u biće. Pravo biće čoveka (i ljudske jedinke i ljudske zajednice) i prava logika njegovog bivstvovanja je u stalnom obračunavanju sa sopstvenim bićem i sopstvenom metafizikom.

[1] N.G. Černiševski, *Estetički i književnokritički članci*, "Kultura", Beograd, 1950, str.107 i 89

Mnoštvo i jedinstvo

Metafizičnost ideologije sublimirana je u njenom **monizmu**, kojim se beskrajno mnoštvo objektivne stvarnosti subjektivno svodi na **jedno**. Shodno tome, ona se i sama monistički odnosi prema stvarnosti, što se ogleda u njenoj "*...zatvorenosti prema svim drugim idejama i simbolima druge stvarnosti*"[1]. Ukoliko štiti interese samo jedne klase, nasuprot svim drugim klasama, ona je isključiva i prema svim drugim ideologijama.

Zbog toga je vreme klasne i ideološke vladavine društvom - vreme dominacije monističke svesti. Pod ideološkom opsesijom, ni "*...filozofija, ako ne tapka u mestu, ne može da se zadovolji dualizmom...*", već "*...teži k monizmu...*"[2], pa se "*...od najstarije grčke metafizike do danas, u filozofiji jedinstvo ceni više od mnoštva i rasutosti*"[3].

Grčka metafizika zapravo i počinje sa klasnom polarizacijom društva, koju odlikuje monistički pogled na svet. Polarizaciji društvenog bića na dve osnovne klase odgovarala je polarizacija društvene svesti na dva osnovna pogleda, koji se međusobno nisu manje sukobljavali od sukobljavanja samih klasa. Sukob idealizma i materijalizma proisticao je, u krajnjoj liniji, iz društvene suprotstavljenosti umnog i fizičkog rada: jedan je apsolutizovao umni a drugi fizički rad. Idealizam je dominaciju vladajuće klase opravdavao dominacijom duše nad telom, dok je materijalizam pobune proizvođačkih klasa pravdao primarnošću tela nad dušom.

Apsolutizacija monizna dostigla je vrhunac u carskom apsolutizmu, kada su pogledi pojedinca nametani celom društvu, a suprotni pogledi maksimalno potiskivani. Jedan car, jedan bog, jedna ideologija - sve u **jednom jedinom**, koje isključuje svako dvojstvo i svako mnoštvo. "*On je izvan severa i juga, i istoka i zapada, i izvan onoga što je*

---

[1] Nikola Dugandžija, cit. rad, str. 47

[2] G.V. Plehanov, *Protiv idealizma*, isto, str. 379

[3] Mihailo Đurić, *Stihija savremenosti*, Srpska književna zadruga, Beograd, 1972, str. 136

gore i dole: njegova je beskrajnost svuda; u njemu nema ni istoka ni zapada"[1].

To je rezultat apsolutne koncentracije ekonomske, političke i duhovne moći u društvenoj poziciji jednog jedinog vrhovnika. Veća centralizacija moći i unifikacija svesti nije bila moguća, i dalji razvoj mogao je ići samo u pravcu dekoncentracije moći i pluralizacije svesti. Novovekovni prevrat umesto opšteg monizma doneo je opšti pluralizam, ali pluralizam monizama.

Svako je sa opštim pravom glasa dobio i opšte pravo mišljenja, ali je samo pravo ostalo **opšte**, apstraktno i stereotipno da bi se mogla opravdati i pravda i nepravda. Svima je dato pravo na javnu reč, ali je svako samo preko svoje klase javno mogao progovoriti jer su na javnoj sceni klase vodile glavni dijalog u kome je slušan samo onaj ko jezikom klase i u ime klase govori. Opšti pluralizam je praktično sveden na dualizam i duelizam dve osnovne klase novovekovnog društva.

U opštoj atmosferi slobodne konkurencije, srednjovekovno jednoumlje je potisnuto žestokom **borbom dva monistička pogleda**, u kojoj je nastalo mnoštvo srednjih, pa i dualističkih pogleda, ali ni jedan čisto idealistički i čisto materijalistički. Na toj osnovi poniklo je i mnoštvo ideologija, kroz koje su izražavani interesi i težnje različitih društvenih grupa i podgrupa sa manje ili više doslednim, pa i kompromisnim rešenjima, čime je sa monističkom depolarizacijom započeta i ideološka depolarizacija.

Objektivne tendencije centralizacije kapitala zahtevale su, međutim, ponovno **jačanje monističke svesti**. Ni fašistički ni staljinistički apsolutizam nije mogao bez teorijskog i ideološkog jednoumlja. I jedan i drugi morao je imati samo **jednu** umnu glavu, **jednu** teoriju i **jednu** ideologiju. Tekuće tendencije planetarne centralizacije kapitala nose sa sobom i planetarno jednoumlje jer je centralizacija ekonomske moći bez centralizacije duhovne moći manje moguća no ikada ranije.

[1] Lešek Kolakovski, *Religija*, BIGZ, Beograd, 1987, str. 65

Zato velike ekonomske sile uporno nastoje da s uspostavljanjem **jednog** ekonomskog poretka uspostave i **jedan** duhovni poredak, ali danas je to teže no ikad ranije.

Teorijsko-ideološki monizam metafizički redukuje i blokira ljudsku misao. Predmet svakog mišljenja su **odnosi** među predmetima, pojavama, njihovim predstavama i pojmovima, a svaki monizam sve svodi na jedan predmet o kojem se nezavisno od drugih predmeta, izvan ili unutar njega, ništa ne može misliti. Jer jedno jedino je apsolutno prosto i stoga i nedeljivo i nespojivo pošto ni unutar njega ni izvan njega ništa drugo ne postoji. *"Ono nema ni veličinu ni različitost, u odnosu na samoga sebe ili na druge stvari; druge stvari mu, dakle, nisu ni slične, ni neslične, ni identične, ni različite"*[1].

Zato je čisti monizam čist apsurd, kojim se ljudsko mišljenje lišavanjem svog predmeta dovodi do besmisla, zbog čega ni jedan monizam nije dosledan samom sebi. Osnovni predmet i materijalizma i idealizma je odnos između ideje i materije, samo što jedan ideju izvodi iz materije, a drugi materiju iz ideje. I samo postojanje dva paralelna monizma govori da ni jedan nije sam za sebe dovoljan da objasni svet, i da se oni u teoriji saznanja dopunjavaju i međusobno pretpostavljaju.

Uočavajući to, Šeling piše da *"...kao što se obe djelatnosti* (idealna i realna - prim. Ž.M.) *međusobno pretpostavljaju, tako i **idealizam** i **realizam**"*, pa *"...iz obiju nastaje nešto treće što se može nazvati **idealrealizmom...**"*, ali Šeling ipak daje primat idealizmu izjednačavajući idealrealizam sa transcedentnim idealizmom[2]. Odbacujući i materijalizam i idealizam, Niče tvrdi da je *"...jedinstvo (monizam) potreba za inercijom..."* a da je *"...mnoštvo tumačenja znak snage"*[3], ali apsolutizovanjem **volje za moć** koju dovodi u vezu s kosmičkom energijom, on čak odlučnije od drugih monista, ostaje na monističkim pozicijama.

---

[1] Platon, *Parmenid*, "Kultura", Beograd, 1959, str. 58

[2] F.W.J. Schelling, *Sistem transcedentnog idealizma*, "Naprijed", Zarreb, 1965, str. 54

[3] Cit. rad, str. 97

129

Tejar pokušava da polarizaciju idealizma i materijalizma prevaziđe svođenjem duha i materije na energiju, koju "...*razlaže na dve komponente: tangencijalnu - fizičku energiju u osnovnom smislu reči i radijalnu, u kojoj je predstavljena njena duhovna suština. Posredstvom tangencijalne komponente obrazuju se fizičke veze među elementima...*", dok "...*radijalna komponenta obavlja ulogu unutrašnje opruge razvoja, sile koja pokreće i usmerava*"[1].

Tendencije ideološko-filozofske monizacije imaju ontološku i gnosološku osnovu. Prva izražava težnju za apsolutizacijom društvene, a druga za apsolutizacijom saznajne moći. Da bi postao svemoćno, čovek teži da postane sveznajuće biće. Svaki monizam je usredsređen na traženje ključa za rešavanje svih teorijskih problema; za idealizam to bi trebalo da bude ideja, za meterijalizam materija.

Zbog toga monistički pogledi predstavljaju zatvorene sisteme, koji isključuju drugačije poglede i ne pružaju mnogo prostora za drugačija mišljenja. Oni stoga ne podstiču, nego sputavaju misaone procese, služeći kao oslonac održavanju i učvršćivanju vladajućih ideologija i sistema, te se utoliko i sami mogu tretirati kao ideološki sistemi, i kad nisu u funkciji neposrednog izražavanja klasnih interesa.

Kao protivteža metafizičkim pluralističkim težnjama, monističke težnje su u funkciji jačanja društvene i saznajne moći samo dok ne dostignu svoju krajnju svrhu potpunog prigušenja duhovnog pluralizma. A tada se duhovna moć pretvara u duhovnu nemoć, zbog čega i duhovna tortura prelazi u fizičku torturu. Islamski fundamentalizam, fašizam i staljinizam najbolje pokazuju da je od krajnjeg jednoumlja do bezumlja samo jedan korak.

Dok je filozofija, pod opsesijom ideologije, rasipala energiju tragajući za krajnjim uzrokom svega postojećeg, nauka je plodove saznanja žnjela ispitujući **veze i odnose** među konkretnim uzrocima i posledicama postojećeg. Zahvaljujući tome, ona je mnogo više od filozofije

---

[1] Vidi: *Nauka i tehnologija u XX veku*, isto, str. 115

doprinela i spoznavanju samih filozofskih kategorija. O tajnama materije i ljudskog mišljenja saznali smo više iz relativno ograničenih empirijskih istraživanja i eksperimenata nego iz beskrajnih filozofskih rasprava.

Gde god se u prirodi, društvu i ljudskom mišljenju maknemo, svuda nailazimo na nekakve **polarnosti** koje se međusobno sukobljavaju a jedna bez druge ne mogu. I svaka od tih polarnosti sastoji se od beskrajnog niza drugih polarnosti kroz koje se beskonačno mnoštvo postojećeg povezuje u jedinstvenu, ali nigde i nikada u amorfnu nedeljivu celinu.

Pod opsesijom ideologije filozofija pred sebe postavlja nerešiv problem da jedan pol stvarnostu izvede iz drugog i svede na drugi, vrteći se u začaranom krugu između idealizma i materijalizma. Ako jedan pol suprotnosti ne postoji bez drugog, onda se jedan iz drugog ne može izvesti, pa niti je jedan primaran a drugi sekundaran u smislu jednostranog određenja.

To je za određenje suštine ideologije od fundamentalnog značaja. Svaka ideologija odbacuje druge ideologije, konfrotirajući se sa sebi suprotnom ideologijom, a kad bi suprotna ideologija bila beznačajna, i konfrotacija bi bila bespredmetna. Ali ona se ne konfrotira samo sa suprotnom ideologijom, već i sa stvarnošću, kojoj se, u težnji da je podredi svojim merilima, i sama suprotstavlja.

Bez **konfrontacije sa stvarnošću** nema ni jedne ideologije jer svaka ideologija izražava težnje za nečim što **treba** da bude nasuprot onom što **jeste**. Na tome se zasniva i ideološka polarizacija vrednosti i antivrednosti, koje se međusobno pretpostavljaju i određuju, i to u tolikoj meri da se uopšte ne bi znalo šta su vrednosti jedne ideologije kad se one ne bi konfrotirale sa svojim suprotnostima. Zato je **ideološka borba** neizostavni uslov postojanja svake ideologije, pa kad ideološkog protivnika i ne bi bilo, on bi se morao izmisliti, a kad već postoji, sve se čini da se suprotnosti što više istaknu i preuveličaju.

131

Kretanje i mirovanje

Polarnost je neizostavni **uslov kretanja**, a ljudska svest je najsloženiji i najfiniji oblik kretanja. Kao oblik svesti, ideologija je takođe oblik kretanja, bez čijeg se razumevanja ne može razumeti sama ideologija. A pošto je ideologija neodvojiva od stvarnosti, razumevanje njenog kretanja uslovljeno je razumevanjem suštine kretanja uopšte.

Ako se sve kreće, postavlja se pitanje zašto **kretanje** nije uzimano za osnovu svega postojećeg iako **sve** što postoji nastaje, održava se i nestaje putem kretanja. Ali kretanju je protivstavljano **mirovanje** kao jedno ili jedino stanje duha i materije. Uz polarizaciju idealizma i materijalizma išla je **polarizacija metafizike i dijalektike**; prve kao "ideologije" mirovanja, druge kao "ideologije" kretanja: metafizika je primat davala mirovanju, a dijalektika kretanju; prva je stanje kretanja izvodila iz stanja mirovanja, dok je druga mirovanje tretirala kao stanje kretanja; metafizika je kretanje i mirovanje razdvajala, a dijalektika ih spajala.

Kretanje i mirovanje su u stvari neodvojive suprotnosti, koje se jedna bez druge ne mogu shvatiti kao što jedna bez druge ne mogu postojati, zbog čega se "*...svako gibanje kao takvo mora smatrati samo kao relativno*"[1]. Kako veli Niče, "*...mi ne bismo znali ništa o vremenu niti šta o kretanju, kad ne bismo, na grub način, verovali da vidimo pored stvari u pokretu i stvari "u stanju mirovanja*""[2]. Čak i veliki metafizičar Petronijević priznaje da "*...mirovanje može da se zamisli samo kao stanje koje je suprotno kretanju, a kretanje kao stanje koje je suprotno mirovanju*"[3].

Nauka je do otkrića dolazila samo kad je kretanje posmatrala kao **odnos**, i još je "*...od grčke antike dobro poznato da je za opisivanje*

---

[1] Albert Einstein, *Moja teorija*, "Mladinska knjiga"-"Svijet knjige", Ljubljana-Zagreb, bez god. izd., str. 51

[2] Cit. rad, str. 68

[3] Branislav Petronijević, *Načela metafizike*, BIGZ, Beograd, 1986, str. 299

kretanja jednog tela potrebno drugo jedno telo, s kojim kretanje prvog tela stoji u vezi"[1]. A kad se jedno telo jednovremeno posmatra u odnosu prema više drugih tela, pokazuje se da ono nije samo u stanju mirovanja **ili** samo u stanju kretanja, nego je **istovremeno** i u jednom i u drugom stanju; u stanju mirovanja je prema telima koja su u istom stanju kretanja (istom brzinom, istim pravcem i u istom smeru), a u stanju kretanja je prema telima koja su u različitim stanjima kretanja (nejednakom brzinom, različitim pravcima ili u različitim smerovima).

Kakav je odnos između kretanja i mirovanja, takav je u suštini odnos između **dijalektike i metafizike**. One nisu suprotnosti koje se isključuju, nego suprotnosti koje se uslovljavaju i podrazumevaju. Kao oblici saznanja, metafizika posmatra stanje mirovanja, a dijalektika stanje kretanja, ali baš zato što se i podudaraju a ne samo suprotstavljaju, stanje mirovanja se ne može shvatiti bez stanja kretanja, ni stanje kretanja bez stanja mirovanja.

Dijalektika i metafizika su oblici ljudskog mišljenja koji objašnjavaju stvarnost, a ukoliko u tome ne uspevaju, oni "sliku" stvarnosti dopunjuju imaginacijama, proicirajući je na samu stvarnost; u težnji da se identifikuju sa stvarnošću, one stvarnost identifikuju sa sobom, pa se govori o objektivnoj i subjektivnoj dijalektici, te subjektivnoj i objektivnoj metafizici. Ukoliko, međutim, šire i dublje proniče u stvarnost, dijalektika je mnogo bliža takvoj identifikaciji.

Ako se stvarnost označi kao "objektivna dijalektika", onda je ljudsko mišljenje po svojim skromnim migućnostima da tu dijalektiku shvati i obuhvati, mnogo bliže subjektivnoj metafizici, koja objektivnu stvarnost "hvata" na parče i na trenutke, deleći nedeljivo i umirujući neumirivo. Kao parcijalno biće stvarnosti, čovek samo parcijalno objektivnu stvarnost može i shvatiti, ali to je dovoljno da se prema njoj može dijalektički odnositi.

[1] Albert Ajnštajn, *Šta je teorija relativnosti? Društvo i ličnost, Zašto sam za socijalizam?*, "Naučno delo", Beograd, 1961, str. 18

Proničući u logiku (logos) **kretanja** objektivne stvarnosti, čovek gradi **logiku** svog delovanja u **menjanju** stvarnosti. Njegovo delovanje je suština njegovog kretanja, i da bi bilo delotvorno, logika delovanja mora se podudarati sa logikom stvarnosti na koju se deluje. A pošto delovanje čoveka predstavlja svesnu aktivnost, logika delovanja je istovremeno i logika svesti. Ako i ne priča uvek kako misli, on uvek mora delovati smišljeno i promišljeno da bi ostvario ono što misli da ostvari.

Okosnicu ljudskog delovanja čini **kretanje ljudskog mišljenja** od spoznavanja do samog menjanja stvarnosti. Kako kaže Sartr, "*...mi ne stavljamo osvešćenje na izvor akcije, mi u njemu vidimo momenat same akcije: akcija daje sama sebi, tokom izvršenja, svoje vlastito osvetljenje*"[1]. Iako stvarnost mora biti spoznata da bi se prema ljudskim željama mogla menjati, samo njeno menjanje mora od početka do kraja biti smišljeno vođeno.

Ideologija je oblik **smišljenog vođenja kolektivne akcije**, i kao takva ona je oblik kretanja ljudske misli u funkciji ostvarivanja određenih klasnih interesa. Da bi se mogla konstituisati i ostvarivati, ona se mora zasnivati na poznavanju mogućnosti ostvarivanja interesa koje izražava, što ujedno znači i mogućnosti menjanja stvarnosti prema tim interesima. Ideje o menjanju stvarnosti ne mogu se ni roditi bez poznavanja stvarnosti. Znanje je bitna pretpostavka svake ideje i svake ideologije.

U fazi nastajanja svaka ideologija označava **duhovnu pobunu** protiv postojeće stvarnosti. Ona se suprotstavlja vladajućim društvenim vrednostima da bi umesto njih afirmisala nove vrednosti; starim vrednostima pridaje se negativno, a novim vrednostima pozitivno značenje. Ideološka borba je neizostavni uslov rađanja novih ideologija.

Stare vrednosti se iz društvene svesti mogu potisnuti novim vrednostima samo ako su iživljene i ako su nove vrednosti prihvatljivije od starih. Samo u tom slučaju nova ideologija može potisnuti staru ideologiju i konstituisati se kao vladajući oblik društvene svesti. Ukoliko se

---

[1] Cit. rad, str. 33

134

određene vrednosti nameću fizičkom silom, one u društvenoj svesti ne mogu uhvatiti dubljeg korena, zbog čega će biti kratkog veka, a ključnu ulogu u održavanju takvog poretka neće imati duhovna nego fizička sila.

Da bi uhvatile dubljeg korena u društvenoj svesti i bile priznate kao opštedruštvene vrednosti, nove vrednosti moraju bar delimično izražavati opštedruštvene interese. Na tome se upravo zasniva društvena vladavina svih klasnih ideologija, koja inače ne bi bila moguća kad bi se klasni interesi potpuno isključivali. Vrednosti koje protežira određena klasa postaju opštedruštvenim vrednostima samo zato i samo utoliko što se i ukoliko se interesi te klase podudaraju s interesima ostalih klasa, ispoljavajući se tako i kao opštedruštveni interes.

Na protivrečnostima klasnih interesa zasnivaju se i protivrečnosti društvenih vrednosti, zbog čega "...ideja negativnog..." nije "...nikada i do kraja neprijateljski okrenuta prema pozitivnom i realnom"[1]. Jedna te ista vrednosna kategorija pokazuje se istovremeno i kao vrednost i kao antivrednost u zavisnosti od toga kako se odnosi prema različitim klasnim interesima. I ona je istovremeno vrednost i antivrednost ne samo za različite klase nego i za jednu te istu klasu.

Stoga je pravo i pravedno i nepravedno; "... "jednako pravo" je narušavanje jednakosti i nepravednost'..."[2]; ista radnja je i moralna i nemoralna; "...dobro i zlo su jedno..."[3] jer "...u svetu nema ništa apsolutno moralno i apsolutno nemoralno"[4], a i "...sam moral je oblik nemorala"[5]. Za svaku veru svi ljudi druge vere su bozbožnici, a nema vernika koji i u sopstvenoj veri nije nebrojeno puta nazvan bezbožnikom kad je boga opsovao ili se o njegove zapovesti ogrešio.

---

[1] Sreten Petrović, *Estetika i ideologija*, "Vuk Karadžić, Beograd, 1972, str. 19

[2] V.I. Lenjin, *Sočinenija*, Izd. IV, OGIZ, "Gospolitizdat", tom XXV, str. 437

[3] Heraklit, *Fragmenti*

[4] E. Preobraženski, *Moral i klasne norme*, "Progres" Zagreb, 1926, str. 28

[5] Niče, cit. rad, str. 123

Svojina je osnovna (pravna, etička i religijska) vrednost klasnog društva, a ona je puna **protivrečnosti**. Kao ideološka kategorija, ona pre svega protivreči samoj stvarnosti gde svojinskog monopola nema. Da bi zaštitili svojinu, i pravo i moral i religija zabranjuju krađu, a svojina se upravo na krađi zasniva. Celokupno bogatstvo kojim raspolažu vladajuće klase, stečeno je eksploatacijom proizvođačkih klasa, koju opravdava i podržava vladajuća ideologija klasnog društva.

Osnovna protivrečnost svojinskog prava je što istovremeno i zabranjuje i legalizuje prisvajanje tuđeg. Starovekovno pravo je legalizovalo robovlasništvo upravo radi prisvajanja robovskog rada kao glavnog izvora bogaćenja vladajuće klase. Srednjovekovno pravo to čini u nešto prikrivenoj, a novovekovno u sasvim prikrivenoj formi. Ako radnik ukrade svom poslodavcu običnu sitnicu biće kažnjen po istom pravnom kodeksu koji poslodavcu omogućava da u obliku profita legalno prisvaja višak njegovog rada.

Privatna - tuđim radom stečena **svojina** je u suštini **nesvojina**; legalni vlasnici privatne svojine nisu njeni prirodni vlasnici, a njeni prirodni vlasnici nisu legalni vlasnici; pravno sankcionisana svojina eksploatatorskih klasa je u suštini svojina eksploatisanih klasa. Izgleda da pravo izvrće stvarnost, ali je i sama stvarnost izvrnuta ako se posmatra iz ugla pravednosti, kojoj pravo očigledno protivreči.

Kako je sa svojinom, tako je i sa drugim vrednostima klasnog društva. Osuđujući preljubu, one se suprotstavljaju stvarnoj ljubavi da bi zaštitile proklamovanu bračnu ljubav. Osuda ubistava, prevara i obmana vrši se uporedo sa njihovim tolerisanjem, opravdavanjem i podsticanjem. Dogmatski skrojeni ideološki kodeksi puni su protivrečnosti; ispod njihove metafizičke ljušture skriva se čitava dijalektika stvarnosti.

Ali drugačije i ne može biti jer je i **uloga ideologije protivrečna**. Ona je za to da istovremeno i racionalizuje i iracionalizuje, opravdava i diskredituje, brani i napada, afirmiše i negira. Protivrečnosti nisu njena slabost, već njena pokretačka snaga kao što su pokretačka snaga i same stvarnosti, a najveću pokretačku snagu čine upravo protivrečnosti između ideologije i stvarnosti, između onog što jeste i nečeg čemu se teži.

Da bi se shvatila pokretačka snaga klasnih protivrečnosti, moraju same protivrečnosti biti shvaćene kao **jedinstvo suprotnosti i podudarnosti klasnih interesa**. Ako se zanemare suprotnosti, pokretačke snage se umrtvljuju, a kad se zanemare podudarnosti, one se usmeravaju na samoubilačke skokove, kojima se narušava kontinuitet društvenih kretanja. Potcenjivanjem klasnih suprotnosti, socijaldemokratija je znatno umanjila borbenost radničkog pokreta, dok su komunističke partije s odbacivanjem klasnih podudarnosti odbacile i istorijske tekovine klasnog društva, što ih je odvelo u sunovrat.

Kao duhovna poluga razrešavanja društvenih protivrečnosti, ideologija mora izražavati njihovu celinu. To je nužan uslov da se kroz nju istovremeno izrazi jedinstvo kontinuiteta i diskontinuiteta društvenih kretanja kao zakonite tendencije društvenog razvoja.

U funkciji razrešavanja društvenih protivrečnosti, ideologija je istovremeno **duhovna poluga društvenog razvoja**, njegova duhovna projekcija i zvezda vodilja protivrečnih društvenih kretanja. Stoga ona nije nikakva kopija, odraz ili slika postojeće stvarnosti, nego njen idejni antipod, nešto novo nasuprot starom, još nepostojeće nasuprot postojećem, duhovna konstrukcija nove društvene građevine koja se podiže umesto postojeće.

Nove ideje i nove vrednosti koje jedna ideologija nudi, nisu međutim, nešto apsolutno novo što nema nikakve veze sa postojećom stvarnošću. One su "cvetovi" koji "cvetaju" na postojećem društvenom tlu, i samo na određenom - cvetonosnom tlu mogu procvetati. Stoga svaka nova ideologija sadrži u preobraženom obliku i nešto staro što i samo teži da se preobrazi i dalje razvija.

Protivrečnost između ideologije i stvarnosti ima, prema tome, kao i svaka protivrečnost, dve strane: jednu koja se sastoji u njihovom suprotstavljanju, i drugu koja se sastoji u njihovom poistovećivanju.

137

Prva je idejna osnova diskontinuiteta, a druga kontinuiteta društvenih kretanja. I samo na tim obema osnovama ideologija može delovati kao pokretačka snaga društvenog razvoja jer to što ona treba da pokreće napred jesu zapravo stvarne - postojeće društvene snage, ne onakve kakve bi trebalo da budu nego kakve jesu.

Ideologija se i rađa iz postojećih društvenih protivrečnosti kao potreba njihovog razrešavanja, i njeno suprotstavljanje postojećoj stvarnosti je samo nastavak tih protivrečnosti na putu razrešavanja. Razrešenja postojećih protivrečnosti ne može biti bez idejnih putokaza, i kretanje društvene svesti od njihovog sagledavanja do pronalaženja tih putokaza je od sudbonosnog značaja za društveni razvoj.

Kretanje društvene svesti kao duhovne okosnice društvenog razvoja, ide od sagledavanja društvenih protivrečnosti preko ideja o njihovom razrešavanju do praktičnog razrešavanja. Idejno trasiranje i osvetljavanje tog puta osnovni je smisao nastajanja i postojanja svake ideologije. Svaka društvena grupa stvara svoju ideologiju da bi društveni razvoj usmerila u pravcu ostvarivanja sopstvenih interesa, ali to joj uspeva samo ako su njeni interesi na liniji društvenog razvoja.

Ideologija se, međutim, protivrečno odnosi i prema društvenom razvoju, koji **i podstiče i usporava**, što je opet izraz osnovnih protivrečnosti klasnog društva. Čim se određene ideje ostvare i društvene vrednosti ižive, one postaju smetnja daljem razvoju, ali to se ne dešava odjednom i na kraju već u samom hodu, baš kao što svaki živi organizam živi umirući i umire živeći. Samim tim što protežira jedne, a odbacuje druge vrednosti, svaka vladajuća ideologija istovremeno, manje ili više, i podstiče i usporava društveni razvoj jer se i stare i nove vrednosti koje ona potiskuje, i koje vuku nazad ili napred, zadržavaju ili nastaju uporedo sa vladajućim vrednostima.

Razvoj društvene svesti ne teče tako da se jedna ideologija nastavlja na drugu ideologiju, već se odvija kroz neprekidnu borbu suprotstavljenih ideologija. Stare i nove ideologije žive uporedo sa vladajućim ideologijama; jedne se bore za opstanak, a druge za nastanak, i međusobno i sa vladajućom ideologijom.

Ukoliko se bori za održanje vladajućeg poretka, vladajuća ideologija se zalaže za društveno mirovanje, nasuprot ideologijama društvenih pokreta koje se protiv vladajućeg poretka bore za društvene promene. Ideologija mirovanja suprotstavlja se ideologiji kretanja, ideologija metafizike ideologiji dijalektike. U zavisnosti od dominacije pojedinih ideologija i društvenih težnji koje one izražavaju, vrši se istorijska periodizacija vladavine metafizike i dijalektike, pa se srednji vek označava kao metafizički, a antička Grčka i 19. vek kao periodi dijalektike[1].

Ali to može biti sasvim uslovna periodizacija jer se ispod površinskih mirovanja uvek skrivaju dubinska kretanja a iza metafizike dijalektika. Ideologiju ne čini samo kodeks proklamovanih dogmi već i neprestana borba za njihovo ostvarivanje pošto svaka društvena grupa čije interese one izražavaju, teži da u ostvarivanju svojih ciljeva ide do kraja iako u tome nikad ne uspeva.

Vladajuća klasa teži da sačuva vladajući poredak, ne zato što se zadovoljava postignutim, već što joj on omogućava da u ostvarivanju svojih ciljeva ide dalje. Upravo time ona izaziva sve veće protivljenje protivničkih klasa, podstičući sve žešću ideološku i političku borbu, koja je najžešća baš u okviru najokorelijih režima.

---

[1] Vidi: Dr Andrija Stojković, Dr Bogdan Šešić, cit. rad, str. 32/3

ISTINA - ZABLUDA - NAUKA

Istina i zabluda

Za razumevanje ideologije i njene društvene uloge, od izuzetnog je značaja da se definiše njen odnos prema **istini**, pogotovu što se on i od strane naučnika i od strane ideologa, dobronamerno ili tendenciozno, različito shvata i objašnjava. Ali radi toga, treba prethodno definisati samu istinu, koja se takođe različito shvata, što utiče i na različito shvatanje odnosa između ideologije i istine.

Reč "istina" izvodi se iz reči **istost, istovetnost** ili **identičnost**. Objektivno ona znači **istovetnost** (identičnost) objekta sa samim sobom, a subjektivno istovetnost (identičnost) naše predstave o objektu sa samim objektom, ili kako Hegel kaže, "*...ako je istina, u subjektivnom smislu, podudaranje predstave s predmetom, onda je istinito u objektivnom smislu podudaranje objekta, stvari sa samom sobom*"[1]. U najširem smislu, istinito je ono "*...što postoji*"[2].

Da bi se moglo govoriti o istini, ona se mora otkriti, a otkrivanje istine vrši se njenim **spoznavanjem**. Istina za nas (subjektivno) postoji tek kad smo je otkrili, pa je Hajdeger za toliko u pravu kad tvrdi da je ona "obelodanjenost" onog "*...što biva*"[3]. Celokupna spoznajna aktivnost čoveka sastoji se u otkrivanju - "obelodanjivanju" istine.

[1] Navod Bloha, cit. rad, str. 150
[2] Platon, *Parmenid*, isto, str. 55
[3] Cit. rad, str. 38

Već sama definicija istine ukazuje na njenu **relativnost**, jer ako se sve što postoji menja tako da je istovremeno istovetno i neistovetno sa samim sobom, onda je u istoj meri promenljiva i istina. Još je Aristotel tvrdio da "*...o onome što je promenljivo ukoliko se menja ne može postojati apodiktivno tvrđenje...*", te da o prolaznom ne može biti "*...stalne istine...*" jer "*...ako se sve kreće onda ništa nije istinito*"[1].

Zato se istina mora definisati kao **proces**, kao "*...nešto što se zbiva...*"[2], i kako se zbiva sam objekt istine. A pošto se sve što postoji menja, moraju se, da bi se spoznavala istina, menjati i predstave o svemu postojećem, jer istina nije završen proces; "*...za nas istina postaje, ona je postala i biće postala; to je jedna totalizacija koja se neprestano totalizuje*"[3].

Ali i **promena je relativna**. Na istom objektu nešto se menja brže a nešto sporije, nešto je nepostojano a nešto postojano, nešto je pojavno a nešto suštinsko. Da bi bile istinite, predstave o različitim svojstvima istog objekta moraju biti različite. Za nekoga ko ima crnu put, ne možemo tvrditi da mu je i "duša crna" ili da je lažov ako ima bujnu maštu.

Za razliku od drugih živih bića, čovek poseduje sposobnost razlikovanja **bitnog** od **nebitnog** i **suštinskog** od **pojavnog**. Čulnim opažanjem on stiče predstave o onom što je na objektu pojavno, nebitno i nepostojano, a mišljenjem formira pojmovne predstave o onom što je suštinsko, postojano i čulima nepristupačno. I dok "*...čulne predstave neprestano naviru, potiskuju jedna drugu kao rečni talasi i, čak i za svog trajanja, ne ostaju nalik samima sebi*", pojam "*...kao da je van vremena i zbivanja, izuzet je iz celog tog komešanja i reklo bi se da je smešten u jednoj drugoj oblasti duha, spokojnijoj i mirnijoj...*", kao "*...način mišljenja koji je u svakom vremenskom trenutku fiksiran i kristalizovan*"[4]. Kakva su svojstva objekta, takve su u osnovi i predstave o njima.

---

[1] Dr Bogdan Šešić, *Logika*, knj. I, "Naučna knjiga", Beograd, 1958, str. 16

[2] Esad Ćimić, cit. rad, str. 21

[3] Sartr, cit. rad, str. 32

[4] Emil Dirkem, *Elementarni oblici religojskog života*, isto, str. 392

Međutim, čulne i pojmovne predstave, ni pojedinačno ni sve zajedno, ne pružaju niti mogu da pruže celovitu predstavu ni o jednom objektu postojećeg sveta. One su nužno **parcijalne** jer ni ljudska čula ni ljudski mozak nisu u stanju da steknu celovitu predstavu o svim detaljima i svim stanjima kroz koja jedan objekt u toku svog postojanja prolazi. Zato je "*...sve što se može mislima misliti i iskazati rečima, jednostrano, polovično, lišeno celine, zaokruženosti i jedinstva*"[1]. Čoveku, kako veli Gandi, "*...nije dato da spozna celu Istinu*"[2].

Najcelovitija je predstava o suštini objekta, ali je i ona nepotpuna, ne samo zato što ne obuhvata pojavne oblike, već i što se suština upotpunosti ostvaruje tek na kraju kad prestaje i samo postojanje objekta. "*Istinito je* - kaže Hegel - *cjelina...*", pa "*...o apsolutnom valja reći da je zapravo rezultat, da je tek na koncu ono što uistinu jeste*"[3].

Nije, međutim, čoveku ni potrebno da sve spozna, niti on ka tome stvarno teži, a bilo bi i besmisleno da spoznaje nešto što ničemu neće služiti. Prezirući ljudsku znatiželju, Niče čak tvrdi da je "*...neverovatno da bi naše "saznanje" moglo dopirati dalje negoli što je taman dovoljno za održavanje života...*", te da nam i "*...morfologija pokazuje kako se čula i nervi, kaogod i mozak, razvijaju u srazmeri sa teškoćama oko prehranjivanja*"[4].

Čovek se muči da spozna i ono što mu je za opstanak preko potrebno jer ni do parcijalne istine ne dolazi lako. Pored objektivnih ograničenja, ograničene su i **spoznajne sposobnosti** čoveka, koje se ne razvijaju same od sebe već kroz društvenu praksu, što potvrđuje i činjenica da je u primitivnim zajednicama koje se nisu dalje razvijale, i način mišljenja ostao na niskom nivou. U početku je mišljenje bilo i stopljeno sa praksom, od koje se nikada ne može odvojiti, samo što se sama praksa iz fizičke, sve više transformiše u duhovnu, pre svega misaonu delatnost, koja ubrzava razvoj spoznajnih sposobnosti.

[1] Vidi: Đuro Šušnjić, navod H. Hese-a, cit. rad, str. 211

[2] Cit. rad, str. 13

[3] *Fenomenologija duha*, isto, str. 14

[4] Cit. rad, str. 68

Na današnjem stupnju razvoja, ljudska saznanja su još do te mere opterećena subjektivnim naslagama da gotovo svaki pojedinac ima svoju istinu pa "*...istina za jednog, može biti neistina za drugog*"[1]. Svako sve posmatra iz svog ugla, proicirajući u objektivnu stvarnost svoje subjektivne želje, a kako primećuje Mil, "*...ljudi često i ne žude jače za istinom nego za zabludom*"[2].

Zbog toga je ceo život (i lični i društveni) **prožet istinama i zabludama**, koje je teško razaznati, ne samo zato što se prepliću i stapaju, već i stoga što se zabluda često predstavlja kao istina a istina kao zabluda; "*...istina se u njezinom horizontu iskazuje kao laž, dok se zbiljska laž uzdiže na razinu na kojoj je u principu i metodički ukinuta mogućnost denunciranja njezine lažnosti*"[3].

Zablude i laži se često i u teoriji izjednačavaju, a to su sasvim različite stvari. Laž je svesna a zabluda nesvesna varka; zabluda je rezultat nepoznavanja istine, a laž je manipulacija istinom. Neko može i lažima biti doveden u zabludu, ali čim se laži otkriju zablude prestaju. Zato laži ne spadaju u teoriju saznanja već u teoriju morala, nisu predmet logike, nego etike.

Na polju logike, **istina i zabluda** su nerazdvojne suprotnosti. Istina je u osvetljenom. a zabluda u još neosvetljenom delu polja, ali između osvetljenog i neosvetljenog dela nema neprovidne zavese. Zablude su u pomračenom ili poluosvetljenom delu polja; one nastaju izvođenjem pogrešnih zaključaka iz već spoznatih istina, i često predstavljaju poluistine ili nedovoljno rasvetljene istine. Apsolutnih zabluda i nema kao što nema apsolutnih istina, ali pošto čoveka zanima sve što je tajanstveno, one su mu često privlačnije od istine, a predstavljaju i veliku istraživačku pobudu; često je interesantnije razbiti neku uvreženu zabludu nego otkriti sasvim nepoznatu činjenicu.

---

[1] Gandi, cit. rad, str. 11

[2] Džon Stjuart Mil, O *slobodi*, "Filip Višnjić", Beograd, 1988, str. 61

[3] Lino Veljak, *Ideologija kraja ideologije*, prilog u zborniku "Ideologija i društvo", izd. Centar za marksizam Univerziteta u Beogradu, 1988, str. 129

Sva saznanja čoveka potiču iz njegovog odnosa s objektivnim svetom, i služe mu da se u njemu snađe i opstane. Zato je njegovo **praktično iskustvo** iz odnosa s objektivnim svetom polazna osnova njegovih saznanja, koja se dalje deduktivnim zaključivanjem šire i nezavisno od praktičnog delovanja. *"Istraživač* - kako zaključuje Ajnštajn - *mora osluškujući prirodu da sazna istovremeno opšte principe, uočavajući na većim kompleksima činjenica iz iskustva izvesne opšte crte koje se daju oštro formulisati...",* a kad je *"...ova formulacija jednom uspela, onda počinje razvijanje zaključaka, koje često pruža neslućene veze, koje sežu daleko iznad područja činjenica na kome su ti principi dobijeni"*[1].

Kao polazna osnova ljudskog saznanja, praksa je (u najširem smislu uključujući i praksu samog saznanja) i najpouzdaniji **kriterij** njegove **istinitosti**, pa *"...čovek mora da u praksi dokaže istinu, tj. stvarnost i moć, ovostranost svog mišljenja"*[2]. To se, međutim, često do te mere apsolutizuje, uprošćava i vulgarizuje da se sve može i dokazati i opovrgnuti.

Najčešće se za kriterij istine uzima **korisnost saznanja**; *"...po pragmatizmu, istina je ideja koja se isplati"*[3]. Niče kategorički tvrdi da se istina *"...dokazuje pomoću osećanja povećane moći - pomoću korisnosti - pomoću neophodnosti - ukratko rečeno, pomoću dobiti od nje...",* te da se *"...kriterij istine nalazi u povećanju osećanja moći"*[4].

Nema sumnje da istina višestruko koristi čoveku i da doprinosi povećanju njegove moći. Šta više, za sve što je u svom razvoju i borbi za opstanak postigao, čovek mora da zahvali pre svega saznanju istine. Ali korisnost nije atribut istine, zbog čega ne može biti kriterij istinitosti. Istina nije sama po sebi ni korisna ni štetna, te može i koristiti i štetiti. Pa ako se tvrdi da je sve što je korisno istinito, moralo bi se ustvrditi

---

[1] *Šta je teorija relativnosti...*, isto, str. 16
[2] K. Marks, F. Engels, *Izabrana dela*, tom III, isto, str. 391
[3] Dr Bogdan Šešić, *Logika*, isto, str. 172
[4] Cit. rad, str. 347 i 434

i da je sve što je štetno neistinito, a to je neodrživo jer kako bi moglo štetiti nešto što je neistinito i što kao takvo ne postoji. Na bezbroj primera može se pokazati da je šteta isto toliko istinita koliko i korist, pa bi i sama mogla služiti za dokazivanje istine.

Iako istina neizmerno doprinosi povećanju koristi i moći čoveka, one se u društvu ne raspodeljuju prema doprinosu njenoj spoznaji već po nekim drugim kriterijumima, zbog čega ne samo što najpametniji nisu najbogatiji i najmoćniji, nego je često obrnuto. Istina se može upotrebiti i zloupotrebiti: i za sticanje koristi i za nanošenje štete, i za povećanje i za umanjenje moći.

Kao što činjenice ne predstavljaju istinu same za sebe već u međusobnoj povezanosti, tako se ni društvena praksa ne može za dokazivanje istine koristiti fragmentarno nego **integralno**, zašta je opet potrebno dubokoumno a ne zdravorazumsko, i dijalektičko a ne formalnologičko zaključivanje. Jedno saznanje je istinito ako je delotvorno, to jest ako se u praktičnoj primeni potvrđuje odgovarajućim efektima, bez obzira da li su oni poželjni ili nepoželjni, korisni ili štetni, osnažujući ili obesnažujući. Istina je istina, bila "gorka" ili "slatka".

Između istine i zablude

Ideologija se često i u naučnoj literaturi definiše kao **lažna svest**. Još su francuski prosvetitelji (na čelu sa Holbahom) *"...pod ideologijom podrazumevali laž od strane feudalaca da bi prikrili svoje interese..."*[1], a u današnje vreme takve kvalifikacije su glavno oružje protiv ideologije, kojoj se predviđa skori, i priželjkuje što skoriji kraj.

Ako se pod lažima podrazumeva nešto izmišljeno, nestvarno i nepostojeće, definicija ideologije kao lažne svesti apsolutno je neodrživa, jer je ideologija istinski stvarna, sasvim konkretna i kao mora toliko napadna svest da od nje jedva dišemo. Ako se pak radi o nepreciznom

---

[1] Vladimir Milić, *Ideologija i naučno istraživanje*, Marksistički centar Organizacije SK u Beogradu, 1984, str. 12

izražavanju, pa se misli da je ideologija totalna zabluda, onda se mora zapitati kako se u tolikoj zabludi društvo uopšte moglo razvijati i opstati jer je ideologija sve do danas predstavljala ne samo vladajuću, već i preovlađujuću svest društva, koje je, opet, do njenog nastanka tapkalo u mestu.

Rasprave o ideološkoj svesti vrte se pretežno oko pitanja njene **istinitosti** iako to nije njeno karakteristično obeležje. Ako je osnovni smisao ideologije u ostvarivanju klasnih interesa, onda nije istinosnost, nego **korisnost** njeno suštinsko obeležje, a korist se može pribavljati i pomoću istine i pomoću laži. Dejan Jelovac je sasvim u pravu kad kaže da se "...*svaka ideologija bez izuzetka odnosi prema istini - bezbrižno...*", što je "...*rezultat njenih primarnih preferencija...*" da je važnije "...*ko nešto kaže, kada, gde i pred kim to kaže, i kome je to u interesu...*", nego "...*šta kaže*"[1].

Ukoliko korist mogu donositi i istina i laž, utoliko je ideologija **i istinonosna i lažonosna** u meri u kojoj istina i laž doprinose ostvarivanju njene funkcije. A i ova protivrečnost ideologije proističe iz protivrečnosti klasnih interesa u čije je razrešavanje uključena, i iznad kojih se ne može izdići a da ne postane nefunkcionalna.

Pošto su interesi vladajuće klase suprotni interesima obezvlašćenih klasa, ona mora da ih obmanjuje i dovodi u zabludu da bi vladala, inače bi njena ideologija bila jalova i beskorisna. Ako bi bogataši i vlastodršci svoj život predstavljali kao "...*neprekidni lopovluk, pljačku...*" i "...*gospodarenje nad mnogima pomoću prevare misli...*", kako iskreno preporučuje Tolstoj[2], to bi za njih bila samodiskreditujuća i samoubilačka ideologija koja ne bi koristila njima, nego njihovim klasnim protivnicima.

Da bi obezbeđivala nenasilno potčinjavanje, vladajuća ideologija mora da **negira istinu**: poriče klasnu vladavinu i klasne suprotnosti,

---

[1] Prilog u zborniku *Ideologija i društvo*, isto, str. 19

[2] Cit. rad, str. 368 i 369

stvarajući uspavljujuće zablude o srećnoj sadašnjosti i sladunjave iluzije o još srećnijoj budućnosti svih u okviru vladajućeg poretka. Ona *"...uvek ima funkciju zamagljivanja društvenih suprotnosti, prikazivanja interesa vladajućih kao interesa svih i time održanje status-quo-a"*[1].

Religija u tome ide najdalje zamagljujući stvarni ovozemaljski svet izmišljenim onozemaljskim svetom. *"Sve su nesunčane religije kobne zablude uma i srca ljudskog..."*[2], pa je i *"...celo hrišćansko učenje o tome šta treba verovati, cela hrišćanska "istina", gola laž i obmana: i upravo suprotno onome što je izazvalo pojavu hrišćanskog pokreta"*[3]. U nemogućnosti da pronađe bolji odgovor, Tolstoj zaključuje da se *"...strašno, nerešivo pitanje: kako pametni, obrazovani ljudi - katolici, pravoslavci - mogu da veruju u besmislicu crkvene vere, može objasniti samo hipnozom"*[4].

Iako je bliži stvarnosti, i **moral** istinu "doteruje" prema interesima koje izražava. *"Za jednu klasu je ono moralno što joj je korisnije, što joj osigurava najveći uspjeh pri najneznatnijem izdavanju snage..."*, iz čega Preobraženski zaključuje da je *"...cijeli moral izgrađen na klasnoj laži"*[5]. Niče tvrdi da je *"...moral korisna zabluda, ili jasnije rečeno: laž koja se smatra neophodnom"*[6].

Pravo uspostavlja formalnu **ravno**pravnost ili **jednako**pravnost, kojom prikriva stvarnu **nejednakost**. Kolika je jednakost između poslodavca i njegovog najamnika, koji ravnopravno zaključuju ugovor o najmu, to najbolje oni sami znaju. Ravnopravnost je umirujuća iluzija jednakosti da bi se lakše podnosila stvarna nejednakost. I ono malo jednakosti koja se garantuje zakonom, gubi se u moru samovolje i bezakonja.

Politika se, samo perfidnije, zakulisnije i licemernije, služi svojim obmanama. Ona stalno obećava više nego što može da pruži i uvek

---

[1] Todor Kuljić, cit. rad, str. 174

[2] Miroslav Krleža, cit. rad, str. 38

[3] Niče, cit. rad, str. 211

[4] Cit. rad, str. 154

[5] Cit. rad, str. 29

[6] Cit. rad, str. 344

148

nalazi opravdanja za neispunjena obećanja. Manipulisanje narodnim interesima, težnjama i strastima postalo je uobičajeno sredstvo političkog delovanja. Ideje koje izražavaju iskrene težnje obezvlašćenih masa pretvaraju se u lažne parole za ostvarivanje sasvim suprotnih ciljeva.

Da bi zaveo mase, "...*fašizam je sve do svog pada zadržao demagošku antikapitalističku ideologiju, a gotovo od samih njegovih početaka subvencionisao ga je upravo krupni kapital*"[1]. Nacisti "...*u svojoj borbi za vlast, osobito u toku dvadesetih godina, nisu zazirali od toga da naglase "socijalističku" stranu svoga programa...*", posebno naglašavajući da "...*žele osloboditi radničku klasu...*", koja im tobože "...*znači više nego posjed, naobrazba, položaj i vlast buržoazije*"[2].

Ali sličnim su se obmanama služile i komunističke partije, koje su dolaskom na vlast sopstvenu diktaturu nad proletarijatom proglasile diktaturom proletarijata. Parola "fabrike radnicima, zemlja seljacima" kojom su mase pozivane u revoluciju, predstavljala je obmanu stoleća; umesto da pripadnu proizvođačkim klasama, i fabrike i zemlju je faktički prigrabila birokratska država, nad kojom je stvarnu kontrolu imala jedino podržavljena vladajuća partija, ili tačnije, partijski aparat.

U **obmani obezvlašćenog naroda**, i buržoaska i vladajuća komunistička ideologija služile su se gotovo istim sredstvima. U "...*težnji da izbegne formiranje svesti radničke klase o podvojenosti klasa, antagonistički suprotstavljenih...*" i "...*prikrije klasnu suštinu suprotnosti, savremena građanska ideologija više i ne razmatra kategoriju radničke klase i druge socijalne slojeve*"[3]. Staljin je još 1936. god. proglasio da je ukidanjem buržoazije proletarijat automatski oslobođen i da radnička klasa "...*zajedno s celim narodom...*" upravlja sredstvima proizvodnje, čime je "...*isključena svaka mogućnost...*" njene eksploatacije[4].

---

[1] Todor Kuljić, cit. rad, str. 97/8

[2] Michael Harrington, cit. rad, str. 209

[3] Mirko Vraneš, *Odbrana budućnosti*, "Nova knjiga", Beograd, 1986, str. 54

[4] *Doklad o proekte Konstitucii Sojuza SSR*, Partizdat CK VKP(b), 1936, str. 13

Pošto je nepobitna društvena suprotnost između birokratije i naroda ideološki negirana, država je proglašavana narodnom, opštenarodnom, demokratskom, samoupravnom, i tome slično, samo ne birokratskom. U Sovjetskom Savezu proglašeno je da "...*sovjetski narod predstavlja jedinstvenu i monolitnu celinu*"[1], a u Jugoslaviji su oficijelnom nomenklaturom zanimanja, i profesionalni političari svrstavani u radnike. U celom svetu vladajuće ideologije obezvređuju oblike stvarne demokratije, a autokratske oblike vladavine proglašavaju demokratskim.

Nasuprot vladajućim ideologijama, koje zataškavaju, ideologije obezvlašćenih klasa **razobličavaju klasne suprotnosti**. Iako zbog obespravljenosti nisu imali potrebnu slobodu ideološkog delovanja, robovi i kmetovi su svojim pobunama jasno stavljali do znanja da se ne mire sa svojom klasnom pozicijom, a i zahtevi koje su postavljali, nedvosmisleno su izražavali njihove klasne interese. Kao ideologija radničke klase, marksizam je do kraja razobličio klasne suprotnosti proizvođačkog, i posebno kapitalističkog društva.

Obezvlašćene klase su **iskreno**, **otvoreno** i bez uvijanja žigosale klasne suprotnosti jer je to odgovaralo njihovim interesima i težnjama da se svoje nepodnošljive pozicije oslobode. Ali one su na svojoj koži te suprotnosti i mnogo intenzivnije osećale kao golu istinu, za čije im otkrivanje nisu bila ni potrebna neka dodatna saznanja. Izvorni marksizam je prestavljao samo misaoni izraz tih osećanja, u čemu je i tajna njegove velike popularnosti među obezvlašćenim i ugnjetenim klasama.

Zataškavanje na jednoj, i razobličavanje klasnih suprotnosti na drugoj strani, samo je jedna strana suprotnosti suprotstavljenih klasnih ideologija. Dok su u tome ideologije vladajućih klasa lažonosne, a ideologije obezvlašćenih klasa istinonosne, sasvim je obrnuto sa podudarnostima klasnih interesa, koje prve ističu, a druge prećutkuju. Kobna ideološka jednostranost i najveći politički promašaj izvornog marksizma je u tome što je svesno ignorisao podudarnost klasnih interesa da bi radi ubrzanja socijalističke revolucije, što više raspirivao klasnu netrpeljivost.

[1] I.B. Mitin, *Sovetskoe gosudarstvo i stroiteljstvo kommunizma*, Voprosy filosofii, br. 10/61, str. 18

Nasuprot tome, vladajuće ideologije su radi podsticanja klasne trpeljivosti, jednostrano naglašavale i prenaglašavale podudarnost suprotstavljenih klasnih interesa. Ako se ističe samo pozitivna strana klasne međuzavisnosti: da gospodar izdržava svog roba, da plemić daje kmetu zemlju na korišćenje, a poslodavac zapošljava proletera koji bi bez posla umro od gladi, onda izgleda da se ne radi o neprijateljskim, nego o prijateljskim klasama.

Pošto, za razliku od obezvlašćenih klasa, na svojoj koži ne osećaju, ili slabo osećaju nepodnošljivost klasnih suprotnosti, vladajuće klase su često i same ubeđene u svoje dobročinstvo prema potčinjenim klasama, pa nije istina da ih one uvek svesno obmanjuju, to jest lažu. Često su u istoj zabludi i vladajuće i potčinjene klase, čemu doprinosi i odsustvo dublje spoznaje o prirodi klasnih odnosa. Sve do Marksovog otkrića viška vrednosti, i poslodavac i najamni radnik su živeli u zabludi da je najamnina ekvivalentna naknada za uloženi rad, čemu je i politekonomska teorija svojim površnim saznanjima doprinosila.

Ukoliko ističe jednu, a poriče ili prećutkuje drugu stranu klasne protivrečnosti, svaka ideologija je **istovremeno i istinonosna i zabludonosna**, te utoliko predstavlja iskrivljenu, ali ne i sasvim izokrenutu ili potpuno lažnu svest. Utoliko je neadekvatno njeno poređenje sa "...*obrnutom slikom predmeta na mrežnjači*"[1].

Kad bi predstavljala sasvim izokrenutu sliku sveta, ideologija bi bila nerazumljiva i potpuno nefunkcionalna. Ako je nešto izokrenuto, to je pre svega samo klasno društvo, čiju svest vladajuće ideologije predstavljaju, ali tako izgleda samo potčinjenim klasama i njihovim ideologijama. Vladajućim klasama, i postojeće društvo i njegova vladajuća svest izgledaju sasvim normalno pošto one potčinjene proizvođačke klase ne tretiraju kao sastavni deo društva već kao tegleću marvu koja samo radi njih i njihove društvene moći postoji.

Koliko je društvena svest **iskrivljena** u odnosu na postojeće društvo, zavisi pre svega od toga koliko ona izražava njegove interese

---

[1] K. Marks, F. Engels, Dela, isto, tom VI, str. 23

i težnje. Što veći deo društva u određenim idejama nalazi izraz sopstvenih interesa i težnji, to su one istinitije, pa je i ideologija koju sačinjavaju, manje iskrivljena. Najistinitije su ideologije koje izražavaju masovne težnje za društvenim promenama ukoliko su one autentični izraz zakonomernih tendencija društvenog razvoja.

Stoga su **istinitije ideologije** koje tek nastaju od zatečenih ideologija, a ideologije pokreta od ideologija poretka. I upravo zbog toga revolucionarne ideologije koje su u zaoštrenim društvenim situacijama usmerene na radikalne promene, uspevaju da celo društvo pokrenu u akciju. I buržoaska i komunistička ideologija bile su, kao ideologije pokreta, najistinitije, najuticajnije i najmasovnije u vreme revolucionarnih prevrata, posle kojih je dolazilo do njihovog ukalupljivanja u vladajući poredak, konzerviranja i sužavanja društvenog uticaja.

Podređujući društvene interese interesima bužoazije i državne birokratije, i buržoaske i radničke partije su po dolasku na vlast revolucionarne parole pretvarale u propagandne fraze, sužavajući, iskrivljujući ili čak potpuno izokrećući smisao i značenje revolucionarnih ideja. I što se u tome dalje išlo, utoliko se, služenjem obmanama i lažima, više suprotstavljalo istini.

Radi manipulisanja društvenim interesima, **manipuliše se činjenicama.** *"Od mnogobrojnih društvenih činjenica..."* ideologija *"...uzima samo one za koje ima interesa da budu prikazane i to u sklopu koji takođe odgovara ideološkim opredeljenjima"*[1]. I što su ta opredeljenja u većoj koliziji sa društvenim interesima, **redukcija istinitih informacija je** veća, pa je *"...često istinita informacija potpuno zatrpana krivim informacijama"*[2].

"Krive" informacije su više "frizirane" nego izmišljene. Dok su nekada, kad ih je bilo teško proveravati, one pretežno izmišljane, danas se iz mnoštva tačnih informacija izvlače one koje, po potrebi ukrštene

---

[1] Dr Vladimir Goati, *Ideologija i društvena stvarnost*, "Radnička štampa", Beograd, 1979, str. 54

[2] Edgar Morin, *Kako izići iz XX stoljeća*, "Globus", Zagreb, 1983, str. 33

s izmišljenim informacijama, sugerišu željenu predstavu, čija je ubedljivost veća nego kad se zasniva samo na lažnim informacijama.

Zato je u uslovima vladavine političkih ideologija, monopol nad vlašću neodvojiv od **monopola nad informacijama**. *"Monopol nad istinom, nad informacijom, nad političkom vlašću koji drži neka partija, upravo predstavlja mehanizam koji blokira (paralizira), uništava igru istine i zablude; oni okrutno guše svaki prigovor i svaku kritiku, svaki oblik ukazivanja na istinu ili njenog dokazivanja; dopuštaju stalno stvaranje obmane i laži"*[1].

Da bi bile ubedljive, **ideološke zablude** se na relativno visokom nivou masovnog informisanja i obrazovanja stanovništva, moraju **zasnivati na istinitim informacijama**. Zato je raspolaganje ne lažnim, nego istinitim informacijama odlučujući uslov uspešnog ideološkog delovanja; ko više zna, može ubedljivije i da laže. Istinite informacije danas predstavljaju dragocenu "sirovinu" za fabrikovanje lažnih informacija.

Ali sve ima svoju granicu. Sudbina je svih ideja da se ostvarivanjem **"troše"**, što se nikakvim sredstvima ne može sprečiti. Time one gube i svoju snagu i svoju istinitost, koje prelaze na njihova ostvarenja radi kojih su i nastale, a umesto njih javljaju se nove ideje. Stoga i sve ideologije, kao nosioci određenih ideja, **zastarevaju**, dolazeći u sve veći sukob s objektivnom stvarnošću i sa istinom dok najzad ne postanu potpuno nefunkcionalne.

Ako ideologije kao zatvoreni dogmatski sistemi, sve brže stare i zastarevaju, određene ideje koje izražavaju generičke težnje čovečanstva, žive vekovima jer je njihovo ostvarivanje istorijski proces, čiji je završetak teško predvideti. One se samo pomoću istine mogu ostvarivati jer su i same najveća istina čovečanstva, koja njihovim ostvarivanjem sve jasnije osvetljava puteve društvenog razvoja.

Stoga je prirodno da **istini teži najveći deo čovečanstva**, a najviše prouzvođačke mase koje su najveća žrtva ideoloških obmana i

---

[1] Isto, str. 10

zabluda, i koje se samo uz pomoć istine mogu osloboditi od proizvodnog rada, eksploatacije i društvenog ugnjetavanja. Lukač s pravom ističe da je "...*za proletarijat istina pobjedonosno oružje*"[1], a Goldman da je "...*istinita misao nužan element socijalističke revolucije*"[2].

Sve **revolucije** su razbijale dogmatske okove iskrivljenih i dotrajalih ideologija, i sve su predstavljale istinske uzlete u borbi za ostvarivanje istinitih revolucionarnih ideja, ali su i završavale zatvorenim sistemima, u kojima je širenjem novih zabluda prostor za istinito mišljenje ponovo sužavan. Za razliku od svih prethodnih revolucija, socijalistička revolucija treba da stvaranjem otvorenog društva poruši sve klasne i sve ideološke pregrade i ograde, a što u propalim pokušajima nije u tome uspevala, to je samo zato što je već u samom korenu ugušivana.

Otvoreno društvo treba da bude istinski demokratska zajednica, gde istini neće biti tesno među klasnim lažima i obmanama jer narod, ako ponekad i bude u zabludi, nikada neće sam sebe obmanjivati. Bez **istinske demokratije** ne može društvom zavladati ni **istinonosna svest** jer, kako kaže Morin, samo se istina "...*pluralističke demokratije sastoji u tome da predstavlja uvjete koji dopuštaju priznavanje zablude, ukazivanjem na laž i potragu za istinom*"[3].

Ideologija i stvaralačke delatnosti

Ideologija je oblik **grupne**, a stvaralačke delatnosti - nauka, filozofija i umetnost su oblici **individualne** svesti; ideološke sisteme stvaraju društvene grupe, filozofiranjem, umetničkim i naučnim stvaranjem bave se pojedinci. Time su u osnovi predodređene i ostale razlike i odnosi između pomenutih oblika svesti.

Kao izraz grupnih interesa i težnji, ideologija je **unificirana i unifikatorska svest**, koja ne samo što ne uključuje, nego teži da isključi

---

[1] Đerđ Lukač, *Povijest i klasna svijest,* "Naprijed", Zagreb, 1970, str. 132

[2] Lucien Goldmann, *Dijalektička istraživanja,* "Veselin Masleša, Sarajevo, 1962, str. 15

[3] Cit. rad, str. 178

razlike u individualnoj svesti da bi se individualne težnje podredile grupnim težnjama. Nasuprot tome, nauka, filozofija i umetnost su **autorske delatnosti**, koje se ne unificiraju niti se mogu unificirati.

Nauka, filozofija i umetnost mogu predstavljati, i po pravilu, predstavljaju spoznajnu osnovu ideologije. Autorskim delima ne otkrivaju se samo tajne postojeće stvarnosti, nego se izgrađuju i pogledi na budućnost, koji ne izražavaju samo individualne težnje njihovih autora, nego i objektivne društvene tendencije, te grupna i opštedruštvena stremljenja. Zato se autorske ideje često i spontano pretvaraju u sastojke grupnih pogleda.

Ukoliko su okupirane idejama o prevazilaženju postojeće stvarnosti, i stvaralačke delatnosti predstavljaju svojevrsne oblike **ideološke svesti**. Kao globalni pogled na svet, filozofija se redovno bavi ne samo onim što jeste, nego i onim što treba i kako treba da bude, a najveća vrednost umetnosti je što nudi jednu novu, lepšu i humaniju verziju sveta, koja oplemenjuje duh i pokreće u akciju za promene.

Iako je okupirana pre svega objašnjavanjem postojećeg sveta, nauka to u krajnjoj liniji čini radi njegovog menjanja, pa i kad ne izvodi eksplicitne zaključke za praksu, oni su u njoj implicite sadržani. *"I najegzaktnije naučne discipline od svojih početaka do danas, upravo zbog praktično-humanističke funkcije nauke, sadrže ideološke elemente"*[1]. Nauka se *"...nikada ne pojavljuje kao puko objektivno znanje..."*; ona je *"...konkretno jedinstvo objektivne činjenice s nekom hipotezom ili sistemom hipoteza koje nadmašuju puku objektivnu činjenicu"*[2].

S druge strane, stvaralačke delatnosti su pod stalnim **uticajem ideologije**. Pre svega, stvaraoci su i sami ideološki opredeljeni ljudi koji se identifikuju s određenim grupnim težnjama i idealima, čijem osvetljavanju i ostvarivanju često posvećuju celokupno stvaralaštvo. Svesno ili nesvesno, oni se sami svrstavaju u apologete određenih,

---

[1] Andrija B.K. Stojković, Prilog u zborniku *Ideologija i društvo*, isto, str. 58
[2] Antonio Gramši, cit. rad, str. 107

vladajućih ili opozicionih ideologija, objašnjavajući i propagirajući pojedina ideološka opredeljenja.

Uostalom, i stvaralaštvo i ideologija vuku zajedničko poreklo iz primitivne, još neizdiferencirane - predstvaralačke i predideološke svesti; *"...naučno mišljenje je - kako kaže Ajnštajn - dalje razvijanje prednaučnog mišljenja..."*[1], koje već u obliku magije pokazuje neke sličnosti sa naukom, naročito u tome što *"...i magija i nauka podrazumevaju da je sled događaja savršeno redovan i izvestan, određen nepromenljivim zakonima čije se dejstvo može predvideti i tačno izračunati"*[2]. Šta više, tvrdi se da su stvaralačke delatnosti i potekle iz ideologije. Po Dirkemu, *"...filozofija i nauka rođene su iz religije; između logike religijskog i logike naučnog mišljenja ne zjapi ponor; i jedno i drugo načinjeno je od istih bitnih elemenata, ali razvijenih nejednako i na različit način"*[3].

Stvaralačke delatnosti su se, međutim, celo vreme razvijale **u sukobu s ideologijom** i pod njenom dominacijom jer je sve do danas ona predstavljala vladajuću svest društva. U srednjem veku religija je imala čak apsolutnu dominaciju nad ostalim oblicima svesti, a u novom veku sličnu poziciju zauzimale su fašističke i staljinističke ideologije.

Sukob između ideologije i stvaralačkih delatnosti proističe iz njihovih suprotstavljenih funkcija i različitog karaktera koji je time predodređen. *"Cilj naučnog jeste deskriptivno, cilj ideološkog projektivno-utopijsko; sadržaj naučnog čine pojmovi, ideološkog ideje, predstave, mitovi, institucije, slike i samo ponekad pojmovi; osnov naučnog je nadinteresno, vanklasno, a osnov ideološkog na socijalnom položaju utemeljeni interes"*[4]. U skladu sa svojom funkcijom afirmacije određene ideje ili odbrane određenog poretka, *"...ideologija uvek na kraju brani, odnosno opravdava samo sebe, ona želi da svako objašnjenje bude već verifikacija njenih premisa, a ne da, kao u nauci, premise*

---

[1] *Šta je teorija relativnosti?...*, isto, str. 24

[2] Frejzer, *Zlatna grana*, BIGZ, 1977, str. 61

[3] Cit. rad, str. 10, 221

[4] Branislav Milenković, parafr. Altise-a, Prilog u zborniku *Ideologija i društvo*, isto, str. 168

budu upotrebljene za to da saznamo nešto novo i da u hipotezama ot-krijemo moguću zabludu"[1].

Iz tog proističu i sasvim različiti **pristupi saznanju**. Osnovni princip ideologije je **vera** i neograničeno poverenje u ideološke dogme, njihove tvorce i promotore, u koje se ne sme sumnjati. *"Sumnja u dogmu ili njeno opovrgavanje nema za njene nosioce samo značaj konitivnog neslaganja, nego i početak rušenja na takav način građenog sveta"*[2]. Bog, car, partijski vođa itd. obavijaju se oreolom nepogrešivosti da bi se slepo verovalo svemu što im se pripisuje u reč i delo.

Nasuprot tome, osnovni pristup nauke je **sumnja** u sve postojeće i sva saznanja. Pošto istina nije konačna, posao nauke sastoji se u stalnom preispitivanju - dovođenju u pitanje već postignutih saznanja. I s obzirom da svaka ideologija pretenduje na univerzalnost, sukob je neizbežan i kad se nauka ne upušta u preispitivanje same ideologije.

Zbog težnje za univerzalnošću, ideologija nastoji da pod svoje dogme podvede celokupnu društvenu svest, pa da i filozofiju, nauku i umetnost pretvori u svoje sluškinje, svoj odbranbeni i propagandni mehanizam. Zato ona ne podnosi ne samo njihovo suprotstavljanje, nego ni njihovo osamostaljivanje.

Prinudna apologizacija stvaralačkih delatnosti nameće se pre svega njihovim dovođenjem u **materijalnu zavisnost** od države i političkih organizacija. Prema istraživanjima Wright-a Mills-a, *"...birokratija sve više određuje uvjete intelektualnog života i nadzire glavna tržišta intelektualnih proizvoda..."*, a *"...nove birokracije države i biznisa, partija i slobodnih udruženja, postaju glavni poslodavci intelektualcima i njihovi najvažniji klijenti"*. Ne samo tematiku naučnih istraživanja, nego i *"...teme masovne literature i zabave, jeftinih listova, radio-drama i televizijskih tekstova određuju izdavači ili režiseri..."*, a *"...pisac samo ispunjava narudžbu i često uopće i ne piše dok nema narudžbe koja određuje sadržaj, osnovu i daje vremenska ograničenja;*

---

[1] Andrej Ule, Prilog u zborniku *Ideologija i društvo*, isto, str. 15
[2] Nikola Dugandžija, cit. rad, str. 48

157

sve više i više ljudi, a među njima i intelektualci, postaju zavisni, mjesečno plaćeni službenici, koji provode najaktivnije sate svog života radeći ono što im se zapovijeda"[1].

Tu je i **selektivna kadrovska politika** kojom se, pristrasnim izborom, moralnim te materijalnim protežiranjem i na sve moguće načine, favorizuju ideološki indoktrinirani i politički odani stvaraoci. Kao zaštitno sredstvo od ideoloških devijacija koriste se i razni oblici cenzure - od "nameštanja" negativnih recenzija do zabrane nepodobnih dela.

Što je vladajući režim u većoj koliziji sa razvojnim tendencijama društva, to su jače ideološke stege i žešći sukobi između vladajuće ideologije i stvaralačkih delatnosti, dok se u periodima razvojnih uzleta stvari obrću pa stvaralačke delatnosti sa svoje strane bitno utiču na ideološki preporod društva - oplemenjivanje postojećih ili stvaranje novih ideologija. Kad god im je smetala istina, nosioci vladajućih ideologija su se obračunavali sa slobodnim stvaralaštvom, i kad god su se progresivne snage obračunavale sa vladajućim ideologijama u pomoć su prizivale slobodno stvaralaštvo.

U zatvorenim ideološkim i političkim sistemima duhovno stvaralaštvo je **gušeno**, u otvorenim sistemima je **cvetalo**. Antička demokratija omogućila je procvat antičke kulture, filozofije, nauke i umetnosti; srednjovekovni apsolutizam doneo je duhovno mračnjaštvo; novovekovni pomol opšte demokratizacije društva praćen je opštim duhovnim preporodom; centralizacija kapitala, etatizacija i birokratizacija savremenog društva nisu mogli proći bez novih ideoloških stega, potiskivanja pa i gušenja duhovnog stvaralaštva, a fašizam i staljinizam su u ponečemu i prevazišli srednjovekovni apsolutizam.

Demokratizacija društva je neizostavni uslov konačnog ukidanja dominacije ideologije nad duhovnim stvaralaštvom. Interes obezvlašćenih klasa za istinu implicira i zainteresovanost za slobodno razvijanje delatnosti koje za istinom tragaju. Pošto je "*...proletarijat **na kraju***

---

[1] *Bijeli ovratnik,* "Naprijed", Zagreb, 1979, str. 144, 145, 147

prva klasa koja teži ka istinitoj spoznaji", Goldman osnovano zaklju-čuje da *"...on zbog toga ima pozitivan stav prema svakom naučnom re-zultatu koji povećava našu spoznaju stvarnosti, i potpuno negativan stav prema svim ideologijama koje negiraju u cjelini ili djelomično vri-jednost ili važnost nauke"*[1]. Zato će, prema Manhajmovom predviđa-nju, do *"...oslobađanja "duhovnoga" doći i onda kad najpotčinjeniji sloj počne učestvovati u vladanju nad socijalnom situacijom"*[2].

Najpotčinjeniji sloj ne može učestvovati u vladanju socijalnom situacijom, niti celo društvo može vladati samo sobom bez nauke, pa ako je **demokratizacija** neizostavni **uslov scientizacije**, i **scientizaci-ja** je neizostavni **uslov demokratizacije**. Zato sa stvarnom demokrati-zacijom i radi stvarne demokratizacije društva, ideologija mora ustupi-ti **primat nauci** ukoliko iskrivljena društvena svest mora biti zamenje-na ispravnom svešću. Umesto da otuđena društvena svest vlada indivi-dualnom svešću, individualna stvaralačka svest mora ovladati i zavla-dati društvom.

[1] Cit. rad, str. 20/1
[2] Cit. rad, str. 209

SAMOSVOJNOST - OTUĐENOST - OSAMOSTALJIVANJE

Otuđivanje

Posmatranje **otuđenja** samo s njegove negativne strane upućuje na pogrešan zaključak da je čovek nekad bio svoj, a da je potom došlo do njegovog otuđivanja. Ljudski rod, međutim, izlazi iz potpune "otuđenosti", pa se i ljudska jedinka rađa potpuno "otuđena" i za samostalan život nesposobna. Ljudski život je kao i istorija ljudskog roda u stvari proces razotuđivanja kroz otuđivanje i otuđivanja kroz razotuđivanje.

Ako se o otuđenju može uslovno govoriti nezavisno od razotuđenja, onda su čovekovi preci gotovo u potpunosti bili otuđeni u prirodi, od koje se ni za trenutak nisu mogli osamostaliti ni njenim ćudima odoleti. Proces nastajanja čoveka otpočeo je upravo njegovim **osamostaljivanjem od prirode**, ali ono nije moglo ni otpočeti bez otuđivanja čoveka od samoga sebe, ili bez njegovog samootuđivanja.

Samootuđivanje čoveka vrši se pre svega kroz njegov proizvodni rad. Proizvod rada je otuđenje proizvođača, svrsishodno opredmećenje njegove životne energije, koja se u spoljašnjem predmetu skoncentrisala i očvrsnula. Pošto mu je osnovna svrha **proizvod**, proizvodni rad je po svojoj prirodi **otuđujuća aktivnost**. Živi rad je proces otuđivanja, a proizvod rezultat otuđivanja.

Tehnološkim otuđivanjem omogućava se i **društveno otuđivanje** proizvodnog rada. Pošto se u procesu proizvodnje već otuđio,

161

proizvod se može i nepovratno otuđiti od proizvođača, i pripasti neko-me ko sa njegovom proizvodnjom ne mora imati nikakve neposredne veze.

Zato neposredna ljudska proizvodnja predstavlja izvorni oblik **eksploatacije**, društvene raspodele i **prisvajanja** ljudskog rada. *"Pris-vajanje se pojavljuje kao otuđenje, a otuđenje kao prisvajanje; otuđe-ni rad je neposredni uzrok privatnog vlasništva...",* koje *"...proizlazi, dakle, pomoću analize iz pojma otuđenog rada, tj. otuđenog čovjeka, otuđenog života"*[1].

Otuđivanje rada je **otuđivanje** samog **čoveka** jer je rad suština čoveka. Opredmećivanjem životne energije, u proizvodu se opredme-ćuje i gasi život čoveka. I ukoliko samo proizvodi, i postoji samo da bi za drugog proizvodio, proizvođač egzistira kao otuđujuće i kao tuđe biće koje ne pripada samom sebi nego nekom drugom biću; njegovo otuđivanje u proizvodu koji drugi prisvaja, je otuđivanje u drugom čo-veku, i zato njegov život nije njegov, nego tuđi život.

Ali ne otuđuje se u proizvodu svog rada samo proizvođač, nego se u njemu otuđuje i njegov prisvajač. Posednik ne raspolaže, niti svoj-im posedom može raspolagati kako hoće već kako održavanje samog poseda nalaže. I ne zavisi posed od posednika nego posednik od pose-da; gubljenjem poseda, posednik ne gubi samo status posednika, nego gubi i sredstva životne egzistencije. Privatno vlasništvo se kao otuđe-na društvena sila izdiže i iznad proizvođača i iznad svojih vlasnika, što se najevidentnije ispoljava u njegovom najrazvijenijem obliku - krup-nom kapitalu, čijem je reprodukovanju podređena celokupna društve-na reprodukcija.

Na otuđivanju rada zasniva se **otuđivanje ekonomske moći**, iz kojeg proističe i otuđivanje političke, duhovne i ukupne društvene mo-ći. Moć robovlasničkog društva bila je još razuđena jer je robovski rad otuđivan i prisvajan na mnoštvu vlasničkih punktova; u feudalizmu je

---

[1] Marks, Engels, *Rani radovi*, isto, str. 208, 207 i 206

otuđivanje proizvodnog rada centralizovano, usled čega je celokupna društvena moć otuđena i skoncentrisana u moći državnih i crkvenih poglavara; disperzija kapitalističkog vlasništva donela je sa disperzijom otuđivanja i prisvajanja najamnog rada, i odgovarajuću disperziju društvene moći, dok su sa centralizacijom kapitala, otuđivanje i koncentracija društvene moći ponovo centralizovani.

Komunistički prevrati ne samo što nisu doneli očekivanu dezalienaciju, nego su sa nacionalizacijom privatnog kapitala podstakli još veću alijenaciju i proizvodnog rada i društvene moći. Centralizacija kapitala je ceo svet dovela do krajnjih granica društvene alijenacije preko kojih je dalje praktično nemoguće ići. *"Krajnja posledica centralizma je* - kako piše Diverže - *otuđenje građana u etimološkom smislu tog izraza, što znači da ih centralizam otuđuje od njihove sopstvene političke zajednice"*[1].

Svojim otuđivanjem proizvodni rad proizvodi i **otuđuje čoveka od čoveka**; *"...neposredna konzekvencija toga da je čovjek otuđen proizvodu svog rada, svojoj životnoj djelatnosti, svom generičkom biću, jest otuđenje čovjeka od čovjeka"*[2]. Klasa koja prisvaja otuđeni proizvodni rad, i sama se otuđuje od proizvođačke klase, stvarajući po svojoj meri i **otuđeno društvo**, koje faktički (a u robovlasništvu ni formalno) nije društvo proizvođačke, nego društvo vladajuće klase iako neposredno počiva na proizvodnom radu.

Otuđeno društvo mora imati i **otuđenu svest**. Svaka vladajuća ideologija je kao izvorna svest vladajuće klase, pre svega u funkciji otuđivanja i prisvajanja tuđeg rada. I kao što otuđeno društvo nije društvo proizvođačke klase, tako ni vladajuća svest otuđenog društva nije njena svest.

Vladajuća ideologija je i **proizvod i sredstvo otuđivanja proizvodnog rada**. Prezauzete proizvodnim radom, proizvođačke klase ne samo što su lišene mogućnosti da same stvaraju svoju svest, nego su

---

[1] *Demokratija bez naroda*, "Rad", Beograd, bez god. izd., str. 193
[2] Marks, Engels, *Rani radovi*, isto, str. 204

prinuđene da prihvataju tuđu svest; one moraju ne samo da se pokoravaju tuđoj volji, već moraju i da misle tuđom glavom; i ne mogu da se vladaju po svojim, jer se moraju vladati po tuđim pravilima.

Otuđena ideološka svest ne nameće se, niti bi se proizvođačkim klasama mogla nametati samo spolja da i sama ne **proističe iz otuđujuće prirode proizvodnog rada**, kojom je u suštini određena i njena priroda. I kao što generičkoj suštini ljudskog bića protivreči otuđujući proizvodni rad, tako joj protivreči i otuđujuća ideološka svest; ideologija je isto toliko prinudna i nametnuta svest koliko je prinudan i nametnut proizvodni rad. I stereotipnost ideološke svesti organski proističe iz stereotipnosti proizvodnog rada jer kakav je način života, takva je i svest, a gotovo ceo život proizvođačkih klasa protiče u proizvodnji.

Ideološka svest nije nastajala nametanjem već otuđivanjem kroz otuđivanje proizvodnog rada sa kojom je prvobitno bila i stopljena. Tako uostalom nastaje i izvorna svest samih proizvođačkih masa, koja takođe predstavlja oblik njihovog samootuđenja unutar nihovog sopstvenog bića. To samootuđenje sadržano je već u narodnim **običajima**, kao "...*tipično jednobraznom ponašanju koje se samo zahvaljujući "navici" i "podražavanju" bez razmišljanja održava u tradicionalnim okvirima, dakle, "kolektivno delanje" čije produžavanje niko, ni u kom smislu, ne "traži" od pojedinca*"[1]. Tu je "...*posve očito da navike i uvjerenja okoline određuju ponašanje pojedinca pri jelu, u crkvi, na sastanku itd; svjesno ili nesvjesno svaka grupa sugerira pojedincu što bi u njenom posebnom položaju trebalo da važi kao poželjno*"[2].

Moral takođe nastaje spontanim otuđivanjem izvorne svesti proizvođačkih masa kroz otuđivanje njihovog rada. Griže savesti ne bi uopšte bilo da moralna svest ne izvire iz samog otuđujućeg žovota eksploatisanih masa, kao što je nema u slučaju izigravanja pravnih normi kada se čak likuje ako se u tome uspe. Vladajući moral se ne nameće

[1] Maks Veber, *Privreda i društvo*, tom I, isto, str. 259
[2] J.A.C. Brown, cit. rad, str. 109

odozgo već nastaje otuđivanjem izvorne svesti izrabljivanih masa, na čijem se izrabljivanju zasniva i ceo život vladajućih klasa.

Pošto se zasniva na otuđivanju proizvodnog rada, otuđivanje celokupne društvene svesti započinje u proizvodnoj bazi društva. Ako je otuđivanje moralne svesti spontano i gotovo neprimetno, preobraćanje izvorne **religijske** svesti proizvođačkih masa u vladajuću ideologiju društva teklo je sasvim smišljeno i organizovano, radi učvršćivanja i jačanja otuđene vlasti nad tim istim masama.

Sličnu sudbinu doživela je i **politička ideologija** modernog proletarijata.pretvarajući je u sredstvo sopstvene vladavine nad samim proletarijatom, komunističke partije su je izokrenule u njenu suprotnost, a gotovo identičan obrt izvršio je i fašizam. Fašizam, nacizam i staljinizam su, po Fromu, "*...kulminacija otuđenja...*", gde je "*...individua dovedena dotle da se oseća bespomoćna i beznačajna, ali je naučena da projektuje sve svoje ljudske moći u ličnosti vođe, države, "otadžbine", kojima mora da se potčini i koje treba da obožava*"[1], što je Gebels opravdavao svođenjem socijalizma na "*...žrtvovanje pojedinca celini*"[2].

U **državi** i **vođi države** skoncentrisana je otuđena moć cele nacije za koju je pojedinac i egzistencijalno i duhovno vezan, i bez koje ne može jer je otuđivanjem lišen sopstvene moći. U tome je sva tajna lične identifikacije s otuđenim institucijama; ne identifikuje se pojedinac sa ličnošću ovog ili onog vođe, već sa društvenom moći bilo kojeg vođe; zato bez dileme prihvata identifikaciju sa novim vođom, kao da starog nije ni bilo; i božanstvo je apstraktno - bezlično ovaploćenje otuđene moći jer da bi predstavljalo sveopšteg zaštitnika, njemu mora biti pripisana sveopšta moć, kojoj lična svojstva običnih smrtnika ne pristaju.

Šta više, da bi do identifikacije uopšte dolazilo, lična svojstva vladara moraju biti potisnuta i zamenjena otuđenim i hiperbolizovanim svojstvima njegovih podanika. Zato svaki vladar mora voditi dvostruki - javni i privatni život, koji se ni teorijski ne mogu podudarati; prvi se

---

[1] Zdravo društvo, isto, str. 281

[2] Navod Froma, *Bekstvo od slobode*, "Nolit", Beograd, 1964, str. 213

mora glumiti da bi se drugi uživao. Otuđeni život nije, i ne može biti ničiji lični život; on je samo karikatura stvarnog života u kojoj svi treba da pronađu sebe ali koja baš zbog toga ne pristoji lično nikome.

Razotuđivanje i osamostaljivanje

Proces otuđivanja identičan je s procesom razotuđivanja; to je jedan isti proces koji počinje s prvim osamostaljivanjem čoveka u prirodi. Bez otuđivanja u društvu nije moglo otpočeti osamostaljivanje u prirodi; i ceo proces otuđivanja u društvu je prirodan proces razotuđivanja i osamostaljivanja čoveka u prirodi.

Ali otuđivanjem u društvu ne vrši se samo osamostaljivanje čoveka u prirodi, već se istovremeno vrši njegovo razotuđivanje i osamostaljivanje u samom društvu. Kao osnova svekolikog ljudskog otuđivanja, proizvodni rad je istovremeno i osnova svekolikog razotuđivanja i osamostaljivanja čoveka. I ceo razvitak proizvodnog rada označava razvojni proces sve većeg razotuđivanja i osamostaljivanja, kako ljudskog roda u prirodi, tako i ljudske jedinke u društvenoj zajednici.

Iako se ljudski rad otuđuje u svom proizvodu, sam proizvod je kao nezamenljivo sredstvo rada, neizostavni uslov njegovog razotuđivanja. U samom procesu proizvodnog rada čovek se istovremeno i otuđuje i razotuđuje; svoj je kad radi, tuđ je samom sebi kad ne radi jer rad je njegova suština i osnova njegove samosvojnosti.

U svom istorijskom trendu, otuđivanje i razotuđivanje se smanjuju i povećavaju u obrnutoj srazmeri. Sa razvitkom proizvodnog rada otuđivanje se smanjuje iako se količina proizvoda povećava, dok se razotuđivanje povećava jer se količina rada u jedinici proizvoda smanjuje; nivo produktivnosti je najegzaktnije merilo i otuđenosti i razotuđenosti proizvodnog rada. Kao rezultat razotuđivanja, društveno osamostaljivanje ljudske jedinke, i započinje sa nastankom proizvodnog rada, i završava se sa njegovim prestankom u obliku neposredne aktivnosti čoveka.

166

Do pojave proizvodnog rada pojedinac je bio gotovo u potpunosti zavisan od svoje skupine, koja je egzistirala kao amorfna celina i praktično delovala kao jedna jedinka, a ukoliko nije samostalno delovao, on nije samostalno ni mislio. Njegova svest nije se izdvajala iz kolektivne svesti jer nije imao ni prilike ni potrebe da samostalno misli. Do osamostaljivanja je dolazilo tek kad je pojedinac počinjao nešto sam da radi, a samostalnog rada nije moglo biti bez samostalnog mišljenja.

Samostalnog individualnog delovanja sigurno nikada ne bi ni bilo da mu čovek nije neodoljivo težio i da za njega nije sam stvarao neophodne uslove. Kako izjavljuje Johann Gottlieb Fihte, "*...u meni je neki nagon za apsolutnom, nezavisnom djelatnošću" i "prema ovome nagonu treba da djelujem kao upravo samostalno biće*"[1].

Jedan od najvećih revolucionarnih učinaka tog nagona bio je pronalazak luka i strele, kojim je već lovstvo pretvoreno u izrazito individualnu delatnost. Razvoj stočarstva, zemljoradnje i zanatstva vodio je kroz usavršavanje proizvodnih tehnologija, daljoj, sve većoj individualizaciji proizvodne delatnosti, i sve većem osamostaljivanju proizvođača u neposrednom procesu proizvodnje. Zasnovano na proizvodnom osamostaljivanju, "*...sve veće oslobađanje pojedinca od prvobitnih spona dostiglo je...*", po mišljenju Froma, "*...vrhunac u modernoj istoriji u razdoblju reformacije i naših dana*"[2].

Otuđivanje viška rada od proizvođača ima za svoj antipod **nejednako i neravnomerno razotuđivanje** i društveno osamostaljivanje. Razotuđivanje i osamostaljivanje eksploatatorskih klasa teče neuporedivo brže od razotuđivanja i osamostaljivanja ekspoatisanih proizvođačkih klasa, ali bez toga bi i osamostaljivanje samih proizvođača teklo daleko sporije ako bi uopšte teklo.

Sama pojava viška proizvodnog rada omogućila je veliki skok u oslobađanju od neposredne proizvodnje, pa samim tim i u razotuđivanju i osamostaljivanju jednog dela društva iz kojeg su nastale vladajuće

[1] *Odabrane filozofske rasprave*, "Kultura", Zagreb, 1956, str. 94

[2] *Bekstvo od slobode*, isto, str. 40

neproizvođačke klase. Ali na tome se, ni za same vladajuće klase, nije stalo. Dok je u okviru robovlasničkog gazdinstva gospodar bio još neposredno vezan za svoje robove i samu proizvodnju, plemić je svoj feud samo povremeno obilazio, a savremeni kapitalista više i ne zaviruje u preduzeće niti prati tokove svog kapitala. Gospoda je celo vreme težila da brigu o neposrednoj proizvodnji u potpunosti prebaci na proizvođače, i te težnje je skoro ostvarila.

Ali i proizvođačke klase su celo vreme težile da se osamostale ne samo u odnosu na vladajuće klase već i prema samoj proizvodnji. I te težnje su, samo na različitim nivoima, ostvarivane istovremeno i gotovo istim sredstvima kao i težnje vladajućih klasa. Dok je rob okovima bio vezan za svog gospodara, kmet je preko radne, naturalne i novčane rente sticao sve veću proizvodnu, a potom i izvesnu poslovnu samostalnost. Preko prava na slobodno raspolaganje sopstvenom radnom snagom, najamni radnik je se najpre oslobodio vezanosti za određenog poslodavca, a učešćem u raspolaganju sredstvima društvene reprodukcije, sve više se oslobađa i vezanosti za celu kapitalističku klasu.

Proces opšte individualizacije i opšteg društvenog osamostaljivanja otpočeo je s opštom individualizacijom (privatizacijom) vlasništva. *"Sredinom 17. stoljeća počela se - psihološki rečeno - mijenjati "prvotna struktura" zapadnjačke ličnosti; dok je ranije pojedinac postojao na svijetu samo kao član socijalne grupe ili gilde, sada je zasnovao svoju samostalnu egzistenciju"*[1].

Opšta individualizacija ili opšta privatizacija vlasništva je istorijski put ka ukidanju svojinskog monopola kao ekonomske osnove opšte društvene otuđenosti. *"Stoga je pozitivno ukidanje* **privatnog vlasništva** *kao prisvajanje* **čovjekova** *života* **pozitivno** *ukidanje svakog otuđenja, dakle povratak čovjeka iz religije, porodice, države itd. u svoje ljudsko, tj.* **društveno postojanje...**"[2], a istinski komunizam je zamišljen kao "...*pozitivan izraz ukinutog privatnog vlasništva...*" ili kao konačno

---

[1] J.A.C. Brown, cit. rad, str. 19

[2] K. Marks, F. Engels, Dela, isto, tom III, str. 237

ostvareno "...*opće privatno vlasništvo*..."[1], pa prema tome, i kao opšte razotuđenje i osamostaljivanje ljudske individue.

S obzirom da je ljudski rad svesna delatnost, njegovo razotuđivanje ne može teći bez **razotuđivanja svesti**, a svesniji ili umniji rad podrazumeva veću samostalnost i veću individualnost. Ako se fizički rad može i mora obavljati po komandi moždanih ili nekih otuđenih centara, umni rad je samosvojna aktivnost samih moždanih centara, kojom se ne može dirigovati sa strane; po direktivama se može fizički delati ali se ne može istinski misliti pa, prema tome, ni **umno** delati. Svi pokušaji da se ljudskom delatnošću diriguje iz otuđenih centara, neizbežno su dovodili do zastoja u razvoju ljudske misli i **ljudske** delatnosti.

Individualizacija ljudskog rada je se od samog početka zasnivala na **individualizaciji ljudske svesti**, koja je sve više dolazila u sukob s otuđenom kolektivnom svešću, ali ova nije imala odakle proisteći nego iz samostalne individualne svesti. Otuđena pravila mišljenja i ponašanja smislili su, i mogli su smisliti samo samostalni mislioci koji su dobro znali šta hoće i čemu ta pravila treba da služe, ali ona ne izražavaju samo njihov, već i opšti nivo svesti, zbog čega i nailaze na opšte uvažavanje.

Da je individualna svest sve više dolazila u **sukob s otuđenom kolektivnom svešću**, svedoče i sve rigoroznije mere kojima su sankcionisana otuđena pravila mišljenja i ponašanja. Dok je se individualna svest tek neznatno razlikovala od kolektivne svesti, bio je dovoljan i blagi prekor da se spreči njeno odudaranje od uobičajenog mišljenja i ponašanja, a što se ona više osamostaljivala, sankcije za prekršaje otuđenih društvenih normi su pooštravane sve do smrtne presude. I to, pored ostalog, objašnjava što su još u dvadesetom veku fašizam i staljinizam koristili najrigoroznije i najnehumanije mere protiv ideoloških protivnika.

Osamostaljivanje individualne svesti išlo je, i moralo je ići zajedno s individualizacijom proizvodnog rada. Rob je teško mogao

---

[1] K. Marks, F. Engels, *Rani radovi*, isto, str. 225

oponirati svom gospodaru, kao što nije mogao proizvoditi mimo njegove volje, iako su sami robovlasnici, kao samostalni privrednici, međusobno ulazili i u najžešće duele, kada je, zahvaljujući tome, nastala i dijalektika kao veština raspravljanja. Sa većom proizvodnom samostalnošću u odnosu na roba, kmet je morao dobiti i veću samostalnost mišljenja, ali su upravo zbog toga bile neophodne i rigoroznije mere da se njegovo mišljenje i ponašanje uskladi s vladajućom ideologijom i podredi volji vladajuće klase.

S oslobađanjem kmetova od feudalnog jarma, sa cvetanjem slobodnog zanatstva, manufakture i trgovine, individualna svest je odnela prevagu nad otuđenom kolektivnom svešću, što je za rezultat imalo i slobodan procvat filozofije, nauke i umetnosti, pa i političkog ideološkog pluralizma. Neodoljive težnje za osamostaljivanjem vukle su, međutim, po inerciji individualizacije, u individualizam, koji je najdoslednije ideološko pokriće dobio u pogledima Grociusa i Štirnera, gde se ljudska individua i njeni interesi stavljaju iznad svega.

Ugrožavanjem nacionalnog jedinstva, individualizam je sa svoje strane podsticao ponovno jačanje tendencija centralizacije vlasništva, upravljanja i društvene svesti, ali njima nisu mogle biti ukinute istorijske tekovine ljudske emancipacije, bez kojih savremeno društvo ne bi moglo opstati. Nasuprot etatizaciji privatnog vlasništva kao glavnom osloncu savremenog otuđenja kolektivne svesti, demokratizacija svojinskih odnosa, najevidentnije izražena kroz razvoj zadrugarstva i akcionarstva, postala je glavni oslonac osamostaljene individualne svesti kao izvorne osnove razotuđenja društvene svesti, koja postaje glavna integrativna snaga ljudske zajednice na svim nivoima i u svim sferama njenog organizovanja.

Ukoliko umesto proizvodnje stvaralaštvo postaje osnovna i samosvrsishodna delatnost čoveka, utoliko prestaje otuđivanje i dovršava se razotuđivanje, i njegovog rada i njegove svesti koji se ponovo sjedinjuju u nedeljivu i neotuđivu - sada čisto duhovnu aktivnost. Pošto osnovni smisao stvaralačkog rada nije proizvod stvaranja nego **samo**

170

stvaranje, ono se po svojoj prirodi ne može otuđivati niti u njemu pored samog stvaraoca neko drugi može uživati, a ni sam proizvod stvaranja se ne može smatrati otuđenjem jer postaje opšteljudsko dobro koje se i za sebe i za druge stvara radi potvrđivanja samog stvaraoca, i u sebi samome i u drugima.

U uslovima materijalnog izobilja, koje se može postići scientizovanom i automatizovanom proizvodnjom, i duhovno blago čovečanstva postaje svima dostupno, čime se prevazilazi vekovna suprotstavljenost individualne i otuđene društvene svesti, koja karakteriše klasno podeljeno proizvođačko društvo. U stvaralačkom društvu sve stvoreno, samim aktom stvaranja postaje opštedruštveno koje se ne može ni prisvajati ni otuđivati, niti bi tako nešto imalo nekog smisla. **Potpuna samosvojnost** ljudske individue može se ostvariti tek sa potpunom podruštvljenošću, a potpuna podruštvljenost sa potpunom samosvojnošću svih pripadnika ljudske zajednice.

Individualnost i društvenost

Individualnost i **društvenost** su, prema tome, samo različite strane jednog te istog odnosa, koje se ne isključuju nego jedna drugu pretpostavljaju. Privid isključivosti proističe iz njihove suprotstavljenosti, koja je, međutim, neodvojivi antipod njihove podudarnosti jer je ljudska jedinka **društvena** individua, a ljudsko društvo zajednica **individua**. I u razvoju ljudske jedinke i ljudske zajednice postoji organska međuzavisnost: razvoj individualnosti zasniva se na razvoju društvenosti, a razvoj društvenosti na razvoju individualnosti.

Pri samom nastajanju ljudske zajednice nije se još moglo govoriti ni o individualnosti ni o društvenosti ljudske jedinke jer "*...u prvobitnom društvu čovjek još ne postoji kao pojedinac...*" nego je "*...uronjen u kolektivitet...*"[1], zbog čega se "*...za primitivca individualno ne*

[1] Branko Horvat, cit. rad, str. 428

da odeliti od kolektivnoga, već se, nasuprot nama, pod individualnim, bez ikakvih teškoća, vidi ujedno i kolektivno, i obratno"[1].

Ali otkad je počela "izronjavati" iz amorfnosti prvobitne zajednice, ljudska jedinka se pojavljuje sa **dvojnim licem**: kao samostalna i otuđena, te kao privatna i javna individua. Dok prvo lice izražava njenu samosvojnost, iza drugog se skriva njena pripadnost nekom drugom. I celo vreme ona je u stalnom sukobu ne samo sa drugima već i sa samom sobom; u njoj se bore dve međusobno suprotstavljene individue koje jedna bez druge ne mogu.

Osnovni **uzrok te raspolućenosti ljudske jedinke** je u otuđenosti društva, koja se zasniva na otuđivanju same jedinke. Otuđujućoj proizvodnoj delatnosti odgovara i otuđujuće društvo, koje neposredno čine vladajuće klase ali koje se reprodukuju stalnim otuđivanjem proizvođačkih klasa. Klase koje su prigrabile monopol na sredstvima proizvodnje, kao opštim uslovom životne egzistencije, organizuju društvo po meri sopstvene egzistencije, zbog čega je ono u suštini **njihovo** društvo.

Nisu, međutim, ni pripadnici vladajućih klasa homogene i neraspolućene individue, jer ne samo što su u stalnom sukobu sa proizvođačkim klasama i njihovim pripadnicima, nego se sukobljavaju i međusobno pa i sa sopstvenom klasom, pošto "...*pojedine individue čine klasu samo utoliko ukoliko moraju zajednički da vode borbu protiv neke druge klase, inače se one uzajamno odnose neprijateljski*"[2].

U osnovi i međuklasnih i unutarklasnih sukobljavanja je **suprotstavljenost različitih interesa,** koji se štite svim raspoloživim sredstvima. Nasuprot individualnih interesa pojedinaca stoji ne samo interesi drugih pojedinaca, nego i klasni te opštedruštveni interesi, koji su i suprotni i podudarni s individualnim interesima. Klasni interesi su u suštini zajednički interesi pripadnika određene klase, a opštedruštveni ono što je podudarno u interesima različitih klasa i njihovih pripadnika.

[1] Slobodan Žarković, cit. rad, str. 27

[2] K. Marks, F. Engels, Dela, isto, tom VII, str. 380

Zato je **individualnost** istovremeno i u suprotnosti i u podudarnosti sa stvarnom društvenošću; pojedinci se međusobno sukobljavaju kad su im interesi suprotstavljeni, a udružuju se kad su podudarni. Zbog uzajamne zavisnosti, oni jedni bez drugih ne mogu, i kad se slažu i kad se razilaze, i kad se udružuju i kad se sukobljavaju. A "*...svatko tko živi u nekoj organizaciji, živi u atmosferi međuzavisnosti...*", jer "*...svaki član nastoji zadovoljiti svoje potrebe putem drugih članova*"[1].

Individua se, međutim, sa društvom ne **identfikuje** samo kad se njeni interesi podudaraju sa društvenim interesima, i ne suprotstavlja mu se samo kad su njihovi interesi suprotstavljeni. Ona se sa njim i identifikuje i sukobljava, i kad se individualni interesi podudaraju sa društvenim interesima i kad se sukobljavaju jer se oni uvek istovremeno i podudaraju i sukobljavaju.

Do identifikacije individue sa društvom dolazi uvek kad je za opstanak i napredak društveni interes sudbonosniji od posebnih individualnih interesa. To je evidentno naročito u slučaju ratne opasnosti kad interes za zajedničkom zaštitom života i nacionalne nezavisnosti nadkriljuje i potiskuje sve interne netrpeljivosti

Identifikacija individue s otuđenim i suprotstavljenim joj društvenim **institucijama** zasniva se na njenoj sopstvenoj otuđenosti u tim institucijama. Društvena moć državnih, verskih, nacionalnih, partijskih i drugih institucija je koncentracija otuđene moći društvenih individua. Kada Luj XIV u vezi sa dolaskom na presto piše: "*Osjećao sam kako raste moj duh i moja smjelost, meni se pričinilo da postajem drugim čovjekom, otkrio sam u sebi snage koje nisam ni naslućivao*"[2] - on u stvari opisuje trenutak kad je iz kože jedne slabaške individue uskočio u žižu skoncentrisane moći cele nacije.

Nesposobna da sama egzistira, i bez mogućnosti da se slobodno udružuje sa drugima, individua u borbi za opstanak, i sama prihvata

---

[1] J. Leavitt, *Psihologija za rukovodioce*, "Privreda", Zagreb, 1964, str. 109 i 110

[2] *Povijest svijeta*, isto, str. 502

173

potčinjavanje moćnim društvenim institucijama sa kojima se u zaštiti svojih interesa svesno identifikuje. *"Porodica i pleme, a kasnije država, nacija ili crkva, preuzimaju funkcije koje je prvobitno majka imala prema detetu; pojedinac se oslanja na njih, oseća se ukorenjen u njima, ima osećaj identiteta kao deo njih, a ne kao pojedinac odvojen od njih"*[1].

Svesna identifikacija s otuđenim društvenim institucijama povlači za sobom ne samo njihovo uvažavanje, već i hipertrofiranje. Kao što u neodoljivoj težnji za samoprevazilaženjem precenjuje svoje lične mogućnosti, individua s istom težnjom preuveličava i mogućnosti društvenih intitucija, jer što je njena nacija, država ili stranka moćnija, i ona se oseća moćnijom. A to osećanje podstiče na izvanredne napore u ostvarivanju postavljenih ciljeva tako da se jedno ideološko uobraženje pretvara u stvarnu pokretačku snagu individue, stranke ili cele nacije.

Sa svoje strane, društvene institucije svesrdno izlaze u susret tim uobraženjima, stvarajući idealne predstave o sebi, demonstrirajući i do krajnosti veličajući sopstvenu moć. Time se kod jednog broja individua stvara ideološka opsesija kojom se guši njihova individualnost, da bi se njihovi lični interesi podredili društvenim ili kvazidruštvenim interesima, koji njima mogu biti i potpuno tuđi.

Pod ideološkom opsesijom, indoktrinirane individue nekritički prihvataju sve što im se iz ideoloških institucija servira, citiraju i podržavaju političke autoritete uobražavajući da time i sami dosežu do vrhunca mudrosti i čestitosti. Imajući to u vidu, Žan Žak Ruso duhovito primećuje da *"...divljak živi u sebi, a društveni čovek van sebe i sluša jedino mišljenje drugih i može se reći da svoje biće oseća jedino posredstvom njihovog suda"*[2].

Otuđeno društvo je društvo otuđenih individua, gde je samosvojna individualnost potisnuta otuđenom društvenošću, tako da *"...pojedinac prestaje da bude pojedinac; on potpuno usvaja onakvu ličnost kakvu mu pružaju kulturni obrasci; on stoga postaje upravo onakav*

---

[1] Erih From, *Zdravo društvo*, isto, str. 63
[2] Cit. rad, str. 161

kakvi su i svi drugi i kakav, po njihovu očekivanju, treba da bude"[1]. Stereotipnom proizvođačkom društvu odgovaraju stereotipne, unificirane individue bez individualnosti, koje treba samo da se prilagođavaju ustaljenim šablonima i datim okolnostima.

Ali te šablone i okolnosti stvaraju individue tog istog društva. Kad bi se čovek samo prilagođavao okolnostima a ne bi i okolnosti prilagođavao sebi, ne bi mogao opstati. Pored individua koje se prilagođavaju, postoje i individue koje prilagođavaju, ali nema ljudske individue koja u sebi ne nosi generičku težnju za promenom.

Stoga se individua ne **suprotstavlja društvu** samo kad joj je loše već i kad joj je dobro, ne buni se protiv postojećeg stanja samo kad joj ono ne odgovara već i kad joj odgovara, i upravo time potvrđuje svoju ljudsku individualnost. Kad generičke težnje za promenom nadvladaju konformističke prohteve, individua ustaje protiv postojećih društvenih institucija i kad joj je najudobnije; ona društvene konflikte ne čeka nego ih sama izaziva suprotstavljajući dugoročne interese društva trenutnim interesima za očuvanje društvenog mira.

Ne potiču, prema tome, **generički impulsi** od otuđenih društvenih institucija već od samosvojnih individua kroz čiju se individualnost generičko biće čoveka neposredno ispoljava. Drugačije i ne može biti jer ne odvija se društveni život u okoštalim institucijama već u živim individuama i njihovim međusobnim odnosima; i ne prelama se svest o društvenom životu i društvenim odnosima u dogmatskim ideologijama, već u glavama samomislećih individua; sve institucije i sve ideologije su samo "okamenjeni" produkti tih prelamanja stvorenih da kanališu otuđeni život, čime njegovim generičkim tokovima i pomažu i odmažu.

Da u svakoj ljudskoj jedinki pored otuđene individue živi i jedna samosvojna individua, koje se i slažu i sukobljavaju, svako zna iz sopstvenog iskustva. Ono što ne zna svako, to je da ta dvojnost nije oduvek postojala, da je nastala kao rezultat i uslov razvoja ljudske jedinke

---

[1] Erih From, *Bekstvo od slobode*, isto, str. 174

i ljudskog roda, i da se tokom tog razvoja stalno prevazilazi tako što se individua sve manje otuđuje i sve više osamistaljuje, te da sa jačanjem njene samostalnosti jača i njena društvenost.

Zna se da robovlasničko društvo nije robu priznavalo nikakvu samostalnost iako je i on imao svoje intimno **ja** koje se žestoko bunilo protiv otuđenja, što najočiglednije pokazuju ustanci robova. Mada mu nije data puna samostalnost, individualnost i društvena komunikativnost kmeta podignuta je na znatno viši nivo, a napredak je ostvaren i u položaju pripadnika vladajućih klasa.

Opštom individualizacijom vlasništva otvoren je buržoaskom revolucijom proces **opšte društvene individualizacije i socijalizacije** sa radikalnim promenama u društvenom položaju svih građana. *"Suprotno od feudalnog sistema srednjeg veka, u kojem je svaki pojedinac zauzimao određeno mesto u sređenom i preglednom socijalnom uređenju, kapitalistička privreda postavila je ličnost pojedinca na vlastite noge; što je radio i kako je radio, da li ima uspjeha ili ne, bila je isključivo njegova stvar"*[1].

Centralizacija i nacionalizacija kapitala donela je, međutim, nove, prividno demokratske, a u suštini **etatističke oblike otuđivanja** ljudske individue koja je praktično pretvorena u državnog podanika upletenog i zapletenog u gustu mrežu političkih institucija i nazora. Da bi uspeo u životu, pojedinac je morao prihvatiti "ušipčeni" život karijere - raditi i misliti po unapred utvrđenim šablonima koje su po svojoj meri drugi skrojili. I on se na to, bez ičije prisile, sam odlučivao jer boljeg izbora nije imao.

U nastojanju da celokupnu društvenu energiju skoncentrišu i usmere na ostvarivanje sopstvenih ciljeva, fašizam i staljinizam su pokušali da pojedinca potpuno liše njegove samosvojnosti i pretvore u strogo disciplinovanog vojnika države i vladajuće partije. *"Pod uticajem staljinizma svojedobno se u gotovo svim komunističkim partijama*

---

[1] J.A.C. Brown, cit. rad, str. 20

*razvila **neograničena partijnost**; komunist je bio spreman na svesno i potpuno podređivanje svega individualnog - interesa, prava, gledišta i akcije - kolektivnom partijskom delovanju; od njega se očekivala ne samo spremnost na žrtvovanje, nego i na potpuni samozaborav vlastite individualnosti"*[1].

Centralizacija kapitala je, međutim, donela i ubrzani razvoj proizvodnih snaga, pre svega nauke, tehnologije, mehanizacije, automatizacije i scientizacije proizvodnje, sa čim je došlo i do velikih profesionalno-socijalnih pomeranja od proizvodnih ka neproizvodnim delatnostima, te sve većeg oslobađanja čoveka od proizvodnog rada kao osnovne pretpostavke radnog i svekolikog društvenog osamostaljivanja ljudske individue. Ona je, posredno ili neposredno, uticala i na bržu demokratizaciju svojinskih odnosa, sa sve snažnijom tendencijom da svi nosioci društvene reprodukcije postanu suvlasnici proizvodnih i ukupnih reprodukcionih sredstava, kao osnove svekolikog društvenog razotuđivanja.

Umesto otuđivanja, društvo se na osnovama demokratizacije svojinskih odnosa konstituiše neposrednim povezivanjem i samoinicijativnim udruživanjem samostalnih individua. A istinski **ljudsko društvo** i jeste **zajednica samostalnih ljudskih individua**, a ne sistem osamostaljenih institucija u čijoj su službi otuđene individue umesto da su one u službi samosvojnih individua. Jedino takvo društvo može postati nepresušni izvor mentalnog zdravlja koje se "*...ne može definisati kao "prilagođavanje" individue društvu, već se naprotiv, mora definisati kao prilagođavanje društva čovekovim potrebama*"[2].

Iako ljudski rod tome otpočetka teži, "*...tek kada stvaran, individualan čovjek povrati u sebe apstraktnog građanina i kao individualan čovjek postane **generičko biće** u svom empirijskom životu, u svom individualnom radu, u svojim individualnim odnosima, tek kada čovjek spozna i organizira svoje "forces propres"* (sopstvene snage - Ž.M.) *kao **društvene** snage i, stoga, više ne bude od sebe dijelio društvenu*

---

[1] S. Stojanović, *Staljinistička partijnost i komunističko dostojanstvo*, Praxis, br. 5-6, 1973, str. 679
[2] Erih From, *Zdravo društvo*, isto, str. 89

snagu u obliku **političke snage,** *tek tada će čovjekova emancipacija biti dovršena"*[1].

Da čovek svoje sopstvene snage može i hoće sam da organizuje kao društvene snage, to nedvosmisleno potvrđuju njegove, otpočetka ispoljavane generičke težnje. Što u tome do sada nije uspevao, ili je samo delimično uspevao, problem je pre svega u nerazvijenosti ili nedovoljnoj razvijenosti njegovih sopstvenih snaga koje su se u svom naprezanju da dostignu još nedostižno, cepale i unutar samih sebe sukobljavale.

Sa razvojem proizvodnih snaga povećavaju se mogućnosti njihovog slobodnog organizovanja kroz koje se vrši neposredno povezivanje individua kao osnova stvarnog, izvornog zajedništva. Glavni činilac povezivanja su zajednički interesi samih udruženih individua koje uspostavljaju odnose **neposredne međuzavisnosti i stvarne ravnopravnosti,** u kojima niko ne gubi nego svako dobija srazmerno tome koliko ulaže.

Gde god se takvi odnosi uspostavljaju, vrši se maksimalna mobilizacija proizvodnih snaga, i u sopstvenom i u zajedničkom interesu, jer svako radi za sve i svi za svakoga. Zato u takvom zajedništvu svako postaje zainteresovan ne samo za sopstveni, i ne samo za zajednički, nego za svačiji uspeh u radu i životu. **Egoizam i altruizam stapaju se** u jedan odnos; egoističko milosrđe ustupa mesto uzajamnoj solidarnosti. Identifikaciju s otuđenim društvenim institucijama zamenjuje identifikacija sa drugim ljudima; samosvojnost individue proističe iz njene društvenosti a društvenost iz samosvojnosti.

Čovek nije po prirodi ni egoista ni individualista; on to postaje samo u uslovima društvene vladavine egoizma i individualizma, koja se zasniva na njegovoj otuđenosti. *"Kod zdravih ljudi težnja za izdvojenošću ide zajedno sa težnjom za poistovećivanjem sa potrebama drugih ljudi, i za dubokim međusobnim odnosima sa drugim ljudima;*

---

[1] K. Marks, F. Engels, *Rani radovi*, isto, str. 65

od svih ljudskih bića samoostvareni ljudi su istovremeno i najveći individualisti i najveći čovekoljupci, najdruštveniji ljudi puni ljubavi"[1].

Egoizam i altruizam nastaju zajedno sa privatnim vlasništvom u uslovima relativne oskudice kada je čovek još preokupiran svojom fiziološkom egzistencijom i borbom za biološki opstanak. *"U društvu izobilja, opstanak se sam po sebi razumije, a smisao života traži se drugdje; gdje god se pronašao, on zahtijeva međusobnu suranju s drugim ljudima; da bi se čovjek ispunio, treba druge ljude; sebičnost sada implicira solidarnost"*[2].

Ideologija je kao sredstvo društvene integracije neophodna dok društvom vladaju egoizam i individualizam. U uslovima društvenog izobilja ona će u toj funkciji, kao oblik otuđene društvene svesti, postati suvišna ne samo zbog toga što će nestati egoizma i individualizma, već pre svega zato što će umesto neposredne proizvodnje, kao delatnosti za sebe i sebične ciljeve, glavnu delatnost i glavnu integrativnu snagu društva predstavljati sam stvaralački rad koji se obavlja i za sebe i za druge.

Da bi funkcionisalo kao jedinstvena celina, stvaralačkom društvu neće biti potrebne nikakve otuđene institucije kao faktori spoljašnjeg povezivanja, jer će funkciju **unutarnjeg**, a ne spoljašnjeg povezivanja, obavljati svaka stvaralačka individua, kojoj će radi samog stvaranja, biti neophodna neposredna komunikacija sa drugim individuama, i što stvaralačka samostalnost bude veća, biće veće i potrebe za međusobnim komuniciranjem. Organski integrisana ljudska zajednica, i moguća je samo na osnovama pune samostalnosti njenih individua, koja za osnovnu pretpostavku nema proizvodni, nego stvaralački rad.

---

[1] Abraham H. Maslov, cit. rad, str. 238
[2] Branko Horvat, cit. rad, str. 430

SLOBODA - ROPSTVO - OSLOBAĐANJE

Sloboda i nužnost

Pojmovni antipod **slobode** je **nužnost**, i o njoj se izvan te relacije teško može razmišljati, a još teže njena suština definisati. Pošto zalazi u idejnu sferu, na njeno definisanje znatno utiču ideološka opredeljenja, kao što, s druge strane, shvatanja slobode imaju velikog uticaja na određivanje ideoloških orijentacija. Zato je objektivno određenje slobode od izuzetnog značaja za definisanje odnosa između ideologije i stvarnosti.

Sloboda čoveka najčešće se posmatra kroz prizmu njegovog **odnosa prema stvarnosti**, što je indikator da se na toj relaciji i nalazi. Pojam slobode primenjuje se, međutim, i na odnose u prirodi, pa se govori o slobodnom kretanju, slobodnom padanju, širenju ili razvijanju, pri čemu se uvek podrazumeva **nesmetano** ili **neometano kretanje**, što pretpostavlja i mogućnost smetanja ili ometanja kao prepreku kretanja. Uz to se govori i o **slobodnijem** ili **neslobodnijem**, odnosno bržem ili sporijem kretanju, što pretpostavlja jači ili slabiji otpor na koji ono nailazi.

Iz toga se i o slobodi čoveka magu zaključiti najmanje tri stvari: **prvo**, da ona uvek podrazumeva neko **kretanje** ili neki **aktivan odnos**; **drugo**, da uvek nailazi na neku **prepreku** ili **granicu** preko koje se dalje ne može; i **treće**, da je **relativna**, odnosno da u stvarnosti ili (i) mogućnosti uvek postoji manji ili veći stepen slobode.

O slobodi čoveka može se govoriti samo pri njegovom **aktivnom odnosu** prema stvarnosti. U pasivnom stanju čovek je neslobodan i kad njegovu slobodu niko ne ometa. Zato za lišavanje slobode služi zatvor, a kao najteža kazna tamnica u kojoj je zatvoreniku onemogućena svaka aktivnost. U stanju autoizolacije ili autopasivnosti svako se, međutim, sam lišava potencijalne slobode, a i stepen stvarne slobode određen je stepenom aktivnosti, baš kao što se za neko telo kaže da se slobodnije kreće kad se brže kreće.

Pošto se čovek prema stvarnosti odnosi misaono i delatno, govori se o **slobodi mišljenja** i o **slobodi delovanja**. Ali ako mišljenja ima i bez delovanja, ljudskog delovanja nema bez mišljenja, zbog čega sloboda ljudskog delovanja nužno uključuje slobodu mišljenja. Iako mišljenje čini suštinu ljudskog delovanja, sloboda čoveka se ne može svoditi na slobodu mišljenja jer čovek nije samo misaono, već i delatno biće, čija se aktivnost ne sastoji samo u spoznavanju, nego i u menjanju stvarnosti, koje je uslov njegove egzistencije i njegovog opstanka isto koliko i spoznavanje stvarnosti.

Iz dvojnog odnosa čoveka prema stvarnosti proistekli su, međutim, u društvenoj podeli rada gde pojedinci mogu živeti i bez praktičnog delovanja, i dvojaki pogledi na ljudsku slobodu. Za idealističke poglede, ona je prevashodno ili čak isključivo gnoseološki, a za materijalističke poglede ontološki problem; prvi je sudbinski vezuje za mogućnost spoznavanja, a drugi za mogućnost menjanja stvarnosti.

U **idealističkim pogledima** sloboda se vezuje uglavnom ili isključivo za svest i često izjednačava sa slobodom mišljenja ili **slobodom volje**. Po Šelingu, "*...sloboda je jedini princip na kojemu je sazdano sve, i mi u objektivnom svijetu ne vidimo ništa što postoji izvan nas, nego samu unutrašnju ograničenost svoje vlastite slobodne djelatnosti*"[1]. Za Hegela, "*...sloboda je suština duha...*", a "*...sloboda duha sačinjava osebujnu prirodu čovjeka...*"[2]; po Vajlu, "*...sloboda je identična sa*

---

[1] Cit. rad, str. 48

[2] *Filozofija povijesti*, isto, str. 34, 35

umom..."[1]; za Sartra, "*...svest je osnova čovekove ne makar kakve, nego apsolutne i potpune slobode*"[2]. Po Dekartu, sloboda je u našoj volji i spada "*...među prve i najopštije urođene nam ideje...*"[3], dok po Hegelu, ona "*...za princip nema subjektivnu volju i samovolju, nego uviđavnost opće volje*"[4].

Nema sumnje da su svest i volja nužan uslov ljudske slobode, koja, međutim, nije samo u tome da "*...naša htenja budu, kao što i jesu, rezultat naših želja, a ne neke spoljašnje sile...*"[5], na što je svodi Rasl, jer to što čovek želi. nisu puka htenja već njihova ostvarenja, kojih nema bez **praktičnog delovanja**. Na to u dijalektičkom vođenju duha kroz njegove metamorfoze, dolazi i sam Hegel kad konkretnu slobodu čoveka u državi definiše kao "*...sjedinjenje ideje i ljudskih strasti...*" pod kojim podrazumeva "*...uopće čovječju djelatnost iz partikularnih interesa, iz specijalnih svrha, ili ako se hoće, iz samostalnih namjera*"[6].

Iz toga je moglo proisteći i Marksovo **materijalističko stanovište** da je "*...sav društveni život bitno praktičan...*", te da je društvena praksa, a ne sama svest, osnova ljudske slobode, koja se ne sastoji u filozofskom tumačenju, nego u menjanju sveta[7]. Po materijalističkom shvatanju, "*...stvarna sloboda može biti jedino sloboda stvarnih ljudi i njihove delatnosti u okviru i na osnovu prirodne i društvene stvarnosti...*"[8]; po Fromu, "*...pozitivna sloboda sastoji se u spontanoj aktivnosti celokupne, integrisane ličnosti*"[9]; za Kangrgu, "*...praksa je*

---

[1] Cit. rad, str. 51

[2] Vudi: Dr Bogdan Šešić, *Nužnost i sloboda*, "Kultura", Beograd, 1963, str. 228

[3] Vidi: Franc Cengle, *Marksovo shvatanje slobode*, "Svjetlost", Sarajevo, 1974, str. 115/6

[4] *Filozofija povijesti*, isto, str. 61

[5] Vidi: Dr Bogdan Šešić, napred cit. rad, str. 205

[6] *Filozofija povijesti*, isto, str. 39

[7] K. Marks, F. Engels, Dela, isto, tom VI, str. 6, 7

[8] Bogdan Šešić, napred cit. rad, str. 324

[9] *Bekstvo od slobode*, isto, str. 234

mogućnost slobode..."[1], koja je za Tanovića, "*...neotuđivi atribut ljudske prakse*"[2].

Ali suština ljudske slobode nije u bilo kakvom delovanju i bilo kakvom menjanju stvarnosti jer i druga bića deluju i stvarnost menjaju. Ona je u **stvaralačkom delovanju** i stvaralačkom menjanju stvarnosti, odnosno u stvaranju nove, još nepostojeće stvarnosti. "*Sloboda nije, zaista, ništa drugo nego samo drugi vid stvaralaštva, jer stvaralaštvo znači stvaranje nečeg novog, što je čin slobode i, čak, njen suštastveni izraz...*"[3]; ona je "*...utemeljena na mogućnosti da bude drugačije nego što jest, pa se za nju ne može odgovoriti da već jest ili da postoji, budući da u samome ovome "jest" slobode nema, nego upravo u onome što ukida, negira i prevladava ovo "jest ili postoji", te je njegova negacija kao mogućnost*"[4].

Ta mogućnost je mogućnost ljudskog delovanja, a ona je određena s jedne strane **objektivnim okolnostima**, a s druge strane **sposobnostima samog subjekta** delovanja, dakle odnosom između subjekta i objekta, između stvarnog čoveka i stvarnosti, ali se taj odnos samim delovanjem menja. Na toj je relaciji i odnos između slobode i nužde, između htenja i moranja, moći i nemoći.

Nužda se često i u teoriji izjednačava sa nužnošću, iz čega proističu mnogi nesporazumi, a ona je u stvari samo **slobodi suprotstavljena nužnost**, između kojih, kao kod svake protivrečnosti, pored suprotnosti postoji i podudarnost. Kada bi se sloboda i nužnost potpuno isključivale, slobode ne bi uopšte bilo, a i nužnost bi se morala drugačije zvati. Mnogošta što je nužno čovek radi iz zadovoljstva, kao što mnogošta što je slučajno radi po nuždi, a i jedno i drugo radi i iz nužde i iz zadovoljstva. Fizičkim radom se bavi iz nužde, a umnim iz zadovoljstva a i jedan i drugi su njegova nužnost, prvi kao uslov biološkog opstanka, a drugi kao njegova generička suština.

---

[1] Cit. rad, str. 99

[2] Arif Tanović, *Etika i politika*, "Svjetlost", Sarajevo, 1973, str. 149

[3] Dr Radomir Lukić, cit. rad, str. 373

[4] Milan Kangrga, cit. rad, str. 43

Hegel slobodu izjednačava sa nužnošću jer nužnost izjednačava sa suštinom duha, koji je suština ljudskog bića. U materijalističkom obrtanju Hegela, Marks "carstvo nužnosti" suprotstavlja "carstvu slobode"[1] koje u suštini odgovara Hegelovom carstvu duha i njegovom carstvu nužnosti. Trudeći se da pomiri te krajnosti, Plehanov zapada u metafizičku klopku i "...dolazi do paradoksnog zaključka da se moja prava sloboda sastoji upravo u mojoj neslobodi..." te da je "...odsustvo slobode u isto vreme i njena nejpotpunija manifestacija"[2].

Teškoće da se shvati stvarni odnos između slobode i nužnosti i proističu uglavnom iz njihovog metafizičkog poistovećivanja ili suprotstavljanja. Pošto je apsolutizuje, i Sartr slobodu suprotstavlja nužnosti tvrdeći da čovek "...može biti centar neuklonive neodređenosti..." i "...nepredvidljivosti..."[3], a po Kjerkegoru, "...prava sloboda..." je ona "...koja sa ludom strasnošću bira objektivnu neizvesnost"[4]. Ali čovek je, kao svako biće, određen svojim potrebama, kojima se u svom ponašanju rukovodi i kad mora i kad ne mora, pa ako se potrebe i uslovi njihovog zadovoljavanja dobro poznaju, njegovi postupci mogu se sa približnom tačnošću predviđati.

Pri zadovoljavanju svojih potreba čovek se mora rukovoditi zakonitostima stvarnosti kao izrazom objektivne nužnosti, inače nema ništa od njegove slobode, koja se ne sastoji u tome da radi bilo šta, već upravo ono što odgovara njegovim potrebama, determinisanim u osnovi tim istim zakonitostima. Utoliko je ispravna Plehanovljeva teza da je "...nužnost garancija slobode..." jer "...tamo gde nije moguće nikakvo predviđanje nema mesta ni za slobodnu delatnost u smislu svesnog uticaja na okolni život..."[5], a i Dž.S. Mil je u pravu kad tvrdi da je sloboda u tome "...da sledimo svoje dobro na sopstveni način, sve dok ne pokušamo da druge lišimo njihovih dobara"[6].

[1] K. Marks, F. Engels, Dela, isto, tom 23, str. 682

[2] Vidi: Dr Bogdan Šešić, napred cit. rad, str. 150

[3] Isto, str. 299

[4] Isto, str. 229, 96

[5] G.V. Plehanov, Protiv revizionizma, "Kultura", Beograd, 1967, str. 80

[6] Dr Bogdan Šešić, napred cit. rad, str. 87

Ali slobode nema ni u slučaju **fatalističkog poistovećivanja sa nužnošću**, kao šro čini Spinoza tvrdeći da se sloboda *"...ne sastoji u slobodnoj odluci nego u slobodnoj nužnosti..."* i u *"...pomirenju sa nužnošću"*[1]. Kad bi sve bilo apsolutno predodređeno, ceo život bi se odvijao po nagonskom automatizmu, pa ne samo što ne bi bilo slobodne volje, koju Spinoza i poriče, nego ne bi bilo ni **ljudskog** života, čije suštinsko odličje upravo slobodna volja čini.

Da bi se u zadovoljavanju svojih potreba mogao rukovoditi objektivnim zakonitostima stvarnosti, čovek ih mora **poznavati**, i utoliko je istinita svest nezamenljiva osnova stvarne slobode. Svako se slobodnije kreće kroz osvetljen prostor nego u mraku a istinita svest je upravo ta duhovna svetlost koja omogućava da se u stvarnosti lakše snalazimo. Sloboda se, kako kaže Engels, *"...ne sastoji u sanjarijama o nezavisnosti od prirodnih zakona, nego u saznanju tih zakona i u time datoj mogućnosti da njihovo dejstvo primenjujemo u određene svrhe..."*, pa *"...otuda i sloboda volje ne znači ništa drugo do sposobnost da možemo donositi odluke na osnovu poznavanja stvari"*[2].

Pošto se, međutim, čovek ne prilagođava samo stvarnosti nego i stvarnost prilagođava sebi, on ne deluje samo u skladu sa njenim zakonitostima, već deluje i **protiv njenih zakonitosti**, koje i same po sebi protivrečno deluju; ne povinuje se, dakle, samo objektivnoj nužnosti nego joj se i suprotstavlja; ne pliva samo nizvodno već i uzvodno. Njegova sloboda je, prema tome, i u povinovanju i u suprotstavljanju objektivnoj nužnosti, i to u povinovanju kroz suprotstavljanje i suprotstavljanju kroz povinovanje. Ni mir ni borba sa stvarnošću ne mogu se izbeći, a sloboda je i u jednom i u drugom jer je i jedno i drugo životna potreba ljudskog bića.

Smisao **suprotstavljanja objektivnoj nužnosti** je u mogućnosti njenog savladavanja, a mogućnost savladavanja je u njenoj promenljivosti. Ako je stvarnost promenljiva, onda se menja i ono što je u njoj

---

[1] Isto, str. 27

[2] *Anti-Diring*, "Kultura", Beograd, 1953, str. 136

nužno; što je nekada bilo nužno, više nije, a što je nužno danas, neće to večno biti. Čovek više ne mora sakupljati divlje plodove da bi preživeo; ako umesto toga mora potrebnu hranu sam proizvoditi, u budućnosti neće morati ni to raditi, kao što sve veći broj ljudi već ni danas ne proizvodi.

Ništa što je nužno nije večno i nepromenljivo; ono je samo u odnosu na slučajnost relativno trajno i postojano. Po Engelsu, "*...ono za šta se tvrdi da je nužno, sastoji se iz samih slučajnosti, a ono što je slučajno predstavlja oblik iza kojeg se krije nužnost*". Suprotno Spinozinom fatalizmu, po kojem "*...u prirodi stvari nema ničeg slučajnog nego je sve određeno iz nužnosti ...prirode da na izvestan način postoji i dela...*", i Kantovom shvatanju nužnosti kao "*...postojanja jednog predmeta u svim vremenima...*", Butru kategorički tvrdi da "*...apsolutne nužnosti uopšte nema, jer bi takvu nužnost mogla imati samo ona stvar koja ne bi imala nikakve veze s bilo kojom stvari kojom bi bila uslovljena u svom postojanju*". A po Hjumu, "*...van kontaktne veze sličnih predmeta i van stalnog sledovanja jednog predmeta za drugim, za nas nema nikakvog pojma nužnosti ili veze*"[1].

Sloboda čoveka ne svodi se na slučajnosti i odstupanja od nužnosti; ona je i **sama nužnost čoveka i njegovih generičkih potreba**, i delovanje u skladu s objektivnim nužnostima kad tim potrebama odgovaraju, ali i u suprotstavljanju istim kad im ne odgovaraju. Najviši stepen ljudske slobode je upravo u samom savladavanju i menjanju nužnosti po sopstvenoj volji. Radikalno promeniti postojeće, znači izmeniti njegovu suštinu, a suština postojećeg je njegova nužnost.

Ako je stvarna sloboda u **svojevoljnom zadovoljavanju sopstvenih potreba**, onda su njene pretpostavke u **mogućnostima** takvog zadovoljavanja, a ne, kako misli Kangrga, samo u "*...sposobnosti volje da bira između dvije ili više danosti...*" ili "*...mogućnosti...*"[2] od kojih ni

---

[1] Svi navodi u ovom pasusu su iz napred citiranog rada Dr Bogdana Šešića, str. 141/2, 20, 51, 182, 31

[2] Cit. rad, str. 50/1

jedna ne mora odgovarati njenim potrebama. Hjum se donekle približava pojmu slobode pod kojom podrazumeva "*...jedino izvesnu moć da se dela ili ne dela prema odluci volje...*", kao i Volter sa tezom da "*...biti istinski slobodan znači moći...činiti ono što se hoće*"[1], ali sloboda se ne zasniva samo na moći delanja već i na objektivnim mogućnostima da se cilj delanja ostvari; delanje bez željenih rezultata je jalova i prividna sloboda koja ne omogućava da se "slobodnije diše".

Ali i objektivne i subjektivne mogućnosti ostvarivanja ljudskih želja su **ograničene**, pre svega zbog toga što su same želje **neograničene**. Zato čovek nikada neće moći da ostvari potpunu slobodu, a i kad bi mogao, tek tada bi se osećao najneslobodnijim; njegova prava sloboda je u **osvajanju slobode**, i stoga se samo u neslobodi može osećati slobodnim, kao što se u slobodi oseća neslobodnim.

U vezi s tim, Kolakovski piše da "*...naša sloboda, onako kako je mi zamišljamo, podrazumeva da mi nismo potpuno slobodni, ili da su naši postupci ograničeni mnogim okolnostima nad kojima nemamo moći; mi smo kadri da o svojoj slobodi razmišljamo samo u suprotnosti sa pozadinom naše neslobode; razlog na osnovu kojeg možemo misliti da smo slobodni je taj što znamo šta znači biti neslobodan, i obratno*"[2]. Djui s pravom tvrdi da je sloboda uvek i nužno "*...stvar podele moći koja postoji u određenom vremenu...*", da "*...gde god je sloboda na jednom mestu, tu je ograničenje na nekom drugom mestu...*", da je "*...sistem sloboda koji postoji u jednom vremenu uvek sistem ograničenja koji postoji u to vreme...*", te da "*...niko ne može ništa činiti sem u vezi s onim što drugi mogu i ne mogu činiti*"[3]. Zbog neosporne **relativnosti slobode**, Mihailo Nikolić predlaže da se izraz "slobodni" ljudi zameni pravilnijim izrazom "slobodniji" ljudi[4].

---

[1] Dr Bogdan Šešić, napred cit. rad, str. 32 i 38

[2] Cit. rad, str. 54

[3] Dr Bogdan Šešić, napred cit. rad, str. 258

[4] *O progresu*, Opštinska zajednica kulture Zrenjanina, 1972, str. 117

Pri suprotstavljanju nužnosti i slobode, prva se često poistovećuje sa **determinizmom**, a druga sa **indeterminizmom**[1], što samo otežava definisanje njihovog stvarnog odnosa, jer su i nužnost i sloboda determinisani. Kad bi slobodni postupci čoveka zaista bili nedeterminisani, ne bi bilo ni slobode ni čoveka jer sloboda podrazumeva razumno, to jest razložno delovanje, koje je uvek određeno nekim ciljevima i uslovima njihovog ostvarivanja, a normalan čovek nikada ne deluje nerazložno. Zato *"...determinizam ne samo što ne pretpostavlja fatalizam, nego on naprotiv, upravo i daje podlogu za razumno delovanje"*[2].

Ne stoji, prema tome, pravilo da je delovanje čoveka slobodnije što je manje determinisano, čak i kad se posmatra kroz puke slučajnosti. Neko ko oseća averziju prema fudbalu, može jednom iznenada krenuti na fudbalsku utakmicu, ali za to mora postojati **jak razlog** da bi se jedno ukorenjeno osećanje savladalo. Determinante ljudskih postupaka nisu samo objektivne, već su i subjektivne prirode, i u krajnjoj liniji, uvek su na liniji subjekt - objekt ili objekt - subjekt, na kojoj je i samo delovanje čoveka pa makar se u poziciji objekta nalazio i sam subjekt.

Ideje, ideologije i sloboda

Sloboda se ne nasleđuje i ne poklanja; ona se sopstvenim angažovanjem **stiče** jer je u samom angažovanju sadržana; nije ni data ni zadata, već je na **prelazu iz datosti u zadatost**; nije, prema tome, ni u prošlosti, sadašnjosti ili budućnosti nego je na prelazu iz sadašnjosti u budućnost. Sloboda je **ostvarivanje slobodarskih ideja**, oslobađanje ili sam **proces oslobađanja**. I ona se zato oseća samo dok se ostvaruje.

Ljudska sloboda sastoji se u **ostvarivanju ljudskih želja**; čovek se oseća slobodnim dok ostvaruje svoje želje, a čim prestane ostvarivanje želja, prestaje i osećanje slobode. Ostvarivanje želja pretpostavlja njihovo postojanje, ali želje same po sebi (bez ostvarivanja) ne donose slobodu nego samo **čežnju za slobodom**, koja tek pokreće na ostvarivanje.

[1] Vidi: Dr Bogdan Šešić, napred cit. rad, str. 296 i dalje
[2] Isto, navod Lenjina

Odgovarajući **spoj instrumentalnih i ciljnih ideja** u funkciji ostvarivanja konkretnih želja je stoga neizostavni uslov ljudske slobode. Čovek bez ideja je čovek bez slobode. Zato čovek ne može bez ideja, ali ni bez čežnje za njihovim ostvarivanjem, koja nije ništa drugo nego čežnja za slobodom. U pravu je Edgar Morin kad kaže da su "...*ideje koje posjedujemo sposobne da posjeduju nas...*" jer "...*nas nagone da djelujemo u njihovo ime te da, u krajnjoj liniji, i umremo za njih*"[1].

Ideje, razume se, nisu dovoljan uslov slobode jer su za njihovo ostvarivanje pored odgovarajućih objektivnih, potrebne i druge subjektivne mogućnosti, ali ako nema ideja, te mogućnosti kao pretpostavke potencijalne slobode, ostaju neiskorišćene. Bez ideja čovek nije u stanju ni da sagleda stvarne mogućnosti njihovog ostvarivanja; on "ostaje slep kod očiju". Ideje su osnovni parametar za procenjivanje i objektivnih i subjektivnih pretpostavki slobode jer se upravo o njihovom ostvarivanju radi.

Ali ideje ne dolaze same od sebe; one su proizvod ljudskog mišljenja, i kad nema mišljenja ne može biti ni ideja ni slobode. Sloboda je, po Hegelu, suština duha, a čovek je "...*duh koji misli...*", i "...*samo je utoliko čovjek ukoliko misli, pa je i slobodan samo toliko koliko misli*"[2]. Ideje su zapravo **proizvod slobodnog mišljenja**, i kad nema slobodnog mišljenja, nema ni ideja.

Zato je **sloboda mišljenja** sine qua non svake slobode; gde nema slobode mišljenja, nema nikakve slobode; i ko ne misli slobodno, ne može ni biti slobodan. A ne misli slobodno, ne onaj kome je to zabranjeno jer se nikome ne može zabraniti da misli, nego onaj ko ne misli **svojom** glavom. Misliti tuđom glavom, znači biti zarobljenik tuđih misli, a ko ropski misli, ropski se i ponaša, pa i kad ga na to niko ne prisiljava.

Ko radi na ostvarivanju **tuđih ideja**, nije u suštini slobodan čovek, pa i kad se za to slobodno opredeljuje, jer ostvarivanje tuđih ideja nije ostvarivanje samog sebe nego ostvarivanje nekog drugog. Kroz

[1] *Kako izići iz XX stoljeća*, "Globus", Zagreb, 1983, str. 77
[2] Vidi: Franc Cengle, cit.rad, str. 59

ostvarivanje tuđih ideja pojedinac se ne ostvaruje kao samosvojna, nego kao otuđena individua, a samo samosvojna jedinka je istinski slobodna individua.

Kao otuđena društvena svest, ideologija je zapravo oblik **ropskog mišljenja**; ona je oblik duhovnog ropstva, kao što je otuđena društvena proizvodnja oblik fizičkog ropstva. Duhovno ropstvo ne ide bez fizičkog ropstva, a fizočko ne može bez duhovnog. Krajnji smisao i osnova duhovnog porobljavanja ljudi je u njihovom fizičkom porobljavanju - proizvodnom uprezanju u jaram klasne eksploatacije; bez mogućnosti da misli sopstvenom glavom, otuđeni proizvođač je prinuđen da misli tuđom glavom.

Ideologija je neka vrsta **duhovnog kaveza** u koji se zatvara ljudska misao i izvan kojeg se zabranjuje svako mišljenje. Ona "propisuje" pravila mišljenja i ponašanja, a "...*svako pravilo ponašanja kojim se od mene traži nešto što ja, inače, ne bih dao, jeste umanjivanje moje slobode*"[1]. Društvo, kako kaže Dirkem, "...*zahteva da, zaboravivši svoje interese, postanemo njegove sluge i primorava nas na sve vrste muka, lišavanja i žrtava*"[2].

Ideološki klišei ponašanja i mišljenja sami po sebi ograničavaju, sužavaju ili isključuju slobodu volje. Kao ideološki stub pravnog poretka **princip legaliteta** nalaže da se ne čini ništa što je zabranjeno[3], a "...*kada čovjek djeluje moralno, onda ne djeluje po sebi somome, nego određen po nečemu drugome, što je u očitoj suprotnosti s idejom slobode*"[4]. Što se tiče religije, "...*odricanje od sopstvene volje bilo je uobičajeno načelo hrišćanskog moralnog učenja*"[5], koje su od političkih ideologija najrigoroznije sprovodili fašizam i staljinizam.

[1] Harold Laski, cit. rad, str. 181/2

[2] Emil Dirkem, *O podeli društvenog rada*, "Prosveta", Beograd, 1972, str. 686

[3] Vidi: Vladimir Sv. Simić, cit. rad, str. 6

[4] Milan Kangrga, cit. rad, str. 29

[5] Lešek Kolakovski, cit. rad, str. 137

Neslobodarski i antislobodarski duh ideologija ne ogleda se, međutim, samo u ograničavanju, već još više u **oktroisanju individualnih sloboda** jer ne "propisuje" se samo šta se **ne sme**, već i šta se **mora** činiti, a "*...svaka sloboda, pa i kad je bezuvjetna, ako je propisana postaje vlastitom suprotnošću*"[1]. Ideološka sloboda je otuđenje i antipod stvarne slobode; ona nije u ostvarivanju individualnih želja i potreba, već nekih nadindividualnih interesa; ne stiče se ličnim angažovanjem pojedinca, nego mu se sa strane dodeljuje; i ne usrećuje čovek sam sebe, već ga drugi u(ne)srećuju.

Ali nije sve tako jednostavno kako izgleda kad se posmatra samo s jedne strane. Ideolozi tvrde upravo suprotno - da je sloboda pojedinca u podarenoj slobodi, i nalaze mnoge koji im veruju. Gebels je čak "*...dokazivao da je fašistička okupacija evropskih naroda - u interesu slobode tih naroda...*", a "*...imperijalisti dokazuju da je u interesu nerazvijenih zemalja da i dalje ostanu u ekonomskoj i političkoj zavisnosti od velikih sila*"[2].

U ideološkim obmanama sadržan je i deo istine, inače ne bi mogle **obmanjivati**. Osnovni princip etike (na koji se oslanjaju svi oblici ideologije) - **ne čini ništa što ne želiš da tebi drugi čine**, govori da je ograničavanje slobode u interesu i same slobode. Dž.S. Mil je iz toga izveo dva načela ograničene slobode: "*...prvo, da pojedinac nije odgovoran društvu za ono što radi ukoliko se to ne tiče interesa nikog drugog osim njega samog...*", i "*...drugo, da je pojedinac odgovoran za ono ponašanje koje je štetno po interese drugih*"[3].

Time se **sloboda jednih** povlači kao **granica slobode drugih**, bez čega niko ne bi bio slobodan, što nepobitno svedoči o njenoj **relativnosti**. To je istovremeno i relativno neprelazna granica između društvene slobode i društvene nužde kao negativne strane nužnosti, čija je pozitivna strana upravo postojanje relativne slobode za sve, bez koje ne bi moglo biti nikakvog zajedništva.

---

[1] Esad Ćimić, *Politika kao sudbina*, NIRO "Mladost", Beograd, bez god.izd., str. 179

[2] Dr Bogdan Šešić, *Logika*, isto, str. 255

[3] Cit. rad, str. 123/4

U tome je **pozitivna i negativna strana** svake **ideologije**. Povlačeći granice društvene slobode, ona jednu klasu ne može lišiti svake slobode da bi drugoj, od nje zavisnoj klasi podarila apsolutnu slobodu. Upravo međusobna zavisnost eksploatatorske i eksploatisane klase zahteva da društvena moć i sloboda budu među njima, makar na nesrazmerno nejednake delove podeljene, ali zbog te nesrazmere ideologije i postoje.

Zbog klasne međuzavisnosti, **granice slobode eksploatisane klase** ne mogu se sužavati ispod određenog minimuma a da time ne bude ugrožena i sloboda eksloatatorske klase, kao što se bez njihovog širenja ni slobode eksploatatorske klase ne mogu povećavati. I pošto svi neodoljivo teže povećanju sopstvene slobode, s povećanjem maksimuma društvenih sloboda koji uživaju povlašćene eksploatatorske klase, povećava se i minimum slobode obezvlašćenih eksploatisanih klasa.

S obzirom da svako teži ka većoj slobodi, granice društvenih sloboda utvrđene ideološkim normama, stalno se **narušavaju** dok narušavanje ne pređe u pravilo koje se sankcioniše novim ideološkim normama. A rušenje okova slobode je najveći slobodarski čin i prava ljudska sloboda - sloboda u stvaranju slobode. Kako kaže From, *"...kršenje naloga autoriteta, počinjenje greha, jeste u svom pozitivnom ljudskom vidu prvi čin slobode, to jest prvi ljudski čin"*[1].

Pobuna protiv ustaljenog načina života - životne učmalosti je prvi uslov oslobađanja i daljeg napredovanja u životu. Kako zaključuje Dž.S. Mil, *"...princip napretka u bilo kojem obliku, kao ljubav prema slobodi ili prema usavršavanju, protivan je uticaju običaja i podrazumeva oslobađanje od tog jarma, a borba između jednog i drugoga je od najvećeg značaja u istoriji čovečanstva"*[2].

Sloboda u ropstvu i robovanje u slobodi

Žan Žak Ruso je rekao: *"Čovek je rođen slobodan, a svuda je u okovima; onaj koji veruje da je gospodar drugih, uistini je više rob od*

---

[1] *Bekstvo od slobode*, isto, str. 48

[2] Cit. rad, str. 101

njih"[1]. Ali to nije sasvim tačno. Čovek se ne rađa ni slobodan ni neslobodan, ni kao gospodar ni kao rob. On i gospodarem i robom postaje tek nakon rođenja, i ne može biti jedno ako istovremeno nije i ono drugo.

Braneći tezu da čovek istovremeno i teži ka slobodi i beži od slobode, From se pita "...*ne postoji li, možda, pored urođene želje za slobodom, i instiktivno priželjkivanje potčinjenosti?*"[2]. Ako bi želja za slobodom bila urođena, onda bi morala biti urođena i želja za potčinjavanjem, ali ne zna se kako bi se ljudske želje kao svesni izraz ljudskih potreba, mogle smatrati urođenim ako je čovek "...*kada se rodi najbespomoćnija životinja...*" i ako se "...*njegovo prilagođavanje prirodi suštinski zasniva na procesu učenja a ne na instiktivnoj određenosti*"[3].

Sigurno je, međutim, da se čovek u borbi za opstanak i **potčinjava** i **oslobađa potčinjavanja**, da se potčinjava kad se osloboditi ne može, ali i da bi se oslobodio potčinjavanja. Kad bi "...*činjenica da ljudi idu za svojim vođama...*" predstavljala "...*potpuno prirodnu pojavu...*", a neka prirodna "...*težnja ka oligarhiji sačinjavala istorijsku nužnost, gvozdeni zakon istorije...*"[4], kako misli Mihels, istorije ne bi ni bilo jer bi prirodnu pojavu predstavljala i sama oligarhija, za čije održavanje ne bi bila potrebna ni fizička ni duhovna prinuda. I Supek se srozava duboko u psihologizam sa tezom da je "...*osjećaj za hijerarhiju unutar vlastite grupe omogućio da se u povijesti održavaju klasna društva s izrazitom nejednakošću između pojedinih slojeva*"[5], i ne pomišljajući da povijesti ne bi ni bilo da ta nejednakost, upravo zahvaljujući sasvim suprotnom osećaju za jednakost (kad bi se samo o osećajima radilo), nije stalno smanjivana.

---

[1] Cit. rad, str. 9

[2] Bekstvo od slobode, isto, str. 25

[3] Isto, str. 46

[4] *Teorije o društvu*, isto, sv. I, str. 579

[5] *Sociologija*, isto, str. 62

Težnja za potčinjavanjem, ne kao prirodna, već kao društvena pojava, sigurno postoji, ali ona se najpre ispoljava kroz težnju za potčinjavanjem drugih, a tek potom i kroz težnju za potčinjavanje drugima. I jedan i drugi oblik potčinjavanja i porobljavanja je u funkciji ostvarivanja nečije slobode i nečijeg oslobađanja, a cela istorija se odvija kroz borbu suprotstavljenih težnji za oslobađanjem i porobljavanjem, a ne samo kroz ostvarivanje jedne, bilo koje od njih.

Potčinjavanje ili porobljavanje drugih vrši se pre svega radi sopstvene slobode, zbog čega "...*svaki čovek sad jače, sad slabije, osjeća težnju da vlada svim drugim ljudima*"[1]. Porobljavanjem se oduzima sloboda drugima da bi se povećala sopstvena sloboda; robovanje jednih, postaje tako uslov slobode drugih, i kako kaže Sartr, "...*ma šta ja činio za slobodu drugog, moji se napori svode...na tretiranje drugog kao oruđa*"[2].

Da bi se oslobodili ili zaštitili od potčinjavanja i porobljavanja, potčinjeni se i **sami potčinjavaju** svojim vođama, prihvatajući takav odnos kao uslov sopstvenog oslobađanja ili zaštite od porobljavanja. To je i glavno uporište ideološkog naduvavanja mesijanske uloge političkih institucija i vođa, i opasnosti od unutarnjeg i spoljnjeg neprijatelja. Ne stvaraju radnici od svojih partijskih vođa "nove gospodare", kako kaže Mihels[3], zato što su željni gospodara, već što pod njihovim rukovodstvom očekuju svoje izbavljenje, a kad se očekivanja izjalove, oni im okreću leđa.

Postoje, doduše, i osećanja **iluzorne slobode** pod okriljem moćnih institucija i autoritativnih vođa, kad "...*zastrašeni pojedinac traži da svoje lično ja veže za nekog ili nešto...*", ali ne da bi se, kako misli From, "...*oslobodio...*" svog "...*ličnog ja...*"[4], već zato što je svoje ja već izgubio, izgubivši sa njime i svoju sigurnost, koju sada pokušava

---

[1] Saint Simon, cit. rad, str. 28

[2] Vidi: Dr Bogdan Šešić, *Nužnost i sloboda*, isto, str. 234

[3] *Teorije o društvu*, isto, sveska I, str. 580

[4] *Bekstvo od slobode*, isto, str. 146

da zameni iluzornom sigurnošću. Takva osećanja, međutim, brzo nestaju čim se autoritet moćnih zaštitnika uzdrma, ili kad pojedinci u borbi za slobodu povrate svoje izgubljeno ja.

Ni porobljavanja ni samopotčinjavanja ne može, međutim, biti bez ikakve **slobode onih koji se porobljavaju** i potčinjavaju jer se slobode samo slobodni mogu lišavati. Kako kaže Sartr, "...*jasno je da je čoveka moguće podjarmiti samo ako je slobodan, ali za istorijskog čoveka, koji sebe zna i razume, ta praktična sloboda biva shvaćena samo kao konkretni i stalni uslov robovanja, to jest shvaćena je kroz robovanje i preko njega, kao ono što ga omogućuje, kao njegov temelj*"[1].

Ali ako robovanja ne može biti bez slobode porobljenih, ni slobode nema bez **robovanja slobodnih**. "*Sve vođe su takođe vođene; gospodar je u bezbroj slučajeva rob svojih robova*"[2]. Rob je, po Hegelu, potčinjen gospodarevoj volji i svesti, ali i gospodar je zavisan od roba jer se jedino "...*preko roba odnosi prema stvari...*", pa je i "...*istina samostalne svesti prema tome ropska svest*"[3].

Cela istorija proizvođačkog društva ispunjena je **slobodom u ropstvu** i **robovanjem u slobodi**, ali se neumoljivo kreće ka sve manjem robovanju i sve većoj slobodi, ili kako bi Hegel rekao, "...*svjetska je povijest napredovanje svijesti o slobodi - napredovanje koje imamo da spoznamo u njegovoj nužnosti...*"[4], ali ako osnovu porobljavanja čini "...*ljudski svet oskudice...*"[5], onda je u osnovi tog napredovanja pre svega napredovanje u proizvodnji. Pa i "...*samim time što čovjek proizvodi i što može da proizvodi, to jest da negira, ukida i mijenja postojeće (bitak) čime stvara nešto drugo i novo što još nije i nije bilo, on može da bude slobodan, jer se postavlja na svoj vlastiti, dakle ljudski bitak*"[6]. Zahvaljujući prvenstveno razvoju proizvodnje, i "...*glavno*

---

[1] Cit. rad, str. 156

[2] Georg Zimer, prilog u zborniku *Teorije o društvu*, isto, sveska I, str. 520

[3] Vidi: Dr Bogdan Šešić, napred cit. rad, str. 74

[4] *Filozofija povijesti*, isto, str. 35

[5] Sartr, po navodu Šešića. napred cit. rad, str. 234

[6] Milan Kangrga, cit. rad, str. 109

*stremljenje moderne evropske i američke istorije jeste oslobađanje lju-
di od političkih, ekonomskih i duhovnih okova koji su ih sputavali"*[1].

Laski s razlogom tvrdi da su *"...ekonomska obezbeđenost i slo-
bodno vreme za razmišljanje osnovni uslovi za bitisanje slobodnog
čoveka..."*, da se *"...interesovanje za slobodu rodilo kada su ljudi pres-
tali da budu obuzeti problemima golog opstanka..."* i *"...kada stiču
priliku da uživaju u dokolici..."*, te da je i danas *"...sloboda u opasnosti
kada rast privrede jednog društva počinje da se sužava i smanjuje..."*,
a njegovi *"...rukovodioci počinju da zaziru od slobode"*[2].

Ako je suština ljudske slobode u ljudskoj **duhovnosti**, onda je
ona **nastala** sa nastankom samog čoveka, ili tačnije, čovek je nastao sa
nastankom svoje slobode. Ali zajedno sa ljudskom slobodom nastalo
je, kao njen nerazdvojni antipod, i ljudsko ropstvo, kao granica i prep-
reka slobode. Čovek, naime, ne može ropstvo drugačije ni zamisliti ne-
go kao odsustvo slobode, dakle, kao nešto sa čim se sloboda neizbežno
graniči i što joj se suprotstavlja. Pa ako je suština slobode u duhovnos-
ti, suština ropstva je u nemoći ljudskog duha da savlada prepreke na
koje u svom pohodu nailazi.

Po tome je svaki čovek istovremeno **i na slobodi i u ropstvu**; i
gospodari i robuje u isti mah; i gospodar je i rob - i spoljašnje stvarnos-
ti i samog sebe. Razlika je samo u tome šro nisu svi ljudi jednaki u gos-
podarenju i robovanju, i što je i svaki pojedinac svaki put u različitom
položaju roba i gospodara. Svako, međutim, neodoljivo teži ka stalnom
pomeranju granice između slobode i ropstva u prilog slobode.

U tome se **ne biraju sredstva**, pa je i porobljavanje otpočetka
korišćeno kao sredstvo oslobađanja; da bi jedni postali slobodniji, dru-
gi su pretvarani u roblje. Stoga *"...nije slučajno ni to što su svi prvi ve-
liki koraci ka civilizaciji učinjeni pod despotskim i teokratskim vlada-
vinama, kao što su bile vlade u Egiptu, Vavilonu i Peruu, gde je vrhovni
gospodar u dvostrukom svojstvu kralja i boga polagao i uživao pravo*

---

[1] Erih From, *Bekstvo od slobode*, isto, str. 23

[2] Cit. rad, str. 148 i 145

na ropsku odanost svojih podanika; gotovo bi se moglo reći da je u ra-
noj epohi despotizam najbolji prijatelj čovečanstva i, ma kako parado-
ksalno to izgledalo, slobode"[1].

To "paradoksalno" pravilo važi za celu istoriju proizvođačkog i
klasnog društva. Napredovanje u povećanju slobode vladajućih, a da
"paradoks" bude veći, i proizvođačkih klasa, teklo je celo vreme uz ne-
ko i nečije porobljavanje. Kao da se celo čovečanstvo zareklo na pod-
nošenje velikih žrtava da bi ubrzalo korake ka nekom budućem "car-
stvu slobode".

Najveću prekretnicu na tom putu predstavljalo je nesumnjivo
uvođenje robovlasništva kada je najveći deo čovečanstva u najbukval-
nijem smislu pretvoren u roblje malobrojnih vlasnika. Radi što veće
slobode obesnog gospodara, porobljeni proizvođač je lišen svake slo-
bode sem slobode da po diktatu svog vlasnika za njegovo dobro proiz-
vodi. Većeg ograničavanja slobode čoveka nije moglo biti, i dalje kre-
tanje društva moglo je, i za samog proizvođača, ići samo u pravcu nje-
nog povećavanja.

Ali ako su slobode pojedinih proizvođača ponekad i ostvarivane
na račun njihovih gospodara, **slobode eksploatisanih proizvođačkih**
klasa nikada nisu prelazile granicu preko koje bi bila ugrožena slobo-
da eksploatatorskih klasa. Naprotiv, sa svakim i svakim povećanjem
slobode eksploatisanih klasa povećavana je i sloboda eksploatacije, a
time i sloboda eksploatatorskih klasa.

Feudalnu rentu u njenom trostepenom obliku (radna-naturalna-
novčana) koja je značila veliki napredak u povećavanju slobode porob-
ljenog proizvođača, uvodili su sami feudalni vlastodršci, pre svega radi
sopstvene slobode i radi perfidnije eksploatacije. **I slobodno raspolaga-**
nje najamnika sopstvenom radnom snagom, uvedeno je prvenstveno
radi slobodne reprodukcije kapitala i veće slobode njegovih vlasnika.

Društvena **polarizacija slobode i ropstva**, kojom se radi maksi-
muma slobode eksploatatorskih klasa, sloboda eksploatisanih masa

---

[1] Dž.Dž. Frejzer, *Zlatna grana,* izd. BIGZ iz 1977, str. 60

svodi na minimum, zasniva se na svojinskom monopolu, preko kojeg se s otuđivanjem rada otuđuje i sloboda radnika. Ako osnovu ljudske slobode čini sloboda ljudskog rada, s otuđivanjem rada neizbežno se otuđuje i sloboda. Minimumu rada potrebnom za održavanje gole egzistencije proizvođača, odgovara i minimum slobode potrebne da bi mogao proizvoditi i kao puki proizvođač egzistirati. I samo povećavanje tog minimuma diktiraju potrebe proizvodnje a ne potrebe života jer je život proizvođača u funkciji proizvodnje, a nije proizvodnja u funkciji života proizvođača.

Proizvođač je na taj način u podaničkom i **ropskom položaju** pre svega **prema sopstvenoj delatnosti** radi koje, kao njeno sredstvo i njena pogonska snaga jedino i postoji. On je u takvom položaju već samim tim što je proizvođač, pa i kad proizvodi za smog sebe, jer proizvodnja nije njegova **slobodna** delatnost, te stoga nije ni ljudska delatnost. Proizvodni rad već sam po sebi nije slobodni, nego prinudni rad koji je stran ljudskom biću jer se ne zasniva na upotrebi njegove generičke - duhovne, već prevashodno na upotrebi njegove fizičke snage. Proizvodnja je je sfera orobljavanja i porobljavanja stoga što je sama po sebi ropstvo, zbog čega čovek i teži da je se što pre oslobodi.

Ali ropstvo je i na drugoj strani. **Sloboda eksploatatorskih klasa** nije u suštini njihova, nego oteta tuđa sloboda jer se ne zasniva na njihovom, već na prisvojenom tuđem radu. Zato ni život njihovih pripadnika ukoliko ništa ne rade, nije slobodan, već prazan - pustolovski život, pun psihičkih trauma i razočarenja. *"Siromašni su manje nesrećni..."* od bogatih pre svega zbog toga što je njihov život ispunjen kakvim takvim radom, a ne samo zato što se sreći manje nadaju, kako piše Tolstoj uzvikujući *"...blago siromašnima,...teško vama bogati"*[1].

Društvo bogatih i siromašnih je društvo nesrećnih, a društvo nesrećnih je društvo neslobodnih ljudi jer je prava **sreća čoveka** u njegovoj slobodi. Pa ako je osnova ljudske slobode u slobodnom radu, onda su siromašni nesrećni zato što ne rade ono što vole, a bogati što ništa ne rade pa su za toliko i nesrećniji od siromašnih.

---

[1] Cit. rad, str. 136

U društvu bogatih i siromašnih sve je, međutim, izopačeno, pa je tako i sa ljudskom srećom. Pošto takvo društvo ne počiva na slobodnom, nego na proizvodnom radu, čiji smisao nije u samom radu već u **proizvodu** rada kao sredstvu životne egzistencije a ne samoj egzistenciji, sloboda i životna sreća čoveka nisu u samom radu i životu, nego u **proizvodu** rada i njegovom **posedovanju**; nisu, dakle, u bivanju nego u **imanju**. Pa ako je, kako konstatuje From, "*...ideja privatne svojine postala nešto sveto, što se više ili manje izjednačava sa slobodom ili ličnim identitetom...*"[1], onda se siromašni osećaju nesrećnim zato što nemaju a bogati što nemaju još više.

Otuđivanjem rada, i **sloboda se otuđuje** u privatnom vlasništvu, gde se umesto u obliku živog, pojavljuje u obliku opredmećenog rada, pa zato nije, u izopačenom obliku, slobodniji i srećniji onaj ko više radi nego ko više ima. A u opredmećenom obliku, sloboda se ne mora radom sticati već se može i prisvajati, nasleđivati i poklanjati, odnosno otuđivati.

Sloboda se time **pretvara** u svoju suprotnost - **u robovanje**, pa umesto da čovek gospodari proizvodom svog rada, proizvod rada gospodari čovekom. "*Svojina, sirovi, bezdušni element, suprotan ljudskom, duhovnom, podignuta je tako na tron, i u krajnjoj instanci, da bi se to otuđenje dovršilo, novac, otuđena, prazna apstrakcija svojine, učinjen gospodarom sveta" koji čovekom "vlada" i kojem se čovek "klanja""*[2].

Umesto izmišljenog božanstva, **novac** je postao **stvarni demiurg i slobode i ropstva**, i sreće i nesreće otuđenog ljudskog bića jer on je zapravo to **stvarno** otuđeno biće čoveka; u njemu su sloboda i nesloboda, sreća i nesreća spojeni u jedno; on i oslobađa i porobljava, i usrećuje i unesrećuje; i zato se i voli i proklinje, i veliča i prezire.

U društvu zasnovanom na svojinskim odnosima, **vrhovni vlasnik je svojina**; ona vlada i gospodari svima: i vlasnicima i nevlasnicima, i

[1] *Revolucija nade*, isto, str. 162

[2] K. Marks, F. Engels, Dela, isto, tom IV, str.77 i tom III, str. 147

bogatim i siromašnim. Rob robuje svom gospodaru, a gospodar svom posedu, kmet feudalcu a feudalac feudu, najamni radnik poslodavcu a poslodavac kapitalu. Ovde je još i najočitije kako se kapital kao najmoćnija društvena sila izdiže iznad svih, stavljajući pod svoju komandu i pretvarajući u svoje podanike i najamnike i svoje vlasnike.

Otuda istorijska **tendencija da se čovek oslobodi** ne samo vlastelina nego i **vlasništva**. Svakodnevnu brigu o feudu feudalni poglavar prenosi na svoje vazale a ovi na kmetove. I brigu o reprodukovanju kapitala kapitalista prepušta menadžerima zadovoljavajući se gotovanskim ubiranjem profita. *"Mobilizovanje kapitala pretvara u sve većoj meri kapitalističku svojinu u uputnice na prinos i usled toga čini kapitalistički proces proizvodnje u sve većem obimu nezavisnim od kretanja kapitalističke svojine"*[1].

Ma koliko da je slobodan, čovek neodoljivo teži **ka još većoj slobodi**, kojom je toliko opsednut da mu se priviđa i kad je nema; kao što se izgladnelom priviđa nedostupna hrana, zatočeniku se priviđa nedostupna sloboda. U bezuspešnim nastojanjima da se oslobodi stvarnih okova, čovek se okiva sopstvenim priviđanjima; da bi se lakše podnelo, stvarno robovanje prekriva se robovanjem priviđenjima slobode.

Sve **ideološke imaginacije** su **oblici halucinatorske svesti** o neostvarenoj slobodi. Apsolutna sloboda božanskog proviđenja ne može biti ništa drugo nego priviđenje priželjkivane a neostvarene slobode čoveka u čijoj je svesti nastalo. A uz priviđenje apsolutne slobode moralo je ići i priviđenje apsolutne nužnosti, bez obzira što *"...oba ova atributa - sloboda i nužnost - gube svoje značenje kad se primenjuju..."* na proviđenje[2] i što **apsolutna** sloboda i **apsolutna** nužnost ne idu zajedno kad se primene na čoveka, ali halucinacije inače pate od nelogičnosti.

Čim je došao do svesti da ta priviđenja i proviđenja potiču iz njegove sopstvene svesti, čovek je pregao da **svoju slobodu u sebi samom**

[1] Rudolf Hilferding, *Finansijski kapital*, "Kultura", Beograd, 1958, str. 168
[2] Lešek Kolakovski, cit. rad, str. 53

traži. Priviđanja apsolutne volje proviđenja zamenjena su razmišljanjima o slobodnoj volji čoveka, a "*...teorija o "slobodnoj volji" je antireligiozna...*", jer "*...bi htela da čoveku podari pravo da sebe smatra uzrokom svojih najviših stanja i postupaka, što je jedan oblik porasta osećanja gordosti*"[1].

Obožavanje proviđenja ustupilo je mesto **obožavanju čoveka**, koje je svoj izraz najpre (u periodu renesanse) dobilo u **slobodarskom individualizmu** dok se nije sudarilo s otuđenim silama samog društva, i dok se nije shvatilo da se usamljeni pojedinac sa tim silama ne može izboriti. Robovanje priviđenjima slobodnog proviđenja brzo je zamenjeno robovanjem priviđenjima slobodne države.

Ideja "slobodne države" je ideološka tvorevina, sračunata na stvaranje priviđenja da je u slobodnoj državi slobodan i pojedinac. Hegel je zaista mislio da je država "*...dobro uređena i snažna sama u sebi, ako se s njezinom općom svrhom slaže privatni interes građana i kad jedno u drugome nalazi svoje zadovoljenje i ostvarenje...*"[2], ali je u ideološkim racionalizacijama to konkretno uređenje države redovno zamenjivano apstraktnim ideološkim atributima: "slobodna", "narodna", "opštenarodna", "socijalistička" (država), "država blagostanja", i slično.

Pod takve atribute mogle su se podvoditi i državne tvorevine koje su slobodnu volju pojedinaca gotovo u potpunosti isključivale, kao što je slučaj naročito sa fašističkim i staljinističkim modelom države. Po fašističkoj ideologiji, "*...država je apsolutna vrednost, a ličnost i grupe samo su relativne vrednosti koje se bez države uopšte ne mogu ni shvatiti*"[3]. I u staljinističkom modelu socijalističke države, kojoj je dodeljivana glavna uloga u oslobađanju čoveka od klasnog ugnjetavanja, pojedinac ima sasvim podređenu ulogu koja se svodi na disciplinovano izvršavanje partijskih i državnih odluka.

---

[1] Fridrih Niče. cit.rad, str. 293

[2] *Filozofija povijesti*, isto, str. 40

[3] Vladimir Sv. Simić, cit.rad, str. 46

Fašizam i staljinizam su samo ekstremne varijacije vladajuće etatističke mitologije XX veka, koje verno izražavaju i opravdavaju potrebe vladajućih državnih sistema. Opšte je pravilo da se "...u modernom društvu individua nalazi suočena s jednim mehanizmom (sistemom zakona) kome je potčinjena i na koji se istovremeno oslanja da bi stekla neko mesto u društvu"[1].

Još je Engels ismejavao fraze o "slobodnoj državi", primećujući da "...gramatički uzevši, slobodna država jest takva gde je država slobodna u odnosu prema svojim građanima, dakle država s despotskom vladom..." i da "...čim bude moguće govoriti o slobodi, država će kao takva prestati da postoji"[2]. Po Žan Žak Rusou, sloboda, koja "...ne može da opstane bez..." jednakosti, "...znači isto toliko snage oduzete državnom telu..."[3], što bi značilo da slobode može biti samo u demokratskoj državi, ili kako kaže Laski, "...bez demokratije ne može biti ni slobode..."[4], jer samo "...kad narod uzme političku vlast, sputavanje slobode naroda svedeno je na minimum"[5].

Ideološku postavku da bez slobodne države nema ni slobodne individue, trebalo bi dakle, obrnuti u postavku da bez slobodne individue nema ni slobodne države, kao što "...nam i historijska pouka govori da nikakvog "revolucionarnog oslobođenja" društva ne može biti bez stvarne emancipacije pojedinaca, samostalnih stvaralačkih ljudskih ličnosti"[6]. Tek obe postavke zajedno daju pravu istinu jer ljudskog društva nema bez ljudskih individua niti individua ima izvan društva.

Ali demokratija je samo jedan od uslova oslobađanja ljudske individue od okova klasno polarizovanog proizvođačkog društva, kojeg neće ni biti bez oslobađanja od samog proizvodnog rada, čega, opet,

---

[1] Erik Vajl, cit. rad, str. 112

[2] K. Marks, F. Engels, Dela, isto, tom XXX, str. 6

[3] Cit. rad, str. 43

[4] Cit. rad, str. 200

[5] Mahatma Gandi, cit. rad, str. 138

[6] Rudi Supek, Živjeti nakon historije, "Nova", Zagreb, 1986, str. 153

nema bez **automatizacije** proizvodnje, ili kako kaže Petrus, *"...opće oslobađanje svih individua može se dogoditi tek onda kad bude oslobođeno životno vrijeme svih individua"*[1].

Stoga je površno i jednostrano suprotstavljanje naučno-tehnološkog progresa i slobode. Proces automatizacije je nesumnjivo protivrečan jer dok jedne oslobađa, druge još više degradira, ali krajnji ishod je konačno oslobađanje svih i svakog. Prateće protivrečnosti mogu se, i bez usporavanja progresa, ublažiti humanijom upotrebom nauke i tehnologije, koje *"...sredstvima gospodovanja čini samo njihova upotreba i ograničenje u represivnom društvu; da bi postale nosilac slobode, znanost i tehnologija bi morale promijeniti svoje sadašnje usmjerenje i ciljeve - morale bi biti preobražene u skladu s novom osjetljivošću, zahtjevima instikata života"*[2].

Robovanja sopstvenom otuđenju čovek se ne može osloboditi dok se ne **oslobodi samog otuđenja**, dok otuđujući proizvodni rad ne zameni slobodnim stvaralačkim radom, jer *"...carstvo slobode počinje u stvari tek tamo gde prestaje rad koji je određen nevoljom i spoljašnjom svrsishodnošću; po prirodi stvari, ono, dakle, leži s one strane oblasti same materijalne proivodnje"*[3]. **Automatizacija proizvodnje i opšte izobilje životnih sredstava**, koji će sada ekonomski vredne stvari učiniti bezvrednim i bespredmetnim za prisvajanje, osnovni su uslov za to.

---

[1] Petar Bosnić-Petrus, *Nacrt za kritiku dijalekteke*, izd.autor, Zagreb, 1985, str. 77

[2] Herbert Markuze, *Kraj utopije*, isto, str. 143 i 148

[3] K. Marks, F. Engels, Dela, isto, tom XXIII, str. 682

PROGRES - REGRES - RAZVOJ

Progres i regres

Čovek se kreće **napred** - i fizički i duhovno, ali može se kretati, i ponekad se kreće i unazad. Kad ne bi bilo nazadovanja, ne bi se govorilo ni o napredovanju, koje se samo u odnosu na nazadovanje i može odrediti. *"Volter je čak otvoreno priznao da u ljudskom životu nema ničeg trajnog i nepromenljivog i da napredak stalno prekidaju periodi nazadovanja i kvarenja, pri čemu je odlučnu ulogu pripisivao slučaju"*[1].

Niče, suprotno čak i čulnom opažanju, poriče postojanje napretka, pri čemu i samom sebi protivreči kad kaže:*"Vreme juri napred - mi bismo hteli verovati da sve što je u njemu juri napred - da razvitak znači napredovanje...",* a *"...to je privid koji i najobazrivije vara; "čovečanstvo" ne ide napred, ono čak i ne postoji"*[2]. Nepojmljivo je kako bi vreme moglo "juriti napred" a da sve što je u njemu stoji u mestu, vrti se u krug ili se čak kreće unazad.

Već iz iskustva se može zaključiti da je **kretanje napred** u prirodi stvari, a da je i nazadovanje samo jedan od načina napredovanja. O neodoljivoj težnji čoveka za napredovanjem svedoči Fihte sledećom izjavom: *"U sadašnjemu moja duša ne može uhvatiti mjesta, niti može jedan čas mirovati; ono je neodoljivo odbija; za budućim i boljim nezaustavljivo ide cijeli moj život"*[3]. A što važi za jedinku, važi i za ceo ljudski

---

[1] Mihailo Đurić, cit. rad, str. 266

[2] Cit. rad, str. 358

[3] Cit. rad, str. 113

rod, jer kako kaže Fihte, "...*ja sebi sadašnje stanje čovječanstva apsolutno ne mogu da zamislim kao ono pri kojemu bi moglo opstati*"[1].

Pod **progresom** (lat. progressus=napredovanje), "...*podrazumeva se uzlazno kretanje od starog novom, od nižeg višem, od prostijeg složenijem...*", a pod **regresom** (lat. regressus=povratak, vraćanje) - obratan proces[2]. Po Gramši-u, "...*u ideji progresa podrazumeva se mogućnost kvantitativnog i kvalitativnog merenja: više i bolje; pretpostavlja se, dakle, "određena" ili odredljiva mera, ali tu meru daje prošlost, izvesna faza prošlosti ili izvesni merljivi vidovi*"[3].

U životu ljudskog roda, **progres** se "...*sastoji u sve većem i većem prevladavanju razuma nad životinjskim zakonom borbe...*"[4], jer je razum "zakon" njegove borbe, ili kako kaže Hegel, "...*samo je um ono iz čega se čovek sastoji...*"[5], i "...*samo je duh naroda ono što izbija u svim djelima i pravcima naroda i što sebe dovodi do svog ostvarenja, samouživanja i samoshvaćanja*"[6]. Po Žan Žak Ruso-u, "...*prvi uspesi osposobili su čoveka za brži napredak...*", i "...*što mu je duh bivao rasvetljeniji, to je u veštini bivao sve savršeniji*"[7].

Napredovanje je **kretanje ka određenom cilju** ili nekom **odredi-štu**, a još je Aristotel shvatio da "...*najviši cilj predstavlja svrha zbog koje je nešto nastalo...*" i da je "...*priroda svake stvari ono što je ona po završenom razvoju...*"[8], to jest čemu u svom napredovanju teži. Priroda ili suština neke stvari "...*ispunjava se svojim razvojem...*" i "...*tek je na koncu ono što uistinu jeste...*"[9], a pošto prirodu ljudskog

---

[1] Isto

[2] Dr Andrija Stojković, Dr Bogdan Šešić, cit. rad, str. 354/5

[3] Cit. rad, str. 84

[4] L. N. Tolstoj, cit. rad, str. 35

[5] *Dijalektika - logička nauka*, "Kosmos", Beograd, 1939, str. 111

[6] *Filozofija povjesti*, isto, str. 79

[7] Cit. rad, str. 142

[8] *Politika*, isto, str. 5

[9] Hegel, Fenomenologija duha, isto, str. 14

bića čini njegov duh, "ispunjenje" duha je taj "najviši cilj" prema kojem ono u svom napredovanju "juri". Čovek *"...nosi u sebi jak poriv da se izjednači kao subjekt sa "rodnim bićem", da nadmaši svoju individualnost i pojedinačnost..."*[1], i *"...tek kad stvaran, individualan čovjek povrati u sebe apstraktnog građanina i kao individualan čovjek postane generičko biće u svom empirijskom životu..."*, tek tada će, po Marksu, biti dovršena njegova emancipacija[2].

Put do potpune emancipacije čoveka vodi kroz napredovanje u oslobađanju od proizvodnog rada i njegovom zamenjivanju stvaralačkim radom. Još je Mor razmišljao kako da *"...građane svoga društva što više oslobodi fizičkog rada da bi imali slobodnog vremena za duhovni i društveni rad..."*[3], a Markuze je mogao samo konstatovati da se napredovanje ka tom cilju odvija kroz *"...progresivno reduciranje fizičke radne snage u proizvodnom procesu (u materijalnom procesu proizvodnje)..."* i kroz *"...progresivnu koncentraciju društveno nužnog rada u klasi tehničara, naučenjaka, inženjera itd."*[4].

Dok mu nije polazilo za rukom da prirodne sile upregne u jaram materijalne proizvodnje, čovek je uprezao druge ljude, ali tako je na putu emancipacije mogla napredovati samo manjina po cenu nazadovanja većine. Napredovanje jednih išlo je, dakle, uz nazadovanje drugih; rob je brutalno i javno degradiran do nivoa životinje da bi se njegov gospodar uzdigao do nivoa građanina. I dalje se *"...stvar odvijala tako da su se ljudi svaki put oslobađali onoliko koliko su im to propisivale i dozvoljavale postojeće proizvodne snage, a ne njihov ideal čoveka..."*, ali *"...u osnovi svih dosadašnjih oslobađanja nalazile su se ograničene proizvodne snage, čija je proizvodnja, nedovoljna za celo društvo, omogućavala razvitak samo onda kada su jedni na račun drugih podmirivali svoje potrebe, i time su jedni - manjina - dobijali monopol na razvitak, dok su drugi - većina - neprekidnom borbom za*

---

[1] Rudi Supek, cit. rad, str. 37

[2] K. Marks, F. Engels, *Rani radovi*, isto, str. 65

[3] Karl Kaucki, *Tomas Mor i njegova utopija*, "Kultura", Beograd, 1953, str. 236

[4] *Kraj utopije*, isto, str. 12/3

*podmirenje najnužnijih potreba privremeno (tj. do stvaranja novih rev-
olucionarnih proizvodnih snaga) bili isključeni iz svakog razvitka"* [1].

Ali **svi teže da napreduju** i niko se ne miri ni sa nazadovanjem
ni sa zaostajanjem, zbog čega se, pri ograničenim mogućnostima nap-
redovanja, vodi međusobna borba, u kojoj ne samo što jedni napredu-
ju na račun drugih, nego se napredovanje svake strane odvija i kroz
njena sopstvena ustuknuća, zastoje i nazadovanja. Kroz tu borbu razvi-
ja se i celo društvo, koje pri tom i samo može nazadovati ili stagnirati
jer je njegov razvoj rezultanta svih mogućih sila koje u njemu deluju,
ili kako to objašnjava Engels, "*...ljudi stvaraju svoju istoriju, ma kako
se razvijala, na taj način što svaki čovek teži svojim sopstvenim, svesno
nameravanim ciljevima, a rezultanta tih mnogih volja koje dejstvuju u
raznim pravcima i njihovog raznovrsnog delovanja na spoljni svet - to
i jeste istorija"* [2].

U tom vrtlogu **jedni napreduju dok drugi nazaduju**, pa i celo
društvo napreduje ili nazaduje uz istovremeno napredovanje i naza-
dovanje njegovih delova - pojedinaca i pojedinih grupa. Svaka društve-
na grupa ima svoj uzlazni i silazni put - put napredovanja i put naza-
dovanja, uspona i pada, na kojem i nestaje sa društvene pozornice us-
tupajući mesto novim grupama. Kao velike društvene grupe, klase su
nosioci društvenog progresa, ali i razvojnih kriza, stagnacija i povre-
menih nazadovanja.

Vodeću ulogu u društvu uvek su preuzimale klase koje su bile
nosioci društvenog progresa, i koje su zahvaljujući tome, pridobijale ve-
ćinu društva iako su same predstavljale manjinu. A čim su to prestajale
biti, one su u ostvarivanju svojih posebnih interesa dolazile u sukob sa
društvom, i njihvo dalje napredovanje moglo je ići samo uz društveno
nazadovanje, kada su vodeću ulogu morale preuzimati nove progresiv-
ne snage.

---

[1] K. Marks, F. Engels, isto, tom VI, str. 354

[2] K. Marks, F. Engels, *Izabrana dela*, isto, tom II, str. 379

Svaka klasa posmatra, međutim, društvo kroz ideološku prizmu sopstvenog progresa, misleći da je dok njoj dobro ide, i društvu dobro, jer uobražava da ga samo ona predstavlja. Zato je odsustvo samokritike vladajuće klase i kvalifikovanje svake kritike njenih postupaka kao neprijateljskog ataka na društvo, karakteristično odbrambeno sredstvo svih vladajućih ideologija.

Pošto društveni progres identifikuje sa sopstvenim progresom, za vladajuću klasu su sva odstupanja od njenih ideoloških usmerenja reakcionarna, konzervativna i svakakva samo ne i progresivna. Otuda je gotovo redovna pojava da se ista ideološka opredeljenja od strane raznih društvenih grupacija istovremeno kvalifikuju i kao progresivna i kao regresivna, pa se *"...jedan te isti ideološki sadržaj može tumačiti kao "konzervativna", odnosno "progresivna" ideologija, "leva" i "desna", "buržoaska" ili "proleterska" itd."*[1].

Ideologija u funkciji progresa i regresa

Ideologija je, po definiciji, **okrenuta budućnosti**, *"...bilo da budućnost vidi kao ponavljanje sadašnjosti, ili čak povratak prošlosti, pa se govori o konzervativnoj ili reakcionarnoj ideologiji, bilo da prošlost i sadašnjost želi prevladati, jer u budućnosti vidi mogućnost željenih promjena"*[2]. S obzirom na to, ona može biti i u funkciji progresa i u funkciji regresa, i šta više jedna ista ideologija može biti i progresivna i regresivna, zavisno od odnosa prema postojećoj stvarnosti.

Ma koliko paradoksalno zvučalo, **prvobitni religijski nazori** koji su propovedali društvenu jednakost, bili su za to vreme konzervativni, i u suštini regresivni iako su uživali masovnu podršku, jer su se suprotstavljali progresivnim tendencijama razaranja stare komunističke opštine, koja je sa svojom hermetičkom zatvorenošću bila zatvorena i za društveni progres. Kao oblik društvene svesti, religija se mogla održati

[1] Vladimir Cvetković, prilog u zborniku *Ideologija i društvo*, isto, str. 104

[2] Nikola Dugandžija, sit. rad, str. 11

samo pod uslovom da umesto jednakosti, prihvati ideje društvene nejednakosti u funkciji zaštite cvetajućeg privatnog vlasništva, i upravo zahvaljujući tome, ona je postala vladajućom ideologijom robovlasničkog i feudalnog društva.

Ali **religija je sa idejama društvene nejednakosti** mogla predstavljati vladajuću ideologiju samo u društvu koje je počivalo na naturalnoj poljprivrednoj proizvodnji koja je više zavisila od neba nego od ljudskih ruku, i gde su se osnovna sredstva proizvidnje nalazila u rukama malobrojnih vlasnika, nasuprot ogromnoj masi obezvlašćenih proizvođača. I ona je kulminaciju svoje društvene moći, u obliku monoteizma, doživela upravo u vreme kad se celokupna zemlja, kao glavno sredstvo proizvodnje i ljudske egzistencije, našla u rukama jednog jedinog vlasnika.

U društvu industrijske proizvodnje, koja ne zavisi od neba, niti toliko od ljudskih ruku, koliko od ljudske pameti, i gde privatno vlasništvo od monopola posvećenih, postaje "sveto" pravo svih, religija ne samo što prestaje biti u službi progresa nego se pretvara u snagu regresa. Suprotno teističkoj mitologiji, "*...proces industrijalizacije ima najdublji osnov u jednom iskonskom religijskom motivu...*", a "*...to je magijski motiv obogotvorenja čoveka*"[1].

Nekada napredne ideje društvene nejednakosti, sa kojima se crkva uzdigla do vladajućeg trona, u industrijskom društvu, koje je za svoj princip proklamovalo društvenu jednakost, postaju nazadne, a sa njima se i crkva pretvara u snagu koja vuče nazad. Kako konstatuje Kaucki, "*...uspon crkve završen je s utvrđivanjem papstva, a otada svaki dalji razvitak u državi i društvu za nju znači propadanje, razvitak postaje njen neprijatelj, a ona neprijatelj svakog razvitka, ona postaje skroz reakcionarna, ustanova koja šteti društvu*"[2].

Da bi se održala, religija bi se morala vratiti svojim prvobitnim nazorima o društvenoj jednakosti, koji u osavremenjenom obliku tek

---

[1] Mihailo Đurić, cit. rad, str. 128

[2] Cit. rad, str. 395

sada mogu postati progresivni. U borbi za opstanak, ona to zapravo i čini prilagođavajući se izmenjenim društvenim okolnostima i prihvatajući savremene ideje jednakosti. Kako piše Giulio Girardi, "...*kršćanski revolucionari ne prilaze više marksizmu iz temeljno pastoralnih ili religijskih motiva, nego političkih...*", i "...*njima marksizam nije više stav koji treba proučavati s naklonošću, nego je već dio njihova stava; za njih se više ne radi o suprotstavljanju kršćastva s marksizmom drugih, nego o suprotstavljanju marksizma s vlastitim kršćanstvom*"[1].

Što se dešava sa religijom, to se, samo na drugačiji način, dešava i s ostalim oblicima društvene svesti. **Pravo** se menja sa svakom promenom vlasti ili čak u toku jednog mandata iste vlasti jer pravne narme najbrže dolaze u koliziju sa društvenom stvarnošću, ali ni njihovo menjanje nije jednosmerno već je, zavisno od odnosa društvenih snaga, i progresivno i regresivno. **Moral** se, i u jednom i u drugom smeru, menja gotovo neprimetno jer u društvu uvek postoje alternativne moralne norme koje vladajući moral lako preuzima ili odbacuje.

Političke ideologije su najfleksibilnije, i sve fleksibilnije, ali i najnepostojanije; po volji političkih lidera menjaju se preko noći, ne samo da bi uhvatile korak sa vremenom već i da bi "zaustavile vreme"; ima ih svih boja i za svačiji ukus. Zato ne hvataju dublje društvene korene, i umesto na čvrsta ubeđenja, oslanjaju se na simbole trajnih vrednosti iza kojih stoje najrazličitija ubeđenja. I to je jedan od dokaza da se društvo nalazi na istorijskoj prekretnici kad ideologije otuđenog proizvođačkog društva treba da budu zamenjene novim ideologijama.

Bez obzira na sve protivrečnosti, i upravo zahvaljujući njima, ideologija predstavlja duhovnu osnovu proizvođačkog društva i njegovog razvoja. I ona je **vladajuća svest** tog društva - i kad je uz vlast i kad je protiv vlasti; i kad je progresivna i kad je regresivna; svi ostali oblici svesti su njoj podređeni i pod njenim okriljem.

Takva kakva je, ideologija zadovoljava duhovne potrebe i pojedinaca i društva. Po prirodi svog duha, **čovek teži univerzalnosti**: hteo

---

[1] *Kršćanska vjera i historijski materijalizam*, "Stvarnost", Zagreb, 1986, str. 14

bi da svugde stigne, sve sazna i sve objasni. Pošto nije u mogućnosti da to postigne, on u pomoć priziva svoju maštu da bi stvarni svet u kojem nešto može stvarno da uradi, nadopunio imaginarnim svetom u kojem svoje nezajažljive ambicije prividno zadovoljava sanjarenjem. Nema pojedinca koji ne postavlja sva moguća pitanja i ne smišlja sve moguće i nemoguće odgovore.

Ideologija je upravo ta društvena **kombinacija istine i mašte** koja odgovara na sva pitanja i u kojoj stoga svako nalazi sebe. Ona "...*prihvaća koliko je to u njenim mogućnostima rješavanje svih nedoumica vezanih uz život društva podijeljenog suprotnostima i prisiljenog da neprekidno traga za putevima svoga osmišljavanja*"[1]. U tome je njena pozitivna i nesumnjivo progresivna uloga, uz sva izvrtanja, skretanja i retrogradna zaokretanja.

Okrenuta životnim potrebama i težnjama ljudi, ideologija i sama predstavlja **nasušnu potrebu** društvenog usmeravanja, usklađivanja i kanalisanja ljudskih ponašanja radi normalnog odvijanja društvenog života, bez čega ne bi bilo ni društvenog progresa. Kroz to ona, u interesu jedne ili druge vodeće snage društva, osvetljava i puteve društvenog razvoja, bez čega bi društvo živelo u duhovnom mraku pri kojem se nikuda ne bi moglo kretati.

Težnje čoveka za univerzalnošću, svemoći i sveznanjem, ne proističu iz nekih "bezveznih" ambicija, već iz životne potrebe za snalaženjem u svetu punom neizvesnosti gde se svakodnevno susreće sa novim nepoznanicama i zagonetnim situacijama. Čovek u životu mora stalno nekuda da se kreće a da bi se kretao, **mora gledati ispred sebe** makar se kretao i pogrešnim putem. Sigurno je da niko ne želi da luta već da što prečim putem stigne do željenog cilja, i ceo razvoj ljudske svesti, uz sva lutanja, kreće se u pravcu pronalaženja što prečih puteva ukupnog razvoja društva i unapređivanja ljudskog života.

---

[1] Nikola Dugandžija, cit. rad, str. 17 .

Samo nošena tom iskonskom težnjom, mogla se razvijati i sama svest **u kontinuitetu** bez kojeg ne bi bilo kantinuiteta ni u razvoju društva, koji je, uz sve stihijnosti, rezultat svesnog delovanja ljudi. *"Prvi korak nauke..."* koji se, po Plehanovu, sastojao u *"...odbacivanju animističkog tumačenja pojava u prirodi..."*[1] i njegovoj zameni tumačenjem prirodnim zakonima, predstavljao je nesumnjivo veliki napredak u razvoju ljudske svesti, ali ništa manji napredak nije predstavljao i sam animizam u odnosu na opažajno mišljenje kada je čovek *"...verovao samo u ono što vidi"* i kada mu *"misli nisu sezale dalje od osećaja"*[2].

Bez sposobnosti **apstraktnog mišljenja** da predstavi nešto što je nevidljivo i čulima nedostupno, nauka se ne bi mogla ni začeti. Iako u sukobu sa naučnim traganjem za istinom, napredovanje imaginarne svesti od animizma do monoteizma, omogućilo je da se napravi veliki skok i od teizma ka naučnom panteizmu, kojim je podstaknuto i ubrzano istraživanje i pretraživanje celokupne stvarnosti.

Iako u podređenom položaju, **nauka** se, zbog svoje delotvornosti, sve više "uvlači" u ideologiju, a ne samo ideologija u nauku, što se ogleda u sve većoj scientizaciji ideologije i sve većoj dezideologizaciji nauke, koja se ubrzano oslobađa ideoloških stega. Time se razbija tradicionalna okoštalost društvene misli i otvaraju široke mogućnosti za novotarstvo koje se oslobađa robovanja duhovnom tradicionalizmu. *"Više nego ikad ranije, danas je sve u pokretu i promeni; snage inovacije, snage usmerene na stvaranje novog, drukčijeg, različitog od svega što je dosad postojalo, odnele su ubedljivu pobedu nad snagama tradicije"*[3].

To najavljuje **kraj ideologije** kao posebne i otuđene sfere društvene svesti, ali ne i kao posebnog oblika duhovnog života i stvaranja, putem kojeg se na osnovu tekovina naučne misli stvaraju nove ideje i projektuje novi život. Bez toga bi društvo prestalo da postoji a i nauka

---

[1] *Umetnost i književnost*, knjiga I, "Kultura", Beograd, 1949, str. 49

[2] Lisjen Levi-Bril, *Primitivni mentalitet*, "Kultura", Zagreb, 1954, str. 15

[3] Mihailo Đurić, cit. rad, str. 134/5

bi izgubila svoj smisao i podsticaj za razvoj; kraj svake ideologije značilo bi i kraj društva, koje ne može postojati ako se ne razvija a bez novih ideja ne može se razvijati.

Čovek verovatno nikada neće prestati ni da mašta i sanjari jer nikada neće dostići apsolutnu istinu, niti da uživa u svojim snovima jer nikada neće moći do kraja da uživa u stvarnosti. Ali on neće morati da robuje svojim iluzijama, ne samo zato što će ih manje biti već i što će ih se mnogo brže oslobađati.

Protivrečnosti društvenog razvoja

Osnovu društvenog razvoja čini razvoj duhovne delatnosti jer duhovna delatnost predstavlja suštinu ljudskog roda kojom se čovek izdiže iznad ostalog sveta, i zahvaljujući tome opstaje kao živo biće. Kont konstatuje da *"...istorijom društva dominira istorija ljudskog uma..."*[1], a Vraneš da je *"...razmah ljudskog uma bio najznačajniji činilac u istoriji civilizacije i svim njenim revolucionarnim promenama..."*[2]; po Hegelu, svetska istorija je *"...bila umni, nužni tok svjetskog duha"*[3].

Iz neodoljive težnje za razvojem ljudskog duha i duhovne delatnosti proističu sve **protivrečnosti društvenog razvoja**, koji ne bi bio moguć bez društvene podele rada kojom je većina društva osuđena na fizičko teglenje da bi se manjina bavila duhovnim aktivnostima. Podelom na proizvodne i duhovne delatnosti izvršena je polarizacija društva na međusobno suprotstavljene grupacije, od kojih jedna slobodno ispoljava svoje generičke potencije, dok je drugoj ta mogućnost uskraćena.

Nužnost takve polarizacije je u tome što bez nje ne bi bilo razvoja ne samo jedne društvene grupacije nego ni celog društva. *"Bez ropstva ne bi bilo grčke umetnosti i nauke; bez ropstva ne bi bilo Rimske*

---

[1] *Teorije o društvu*, isto, sveska I, str. 617

[2] Cit. rad, str. 6

[3] *Filozofija povijesti*, isto, str. 28

214

imperije; a bez helenstva i Rimske imperije kao temelja ne bi bilo ni moderne Evrope"[1]. Ma koliko da je izvršena polarizacija nehumana prema većini čovečanstva, ona je omogućila da se razvoj duhovne delatnosti, kao osnova ukupnog društvenog razvoja, ubrza, bez čega ljudski rod verovatno ne bi opstao.

Ali izdvajanjem i ubrzanim razvojem duhovne delatnosti, ljudski rod nije spasen samo od propadanja, nego će u celini biti spasen i od fizičkog rada. I ako je na toj osnovi u razvoju društva nastala velika protivrečnost koja pogađa njegovu većinu, ona će na toj osnovi biti, i jedino na toj osnovi i može biti razrešena. Ta mogućnost sadržana je pre svega u razvoju proizvodnje, kojeg nema bez razvoja duhovne delatnosti.

Dosadašnji **razvoj duhovne delatnosti** bio je pretežno **u funkciji razvoja proizvodnje**, čiju osnovu predstavlja razvoj nauke, tehnologije, organizacije i ekonomije, koje odlučujuće utiču na rast produktivnosti, a time i na skraćivanje radnog, i povećanje slobodnog vremena. I veliki skokovi u razvoju proizvodnje ostvareni su zahvaljujući naučnim otkrićima, pronalaženju novih izvora pogonske energije i primeni novih tehnologija. Mehanizacija i automatizacija proizvodnje, kao presudni činilac oslobađanja čoveka od proizvodnog rada. rezultat je isključivo duhovnih tekovina.

Verovanje da je put oslobađanja čoveka u ponovnom spajanju fizičkog i umnog rada, suprotno je njegovoj generičkoj težnji da se potpuno oslobodi fizičkog teglenja. Čim se umni rad jednom odvojio od fizičkog rada, povratka nazad više ne može biti, što bi inače bilo krajnje narazumno jer društvo se dalje, kao i do sada, može razvijati samo kroz sve veće i potpuno zamenjivanje fizičkog proizvodnog rada duhovnim stvaralaštvom. Žrtve koje većina čovečanstva podnosi noseći breme društvene proizvodnje na svojim plećima, mogu se isplatiti samo potpunim oslobađanjem od tog bremena.

Polarizacija proizvodne i duhovne delatnosti ne bi bila moguća bez **polarizacije materijalne bede** na jednoj, i **materijalnog izobilja**

[1] K. Marks, F. Engels, Dela, isto, tom XXXI, str. 137

na drugoj strani. Duhovna elita nije se mogla osloboditi proizvodnog rada bez eksploatacije i prisvajanja tuđeg rada, čime je u uslovima relativne oskudice jedino mogla obezbediti materijalne uslove svoje egzistencije kao nužan uslov slobodne duhovne aktivnosti. Time je ona praktično zakoračila u slobodno stvaralačko društvo, za koje su materijalno izobilje i slobodno duhovno stvaralaštvo zapravo osnovne pretpostavke. Stvaranje slobodnog ili razvijenog komunističkog društva uz porobljavanje samog društva, te materijalnu i duhovnu bedu njegove većine, predstavlja dakle direktan nastavak primitivnog prakomunizma, što nedvosmisleno pokazuje da je komunizam zapravo prava suština **ljudskog** zajedništva.

Ali porobljavanje većine društva nije uslov oslobađanja samo njegove duhovne elite nego i celog društva, jer "*...u uslovima oskudice samo eksploatacija masa od strane privilegovanih omogućuje razvitak civilizacije. Kada bi vladala jednakost u društvima u kojima postoji oskudica, svi ljudi bi morali da se muče čitav dan da bi jedva uspeli da prežive*"[1].

Konçentracija i centralizacija materijalnog bogatstva putem eksploatacije i prisvajanja tuđeg rada omogućavala je ne samo uživanje eksploatatorskih klasa, nego i veća ulaganja u razvoj proizvodnje i duhovnog stvaralaštva, što je nužan uslov i njihovog sopstvenog opstanka i duhovnog razvoja. Zato je tendencija monopolizacije, uvećavanja i centralizacije vlasništva uz zadržavanje proizvođačkih masa na minimumu egzistencije, predstavljala najsnažniju polugu ubrzanog razvoja, koji će omogućiti da jednog dana i životni standard proizvođačkih masa počne ubrzano rasti.

Tendencija nagomilavanja viška rada u posedu što manjeg broja vlasnika odlikuje ceo razvoj proizvođačkog društva. Ona počinje da se ispoljava još kroz posednički monopol plemenske aristokratije i porodičnih starešina, u robovlasništvu je celokupno društveno bogatstvo

---

[1] Moris Diverže, cit. rad, str. 59

u posedu robovlasničkog gazdinstva i države, a u feudalizmu je u posedu poglavara već do kraja centralizovano.

Prelaskom sa naturalnog na robno-novčani način proizvodnje centralizovano feudalno vlasništvo je moralo biti razoreno, ali je proces centralizacije kapitala putem tržišne konkurencije otpočeo već sa njegovim nastajanjem i nastavljen je stvaranjem monopolističkog i državnog kapitalizma, gde je naročito u tzv. državnom socijalizmu dostigao krajnji domet. Veća centralizacija od etatizacije kapitala nije moguća, kao što ni od feudalne etatizacije nije bila moguća veća centralizacija zemljovlasništva; dalji razvoj može ići samo u pravcu demokratizacije državnog vlasništva po uzoru na zadružno i akcionarsko vlasništvo.

Socijalno-ekonomska polarizacija izazvala je i teritorijalnu polarizaciju društva na **grad i selo**. Zahvaljujući koncentraciji duhovnog života i društvenog bogatstva - duhovnog i materijalnog, gradovi su i u starom i u srednjem i u novom veku bili nosioci razvoja, dok je selo pretvoreno u rezervat njihove moći. Industrijalizacijom je izvršena i polarizacija grada na **centar i periferiju**, dok je polarizacija grada i sela ublažena, i sve više se ublažava što se poljoprivreda više industrijalizuje a selo praktično nestaje.

Razvoj robne proizvodnje još više je, i sve više podsticao težnje za neograničenom centralizacijom, stvarajući i sve šire mogućnosti za njihovo ostvarivanje. Što se nije moglo postići silom, postiže se ekonomskom i duhovnom ekspanzijom. Klasični kolonijalizam, koji se oslanjao pretežno na silu, gotovo da je zamenjen savremenim kolonijalizmom, koji se oslanja prvenstveno na ekonomsku i duhovnu dominaciju.

Ceo **istorijski proces oslobađanja** čoveka od krvne vezanosti i teritorijalne začaurenosti tekao je do sada uglavnom **kroz nasilno, ekonomsko i duhovno porobljavanje** jednih naroda od strane drugih, što je za rezultat imalo proširivanje klasne polarizacije društva u međunarodnu polarizaciju na bogate i siromašne, razvijene i nerazvijene, vladajuće i potčinjene narode. *"Osvajački narodi učvrstili su se pravno i ekonomski kao privilegovana klasa osvojenih zemalja; oni su* *prigrabili monopol vlasništva nad zemljama i naimenovali sveštenstvo iz svojih redova*"[1].

Zbog toga se integrisanje čovečanstva u jedinstvenu svetsku zajednicu vrši kroz stalnu borbu sa suprotnim tendencijama opiranja i zatvaranja nacionalnih zajednica; hegemonističke težnje jačih redovno se sukobljavaju s autonomističkim i autarhističkim težnjama slabijih, pri čemu, od nastanka ljudskog roda do današnjih dana, gotovo svaka moćnija zajednica ispoljava osvajačke aspiracije prema slabijim zajednicama.

Porobljavanje i **otpor porobljavanju** oduvek su bili jedan od najsnažnijih faktora unutrašnje integracije ljudskih zajednica, koji je snažno uticao i na formiranje njihove kolektivne svesti. Dok u uslovima naturalne proizvodnje još nije bilo čvrste ekonomske povezanosti, taj faktor je možda imao i presudnu ulogu u održavanju teritorijalnog zajedništva, zasnovanog prvenstveno na zajedništvu opštih uslova proizvodnje.

Sa jačanjem ekonomskih veza, na osnovama razvijene podele rada i robne proizvodnje, teritorijalno zajedništvo je preraslo u **nacionalno zajedništvo**, koje se zasniva na zajedništvu proizvodnog rada i zajedništvu duhovnog života i stvaranja. Zajedničko tržište i zajednička kultura postali su sudbonosniji činilac nacionalnog zajedništva od zajedničke teritorije kao glavnog činioca narodnog zajedništva. Zato je i **nacionalnost** postala bitno obeležje kolektivne svesti robno-proizvođačkih zajednica, pa se i **nacionalizam** javlja kao glavna **protivteža hegemonističkom internacionalizmu**.

Ali iste tendencije ekonomske i duhovne integracije koje su dovele do prerastanja narodnih zajednica u nacionalne zajednice, dovode i do integrisanja nacionalnih zajednica u svetsku zajednicu. Nacionalno tržište i unutarnacionalna podela rada stalno su težili prerastanju, i od samog početka su prerastali u međunarodno tržište i međunarodnu podelu rada, a tendencije međunarodne koncentracije i centralizacije kapitala, samo su logičan produžetak unutarnacionalnih tendencija.

---

[1] A. Ajnštajn, *Šta je teorija relativnosti?...*, isto, str. 44

Koncentracijom ekonomskih i duhovnih potencijala u pojedinim zemljama ubrzava se ekonomski i kulturni razvoj koji za sobom povlači razvoj celog čovečanstva jer u svoje tokove uvlači ceo svet. Duhovne tekovine univerzalne vrednosti imaju karakteristično svojstvo da se mimo svih granica šire na ceo ljudski rod i kao vezivno tkivo povezuju ga u jednu celinu. Zato su uprkos, i upravo zahvaljujući međusobnim konfrontacijama, neprijateljski raspoloženi narodi neosetno ali sigurno nevidljivim duhovnim nitima povezivani u jednu međunarodnu zajednicu.

Najznačajniju **tekovinu međunarodnih ratova** predstavlja upravo širenje duhovnih tekovina, koje se ukoliko predstavljaju univerzalne vrednosti, prihvataju i bez otpora, pa nisu samo osvajači uticali na pokorene narode, nego su i sami podlegali njihovim uticajima, što je za rezultat imalo mešanje, preplitanje i delimično internacionalizovanje različitih kultura. U vreme osvajačkih pohoda Aleksandra Velikog, na primer, "...*grčki jezik i grčka kultura, a prije svega specifični grčki oblik gradskog načina života udomaćili su se u cijeloj Maloj Aziji, Mezopotamiji i na obalama Sredozemnog mora, sve do Egipta*...*", ali "...*Aleksandrovo kraljevstvo nije prouzrokovalo samo grecizaciju Istoka; ono je istovremeno omogućilo starim istočnjačkim kulturama da deluju na grčku kulturu*...*", a u "...*starim rimskim provincijama varvari su se mešali sa romanizovanim stanovništvom, kopirajući njegove običaje i podstičući svoj sopstveni narod da uči, da čita i piše*"[1].

Novovekovni **kolonizatorski pohod** Evrope na svet imao je za rezultat evropeizaciju svetske kulture, kojom je uprkos porobljavanju i eksploataciji, ubrzavan razvoj koloniziranih zemalja. Pretvaranjem u sirovinski bazu industrijalizovanih metropola, kolonije su praktično već uvlačene u svetske ekonomske tokove, a od početka su im nametani novi sistemi vladavine, uz unošenje i dobrodošlih tekovina evropske civilizacije, koje su, pored ostalog, donosile "...*poboljšanje uslova života domorodaca; sprečavanje bolesti lekovima sa Zapada i uklanjanje*

[1] *Istorija od početka civilizacije do danas*, zbornik, "Vuk Karadžić"-"Mladinska knjiga", Beograd-Ljubljana, 1969, str. 73

vekovnih posledica gladi boljim sestemima komunikacija, gradnjom novih puteva i železničkih pruga, sistema za navodnjavanje, brana i kanala"[1].

Sa sticanjem političke nezavisnosti kolonijalne zemlje su i same ulazile u još veću **ekonomsku zavisnost** od razvijenih zemalja. I odlivanje njihovog nacionalnog blaga, ne da nije zaustavljeno, nego je, samo na drugačiji način, i povećavano. *"Na mjesto kolonijalizma došao je neokolonijalizam kao skup različitih ekonomskih, političkih i ideoloških sredstava kojih je cilj da formalno nezavisne nove zemlje zadrže u zavisnosti od međunarodnog kapitala"*[2].

Neokolonizacija je još više ubrzala proces mađunarodne centralizacije kapitala, zbog čega se razlike u razvijenosti ne smanjuju nego povećavaju. Dok je *"...jaz između bogatih i siromašnjih zemalja - mjeren u per capita proizvodu - bio prije dva stoljeća manji od 2:1, danas je on 39:1 i još se produbljuje"*[3]. I taj proces će verovatno teći sve dok ne postane kočnica razvoja razvijenih zemalja.

Centralizacija kapitala, i u nacionalnim i u međunarodnim razmerama, snažno je ubrzala ekonomski i kulturni razvoj. Nacionalizacija velikih preduzeća u ključnim privrednim granama omogućila je da industrijske zemlje prebrode veliku ekonomsku krizu i ponovo krenu napred, kao što su u industrijalizaciju i ubrzani razvoj krenule i nerazvijene agrarne zemlje zahvaljujući nacionalizaciji privatnog kapitala nakon nacionalnog oslobađanja i socijalno-političkih prevrata. U SSSR-u je, na primer, u odnosu na 1913. godinu, industrijska proizvodnja do 1956. godine porasla za 1.900% ili za 21 puta po glavi stanovnika, a nacionalni dohodak je u globalu povećan za 1.908% ili za 1.250% po glavi stanovnika[4].

[1] Isto, str. 270

[2] *Povijest svijeta*, zbornik, "Naprijed", Zagreb, 1977, str. 727

[3] Branko Horvat, cit. rad, str. 406

[4] Vidi: Živko Marković, *Koncepcije KPSS o razvoju socijalističke demokratije*, isto, str. 32

Ali da se centralizacija kapitala može vršiti i bez centralizacije vlasništva, pokazuje primer akcionarstva i zadrugarstva, gde se koncentracija vlasništva vrši bez otuđivanja. Zbog toga što je već postao kočnica razvoja, državni kapital se mora transformisati u demokratske oblike vlasništva, čime se otvaraju perspektive za prevazilaženje, i klasne i međunacionalne polarizacije. Put ukidanja privatnog vlasništva ne vodi kroz opštu deprivatizaciju već kroz opštu privatizaciju, ne kroz administrativno prekraćivanje, već kroz prirodno - ekonomsko dokrajčivanje razvoja svojinskih odnosa.

Glavni put za to je, međutim, **pretvaranje znanja u osnovno sredstvo proizvodnje** koje se ne može ni prisvajati ni centralizovati. Samo na toj osnovi može se uspostaviti i *"...jedna svetska organizacija..."*, koja bi *"...prema kriterijumima same tehnike bila u saglasnosti sa tehnikom kojom čovečanstvo raspolaže..."* i koja *"...bi dopustila da dođe do najboljih rezultata uz najmanji utrošak ljudskih napora"*[1]. Zato prvi korak koji bi nerazvijene zemlje morale preduzeti u otrzanju od kolonijalnog jarma, je sprečavanje migracije stručnog kadra.

Pretvaranje znanja u osnovno sredstvo proizvodnje podrazumeva kompleksnu automatizaciju proizvodnog procesa iz kojeg se oslobađa radna snaga čoveka; a ukidanjem proizvodnog rada ukida se i mogućnost njegovog otuđivanja i prisvajanja tuđeg rada; ukida se, dakle, privatna - tuđim radom stečena svojina. Time, i jedino time, ukida se, kao bitna dimenzija svojinskog odnosa, i upravljanje ljudima od strane ljudi.

Kao bitna dimenzija svojinskog odnosa, **upravljanje čoveka proizvodnim procesima** odvijalo se i razvijalo kroz **upravljanje ljudima** jer su ljudi bili neposredni nosioci tih procesa. Oslobađanje ljudi od vladavine prirodne stihije nije, dakle, moglo ići bez njihove vladavine nad samim ljudima. Sa društvenom polarizacijom na proizviđače i vlasnike proizvodnih sredstava morala je ići i polarizacija na upravljače i one kojima se upravlja, na vladajuće i potčinjene klase.

---

[1] Erik Vajl, cit. rad, str. 102

Vladajuće eksploatatorske klase ne mogu upravljati ni same sobom bez upravljanja eksploatisanim proizvođačkim klasama od kojih zavisi i njihova, ne samo klasna, nego i životna egzistencija. Upravljanje celim klasnim društvom zasniva se, dakle, na klasnom potčinjavanju i upravljanju jedne klase drugim klasama.

Da to nije u generičkoj prorodi čoveka, pokazuje emancipatorska usmerenost razvoja upravljanja **od upravljanja drugima ka samoupravljanju**. Robovlasnik je, kao svojim neposrednim vlasništvom, neposredno i upravljao robom, koji je, bez ikakvog vlasništva bio lišen i mogućnosti da upravlja samim sobom. Feudalni poglavar je, kao vrhovni vlasnik zemlje, svojim podanicima preko vazalnog sistema upravljao posredno, a oni su već imali izvesnu samostalnost u upravljanju svojim domaćinstvom, pa i neka građanska prava kao garanciju te samostalnosti. Na osnovama proklamovane opšte privatizacije, kapitalističko društvo uvodi jednaka prava i predstavnički sistem vlasti, u kojem građani preko izabranih predstavnika upravljaju sami sabom, čime se uspostavlja nekakav most pomirenja između suprotstavljenih klasa.

Težnje ka pretvaranju upravljanja u samoupravljanje izražavane su još u starom veku kroz demokratske oblike vladavine slobodnih građana, a u novom veku ispoljavaju se kroz sve razvijenije, posredno ili neposredno, učešće zaposlenih u upravljanju privredom, i građana u upravljanju društvom. Kroz demokratizaciju svojinskih odnosa, autokratsko i predstavničko upravljanje se dosledno transformiše u neposredno demokratsko upravljanje kao istinsko samoupravljanje. Preko neposredne saradnje privrednih subjekata, međunarodnih ugovora i Organizacije ujedinjenih nacija demokratizacija sve više zahvata i međunarodne odnose.

Tendencije demokratizacije, koje izražavaju suštinu generičkih težnji čoveka, su, međutim, **u stalnom sukobu s autokratskim upravljanjem** kao prirodnim oblikom vladavine svojinskog monopola. Zasnovano na svojinskom monopolu, celo proizvođačko društvo je u osnovi autokratski organizovano, čime protivreči svojoj generičkoj suštini, ka čijem se ostvarenju kroz "porođajne muke" kreće.

222

Pošto je polarizacija umnog i fizičkog rada osnovno odličje proizvođačkog društva, ono u osnovi i ne može biti demokratski organizovano jer je upravljanje isključivo umna delatnost, organski vezana za svojinski monopol, te ukoliko su lišene svojine, proizvođačke klase su automatski lišene i mogućnosti upravljanja. Otuda se centralizacijom vlasništva neizbežno centralizuje i upravljanje, zbog čega je feudalna država bila tipično autokratska organizacija, a centralizacija kapitala je svugde dovodila do potiskivanja demokratskih tendencija i jačanja uloge otuđenih centara ekonomske moći i u privrednom i u političkom životu. Zbog etatizacije i centralizacije vlasništva, diktatura proletarijata je nakon komunističkih prevrata obavezno izokretana u diktaturu nad proletarijatom. I Organizacija ujedinjenih nacija je pod snažnom dominacijom velikih sila pretvorena u oblik autokratske vladavine svetom.

S obzirom da podrazumeva pokoravanje tuđoj volji, upravljanje ljudima nije moguće bez prinude, zbog čega je i radi upravljanja celim društvom morao biti stvoren poseban aparat društvene prinude, jer da bi se potčinjene klase držale u pokornosti, moraju se volji vladajuće klase pokoravati i njeni sopstveni pripadnici. Izlazi, dakle, na to da se **proizvođačko društvo održava i razvija pod sopstvenom prinudom**, kao da mu nije stalo do sopstvenog opstanka i razvoja, što zapravo odgovara prinudnom karakteru njegove osnovne delatnosti.

Zbog protivrečnosti ne samo individualnih i društvenih, nego i samih individualnih interesa, ljudi se moraju primoravati da rade i ono što je u njihovom sopstvenom interesu. Radi toga, prinuda mora da prelazi u samoprinudu, a fizička prinuda da se nadopunjava duhovnom prinudom. Dvojna priroda prinude odgovara protivrečnoj prirodi interesa na čije ostvarivanje čovek treba da se privoli.

Ideologija je zapravo **oblik duhovne prinude i samoprinude** kojim se ljudskim dušama, i u tuđem i u njihovom sopstvenom interesu, sa strane upravlja. Ona usmerava razvoj, i ljudske jedinke i ljudske zajednice, i upravo zbog toga ga istovremeno i potpomaže i ograničava. Ni pojedinac ni društvo se ne razvijaju slobodno, ali ni stihijski čime bi im mogao biti ugrožen i sam opstanak.

Usmeravanju razvoja služe **ideološke norme** kojima se kanališe duhovni život jedinke a time i cele zajednice. Od života pa do smrti čovek se suočava sa zabranama i uputima kojima ga upućuju na "pravi put" a koji gotovo nikada nije njegov pravi izbor pa ni onda kada je potpuno ubeđen da jeste. Još u kolevci dete se ukalupljuje u duhovni kalup koji mu drugi, pre svega njegovi roditelji skrajaju, i ne sluteći da iz najveće ljubavi ponekad čine najveći zločin prema mladom stvorenju kad ga teraju da se formira po receptu koji može biti i u potpunoj koliziji sa njegovim prirodnim predispozicijama.

Vaspitne ustanove, od jaslica do fakulteta, su redovno ideološki usmerene da bi formirale istomišljenike. Od vaspitanika se traži da misli onako kako vaspitač misli i nikako drugačije; neslagati se može samo s onim sa čim se vaspitač ne slaže i kritikovati samo ono što on kritikuje; učionice se ne nazivaju slučajno slušaonicama jer se zna da u njima ima samo da se sluša. Takva škola je daleko od stvaralačkog, ili tzv. informatičkog društva, koje traži samostalnu i kritički nastrojenu stvaralačku ličnost.

Problem je, međutim, u tome što je i škola ideološka institucija, od koje se traži da formira ličnosti kakve postojećem društvu i vladajućoj ideologiji odgovaraju, a i sami vaspitači su po određenom ideološkom receptu vaspitani. I formiranje samostalne ličnosti ima svoje ideološko opredeljenje za demokratsko društvo kao zajednicu samostalnih individua, u kojem jedino i vaspitne ustanove mogu biti samostalne.

Kao što se deprivatizacija vlasništva vrši kroz opštu privatizaciju, tako se i **klasna dezideologizacija** mora vršiti kroz opštu ideologizaciju, što je utoliko lakše ukoliko nauka i duhovna komunikacija za to daju više materijala. A to, razume se, pretpostavlja i dezideologizaciju nauke i scientizaciju ideologije kao vladajuće društvene svesti.

Ali dezideologizacija nauke i scientizacija ideologije pretpostavljaju i **depolitizaciju**, koja se takođe mora vršiti kroz opštu politizaciju, čiju osnovu čini opšta demokratizacija društva, i pre svega države. Izvorna marksistička teza o **odumiranju države** ne znači u suštini ništa

224

drugo nego **stvarnu demokratizaciju društva**, a njeno staljinističko iz-vrtanje je samo ideološka racionalizacija sasvim suprotne prakse - eta-tizacije društva. Da bi se istina vratila na svoje mesto, staljinistička krilatica da socijalistička država odumire jačanjem morala bi se obrnuti u krilaticu da socijalistička država jača odumiranjem, odnosno transfor-misanjem države u neposrednu organizaciju društva, što zapravo i jeste istinsko ostvarenje njene suštine i istorijskog smisla njenog postojanja.

Sudbina vlasti vezana je za sudbinu vlasništva, na kojem se vlast i zasniva. Stoga su osnivači marksizma suštinu socijalističke revoluci-je, kao najvećeg društvenog prevrata u istoriji čovečanstva, sveli na ukidanje privatnog vlasništva. Na pitanju da li se do socijalizma dolazi revolucionarnim prevratom ili evolutivnim promenama, radnički po-kret je se, međutim, pocepao na dva približno snažna krila, što već sa-mo po sebi govori da je pitanje metafizički postavljeno, ali u politici presudnu ulogu nemaju metafizika i dijalektika, već interesi i strasti.

Još u mladalačkim danima ubeđeni da se klasno društvo samo revolucijom može srušiti, osnivači marksizma su, po cenu sužavanja svog dijalektičkog pristupa u tumačenju društvenih pojava i druš-tvenog razvoja, celo svoje učenje podredili tom ubeđenju. U "Nemačkoj ideologiji" oni su napisali da je "...*revolucija nužna ne samo zato što je **vladajuću** klasu nemoguće svrgnuti na neki drugi način, već i zato što klasa **koja nju svrgava** samo u revoluciji može uspeti da se otarasi sve stare pogani i postane sposobna da izgradi nove temelje društva*"[1].

Apsolutizovanje revolucionarnog prevrata suprotstavljano je apsolutizovanju evolutivnih promena, kojem su bili naklonjeni socija-listi utopisti, a odbacivano je i od socijal-demokrata na čelu sa Bernš-tajnom, koji je smatrao da se "...*sigurnije jemstvo za trajniji uspjeh na-lazi u neprekidnom kretanju naprijed, a ne u mogućnostima koje pruža katastrofa*"[2].

---

[1] Dela, tom VI, str. 37/8

[2] E. Bernastain i dr., *Revizionizam*, zbornik, "Globus", Zagreb, 1981, str. 4

Osnivači marksizma nisu, međutim, u principu odbacivali evoluciju, niti su socijalisti utopisti i socijal.demokrati odbacivali revoluciju, kao oblike društvenog razvoja. Razilazili su se samo u shvatanju mogućnosti i celishodnosti **socijalističke** revolucije, što govori da se radilo prvenstveno o ideološkom sporu iza kojeg su stajali određeni politički pristupi i opredeljenja.

Evolucija i revolucija su inače neodvojivi oblici ispoljavanja društvenog i svakog drugog razvoja. U stvarnosti postoji samo "...*jedinstvo postepenosti (evolucije - od lat. evolutio=otvaranje; kontinuiteta) i skokovitosti (revolucije, diskontinuiteta) u svim stvarima - procesima*". Plehanov je "...*tačno zaključio da evolucija i revolucija nisu samo dve uzastopne faze svakog razvoja koje se smenjuju, već se one prožimaju*"[1]. Evolucija i revolucija nisu suprotnosti koje se isključiju, već suprotnosti koje se podudaraju, što svaki razvojni proces upravo i čini protivrečnim. Evolucija izražava podudarnost, a revolucija suprotnost suprotstavljenih a neodvojivih polova svega postojećeg.

Razlike u opredeljenjima za, ili protiv socijalističke revolucije proisticale su iz različitih pristupa protivrečnostima kapitalističkog društva. Socijal-utopisti i socijal-demokrati su apsolutizovali podudarnosti, a komunisti suprotnosti između najamnog rada i kapitala, odnosno između interesa proletarijata i buržoazije. Otuda su u ideološkim duelima jedni stalno govorili o **pomirljivosti**, a drugi o **nepomirljivosti** suprotnosti buržoaskog društva.

Teorijska pozadina tog razlaza je u **različitom shvatanju** celokupnog istorijskog toka **razvoja klasnog društva**, i posebno kapitalizma. Postala je gotovo banalna teza komunističkog pokreta da se klasne suprotnosti kapitalizma sve više zaoštravaju, i da je stoga revolucija neizbežna jer "...*ukoliko se industrijska revolucija više razvija, ukoliko se pronađe više strojeva koji potiskuju ručni rad, utoliko krupna industrija*

---

[1] Dr Andrija Stojković, Dr Bogdan Šešić, cit. rad, str. 341

više snizuje nadnicu ... na njen minimum, uslijed čega položaj proleta-rijata postaje sve nepodnošljiviji"[1].

Sen-Simon je, međutim, tvrdio da što se u toku razvoja društva "*...krug asocijacije više širio, to se više smanjivala eksploatacija čove-ka čovekom i snaga antagonizma postajala slabija, a sve ljudske spo-sobnosti se razvijale sve više i više u miroljubivom pravcu...*"[2]; "*...u oči-ma Sen-Simona i sen-simonista interesi rukovodilaca industrije potpu-no su solidarni s interesima radničke klase; i Oven je bio ubeđen da bogati i siromasi, upravljači i upravljani imaju jedan isti interes*"[3]. Be-rnštajn je u svojim polemikama sa komunistima isticao da "*...svuda u naprednijim zemljama klasna borba poprima blaže oblike...*", i da "*...tvorničko zakonodavstvo, demokratizacija općinskih uprava i proširenje njihova područja rada, oslobađanje sindikalnog pokreta i zadrugarstva od svih zakonskih prepreka, uzimanje u obzir radničkih organizacija kod svih poslova koje posjeduje javna vlast, karakter-iziraju stupanj*" njihovog razvoja[4].

Iz različitog pristupa u shvatanju protivrečnosti kapitalizma pro-isticale su i razlike u shvatanju **sredstava** njihovog razrešavanja. Pola-zeći od toga da se upotreba sile sa razvojem društva smanjuje, socijal-utopisti i socijal-demokrati su je potpuno odbacivali kao sredstvo raz-rešavanja protivrečnosti kapitalizma. Bernštajn je tvrdio da se "*...lib-eralne ustanove modernog društva razlikuju od feudalnih upravo po tome što su gipke, sposobne za promjenu i razvoj...*", pa "*...ne moraju biti bačene u zrak*" već "*moraju biti samo dalje razvijane...*", zašta je "*...potrebna organizacija i energična akcija, ali ne nužno i revolucio-narna diktatura*"[5].

---

[1] K. Marks, F. Engels, Dela, isto, tom VII, str. 299

[2] *Doktrina Sen-Simona*, "Kultura", Beograd, 1953, str. 120

[3] G.V. Plehanov, *Protiv idealizma*, isto, str. 258, 284

[4] Napred cit, rad, str. 6, 3

[5] Isto, str. 149

Iako teorijski nisu isključivali i mogućnost mirnog prevrata, osnivači marksizma su se zalagali za **nasilnu revoluciju**, pa su u Manifestu komunističke partije "...*otvoreno izjavili da se njihovi ciljevi mogu postići samo nasilnim rušenjem čitavog dosadašnjeg društvenog poretka*"[1]. Uloga sile je kasnije još više apsolutizovana, pa je Lenjin definišući revoluciju kao "...*nasilno rušenje zastarele političke nadgradnje*..."[2], tvrdio da je "...*smena buržoaske države proleterskom nemoguća bez nasilne revolucije*..."[3], dok je Staljin "...*nasilnu revoluciju proletarijata*..." proglasio "...*neizbežnim i obaveznim uslovom kretanja ka socijalizmu u svim, bez izuzetka, imperijalističkim državama*"[4].

Pri **apsolutizovanju revolucionarne uloge sile**, polazilo se od istorijskog iskustva da su sve prethodne revolucije bile nasilne, pa da bi takva morala biti i socijalistička revolucija. Svoje opredelenje za nasilnu revoluciju, Plehanov je obrazlagao tako da se "...*veliko društveno pitanje našeg vremena, pitanje o uništenju eksploatacije čoveka od strane čoveka može rešiti - kao što su se rešavala i velika društvena pitanja ranijeg vremena - samo silom*"[5].

Iskustvo da su velike društvene revolucije izvođene uz pomoć sile, uticalo je na formiranje ubeđenja da revolucija **po svom karakretu** predstavlja **nasilnu promenu**, te da se stoga ni jedna revolucija ne može izvesti bez upotrebe sile. Mnoge revolucije su se, međutim, odigrale i bez nasilja, kojim se ne koriste samo revolucije već i kontrarevolucije, pa i prevrati koji nemaju za rezultat nikakvu zapaženiju promenu u društvu; svi oružani sukobi znače upotrebu sile ali ne donose svi i društvene promene.

Ono što karakteriše svaku revoluciju, to su **kvalitativne promene** koje ona u sebi nosi, a ne upotreba sile, koja može, a i ne mora

---

[1] Dela, isto, tom VII, str. 380

[2] *Sočinenija*, izd. IV OGIZ, Gospolitizdat, tom IX, str. 107

[3] *Država i revolucija*, "Kultura", Beograd, 1947, str. 22

[4] *Sočinenija*, Gospolitizdat, Moskva, tom VIII, str. 309

[5] *Protiv revizionizma*, isto, str. 57/8

biti samo pomoćno sredstvo da se te promene izvrše, te je sasvim osnovano Gandijevo zalaganje za nenasilnu revoluciju[1]. Revolucionarne promene, po Hegelu, *"...uopšte nisu samo prelaz jedne veličine u drugu, nego su prelaz kvalitativnog u kvantitativno i, obrnuto, postajanje drugim, prekid postepenog..., kvalitativno drugo, suprotno prethodnom stanju"*[2]. Predrag Vranicki *"...pod revolucijom podrazumeva u suštini svaku kvalitativnu promjenu bilo čega, a kad je riječ o društvu, onda zamjenjivanje jednih društvenih odnosa drugim višim razvijenijim društvenim odnosima"*[3].

Ne predstavlja, međutim, revolucija kvalitativne, a evolucija kvantitativne promene, tako da se prelaz kvantiteta u kvalitet vrši skokovito, kao što se uprošćeno ali i pogrešno razvojni proces prikazuje. Kao kontinuelna strana razvojnog procesa, i evolucija nužno u sebi nosi kvalitativne promene bez kojih kontinuiteta u razvoju ne bi bilo. Razlika je između evolucije i revolucije samo u karakteru promena; evolucija znači kontinuirano nagomilavanje nebitnih promena, koje na određenom nivou prelaze u bitnu, suštinsku, radikalnu ili **revolucionarnu promenu**; razlika je, dakle, u tome da li se kvalitativnim promenama menja ili ne **menja suština stvari**.

Zato se ne može *"...svaka promjena kvaliteta shvatiti kao revolucionarni momenat u kojem je došlo do korjenite izmjene jednog ili više kvaliteta određenih predmeta..."*[4], jer nije svaka promena kvaliteta **korenita** promena ukoliko se pod kvalitetom neke stvari ne podrazumeva samo njena suština. Nije, međutim, revolucija samo *"...proces krupnih društvenih potresa i previranja u kome dolazi pod udar celokupna dotadašnja praksa (ili, tačnije, neki zamašan deo ili važan vid te prakse), u kome se rastvara i ruši ustaljeni način života, u kome propada vladajući poredak stvari..."*, niti samo *"...dalekosežan društveni proces*

---

[1] Vidi cit. rad, str. 71

[2] Vidi: Plehanov, *Protiv ideolizma*, isto, str. 351

[3] *Dijalektički i historijski materijalizam*, III izd., Nakladni zavod Matice hrvatske, Zagreb, 1978, str. 74

[4] Isto, str. 46

koji dovodi do rascepa u istorijskom razvoju, do prekida sa tradicijom, što izaziva razdor, pa čak i sukob između generacija"[1]. Ima u stvarnosti i manjih i većih, i "malih" i "velikih" revolucija, koje znače manje ili veće, sitnije ili krupnije, parcijalne ili celovite **suštinske** promene, pa ako je, kako kaže Sartr, "*...revolucija stvarnost na putu ka totalizaciji"*[2], nije svaka revolucija i totalna ako takva uopšte i može biti.

Ali nisu sve suštinske promene revolucionarne, već samo one koje znače **prelazak nižeg u viši kvalitet, i nižeg u viši stadijum razvoja**. Teza da revolucija "*...ponavlja ono što je uvek već bilo čak i u najranijoj fazi svoga zametanja...*"[3], može se prihvatiti samo pod uslovom da se to ponavljanje shvati kao "*...razvoj koji kao da ponavlja već pređene stepene, ali ih ponavlja drukčije, na višoj bazi ("negacija negacije"), razvoj takoreći po spirali, a ne po pravoj liniji*"[4]. Samo se tako i razvijeni komunizam može shvatiti kao ponavljanje sopstvenog "zametka" prakomunizma pošto se celo klasno društvo razvijalo po nekoj spirali.

Ljudsko društvo se može razvijati samo po generičkoj spirali **ljudskog** roda, čiju razvojnu snagu ne predstavlja fizička, nego duhovna sila, koja je i glavna snaga svih društvenih revolucija, koje "*...ne izbijaju iz stomaka,....nego iz glave*"[5]. Sve dosadašnje revolucije zasnivale su se na duhovnim kreacijama ljudskog uma proisteklim iz njegovog nemirenja sa postojećim društvenim stanjem. Ukoliko su se oslanjale na fizičku silu, ona je bila efikasna samo ukoliko je mudro vođena i **idejno** usmeravana.

Uloga fizičke sile je prenaglašavana zato što je prenaglašavana rušilačka uloga revolucije, kao da je teže srušiti staro, nego izgraditi novo društvo, a pokazalo se upravo obrnuto. Da bi sve snage usmerio

---

[1] Mihailo Đurić, *Utopija izmene sveta*, Institut društvenih nauka, Beograd, 1979, str. 22/3

[2] Cit. rad, str. 121

[3] Mihailo Đurić, napred cit. rad, str. 27

[4] *Lenjin o materijalizmu i dijalektici*, "Kultura", Beograd, 1956, str. 12

[5] Đuro Šušnjić, cit. rad, str. 159

na rušenje vladajućeg poretka, Marks je, i ne sluteći koliko će stvaralačka uloga socijalističke revolucije biti teška, namerno isticao da je *"...revolucija uopšte - rušenje postojeće vlasti i razaranje starih odnosa"*[1].

Zbog prenaglašavanja rušilačke uloge socijalističke revolucije, **prenaglašavana** je i **revolucionarna uloga proletarijata.** U Manifestu Komunističke partije *"...od svih klasa koje stoje naspram buržoazije samo je proletarijat..."* proglašen *"...istinski revolucionarnom klasom"*[2], a pokazalo se da ga u rušilačkoj ulozi može uspešno zameniti i seljaštvo, koje je zapravo i ponelo najveći teret izvršenih revolucionarnih prevrata.

Proletarijat, kao fizička radna snaga, ne može, međutim, predstavljati kreativnu, pa stoga ni **vodeću snagu revolucije**, kao što je proizvođačke klase nikada nisu ni predstavljale. I sam Engels je uočavao da su radnici čak i u razvijenoj Engleskoj *"...bili potpuno slomljeni, radom satrveni karakteri, mirni, pobožni i časni ljudi koji su se blagočastivo užasavali čartizma i socijalizma, prema prestolu i oltaru osećali dužno strahopoštovanje..."*[3], dok je Marks za seljake tvrdio da su *"...nesposobni da istaknu svoje klasne interese u svoje sopstveno ime..."*, da stoga *"...oni sebe ne mogu zastupati..."* već *"...ih mora zastupati drugi"*[4]. Bilo je naivno verovanje da se radnička klasa u toku samog revolucionarnog prevrata može osposobiti *"...da izgradi novi temelj društva"*[5], a i kad bi mogla, nije jasno kako bi ona gradila društvo u kojem je više neće biti.

Ako bi bila ispravna interpretacija *"...revolucionarnog metoda..."*, koju daje Diverže, da *"...postojeći poredak može da se obori na brutalan način, odjednom, u celini, i da se zameni novim poretkom u celini, isto tako brutalno"*[6], kako se može protumačiti i Marks-Engelsova

---

[1] K. Marks, F. Engels, Dela, isto, tom III, str. 174

[2] Isto, tom VII, str. 388

[3] Isto, tom X, str. 195

[4] Isto, tom XI, str. 161

[5] Isto, tom VI, str. 38

[6] Cit. rad, str. 119

teza iz "Nemačke ideologije", da je "*...komunizam empirijski moguć samo kao delo vladajućih naroda, izvršeno "odjednom" i istovreme-no...*"[1], onda bi evolucija kao razvojni proces bila sasvim suvišna ili bi se svodila samo na stvaranje kvantitativnih pretpostavki revolucije. A na takav zaključak navodi i Marksova poludijalistička (ili polumeta-fizička) teza da tek "*...na izvjesnom stupnju svoga razvitka materijalne proizvodne snage društva dolaze u protivurječje s postojećim odnosima proizvodnje*"[2], kada nastupa revolucija, a ne da su stalno u protivreč-nom odnosu, što uslovljava određene promene proizvodnih odnosa i pre revolucionarnog prevrata.

Ni jedan društveni poredak nije protekao bez manjih ili većih promena produkcionih odnosa kojima je već u hodu vršeno njegovo prestruktuiranje i ukidanje, dok na kraju nije došlo do njegovog ko-načnog ukidanja ili dokidanja putem revolucionarnog prevrata. Rev-olucija je, prema tome, **dugotrajan proces**, ne samo suprotan, već i podudaran s evolucionim procesom, kojim se priprema revolucionarni prevrat ili konačni slom postojećeg, ali kroz stvaranje novog već u toku trajanja starog sistema. Tako je Gramši i proletersku revoluciju shvatio kao "*...dug istorijski proces koji se ostvaruje kroz nastajanje i razvija-nje određenih proizvodnih snaga (koje mi ukratko i sažeto nazivamo "proletarijat") u određenoj istorijskoj sredini (za što kratko i sažeto kažemo "način individualnog vlasništva, način kapitalističke proizvod-nje, sistem fabrika, način organizovanja društva u demokratsko-parla-mentarnu državu")*"[3].

Socijalistička revolucija počinje u stvari sa buržoaskom revolu-cijom, koja pored opšte privatizacije vlasništva, proklamuje društvenu jednakost, bratstvo i slobodu, što su u suštini opštedruštvene ili socija-lističke vrednosti, i što čini osnovanom Lenjinovu tezu da pobeda kapi-talizma predstavlja "*...uvod u pobedu rada nad kapitalom*"[4]. Elementi

---

[1] Dela, isto, tom VI, str. 34

[2] Isto, tom XX, str. 332

[3] Cit, rad, str. 157/8

[4] *Lenjin o materijalizmu i dijalektici*, isto, str. 22

socijalizma su i u praksu zemalja koje se nazivaju kapitalističkim, više prodrli nego u zemljama proklamovanog socijalizma. Sam Marks je predviđao da će se svojinski odnosi u socijalizmu zasnivati na zadružnim principima, a izvorno zadrugarstvo je se, pored radničkog akcionarstva, u "kapitalističkim" zemljama slobodnije i brže razvijalo od uškopljenog i poetiziranog zadrugarstva u "socijalističkim" zemljama. Slobodnije su se razvijali i više su se razvili i oblici neposredne demokratije, kao što su lokalna samouprava, narodna inicijativa i odlučivanje referendumom, koji su u "socijalističkim" zemljama bili nepoznati ili su gušeni od strane države i vladajuće partije. "Socijalističke" zemlje, koje su se formalno odrekle socijalizma, kao što su ga formalno i proklamovale, sada su u naizgled paradoksalnoj situaciji da socijalizam uče i prihvataju od "kapitalističkih" zemalja.

Socijalizam se svugde razvija i kroz sukobe i kroz solidarisanje sa protivrečnim tokovima proširene (razvojne) reprodukcije kapitala, koja se zasniva i na eksploataciji i na sve većem oslobađanju najamnog rada. Iz te protivrečnosti je nasuprot sve snažnijim socijalističkim tendencijama, proistekla i velika koncentracija kapitala u posedu države, velikih svetskih sila i moćnih korporacija, koji se već istrgao ispod kontrole svojih formalnih vlasnika i sam zavladao svetom.

Zato glavni klasni protivnik radničke klase nije više nacionalna buržoazija već supranacionalna nadklasa privredne i politčke birokratije koja faktički upravlja reprodukcionim tokovima svetskog kapitala. Ni glavna strategija oslobodilačke borbe ne može biti rušenje starog, već stvaranje novog sveta (čime se stari jedino i može srušiti), zašta je kao glavno sredstvo borbe, umesto razorne fizičke, potrebna stvaralačka duhovna sila.

Zbog toga glavnu **vodeću i noseću snagu oslobodilačke revolucije i evolucije** mora umesto klase fizičkih radnika vođene profesionalnim političkim rukovodstvom, činiti **stvaralačka inteligencija**, koja u procesu društvene reprodukcije sve više zauzima mesto i radničke i upravljačke klase jer je jedino ona sposobna da u svojoj delatnosti

233

sjedini rad i upravljanje. To je i jedina "klasa" koja, kao nosilac društvenog razvoja, ima pred sobom otvorenu perspektivu, i jedina društvena snaga koja može izići na kraj s apsolutnom vladavinom kapitala jer je njegova sudbina samo u njenim rukama. A ona je i relativno najugroženija najamna snaga kapitala, koja mu, u odnosu na svu drugu najamnu snagu, neuporedivo više daje nego što dobija. Stvaralačka inteligencija nema šta ni da izgubi a može osvojiti, i osvojiće ceo svet kojeg će jednog dana samo stvaralačka inteligencija i činiti.

DRUGI DEO

DRUŠTVO
TEHNOLOGIJA
PROMENE

DRUŠTVENI KARAKTER TEHNOLOGIJE

Zanimanje društvenih nauka, a posebno sociologije kao relativno mlade nauke, za pitanja i problem tehnike i tehnologije nije sasvim novo, ali je nov intezitet i dubina analitičkog sagledavanja sve izraženijih veza i odnosa na relacijama pojedinac-tehnika i društvo-tehnika. Rastući broj, raznovrsnost i dalekosežnost svakodnevnih posledica savremene tehnike i tehnologije doprineo je da one u jednom periodu (npr. 70-tih godina i donekle 80-tih) postanu jedno od najistraživanijih područja gotovo svih društvenih nauka, pa tako i sociologije, naročito u industrijski razvijenim zemljama. U centru pažnje nisu bile samo sve dramatičnije **posledice** rastuće **tehnologizacije** svih vidova čovekovog života - počev od materijalne proizvodnje, preko upravljanja, pa sve do korišćenja slobodnog vremena - nego i analiza **činilaca** i svih potrebnih **uslova** razvoja tehnike i tehnologije. Sociološki su veoma važna i interesantna oba polja istraživanja, kako onog na strani nosilaca, motiva, uslova, pretpostavki i načina stvaranja novih tehnika i tehnologija, tako isto i široko polje brojnih posledica, često potpuno novih i do tada nepoznatih, koje donosi primena novih tehnoloških rešenja.

Za mnoge sociologe upravo ovo područje je postalo toliko važno da su gotovo svu svoju pažnju usmerili upravo na njega, neopravdano zanemarujući istraživanje svih i potrebnih i dovoljnih društvenih (potrebe, ekonomske mogućnosti, raspoloživo znanje itd.) uslova nastanka datih tehnologija. Razume se, zadatak sociologije nije samo da registruje i objašnjava određene pojave i procese i njihove posledice, već i u tome da pronikne u njihovu suštinu, zatim da otkrije uzroke i socijalne nosioce tih pojava i procesa i, najzad, da proceni dalje tendencije kretanja analiziranih procesa. Kada je reč o tehnici i tehnologiji ovakav metodološki pristup je posebno važan, jer sociologiji omogućuje da tehniku i tehnologiju posmatra na celovit, **holistički**, način, tj. i kao **objekt** (mašine, alate, opremu itd.) i kao **znanje** (teorije, veštine, pravila, procedure itd.) i kao **proces** (istraživanje, pronalaženje, projektovanje, korišćenje itd.) i najzad kao **voljnost** (volja, motiv, postignuće, intencija itd.) čoveka da stvara, pribavlja, koristi, unapređuje, zamenjuje, rečju, stvara i bira odgovarajuća tehnološka rešenja za najrazličitije životne probleme. Ipak, to nikako ne znači da se tehnika i tehnologija mogu posmatrati kao nekakvi autonomni, od društva izolovani, fenomeni, pojave "po sebi".

Tehnika i tehnologija uvek do sada razvijale su se u funkciji nekih širih istorijskih potreba određene epohe ispoljavajući se kao naročita mera čovekove emancipovanosti kako u odnosu na prirodu kao opšti uslov života, tako posebno i u odnosu na druge ljude, ali i u odnosu na sebe samog. To se najbolje vidi u poslednja dva veka od kako je na delu tzv. industrijska revolucija koja je na radikalan način otkrila "...da u biti tehnike nema ničeg tehničkog..." (Hajdeger), tj. da se razvijala i razvija ne ona tehnika i tehnologija koja se mogla razvijati, nego ona koju je bilo **potrebno** (nekome) razvijati. Poslednje decenije dominantne zastupljenosti razvoja tehnike i tehnologije od strane sektora vojnih potreba rečito pokazuju nedopustivo visok stepen instrumentalizovanosti tehnike i tehnologije, što objektivno guši i slabi njen stvarni emancipatorski potencijal i domete. Takva vrsta racionalnosti ipak nije bila imanentna čoveku kroz čitavu njegovu istoriju. Korisnost, utilitarnost, pragmatičnost, efektivnost, efikasnost, rentabilnost, profitabilnost i druge slične namene tehnike rezultat su novijeg doba i shvatanja racionalnosti, ali i svojevrsnog kosmičkog optimizma koji svoje neiscrpne izvore ima u stalnom tehničko-tehnološkom napredovanju kao preduslovu svakog drugog napredovanja. Čak ni povremena katastrofična upozorenja da tehničko-tehnološki napredak sam po sebi ne vodi automatski u stvarni ljudski napredak (npr. katastofa u Bopalu 1985., Černobil 1986., nova razorna oružja i sl.) ne utiču dovoljno na tehnicistički usmerene tumače progresa i slobode koji ili neće ili ne mogu da vide i "drugu stranu medalje". Ali, kako i zašto tehnika može imati dvostruku (demonsku ili anđeosku) ulogu? Šta je, u stvari, tehnika? Kakva je njena priroda?

Pojam tehnike i tehnologije

U traženju odgovora na ovakva i slična, pomalo filozofski intonirana, pitanja nameće se potreba da se pođe od samog etimološkog korena reči "tehnika". Doduše, to čini većina autora koji pišu o pitanjima tehnike, ali isto tako veliki broj njih ispušta iz vida da grčka reč techne[1], ipak nema ništa zajedničko sa savremenim značenjem pojma tehnika. Ovo stoga što tehne izvorno znači umeće veštinu, sposobnost čoveka (vrlina) da ostvari svoju svrhu. Tehnika je dakle put, metod, način - "kako" - prisvajanja prirode za čovekovu svrhu, dakle ona je posrednik između čoveka i prirode čime, u stvari, sjedinjuje ontološku i antropološku dimenziju ljudske vrste. Ukratko, tehne je svojstvo subjekta i izvan njega ona ne postoji. Pomoću tehne čovek neprekidno potvrđuje i razvija svoju individualnost nadvisujući zatečeno stanje kako o prirodi tako i o društvenim odnosima. Učestvujući u ovom protivrečnom procesu tehnika nudi čoveku dvostruku mogućnost[2]. Prva se sastoji u tome da tehnika omogućuje smanjenje radnog vremena i uvećanje slobodnog vremena što je stvarni uslov slobode i napretka, a druga mogućnost leži u činjenici da tehnička sredstva mogu da se pretvore u gospodara čovekovog tako što se čovek poistovećuje sa tehničkim razvitkom, postaje deo tehnike prepuštajući se tehničkom mišljenju kao svojevrsnoj metafizici. *"Tehnika, dakle, nije neko puko sredstvo. Tehnika je uvek*

---

[1] Različiti poznavaoci staro-grčkog jezika ukazuju na veliki broj značenja ove reči, kao npr.: veština, umeće, umetnost, okretnost, znanje, zanat, posao, gatanje, proročki dar i dr. Kao pridev javlja se tehneis sa značenjem: umešan, vešt, veštački. Takođe, postoji još nekoliko oblika kao npr. tehnikos što znači: veštački, umetnički, stručnjački, razborit, pravilan; tehnites: rukotvorac, veštak, majstor, zanatlija i sl.; tehnazo: prirediti, obraditi, obrazovati itd. (videti: H. Burger, *Filozofija tehnike*, Zagreb, 1979, str. 21-37).

[2] Uporedi: V. Korać, *Razvitak tehnike i sudbina čovečanstva*, časopis "Ideje", 1-2/1986, str. 81

način raskrivanja, tj. istine[1] . Ipak, ovaj izvorni smisao tehne gubi se kada kapital počinje da predstavlja "totalitet uslova proizvodnog procesa". Iz pojma umeća koji postaje tehnika nestaje i poslednji trag samodelatnosti individuuma i ona se sve više svodi na izvršavanje, kalkulisanje, merenje i predviđanje mogućnosti koje pružaju ili najavljuju osnovne principe modernih prirodnih nauka[2] .

Filozofsko interesovanje za tehniku i tehnologiju proističe s jedne strane iz potrebe objašnjenja njene prirode, njenih veza sa naukom, potrebom odgonetanja suštine mašine i posebno razlike između čoveka i mašine, što se sve obično naziva epistemološkim i metafizičkim pitanjima, a s druge strane, to interesovanje ima uzroke i u brojnim praktičnim, a pre svega etičkim, posledicama koje nastaju primenom tehnologije. I na ovom mestu potrebno je ukazati i na određene semantičke probleme koji se tiču termina tehnika i tehnologija. "Tehne" je izvor oba ova pojma s tim da se kod tehnologije sadrži i imenica "Logos", što bi navodno trebalo ovom pojmu obezbediti i bitno drugačije značenje. Ipak, danas je sve teže odrediti precizno značenje oba pojma "tehnika" i "tehnologija", a gotovo je nemoguće povući jasnu liniju njihovog pojmovnog razgraničenja, tako da se oni najčešće koriste i kao sinonimi (naročito na engleskom jeziku).

Uprkos tome mi mislimo da treba praviti razliku između ova dva pojma, a pre svega zbog sematičke širine njohovog sadržaja tako što je, po našem mišljenju **pojam tehnologije širi od pojma tehnike**.

Ako se prihvati stanovište da je razvoj tehnologije počeo od trenutka kada je čovek počeo da koristi prva **sredstva za rad** (najpre samonikla, u prirodi zatečena: poluga, kameni predmeti i sl., a zatim i obrađena tj. proizvedena) kao posrednike između sebe i prirode, to zapravo znači da je on prvo **osmislio**, zamislio, naumio (imao ideju, svest, želju, potrebu, volju itd.) neku ciljnu aktivnost koju treba da obavi. Raspoloživa sredstva rada su **tehnička osnova** razvoja tehnologije koja se

---

[1] M. Heidegger, *Pitanje o tehnici. Uvod u Heidegger-a*, Zagreb, 1972, str. 99

[2] H. Burger, isto, str. 123

potom, a kasnije sve više i više, razvija odvojeno od razvoja sredstava za rad, jer u sebi pored empirijskog mišljenja, uključuje i naučno-teorijsko mišljenje. Upravo zbog toga što se unutar tehnologije izdvaja i postepeno osamostaljuje **znanje** (teorijsko i praktično) koje omogućuje da se i sa istim sredstvima rada mogu postići različiti rezultati i posledice, tehnologija zadobija šire značenje od tehnike, jer se ova potonja na neki način sadrži u prvoj. Zato brojni autori s pravom žele da ukažu na specifične aspekte ovih pojmova podvlačeći tako i njihovu sadržinsku razliku. To čini npr. i poznati nemački filozof J. Habermans kada kaže da tehnika nije deo tehnologije nego samostalna pojava sa čime se ne možemo složiti.

Poznati engleski istoričar tehnologije A. Pacey, inače fizičar po obrazovanju, ukazuje na tri ključna aspekta svake tehnološke prakse: tehnički, kulturni i organizacioni (slika 1). Ovi aspekti su uvek neraskidivo povezani i krajnje je nedovoljno njihovo samostalno izučavanje, bez obzira što se u praktičnom životu za to vrlo često javlja potreba iz prostog razloga što tehnika (kao praktično ispoljavanje znanja i veština - techne) postaje sve bitniji momenat svake ljudske prakse. Ali, to nikako ne znači da se bilo koji deo ili vid te prakse može u potpunosti tehnizirati, tj. veštačkim sredstvima potpuno supstituisati autentična čovekova osećajnost (etika i estetika), misaonost, umnost (ideje) i uopšte kreativna nepredvidljivost koja će, verujemo, zauvek činiti čovekovo ponašanje stohastičkim procesom kojim nikad niti jedna mašina neće moći u potpunosti upravljati. Futuristčke vizije kibernetskog društva, kiborga, veštačke inteligencije, virtualne kulture i sl., makoliko u tehničkom smislu bile ostvarive, nikad neće moći ostvariti imanentan čovekov doživljaj istorijskog vremena, tradicije, emocionalnog iskustva (ljubav, srdžba, tuga itd.) radosti stvaranja ne samo nečeg novog i drugačijeg ili lepšeg (to već mogu i roboti!), nego i boljeg i naprednijeg po kriterijumima koje će sami ljudi, ravnopravno i dobrovoljno, ustanovljavati.

Polazeći od toga da je tehnika sveukupnost od čoveka stvorenih materijalnih sistema na bazi svrsishodno iskorišćenih prirodnih zakona, materijala i pojava, ona predstavlja osnovni fizički supstrat svake

241

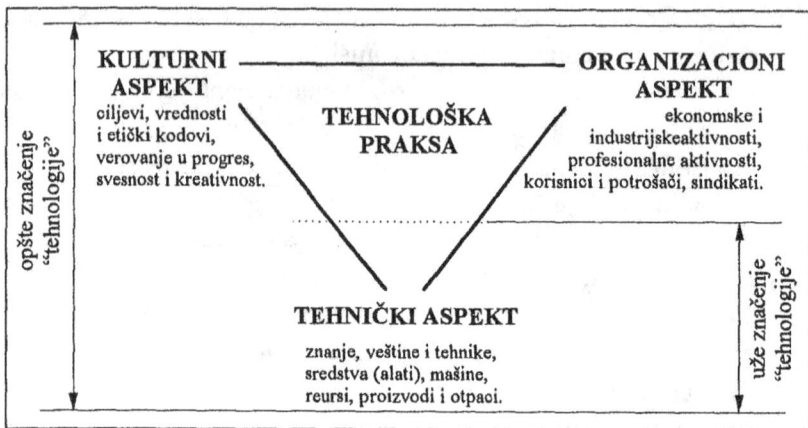

KULTURNI ASPEKT — **ORGANIZACIONI ASPEKT**

ciljevi, vrednosti i etički kodovi, verovanje u progres, svesnost i kreativnost.

TEHNOLOŠKA PRAKSA

ekonomske i industrijskeaktivnosti, profesionalne aktivnosti, korisnici i potrošači, sindikati.

opšte značenje "tehnologije"

TEHNIČKI ASPEKT

znanje, veštine i tehnike, sredstva (alati), mašine, reursi, proizvodi i otpaci.

uže značenje "tehnologije"

Slika 1. Dijagramski prikaz definicije tehnologije i tehnološke prakse (prema: Pacey, A., *The Culture of Technology*, The MIT Press, Cambridge, Massachusets, 1986, pp. 6)

tehnologije koja sadrži još i bitne "duhovne supstrate" kao što su funkcionalno shvatanje (**znanje, organizovanje**) oblika i načina usmeravanja (upravljanja) svih raspoloživih resursa (materijalnih, tehničkih, prirodnih i drugih) ka zadovoljavanju unapred definisanih društvenih **potreba**.

Ovim "supstratima" treba dodati i karakteristiku da tehnologija uvek ispoljava **procesualnost** shvaćenu kao **praktičnu** primenu naučnog saznanja i to na racionalan način, bez obzira da li je reč o proizvodnim ili neproizvodnim delatnostima. U tom smislu tehnologiju, za razliku od tehnike, karakteriše i određeni stepen **voljnosti** (htenja, motiva, nastojanja, potreba itd.) da se moguće pretvori u stvarno, što predstavlja najbolju praktičnu potvrdu vrednosti i dometa kako tehničkih sredstava (hardware), tako i metoda njihove primene (software), znanja i veština (brainware), ali i organizacione strukture svih ovih elemenata (orgware). Na ovaj način dolazimo do "podnožja" tzv. **holističkog** metodološkog pristupa tehnologiji koji bitno nadilazi sve zamke različitih partikularističkih, razvojnih, sociokritičkih i drugih pristupa, jer u sebi ne samo što sadrži sve ostale pristupe, već daje i nešto više: sintetičku i integristučku viziju tehnologije u istorijskoj perspektivi, što je od

242

naročitog značaja prilikom evaluacije i procenjivanja tzv. **nove teh-nologije** o čemu će kasnije još biti reči.

Holistički pristup tehnologiji u najvećoj meri potiskuje instrumentalistički i tzv. tehnicistički pristup fenomenu tehnike i tehnologije i procesu njihovog razvoja utoliko što pokušava da sagleda, oceni i predvidi što je moguće više i merljivih i nemerljivih uzroka i posledica pojedinih tehničko-tehnoloških rešenja, polazeći uvek od postavljenih ciljeva. Efektuiranje tehnike ne može se izvoditi iz nje same, što znači i da najefikasnije tehnike mogu biti društveno potpuno neefektivne. Štaviše, istorija je prepuna primera da su tehnički najefikasnije bile upravo one tehnologije koje su ljudima nanosile najveće štete i zlo, verovatno zato što ljudi nisu imali interes, znanje i volju da njihov tehnički potencijal iskoriste za progresivne ljudske ciljeve. Kažemo "verovatno", jer želimo izbeći zamku **tehnološkog voluntarizma**, a koji u tehnologiji vidi samo i jedino sredstvo, instrument, kojim se mogu ostvariti željeni ciljevi.

Ovako tehnološki determinisana svest u osnovi omogućuje još barem dve "mentalne greške" ili greške mišljenja kada je reč o tehnici i tehnologiji. Prva se ispoljava kao nekritički optimizam i preterano oduševljenje različitim tehničko tehnološkim rešenjima i poslednjih decenija gotovo fascinantnim uzletima "tehničkog uma", a druga je opet izraz malodušnog ili čak fatalističkog predavanja slepim silama tehnike koja, tobože apsolutno, određuje celokupno istorijsko događanje u kome čovek jedino može da izvršava volju tog "tehničkog uma". Drugim rečima, oba shvatanja promovišu ideju da nema društveno neutralne tehnike i tehnologije već, naprotiv, ona postaje sve dinamičniji faktor (katalizator ili blokator) gotovo svih procesa koji se tiču sudbine i uopšte perspektive čoveka bilo kao pojedinca bilo kao istovremenog pripadnika većeg broja različitih društvenih grupa. Zato od svih pristupa analizi tehnike i tehnologije najmanje metodoloških rizika nosi onaj koji tehniku i tehnologiju tumači kao **društvenu pojavu** tj. pojavu koja se tiče čoveka, njegovih potreba, ciljeva, nadanja, mogućnosti, vizija,

grešaka, zabluda itd., pri čemu se pojedini društveni aspekti tehnike
tehnologije kao što su ekonomski, socijalni, organizacioni, upravlja
ki, politički, ekološki, vojni, kulturni, obrazovni i dr., nikad ne manifi
stuju kao jedini ili isključivi, već uvek zajedno i istovremeno.

Ovakav pristup, nadalje, obavezuje nas i na semantički oprez p
korišćenju sintagmi "naučno-tehnološka revolucija", kao pojmova k
ji takođe nose određeni naboj tehnološkog optimizma kao one, pozitiv
no usmerene, tehnološki uslovljene svesti koja u svakom tehničko-t
hnološkom napretku vidi ili barem želi da vidi, automatski, tj. neizb
žan ljudski (društveni) progres. Nažalost, život, praksa, često pruža
dokaze suprotnog tj. kada razvoj i napredak tehnike i tehnologije mog
da ugroze i same temelje života (npr. nuklearna tehnologija), dajući r
zloga stalnoj upitanosti šta je uopšte progres. Izostavljajući ovom pril
kom pokušaje davanja odgovora na ovakvo - inače za svaki predm
naučne analize umesno - pitanje želimo samo reći da je koliko lako pr
titi i meriti napredak tehnike i tehnologije kao opredmećenog znanj
toliko je teško, ponekad i nemoguće (potrebna je izvesna istorijska di
tanca kao npr. u slučaju ocene stvarnog društvenog dometa leta na M
sec kao primera izuzetnog tehničkog i tehnološkog dostignuća), pou:
dano oceniti istinske (ljudske) progresivne sadržaje pojedinih tehnika
tehnologija.

Nužnost proširenog shvatanja progresa

Ova teškoća višestruko je uzrokovana, a pre svega zbog toga š
je teško odrediti pouzdane kriterijume i merila progresa. Isticanje sam
nekih kriterijuma, npr. ekonomskih, a zanemarivanje drugih (npr. eti
kih ili ekoloških i sl.), problem evaluacije tehničkog i tehnološkog n
pretka čini krajnje neujednačenim ili u najmanju ruku defektnim. N
žalost, niti danas ne postoje razvijene praktične metode holističkc
ocenjivanja tehnike i tehnologije, već se u najboljem slučaju taj holiza

244

postiže najčešće agreriranjem većeg broja parcijalnih metoda, čime se samo donekle nadilaze jednostranosti tzv. monoaspektnih pristupa.

Tako npr. ekonomska analiza osnažena različitim kvantitativnim metodama najupornije istrajava na kriterijumu produktivnosti kao najubedljivijem pokazatelju rastuće čovekove proizvodne moći u određenoj jedinici vremena. Međutim, ovakvim uvidom ne bi se daleko došlo u prikazu progresa te ga je potrebno dopuniti nekim drugim, npr. sociološkim, koji se pita o promenama karaktera i sadržaja ljudskog rada, a to znači i promenama čoveka kao "društvenog pojedinca". Uz ranije postavljena filozofska pitanja o smislu i svrsi čovekovog angažmana potrebno je dodati i brojna druga pitanja koja savremeni razvoj tehnike i tehnologije aktualizuje i ponovo nas, samo na nov način, vraća suštini problema svakog do sada (a verovatno i svakog budućeg) postignutog nivoa tehničko-tehnološkog razvoja: šta se zapravo dešava sa ljudskim radom, njegovom prirodom i sadržajem. Time, zapravo u centar pažnje dolazi **čovek** za koga jedino možemo vezivati pojam rada kao **racionalne**, ali i **emocionalne aktivnosti**. Otuda, makoliko bilo važno i potrebno, praćenje ekonomskog sadržaja i karaktera rada nije dovoljno da bi se pomoću tehnike i tehnologije rekonstruisala celokupna čovekova istorija. Još manje je to dovoljno da se pouzdano naslute mogući tokovi daljeg čovekovog razvoja, koji nažalost ne mora uvek da predstavlja i progres, odnosno napredak u punom smislu te reči.

Razume se, ova upozorenja nikako ne znače i zalaganje za odbacivanje, pa čak ni minimiziranje bazičnog smisla takvog kriterijuma i razvoja progresa (ekonomskog kao važnog, ali ne jedinog preduslova za ostale vidove napredovanja) kao što je **produktivnost rada**, već, naprotiv, njegovoj važnosti samo želimo dodati novi smisao.

Danas se često govori o tzv. **paradoksu produktivnosti** koji se ogleda u tome što s jedne strane svi teže da povećavaju produktivnost i tako ostvaruju ekonomske prednosti, dok s druge strane to istovremeno dovodi do mogućeg porasta nezaposlenosti što otvara krupne socijalne, demografske, političke i druge probleme. Sve to opet potvrđuje da se kriterijumi progresa moraju tražiti i izvan sfere ekonomskog razvoja i da ne mogu imati niti lokalni domašaj niti usko gransko rešenje. Tako npr. razvoj industrije koji ugrožava npr. poljoprivredu, uzimajući joj radnu snagu i trošeći njenu akumulaciju, na duži rok pokazuje se kao regresivan, a ne progresivan društveni proces. Ovo se inače desilo u svim bivšim socijalističkim zemljama, uključujući i Jugoslaviju.

Takođe, za ocenu progresivnosti razvoja nekog društva moraju se posmatrati i indikatori kulturnog razvoja, a pre svega priroda obrazovanja (demokratska, elitistička, laička itd.), tip kulture (kreativna, potrošačka), stepen otvorenosti ili zatvorenosti kulture (nacionalnizam, otvorenost ka svetu itd.), ostvaren stepen građanskih prava i političkih sloboda itd. U svemu tome savremena tehnologija je izuzetno prisutna, posebno informaciona, ali ne uvek samo kao neutralna infrastrukturna podrška, nego veoma često i kao presudan činilac društvenih procesa o čijoj progresivnosti želimo da sudimo.

Produktivnost rada kao mera tehnološkog znanja

Rad kao generička suština čoveka oduvek je značio **svesnu aktivnost** usmerenu na zadovoljenje neke čovekove potrebe uz korišćenje odgovarajućih sredstava. Pri tome, čovekovo znanje se javlja na dva osnovna nivoa: 1) na nivou identifikovanja čovekove potrebe; znanje o tome šta čoveku nedostaje i 2) na nivou spoznatih mogućnosti zadovoljavanja utvrđenih potreba; znanje o tome **čime** (tehnika) i **kako** (tehnologija) izvršiti saturaciju utvrđenih potreba. Nikad do sada ova dva nivoa čovekovog saznanja nisu bila u ravnoteži i verovatno se to nikad neće ni dogoditi. Ali se zato može reći da celokupna čovekova istorija predstavlja neprekidno nastojanje da **u realnom vremenu** (u jedinici vremena: sat, dan, mesec, godina, radni vek) učini što je moguće više, da postane produktivniji, tj. da u jedinici vremena stvori što više materijalnih dobara i usluga, odnosno da istu tu količinu proizvede

246

za što kraće vreme. U oba slučaja povećava se materijalno bogatstvo i oslobađa vreme za razne druge čovekove aktivnosti.

Produktivan, dakle, može biti samo ljudski rad, odnosno čovek koji ga obavlja kao smislenu i svrsishodnu delatnost. O toj delatnosti koju će obavljati u realnom vremenu on zna **kako**, ali i **zašto** će je obaviti, vodeći računa (ekonomija!) da to učini **u što kraćem radnom vremenu** i **uz što manje utroške radne snage**. Znači, čovek se želi ponašati efikasno. Da bi to mogao postići on mora ovladati znanjima o svemu što mu može pomoći da raspoloživo, tj. uvek ograničeno, vreme iskoristi najefikasnije. Ali, zbog toga što su i sredstva kojima se služi u procesu rada (sredstva za proizvodnju: oruđa za rad i predmeti rada) ograničena, on ih mora racionalno koristiti a za to su mu opet potrebna odgovrajuća znanja. Bez obzira da li sva ta znanja on usvaja kao rezultat učenja ili kao rezultat praktičnog (proizvodnog) iskustva, ili kombinovano, što je i najčešći slučaj, znanje se javlja kao nezamenljiv uslov produktivnosti shvaćene kao **stvaralačka moć rada da u jedinici vremena stvori veću ili manju količinu materijalnih dobara**. Prema tome, i **znanje i produktivnost su funkcije vremena**, baš kao što je i čovekov život "putovanje" kroz vreme, odnosno vreme je važna forma postojanja čoveka i društva u celini. Stoga se može reći: produktivniji je onaj (čovek, radni kolektiv, društvo) koji u isto vreme proizvede više, odnosno isto proizvede za kraće radno vreme.

Problem produktivnosti je verovatno najviše izučavana oblast u ekonomskoj teoriji. Takođe, ona je u žiži interesovanja i mnogih drugih naučnih disciplina: tehnologije, sociologije, organizacije, menadžmenta, kadrologije i dr.

Pri tome su prisutne krupne metodološke i teorijske razlike koje postoje između tzv. marksističke i tzv. građanske teorije, što se odražava kako na analitičko i empirijsko utvrđivanje različitih pokazatelja produktivnosti, tako i na klasnu idejnu sadržinu pojedinih analitičkih kategorija produktivnosti. Ne ulazeći na ovom mestu na brojne kontroverze u vezi s tim, potrebno je ukazati na aktuelnost i rastući značaj međuuslovljenosti znanja i produktivnosti u savremenim uslovima koji se karakterišu nezapamćeno brzom supstitucijom živog rada minulim, što je inače samo jedna tendencija savremenih tehnoloških promena. Sledeća značajna tendencija ovog svetsko-istorijskog procesa jeste svestrana informatizacija i sofistikacija ljudskog rada i posebno proizvodnje, što na poseban način afirmiše stvaralačku moć znanja, tj. ljudi koji ga poseduju i znaju ga primenjivati. Zbog toga se s puno opravdanja nameće i pitanje kako je ta moć raspoređena, počev od nivoa radnog kolektiva, preduzeća preko nivoa zemlje (države) sve do međunarodnog nivoa. Na svim ovim, kao i drugim, nivoima jasno se prepoznaje društvena moć zasnovana na **znanju** i **informisanosti** koji danas predstavljaju centralni postament i izvor produktivnosti rada, bez obzira koji od tri postojeća koncepta produktivnosti uzeli u posmatranje: produktivnost živog rada, produktivnost svih faktora proizvodnje ili produktivnost ukupne mase rada (živog i opredmećenog).

Sa stanovišta promena društveno-ekonomske strukture jednog društva među najdramatičnije svakako spadaju promene obima, nivoa i vrste zaposlenosti. U svim zemljama koje su prošle ili još uvek prolaze fazu industrijalizacije došlo je do pomeranja zaposlenosti iz agrarnog u industrijski i druge tzv. sekundarne (građevinarstvo, rudarstvo, zanatstvo) sektore, a nešto kasnije i u tzv. tercijarni ili uslužni sektor (saobraćaj, trgovina, turizam, usluge i sl.). Treća tehnološka revolucija dovela je do novih krupnih strukturnih promena, tako što je sada, više na račun sekundarnog nego na račun već prilično "ispražnjenog" primarnog (poljoprivreda, šumarstvo, ribarstvo i sl.) sektora, došlo ne samo do daljeg razvoja tercijarnog, nego i do razmaha tzv. kvartarnog sektora (obrazovanje, informisanje, obrada, čuvanje i prenos informacija, itd.), ali i do postepenog osamostaljivanja posebnog, petog ili kvintijarnog, sektora u koji ulazi najsofisticiraniji od svih ljudskih radova - naučna i tehnološka istraživanja, konsultantske usluge i sl.. Zbog svega, neki autori već govore o nestajanju zaposlenosti ("dejobbing"), odnosno o trendu nestandardne i klasične zaposlenosti. Neke karakteristične tendencije promena strukture zaposlenih u najrazvijenijoj zemlji sveta

Tabela 1. Projekcija i struktura zaposlenih u SAD

Zanimanja	1978	1990	2000	2020
Radnici i seljaci	49,20	53,10	54,20	59,50
Zanatlije	13,20	14,10	15,00	15,40
Tehničari	15,70	17,00	16,50	17,30
Uslužni radnici	12,40	13,50	14,70	17,00
Laboranti	4,80	5,20	5,50	6,10
Seljaci	3,10	3,30	3,40	3,70
Inovatori	1,90	3,00	4,60	7,00
Elektroinženjeri	0,31	0,40	0,43	0,54
Industrijski inženjeri	0,19	0,23	0,24	0,29
Mašinski inženjeri	0,20	0,26	0,27	0,33
Ostali inženjeri	0,48	0,57	0,63	0,77
Naučnici prirodnih nauka	0,30	0,35	0,38	0,45
Programeri komjutera	0,22	0,70	1,54	2,74
Sistem – analitičari	0,15	0,40	0,89	1,56
Ostali specijalisti za kompjut.	0,03	0,09	0,18	0,32
Uslužna zanimanja	49,00	43,90	42,20	33,50
Ostale profesije	13,90	13,80	15,20	16,50
Menadžeri	10,70	10,00	7,20	5,00
Trgovački radnici	6,60	6,60	6,50	6,40
Kancelarijski radnici	17,80	13,50	11,40	5,60
UKUPNO	100,0	100,0	100,0	100,0

Prema: Leontief, W., Duchin, F., *The Future Impact of Automation on Workers*, New York, Oxford, 1986, str. 170

- SAD - prikazane su u **tabeli 1**. Bitno je uočiti, da se procenjuje vrlo blagi rast zaposlenosti u primarnom i sekundarnom sektoru i veoma nagli porast inovatorskih profesija (IV i V sektor - inženjera, programera, naučnika itd.) kao i osetan pad zaposlenosti u tercijarnom sektoru. Unutar ovog poslednjeg posebno brzo će opadati broj menadžera (!!) i kancelarijskih radnika.

Poseban aspekt ovom pitanju daje činjenica da savremena tehnologija omogućuje neslućen rast samozapošljavanja, odnosno vaninstitucionalnog bavljenja profesionalnim radom u vidu raznih kućnih radinosti, part-time aktivnosti, tele-work delatnosti i brojnih drugih angažmana gde se gubi klasični odnos poslodavac-nameštenik, vlasnik-najamnik, upravljač-izvršilac, naredbodavac-kontrolor itd.

Kao što je već istaknuto, rad kao svrsishodna (s unapred određenim ciljem) aktivnost jeste imanentno svojstvo čoveka. Takođe je istaknuto da se rad uvek ispoljava i kao živi i kao minuli, s tim da se njihova srazmera stalno menja u korist minulog. Međutim, minuli rad moramo uvek posmatrati kao kristalizaciju ili opredmećenje ranije izvršenog živog rada, što je samo potvrda da se čovek tendencijski približava stanju kada će se rad obavljati prividno bez ljudi (potpuna automatizacija, menless factory i sl.), ali ipak zahvaljujući pre svega i samo ljudima čijim znanjima se stvara nova tehničko-tehnološka osnova rada u kojoj fizičko prisustvo čoveka postaje sve manje. Ono je samo izmešteno (u laboratorije, projektantske biroe, dispečerske punktove itd.), ali nije dokinuto. U svim ovako tendirajućim promenama prirode i karaktera rada čovekovo znanje je osnovni transformišući činilac i izvorna odrednica čoveka kao bića prakse čija se ekonomska delotvornost uvek izražava kao funkcija vremena, te univerzalne mere i dimenzije čovekovog postojanja.

Iz svega do sada iznetog kao crvena nit provejava misao da je znanje čovekovo osnovni generator proizvodne snage njegova rada, izvor i utoka svih njegovih pregnuća i dostignuća po kojima ostaje zauvek upamćen kao najveći domet organizovanosti materije u ovom, do sada nama poznatom, delu Kosmosa. Da bi to ostao i da bi i dalje produktivno transformisao materiju, energiju i informaciju on mora neprekidno proširivati i obogaćivati svoja znanja i stvaralački ih usmeravati na takve **ciljeve** koji oslobađaju nove prostore stvaralaštva i podstiču nove radosti življenja kojih jedino čovek može biti svestan. Takvu poziciju nikada neće moći imati ni najsavršeniji kompjuter, ni robot, ni

250

bilo kakav sistem veštačke inteligencije, ili ma koje drugo čudo savremene tehnike. Zbog toga čovek mora ovladati i neprestano i novim znanjima zajedničkog života s drugim ljudima.

Ali za ovu sinergiju nove civilizacije u nastajanju ipak nije dovoljno samo znanje, već je potrebno i htenje (volja) i strpljenje (tolerancija), a iznad svega poštenje (moral). Bez toga čovek može postati veoma obrazovana (koja mnogo zna) budala ili bezosećajna i veoma produktivna androidna mašina ("fahidiot") i sračunata, egoistična i nemoralna jedinka nevaspitana da živi u istinskoj ljudskoj zajednici, podruštvljenom čovečanstvu.

TEHNOLOŠKE REVOLUCIJE I PA-RADIGMA NOVIH TEHNOLOGIJA

Iako su već postale sasvim uobičajene sintagme takoreći svako-dnevnog govora, ne samo stručnjaka nego i laika, sintagme "nova teh-nologija", "treća tehnološka revolucija", "virtuelna realnost", "sajber (cyber) društvo" i njima slični pojmovi zaslužuju da ih na ovom mes-tu i dodatno objasnimo. Ovo stoga što ove sintagme predstavljaju cent-ralne kategorije narednog teksta, a koji će u celini biti posvećen anali-zi uslova nastanka, razvoja i širenja novih tehnologija kao stvarnog ge-neratora posvemašnjih procesa koje svi već kolokvijalno nazivaju treća tehnološka revolucija, mada pri tome nemaju svi u vidu isti sadržaj. A taj sadržaj u sebi objedinjuje nekoliko dinamičkih segmenata od kojih su se neki razvijali međusobno nezavisno i sa različitom dinamikom, a neki su opet bili međusobno veoma uslovljeni.

Osim toga, unutar složenog i veoma slojevitog sadržaja treće tehnološke revolucije (u smislu da se mogu izdvojeno posmatrati izve-sni tehničko-tehnološki segmenti - kao npr. kompjuterska i telekomu-nikaciona tehnologija - koji imaju obeležje svojevrsne tehnološke in-frastrukture za sve ostale tehnologije) analitički je relevantno pratiti ra-zličite intenzitete zavisnosti različitih uzroka, podsticaja, izvora, a na-dasve različitih posledica pojedinih tehničko-tehnoloških trajektorija. Već na ovom mestu može se izneti kao prethodan zaključak da je dina-mika razvoja pojedinih tehnologija bila više uslovljena dinamikom određenih društvenih (ekonomskih, političkih, vojnih i dr.) potreba i na njima procenjenih potreba podsticanja naučnih istraživanja, nego što bi

253

tehnološka dinamika predstavljala posledicu uobičajenog ritma i tokova naučnog rada. Drugim rečima, već ovde želimo da podvučemo dva metodološki veoma bitna stava: 1) tehnika i tehnologija se naglašeno razvijaju kao posledica samokreacije izuzetnih pojedinaca, izumitelja, inovatora, konstruktora itd.), što joj daje specifičnu društvenu dimenziju i genezu i 2) da se tehnika i tehnologija mogu (ali sve je manje verovatno) korenito promeniti i kao rezultat slučajnih, neočekivanih naučnih otkrića i tehničkih izuma.

Kada je reč o tzv. trećoj tehnološkoj revoluciji to se naročito i posebno potvrđuje. Takođe i sav prethodni put razvoja tehnika i tehnologija koje je čovek razvijao i upotrebljavao, rečiti su dokaz veličanstvenog uspona čoveka na putu njegove proizvođačke emancipacije. Taj uspon, naravno nije išao ni ravnomerno ni pravolinijski i sve do druge polovine 18. veka, uz dužno poštovanje dotadašnjih često izuzetnih tehničko-tehnoloških ostvarenja, tehničko-tehnološki razvoj nije u sebi nosio nikakav drugi značajni netehnološki potencijal (društveni, ekonomski, kulturni, politički itd.), tako da tehnika i tehnologija sve od pojave parne mašine (J. Watt, 1782. godine) nikad nije proizvela neke krupnije istorijske posledice ili kardinalne socijalno-ekonomske i kulturne pomake.

Vatova konstrukcija parne mašine, kojom je omogućeno da se vodena para kao oblik energije preobrazi u ujednačeno kretanje, ubrzo doživela veliki broj promena, naročito u rudnicima (liftovi, pumpe za provetravanje i dr.), zatim i u tekstilnoj industriji, poljoprivredi, saobraćaju itd., što je izazvalo tektonske, socijalne i ekonomske promene takvih razmera i domašaja koji opravdavaju upotrebu imenice "revolucija". Počela je tzv. **prva industrijska revolucija**, koja je donela duboke promene u strukturi proizvodnje, porastu produktivnosti, širenju unutrašnje i naročito prekomorske trgovine, ubrzala je kolonizaciju i penetrciju evropske kulture širom Planete. Takođe, počela se stvarati nova socijalna grupa - industrijski radnici - sa novom ideologijom, interesima i političkom strategijom, a desilo se i mnogo drugih civilizacijskih

254

promena koje su stalno dobijale na ubrzanju. Industrijalizacija i njome ubrzana urbanizacija za dugo, a za većinu sveta i sve do danas, ostaće ugaoni kamenovi modernizacije društva.

Sa stanovišta svoje geneze prva industrijska revolucija ima bitnu specifičnost - koja je kod tzv. druge industrijske revolucije znatno manje zastupljena, a kod treće gotovo uopšte nije, dok za četvrtu ili neku potonju, možemo samo poželeti da se ta specifičnost ponovi - a koja se sastoji u činjenici da se inicijalni pronalazak i početni korak čitavog procesa vezuje za **pojedinca**, izumitelja, pronalazača, a ne kao što je to skoro uvek kasnije bilo za timove, organizovane institucije i silnu društvenu (državnu) podršku bez koje je na tehničko-tehnološkom planu danas skoro nemoguće bilo šta značajnije postići.

Sve do pred kraj XIX veka parna mašina i na njoj zasnovane konstrukcije najrazličitijih radnih mašina predstavljali su okosnicu industrijskog razvoja. Uporedo su se razvijale naučne teorije i otkrivali brojni fundamentalni naučni principi iz različitih prirodnih nauka koji su sitematski utirali put nastanku nečeg novog i neprednijeg. Međutim, kada su pronalasci na polju **elektriciteta** (posebno posle definitivnog prelaska na Teslin polifazni sistem i orijentaciju na naizmeničnu struju, njenu transformaciju i prenos na velike udaljenosti i primenu za pokretanje indukcionih motora) i konstrukcije **motora sa unutrašnjim sagorevanjem** (benzinski i dizel) stvorene su mogućnosti za novi zamah industrijalizma kao modernizacijskog i civilizacijskog procesa koji će obeležiti nekoliko narednih decenija. Brojne prednosti električne energije u odnosu na parnu energiju ubrzo su označile početak grandioznog tehnološkog prestrukturiranja na samo privrednih grana, već i svih drugih neprivrednih oblasti čovekovog života. Elektrifikacija je ubrzala proces **elektronifikacije** tj. primene električne energije izvan neposredne energetske namene, kao što su procesi telekomuniciranja (telefonija, radiofonija, radar, televizija i dr.), automatizacija, kompjuterizacija, kao i bezbroj drugih namena koje čovek ostvaruje u svom svakodnevnom životu. Sličan prodor i brzu difuziju imali su tzv. SUS motori koji su se zavisno od snage i namene primenjivali neviđenom brzinom kao vrlo praktični i ekonomični stacionirani, a još više mobilni, izvori energije. Njihovo otkriće i stalna naknadna usavršavanja kako njih samih tako i pratećih agregata, udahnuli su novi smisao i nekim ranijim otkrićima koja nisu imala neki veći značaj do pojave motora SUS. To se u prvom redu odnosi na otkriće tehnike eksploatacije nafte sistemom bušenja tla petrolejskim tornjem (Drajk, 1850. godine) i Danlopovo otkriće automobilske gume (1888. godine). Tek spregnut razvoj motorne industrije, rafinacije nafte i gumarske industrije omogućuje brz komercijalni razvoj automibilizacije (putnički automobili, kamioni, autobusi, trolejbusi, motocikli i dr.) koja sve do danas, a i danas, predstavlja svakako jedan od simbola savremenosti. Automobilska industrija od kako se konstituisala kao tehničko-tehnološki i poslovno-organizacioni sistem bila je jedna od najpropulzivnijih industrijskih grana sa ogromnim indukcionim dejstvom na veliki broj drugih industrijskih grupacija (gumarska industrija, mašinogradnja, elekronska industrija, industrija boja i lakova, industrija stakla itd.) koje proizvode delove i sklopove za tako složen inženjerski kao što je automobil. To traje sve do danas, tako da se nekadašnji cilj H. Forda, kada je lansirao (1908. godine) svoj čuveni model "Ford T" i izjavio da će "Ameriku staviti na točkove", skoro već u potpunosti ostvario. Osim navedenog indukcionog dejstva automobilska industrija ubrzava i razvoj građevinarstva (izgradnja savremenih puteva, mostova, parkirališta, servisnih postrojenja itd.), zatim turizma i ugostiteljstva i drugih uslužnih delatnosti što sve govori o snažnom multiplatorskom dejstvu ove industrijske grane koja sav svoj uspeh i uzlet duguje tehnološkoj inovativnosti i novim kreacijama tehničkog uma. Osim navedenih domašaja druge industrijske revolucije ona ima i jedan sasvim novi, za razvoj savremene civilizacije ništa manje značajan domašaj, jer se radilo o najtradicionalnijoj i tada gotovo najzaostalijoj oblasti ljudskog rada - poljoprivredi. Snažan razvoj industrije, posebno mašinske i hemijske, već krajem prošlog veka nagovestio je krupne i neizbežne tehnološke, onda

256

i sve druge, preobražaje poljoprivrede. Traktorizacija i na njoj zasnovana mehanizacija osnovnih poljoprivrednih operacija, a kasnije i uvođenje u upotrebu složenijih poljo-privrednih agregata (kombajni i sl.), ogromno su doprineli porastu produktivnosti poljoprivredne proizvodnje i otvorili puteve njene dalje modernizacije. Zahvaljujući novim mašinama, a onda i hemijskim preparatima, otpočeo je i novi talas hemizacije poljoprivrede (hemijska zaštita useva, fertilizacija putem veštačkih đubriva i dr.), regulacija vodnog režima (navodnjavanje, odvodnjavanje, prskanje i dr.), kao i drugi vidovi tehnoloških intervencija koje nazivamo "**zelena revolucija**". Naravno, ovaj proces se dalje širio i snažio zahvaljujući inovacijama na polju genetike (nove sorte biljaka i rasa domaćih životinja sa specifičnim biološkim osobinama i potencijalima), upravljanja (informatizacija), čuvanja i skladištenja poljoprivrednih proizvoda, sve do savremenih rešenja koja i dalje u svojoj osnovi imaju supstituciju živog rada minulim i stvaranje uslova za što manju zavisnost poljoprivrede od slepih sila prirode. A to je, u stvari, put industrijalizacije, koji je započeo u krilu druge industrijske revolucije i još uvek traje.

Međutim, za razliku od prve industrijske revolucije, kada je bio presudan značaj pojedinačnih tehničko-tehnoloških otkrića i doprinosa, u drugoj industrijskoj revuluciji to je već bilo znatno manje zastupljeno. Pre svega zbog toga što su osnovni tehničko-tehnološki pronalasci ove faze tehničko-tehnološkog razvoja izrazito složene (i skupe) kreacije (npr. automobil, avion, atomski reaktor, televizija, satelit, vasionski brod, sintetički lekovi i dr.) koje zahtevaju udruženi napor većeg broja različitih eksperata unutar specijalizovanih naučnih i istraživačko-razvojnih institucija. Takođe, stalno se povećavala i kritična masa početnih ulaganja za otpočinjanje nekog tehničko-tehnološkog poduhvata, što sve upućuje na nužnost objedinjenog, integrisanog pristupa kada je reč o zamašnijim tehničko-tehnološkim projektima. Ali, u isto vreme, integrativna uloga tehnike i tehnologije ogleda se i u činjenici da velika tehničko-tehnološka otkrića druge tehničko-tehnološke revolucije, kao što su na primer motori SUS, otvaraju takoreći beskrajne

mogućnosti osvajanja velikog broja raznih manjih i većih tehničko-teh-
noloških otkrića i inovacija koja se nadovezuju na tako grandiozno ot-
kriće, tako da ono ima faktičku ulogu integrativnog faktora. Slično je i
sa elektrotehničkim invencijama.

Period druge industrijske revolucije definitivno je u prvi plan
svekolikog tehničko-tehnološkog razvoja istakao naučnoistraživački i
razvojni rad kao neposrednu proizvodnu delatnosti od koje presudno
zavisi produktivnost ukupnog društvenog rada. Već krajem prošlog i
početkom ovog stoleća brojne kompanije[1] počele su da osnivaju sopst-
vene naučnoistraživačke laboratorije u kojima su se začinjali budući
novi proizvodi, nove tehnologije, nova oruđa za rad, nove metode or-
ganizacije i upravljanja i druga nova rešenja koje su se empirijski pot-
vrđivala kao najizglednije investicije i faktori poslovnog uspeha na sve
širem, ali i sve probirljivijem tržištu. Drugim rečima, na veliku civili-
zacijsku scenu po prvi puta se promoviše **znanje** kao "faktor svih fak-
tora" proizvodnje, te najvažnije ljudske delatnosti, ali i kao faktor koji
će dati nova značenja, novi karakter i novi sadržaj radu i proizvodnji.
Kasniji razvoj stalno je išao u smeru sve većeg isticanja svih vidova
znanja (teorijskih, praktičnih, tehničkih, marketinških i dr.) pripema-
jući uslove za novi civilizacijski skok koji je otpočeo sedamdesetih go-
dina ovog veka, od mnogih nazvan treća tehnološka revolucija.

Socio-tehnički sistemi

Sve dosadašnje tehnološke revolucije odvijale su se ipak relativ-
no sporo i uvek pod dominantnim uticajem neke ključne inovativne te-
hnologije. Takođe, sve su donosile i specifične socijalne posledice (npr.
I industrijska revolucija iznedrila je modernu industrijsku radničku kla-
su, ubrzala proces urbanizacije i deruralizacije itd.; II je opet udarila

---

[1] Tako npr. poznata kompanija "Kodak" osnovala je svoju istraživačku jedinicu još daleke
1893. g., "Goodrich" 1895. g., "General Electric" 1990. g., "Du Pont" 1902. g. itd. Sve do
sada te su laboratorije i instituti bili okosnice razvoja ovih gigantskih preduzeća, koji i da-
nas predstavljaju lidere u svojoj branši. Slično radi i većina drugih uspešnih firmi, jer je to
strateški preduslov opstanka i dugovečnosti.

temelje globalozacije društva itd.) i opravdano potvrdile da te revolucije nisu samo tehničko-tehnološki fenomeni nego i nešto daleko više, zbog čega, prirodno, postaju predmet najširih izučavanja.

U literaturi inače postoje različiti metodološki pristupi tretmanu i prognoziranju dometa najvažnijih tehnoloških prodora. To je posebno izraženo u poslednje vreme kada je postalo sasvim očigledno da su se tehnika i tehnologija definitivno potvrdile kao višenamenski činioci i efikasna sredstva u odvijanju mnogobrojnih društvenih procesa, od proizvodnje, politike, ratovanja itd. sve do sporta i zabave. U tom smislu posebno su zanimljive razlike koje pojedini analitičari prave u pogledu sadržaja, tj. šta sve obuhvata pojedini tehnološki talas promena, kao i u pogledu dužine njihovog trajanja. Što se tiče sadržaja o tome će biti više reči već u narednom poglavlju, dok za dužinu trajanja, treba reči da nikad nije moguće precizno utvditi koliko je trajao neki tehnološki talas zato što je uvek prisutna interferencija tj. preklapanje novih, snažnih, sa starim, oslabljenim, talasima. Tako npr. i danas u jeku nastupa tzv. "virtuelnog talasa" treće tehnološke revolucije itekako su prisutni i mnogi talasi ne samo iz druge tehnološke revolucije (elektrifikacija, motorizacija, železnica i sl.), nego čak i iz ranijih perioda.

Suština je u tome da je u svakom dosadašnjem tehničko-tehnološkom "prevratu" u pitanju posebna kompozicija 4 osnovne grupe faktora: ljudi, organizacije, tehnologije i specifičnih i opštih ciljeva i zadataka koji u datom vremenu i prostoru čine različite konkretne socio-tehničke sisteme. Jedan model takvog sistema prikazuje slika 2. Takođe, suštinu ove suštine čine - ljudi, kao jedini delatni subjekti istorije (zbog toga što su svesni svrhovitosti svog postojanja i rada jedino ljudi imaju istoriju!) i činioci sposobni da ostvaruju društvene interakcije sa svojim okruženjem. Bitno je uočiti da pristup socio-tehničkog sistema vidi svaku organizaciju kao sistem otvoren prema okruženju s kojim je u interakciji. Pri tome, razlikuje se opšte okruženje (socijalni, ekonomski, politički, pravni i tehnološki faktori) i ono koje se neposredno odnosi na ciljeve organizacije (konkurencija, kupci, snabdevači, finansijski izvori, tehnološki razvoj itd.).

(a) Okruženje

Opšti cilj
sredine

(b) Organizacija

Formalni
upravljačko/društveni
podsistem

Tehničko-ekonomski
podsistem

Neformalni
društveni
podsistem

granice organizacije

(c) Podsistemi

Društveni
podsistemi

Tehničko-ekonomski
podsistemi

Organizacija		Tehnologija

- struktura
- nivoi hijerarhije
- pravila/procedure
- stilovi vođenja
- rasponi kontrole

- alati
- mašine
- software
- hardware
- tehnike

Ljudi		Zadaci

- stavovi
- motivacija
- očekivanja
- moral
- komunikacije
- društvene interakcije
- međuodnosi

- tok rada
- konfiguracija poslova
- tok informacija

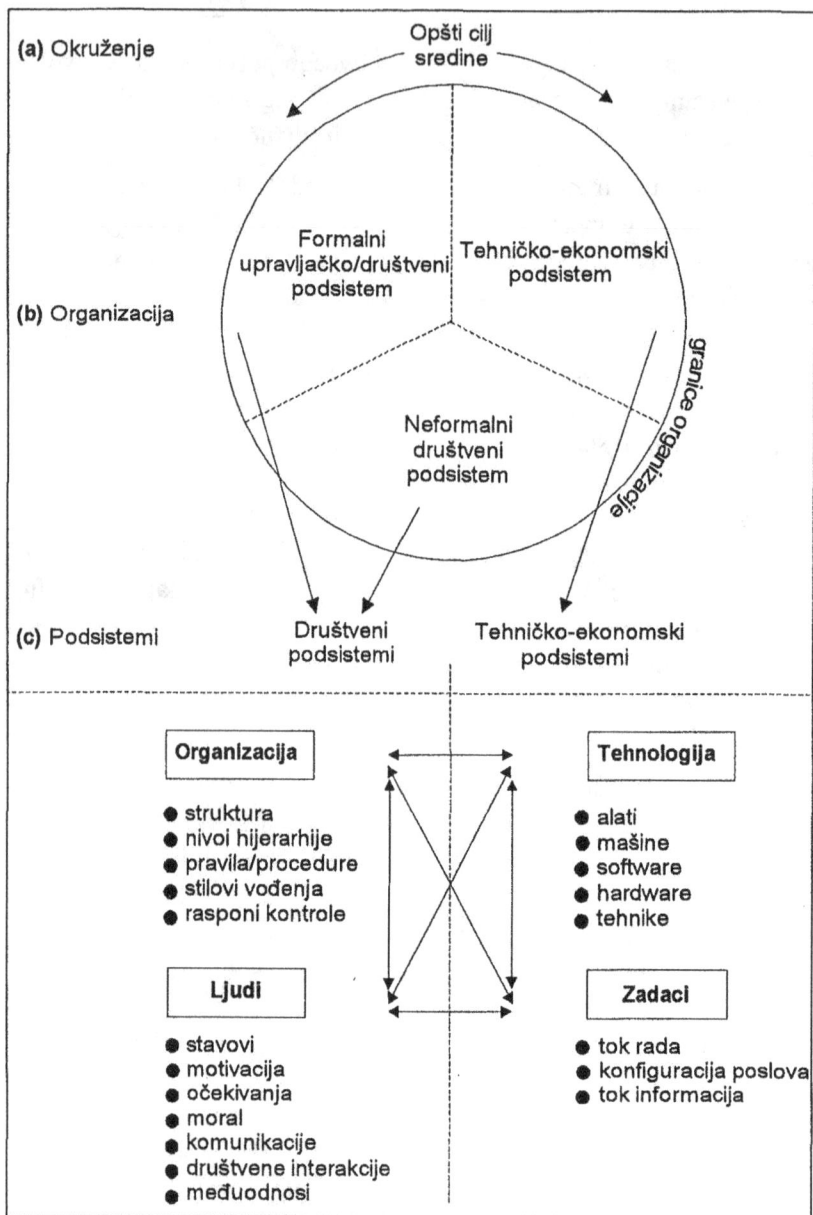

Slika 2. Model socio-tehničkog sistema (prema: Willcoks, L., Mason, D., *Computerising Work*, London, 1987, p. 58)

Koncept "TEKNOBERGS"

Kao što smo na početku ovog poglavlja naznačili svoje uverenje da sintagmi "treća tehnološka revolucija" treba dati širi sadržaj od već uobičajenog, kada se uglavnom misli na kompjuterizacju, informatizaciju i sl.,zbog toga, što pored ovih sadržaja ona obuhvata i mnoge druge vrlo bitne sadržaje. Osim toga, svi ti sadržaji nisu međusobno jednako niti povezani niti značajni što nam dopušta da neke od njih posmatramo kao bazične i infrastrukturne, koji daju i pečat i ritam čitavom procesu tzv. treće tehnološke revolucije (npr. kompjuteri, roboti, telekomunikacije i sl.), dok ostali nemaju takav intezitet uticaja i širok spektar posledica. Imajući to u vidu mi ćemo ubuduće pod pojmom treće tehnološke revolucije uvek misliti na sadržaj koji je semantički uokviren akronimom **TEKNOBERGS**[1] koji sadrži prva slova sledećih reči:

T - telekomunikacije
E - elektronika (mikro i nanoelektronika)
K - kompjuteri
N - novi materijali
O - optoelektronika
B - biotehnologija
E - energija
R - robotika
G - genetičko inženjerstvo
S - svemir (kosmos).

Razume se da svaka od deset ovde navedenih oblasti zaslužuje posebnu pažnju, kako sa stanovišta prikaza njene fenomonološke strane, tako posebno i sa stanovišta prikaza geneze i evolucije a naročito sagledavanje perspektive, što bi sve zahtevalo daleko veći prostor od ovde raspoloživog. Zbog čega ćemo, samo u najkraćem, ukazati na nekoliko ključnih momenata "bregovitog"[2] reljefa treće tehnološke revolucije.

---

[1] Ovu ideju smo našli u tekstu "The Globalization of Technological Innovation" Richarda Petrelle-a (Technology Analysis and Strategic Management, Vol. 1, № 4, 1989).

[2] Na nemačkom jeziku imenica Der Berg znači breg.

Telekomunikacije predstavljaju set tehničkih i tehnoloških rešenja koja, principijelno u sebi nose najveći socijalni naboj jer omogućuje sve veću povezanost među ljudima kada fizički nisu bliski. Razmena informacija (poruka, podataka, slika, mišljenja i bezbroj drugih misaonih produkata i sadržaja) posredstvom najnovije telekomunikacione tehnologije, a pre svega radio i telefonije, televizije, telefaks uređaja, modema, "elektronske pošte" (e-mail), satelita itd., danas je omogućena sve većem broju ljudi širom Planete, tako da se već može govoriti o tome da je "**prostor premošćen vremenom**", tj. da je globalizam tehnološki sasvim moguć[1]. Zato se sa raznih strana čuju poruke: "ako ne možete da se družite, možete da komunicirate", a to je prva pretpostavka boljeg sporazumevanja i poboljšanja saradnje među ljudima. Sadašnje prepreke bržoj difuziji ove tehnologije više su izvan tehničko-tehnološke sfere nego što su u njoj samoj, a tiču se: 1) ekonomskih uslova (cena nabavke navedenih telekomunikacionih uređaja još je za većinu stanovnika Zemlje relativno visoka, mada te cene stalno opadaju, što rada i nadu da će ovaj činilac biti sve manje odgovoran za brzinu i masovnost upotrebe telekomunikacione opreme) i 2) kulturnih uslova pri čemu ovde imamo u vidu najmanje dva aspkta: a) kulturu potreba za komuniciranjem, shvaćenu kao stepen otvorenosti neke nacionalne ili lokalne kulture da komunicira sa drugima u bližem ili daljem okruženju i b) poznavanje jezika komuniciranja (govornog, pisanog, kompjuterskog).

Oba ova aspekta na novi način ukazuju na već pomenuti "socijalni naboj" i netehnološki smisao i značaj telekomunikacione tehnologije sbog čega smo je već ranije označili kao infrastrukturnu tehnologiju od rastućeg planetarnog značaja. Takođe, integracijom kompjutera, informatike, kosmičke (veštački sateliti) i telekomunikacione tehnologije dolazimo do tzv. **telematike** kao spregnute tehnologije u čijem

---

[1] Početak tehnike telekomuniciranja na daljinu vezuje se za otkriće Morzeovog telegrafa (1837. g.), a stvarnu revoluciju u ovoj oblasti označio je tek Belov telefon iz 1866.g., koji je ubrzo doživeo neviđenu difuziju, tako da je npr. Pariz već 1879. g. imao veoma razvijenu gradsku telefonsku mrežu.

su jezgru brojne baze podataka, ogromna "skladišta" informacija naj-različitijih vrsta i namena koje se pomoću integrisane mreže telekomunikacija mogu koristiti na bilo kojoj tački naše planete. Tako danas u svetu pored klasičnih PTT preduzeća deluje na desetine kompanija koje se na komercijalnoj osnovi bave veoma unosnim poslom prenosa informacija pomoću satelita, mobilnih sistema veza, teleteks i videoteks delatnošću što sve dokazuje da **informacija postaje dobro koje ima robni oblik** ali i još mnoga druga specifična obeležja.

Sadašnja eksplozija različitih globalnih informacionih mreža, pa tako i INTERNETA kao mreže svih mreža, najbolji je primer kako tehnologija može, ali ne mora, omogućiti socijalnu integraciju još uvek veoma podeljenog, razjedinjenog, međusobno suprostavljenog pa i zavađenog čovečanstva opterećenog najrazličitijim protivrečnostima, kon-fliktima, rivalstvima, sukobima interesa itd. Znači, tehnologija omogućuje digitalnu, ali još uvek ne i socijalnu integraciju Planete, za šta će biti potrebno iznaći neke sasvim drugačije tehnologije, tj. način života, kulture i civilizacije u kojoj visoka tehnologija neće biti stvarana i korišćena kao sredstvo dominacije jednih nad drugima.

Sa stanovišta sociološke analize savremene telekomunikacione tehnologije verovatno su najinteresantniji elektronski mediji: radio i na-ročito televizija. Uticaj ovih sredstava u savremenom životu, posebno u političkom, proprima takve razmere da se danas opravdano govori o fenomenu "medijskog rata" (doduše u njemu učestvuju i drugi, npr. pisani - novine, časopisi, štampani prospekti itd. - mediji) u kojem ishod može imati dublje i dalekosežnije (indoktrinacija!) posledice i od samog oružanog sukoba. U tom smislu ima opravdanja govoriti o pojavi velikih medijskih imperija u svetu (CNN, npr.) koje imaju pretenzije znatno šire od **istinitog, objektivnog** i **blagovremenog** informisanja ljudi širom sveta. Takođe, ne bez razloga, danas se može govoriti o mogućim opasnostima od monopolizacije i nametanja jedne kulture (npr. američke) ili jednog jezika (npr. engleskog), jedne vizije sveta (npr. mondijalističke) itd., što sve predstavlja primere zloupotrebe

263

telekomunikacione tehnologije i ne može biti dokaz njene progresiv-nosti po sebi[1].

Posredstvom telekomunikacione tehnologije ljudi mogu postati jedni drugima bliži, a samim tim i korisniji, ali nažalost, ovu realno moguću idilu "globalnog sela" ista ta tehnologija može ozbiljno i da ugrozi uvek onda kada se informacioni tokovi, koji se ostvaruju kroz razne telekomunikacione kanale, žele jednostrano iskoristiti za sebične interese i nepravedne i nepoštene ciljeve. U perspektivi se kao rezultat intenzivnog usavršavanja telekomunikacione tehnike mogu očekivati takva rešenja koja će omogućiti još brže, jeftinije i kvalitetnije infor-maciono povezivanje ljudi širom sveta. Treba se zaista radovati tim mogućnostima.

Elektronika je grana tehnike koja se već veoma brzo razvijala i u okviru tzv. druge industrijske revolucije. O tome rečito govore broj-na otkrića i tehnički pronalasci posebno u oblasti radio-tehnike (Tesla, Markoni) prenosa slike (Zvorikinov ikonoskop, 1928. g., kao preteča televizije, izumom radara, 1940.g., konstrukcijom prve elektronske ra-čunske mašine 1944. g. (računara "Mark I" Hauarda Ejkena sa Hard-varovog univerziteta) i dr. Period posle drugog svetskog rata doneo je nekoliko kolosalnih prodora u oblasti elektronike koji će uskoro omo-gućiti i pojavu jedne sasvim nove grane - **mikroelektronike**, a zatim i tzv. **nanoelektonike**. Stalni rast, potreba za brzim, složenim i preciznim proračunima i izračunavanjima različitih matematičkih veličina u svim oblastima naučnog i istraživačkog rada prirodno je usmerio pronalaza-če na traženje što efikasnijih računskih mašina, ali ne onih koje se zas-nivaju na mašinskim ili elektromehaničkim manipulacijama, nego na elektronskim kao pouzdanijim i lakšim za održavanje. Tada raspoloživa

---

[1] Mada sve činjenice o medijskoj satanizaciji srpskog naroda u proteklih nekoliko godina (1991-94) još nisu sasvim obrađene i svestrano sagledane, one dovoljno ilustruju kakve i kolike štete čitavom jednom narodu može doneti zlonamerna upotreba medija, a poseb-no televizija, kada uporno i sistematski u funkciji određenih interesa, širi jednostranu sliku, s ciljem oblikovanja javnog mnjenja u željenom pravcu. Na žalost, ta praksa nije ni danas napuštena, tako da postoje primeri i o zloupotrebi INTERNETA.

znanja i elektronske komponente omogućili su da ekipa istraživača Pensilvanijskog univerziteta ubrzo posle rata konstruiše prvi praktično upotrebljivi veliki kompjuter tzv. ENIAC[1] sposoban da fantastičnom brzinom obavlja komplikovane matematičke operacije. Međutim, njegove impresivne mogućnosti bile su u priličnoj senci njegovih nedostataka, glomaznost konstrukcije, skupa eksploatacija (veliki utrošak energije, česta zamena neke od sastavnih komponenti itd.), tako da je bilo prosto neizbežno istraživati dalje i tražiti bolja rešenja. I ubrzo, već 1948. godine u laobarorijama kompanije "Bell" konstruisan je potpuno novi elektronski elemenat - **tranzistor**, poluprovodnička komponenta sa izrazitim prednostima u odnosu na dotadašnje diode i triode, posebno u pogledu dužine trajanja, minijaturnosti, zanemarljive potrošnje električne energije itd.

Buran razvoj nastavio se i dalje, ali tranzistor je sve do otkrića **mikroprocesora** (1971. g.) bio ključna elektronska komponenta brojnih elektronskih konstrukcija kako u oblasti industrijske i profesionalne elektronike, tako isto i u oblasti proizvodnje raznih uređaja široke potrošnje[2]. Danas je gotovo nemoguće naći neki industrijski proizvod (sem prehrambenih, tekstilnih i sl.) u koji nije ugrađena neka elektonska komponenta.

Mikroelektronska faza razvoja elektonike počinje 1971. god. kada je konstruisan prvi mikroprocesor (kompanija "Intel", SAD) kao potpuni kompjuter sa hiljadama tranzistora na tzv. čipu[3] od specijalnog silicijumskog materijala površine od svega nekoliko kvadratnih milimetara. Posle toga, napor istraživača bio je usmeren na povećanje tzv.

---

[1] To je skraćenica za elektronski numerički integrator i kalkulator (Electronical Numerical Integrator and Calculator). Pušten u rad 1. februara 1946. g. zauzimao je oko 3000 kubnih stopa, težio 30 tona, sadržavao 18000 elektronskih cevi i zahtevao 200 *kW* električne snage.

[2] Početnu i relativno skupu proizvodnju tranzistorskih radioprijemnika ubrzo je zamenila sve masovnija i jeftinija tako da je tih 60-tih godina ovaj popularni uređaj bio u mnogim delovima sveta (i kod nas) pravi statusni simbol i prestižni proizvod.

[3] Chip - integrisano kolo (engl. chip = iver, parče cepanice, krhotina i sl.), odnosno mikroprogramabilni kompjuter na čipu.

gustine "pakovanja" tranzistora na jednom čipu, što je omogućilo konstrukciju sve bržih i minijaturnijih mikrokompjutera kao važnog sredstva za korenitu promenu u pristupu svim dotadašnjim mašinama koje su izložene neslućenim mogućnostima automatskog upravljanja. Jasno je takođe da je time otpočela i jedna potpuno nova era transformacije ljudskog rada koji s jedne strane u mikroprocesorskoj tehnici i tehnologiji dobija sve delotvornijeg saveznika, ali i potencijalnog "gušitelja" čovekove samobitnosti.

Dinamika razvoja mikroelektronike ostvarivala se do sada nevidenom brzinom tako da se za samo 20-tak godina promenilo nekoliko tzv. generacija mikroprocesora. Ovome je mnogo doprinela i tehnologija novih materijala (sa silicijumskih čipova prešlo se na galijum arsenidove npr.) pa se danas sve više najavljuju tzv. biočipovi, fotočipovi i sl. što će još više omogućiti i minijaturizaciju i proširenje upotrebe u retke preostale oblasti koje još uvek odolevaju najezdi čipova. A takvih će doista biti sve manje i manje, jer pored svoje sve veće primenjivosti, mikroprocesori postaju i sve jeftiniji, tako da predstavljaju pravi izazov za svakog konstruktora u najrazvijenijim industrijama. Oni se danas ugrađuju u gotovo sve mašine i uređaje, alate i pribore, kao i sredstva svakodnevne upotrebe, pa čak i u građevinske objekte ("pametne kuće").

Kompjuteri, kao treći pravac našeg 10-smernog prikazivanja treće tehnološke revolucije po mnogim analitičarima ovih problema je centralna osovina oko koje se vrti sav "tehnološki civilizacijski ringišpil" poslednjih nekoliko decenija. Zbog toga ovi autori koriste slogan "kompjuterska revolucija" kao sinonim za treću tehnološku revoluciju što nam se ne čini potpuno prihvatljivim, jer nastojimo da sadržinski proširimo značenje pojma treće tehnološke revolucije.

Već iz do sada rečenog snažno se nameće zaključak da bi "revolucionarni radijus" treće tehnološke revolucije bio neuporedivo manji, a ekonomska dubina i socio-kulturni kvalitet znatno niži, da se uporedo sa napredovanjem kompjuterizacije, odnosno upravo zbog nje (zbog čega kompjuterizaciju shvatamo kao infrastrukturu svih visokih

266

tehnologija), nisu razvijali i drugi "tehnološki koridori" koje obuhvatamo akronimom TEKNOBERGS.

Kao što smo već pokazali razvoj kompjuterske tehnologije od **Mark I** i **ENIAC**-a do danas predstavlja fascinantni primer erupcije tehničkog uma. Od 1946.godine do danas razvijeno je nekoliko kvalitativno različitih generacija kompjutera: I generacija 1946-1954. g. na bazi elekronskih cevi, II generacija 1954-1965. g. na bazi tranzistora, treća generacija 1965-1977. g. na bazi integrisanih kola, četvrta generacija 1978-1983. g. na bazi integrisanih kola velikog stepena integracije (LSI - large scale intergration), peta generacija 1984. g. danas na bazi vrlo visokog stepena integracije (VLSI - very large scale integration), a u poodmaklom razvoju je šesta generacija na bazi tzv. **biočipa**. Ova poslednja generacija kompjutera treba da posluži ostvarenju cilja da se ostvari prelazak sa obrade informacija na obradu znanja (brain-like computers), što će biti moguće na nivou tzv. submikronskog procesora sačinjenog od biološkog materijala, tj. na nivou biomolekula. Već sada je izvesno da je nauka sasvim blizu stvaranja takvih kompjutera koji će posedovati tzv. veštačku inteligenciju, pa čak i mogućnost samoreprodukovanja, a biće napravljeni od proteinskog materijala inače u prirodi odgovornog za najsuptilnije funkcije svojstvene jedino čoveku, a to su funkcije percepcije (opažanja) i učenja, a ne samo pamćenja u čemu je inače kompjuter već daleko nadmašio čoveka.

Budući "biološki" kompjuter predstavljaće u svemu potpuno novu koncepciju kompjutera. On će i u pogledu svoje konstrukcije i arhitekture, fizičkog tela (hardware), biti drugačiji od sadašnjih zbog svoje naglašene organske i biološke strukture, ali i u pogledu odnosa (interface) na relaciji korisnik-kompjuter. Ovo poslednje možda je i najrevolucionarnija mogućnost - ali i nada za sve one (a takvih je još uvek svuda u svetu najviše) kojima je osnovna prepreka i izvor otpora prema računarima nepoznavanje kompjuteru razumljivog (programskog) jezika - jer nagoveštava nov i neposredan interfejs između čoveka i kompjutera kada će kompjuter biti u stanju da neposredno razume čovekov

267

govor i izvršava njegove naredbe. Brzina operacija u biočipu meriće se tzv. femtosekundama (10-15 s) čime će se izvršavati maksimalna "kompresija vremena", takoreći eliminacija vremenske dimenzije (!).

Pored hardware-a drugi važan element komjputerskih sistema čini **software** tj. znanje (programi) kako upravljati hardverom. Dosadašnji razvoj kompjuterskih sistema pokazuje neujednačen ritam razvoja njegovih podsistema tako da je danas već sasvim jasno da razvoj softvera ide brže i da je upravo to oblast u kojoj tehnološka kreativnost pokazuje svoje gotovo neograničene mogućnosti. Istovremeno, proizvodnja softvera spada u najprofitonosnije grane i verovatno će ova proizvodnja i dalje prednjačiti u odnosu na, inače, takođe dinamičnu industriju kompjuterskih uređaja koji relativno pojeftinjuju ponajviše zbog izuzetno velike konkurencije sve brojnijih proizvođača širom sveta. Ova "trka" koju već duže vode softverske u odnosu na hardverske firme (mada uz svaki hardver ide i odgovarajući softver koji može, ali i ne mora, biti razvijen od strane proizvođača hardvera) biće i ubuduće u znaku softvera, verovatno sve dotle dok se ne proizvedu kompjuteri koji će sa korisnikom komunicirati direktno, bez posredovanja tzv. programske podrške i komplikovanog skupog softvera. Tada će se možda, čak više nego danas, pokazati da li je najveća prepreka i ograničenje u širenju kompjuterizaćije čovek-korisnik, ili nešto drugo, jer će do punog izražaja moći da dođu njegove ideje, vizije, potrebe i interesi koje će čovek-korisnik hteti i moći, odnosno, moći, ako hoće, ostvariti. Pokazaće se, takođe, opet i iznova, kako tehnika i tehnologija, pa makar i najmodernije i najmoćnije bile, ne mogu same po sebi, tj. izvan ili iznad društvene svrhovitosti, ništa postici[1].

---

[1] Ogroman uspeh kompjuterske i kibernetske tehnologije uvek rasplamsava i nove socijalne utopije i vizije potpuno programiranog, hiperorganizovanog tehnokratskog društva. Međutim, iznova se zaboravlja na činjenicu da se ljudsko ponašanje ne oztvaruje samo po kriterijumima racionalnosti, već itekako mnogo to ponašanje je uslovljeno i emocionalnošću. Zanimljivo je s tim u vezi da ni najambiciozniji projekti razvoja kompjutera na bazi biološkog materijala i arhitekture ne predviđaju mogućnost emocionalnog reagovanja. Da li će emocionalnost (ljubav, mržnja, srdžba, strah itd.) biti prave i možda poslednje specifične razlike između čoveka i mašine? Nadajmo se i večite tj. nikad otklonjive.

Zbog toga se kompjuter uvek mora posmatrati kao svojevrsno i pomalo čudesno jedinstvo čovekovog znanja oličenog u hardveru (tehnika) i softveru (tehnologija) nastalo kao rezulatat istorijskog dejstva i uticaja kulture (načina života, strukture i intenziteta ljudskih potreba itd) i filozofije (pogleda na svet, smisla i etike života i rada itd.) i nauke (istinitost saznanja, praktična primenjivost itd.) i umetnosti (lepota i radost stvaranja). Samo u tom smislu, kompjuter kao istinsko jedinstvo softvera i hardvera (slika 3) može vršiti koristan uticaj na sve realne društvene strukture i proces i sprečiti da bude redukovan tek na instrument, alatku, mašinu itd., makoliko moćan, koji umesto da samo i uvek pomaže (aided) on neretko i degradira (degraded) svog tvorca i korisnika - čoveka.

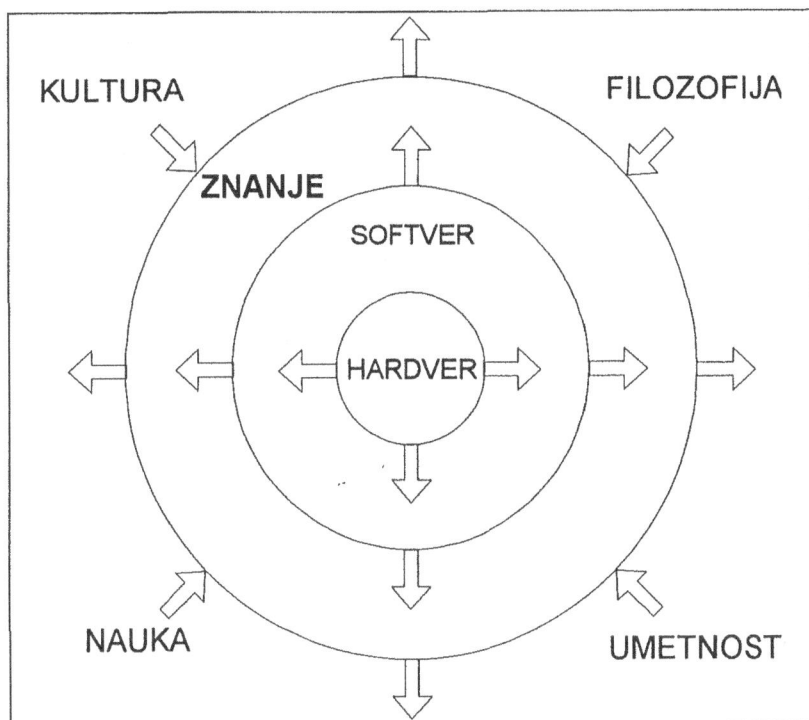

Slika 3. Znanje i koncepcija kompjutera

Početkom, a naročito sredinom 80-tih godina otpočeo je nov i snažan talas kompjuterizacije, naročito u obrazovanju, grafičkoj industriji, oblasti zabave i razonode, kućnoj upotrebi i brojnim drugim delatnostima, gde je to ranije bilo teško i skupo. To je sada omogućeno primenom tzv. mikroračunara (personalnih[1], kućnih i sl.) zasnovanim na masovnoj i jeftinoj proizvodnji mikroprocesora, ali i drugih pratećih uređaja (periferija), kao što su monitori, štampači, ploteri, modemi i dr., koji omogućuju efikasno iskorišćenje računskih i logičkih mogućnosti samih kompjutera. Brz rast produktivnosti u proizvodnji procesora i ostalih elektronskih komponenti učinio je ubrzo da je elektronski deo konfiguracije računarskog sistema postao srazmerno jefitniji u odnosu na elektromehaničke delove. Ali, i dalje ostaje najskuplji deo softver, tj. znanje kako koristiti računar.

Posebno se mnogo radi na projektovanju i razvoju tzv. kompjuterskih **mreža** (network) kao specifične infarstrukture pomoću koje se povezuje veliki broj manjih kompjuterskih jedinica u integrisane informacione sisteme podržavane tzv. velikim (mainframe) računarom. Pored tzv. lokalnih (nacionalnih) mreža danas u svetu efikasno funkcioniše na stotine internacionalnih mreža. Ove mreže predstavljaju tehničku i tehnološku podlogu stvaranja novog informacionog i telekomunikacionog prostora naše Planete koja se sve više pretvara u "globalno selo" (M. McLuhan). Danas ljudi mogu održavati, tele-video konferencije a da se fizički ne susreću, mogu biti očevici takoreći svakog događaja koji ih zanima, a da su fizički od mesta događaja udaljeni hiljadama kilometara, mogu činiti i mnoge druge do skora nezamislive stvari, što im sve daje pravo da optimistički razmišljaju o boljoj globalnoj zajednici u budućnosti.

Tehnička i tehnološka osnova za to leži u činjenici da danas u svetu ima već blizu 100 miliona korisnika INTERNETA, kao globalne

---

[1] Ubrzo posle prvih serija proizvedenih ličnih računara oni su doživeli neviđenu popularnost tako da je već 1982. g. poznati američki časopis "Time" u svojoj čuvenoj anketi za ličnost godine proglasio - lični računar. Od tada je proizvedeno na stotine modela u nekoliko desetina miliona primeraka koji se koriste širom sveta. Očekivanja da će se slično desiti i sa robotima, na žalost se još uvek nisu ostvarila.

mreže svih mreža, a procenjuje se da će ih do kraja ovog veka, znači u sledeće tri godine biti blizu 500 miliona. Ne toliko zbog prestižnih (!) koliko zbog stvarnih praktičnih razloga danas je svakom ko u svetu nešto znači u bilo kojoj oblasti ljudskog stvaralaštva jednako stalo da ima svoju adresu na Internetu kao i da sazna nečiju tuđu. Procenjuje se da je samo u Evropi 1990. godine preko 40 miliona domaćinstava imalo kućni računar što je tada odražavalo veliko zaostajanje u odnosu na SAD. U međuvremenu se situacija popravila tako da je prodaja PC-a (personal computer) u nekim zemljama bila veća od prodaje TV aparata. Prošle godine (1996.) u zemljama Evropske unije domaćinstva su raspolagala sa 44,6 miliona PC-a od čega je preko 1,7 miliona bilo povezano na INTERNET. Zanimljivo je da u ovim procesima Japan znatno zaostaje. Možda je problem u jeziku i pismu?

Novi materijali predstavljaju nove tehnološke prodore u potencijale prirode. Novi materijali donose novi optimizam, a posebno doprinose potiskivanju veoma prisutnog pesimizma i straha da se na našoj planeti povećeva deficit gotovo svih ključnih materijala.

Mada sintagma "novi materijali" standardno podrazumeva nove sintetičke tvorevine kao što su nove vrste tzv. strukturalnih keramika, novih polimera, karbonskih vlakana, tzv. amorfnih metala, novih kompozita i sl., u širem smislu pod ovim pojmom treba podrazumevati i tzv. "stare nove materijale" kao što su plastične mase, razne legure, najlon, viskoza i brojni drugi čija je upotreba doprinela da se prirodne rezerve brojnih ključnih materijala znatno sačuvaju. Isto je i sa obnovljivim resursima kao što su npr. šume koje je bukvalno spasila tehnologija proizvodnje iverica, medijapan i šper-ploča i sličnih surogata klasičnih drvenih elemenata.

Ipak, kada danas govorimo o novim materijalima, kao strategijskom pravcu nastupanja tzv. treće tehnološke revolucije, uglavnom se misli na specijalne konstruktivne materijale (npr. za vazduhoplovne i vasionske letilice i sl.) posebnih fizičkih, hemijskih, mehaničkih i drugih svojstava koji ne samo da mogu biti uspešne zamene za standardne metale i njihove legure nego ove i nadmašuju, a što je posebno važno, mogu od njih postati i jeftiniji. Zbog toga, istraživanja u ovoj oblasti potencijalno nose najveće direktne finansijske efekte jer se odgovarajućim tehnološkim postupcima može od materijala kojeg ima u izobilju (npr. keramika, glina) dobiti posve novi i kvalitetniji materijal koji će postajati sve jeftiniji. U slučaju tzv. nove keramike radi se o novom materijalu koji ima znatne prednosti u odnosu na većinu metala kako u pogledu otpornosti prema rđanju, nagrizanju od strane raznih hemikalija, u pogledu termičke i posebno električne provodljivosti, tvrdoće (gotovo kao dijamant), tako i u pogledu specifične težine (lakša je od metala) što je čini veoma pogodnim materijalom koji donosi potpuno nove mogućnosti u brojnim inženjerskim oblastima[1].

U tom smislu posebno su velika očekivanja od jednog posve novog materijala, tzv. **fulerena C_{60}**, novog molekula ugljenika za čije je otkriće dodeljena Nobelova nagrada za hemiju 1995. godine. Specifična fizičko-hemijska, strukturna, električna i druga svojstva ovog novog materijala nagoveštavaju mogućnost da on potpuno supstituiše tzv. strateške metale (kobalt, tantal, titan, galijum, kolumbijum itd.) kojih je inače malo na Zemlji, veoma su traženi i teško se recikliraju.

Tehnologija novih materijala otvara potpuno nove perspektive u tretmanu mineralnih bogatstava i tzv. komparativnih prednosti kao pretpostavke privrednog razvoja. U tom pogledu posebno su velike mogućnosti stvaranja novih materijala i čuvanja i zaštite postojećih (npr. metala) primenom različitih biotehnoloških postupaka, o čemu će još biti reči.

Slična optimistčika očekivanja postoje i kada je reč o drugim tzv. novim materijalima među kojima se posebno izdvajaju karbonska vlakna, amorfni materijali, fini polimeri, supercement, itd.

---

[1] Naravno, postoje još uvek i znatni nedostaci ovog materijala kao što su: velika osetljivost na nagle temperaturne promene, krutost i nedovoljna elastičnost, teškoća obrade i spajanje sa metalima, kao i još neki, što će verujemo, biti, uskoro tehnološki i rešeno. Time će definitivno nastupiti novo doba - keramičko doba, a to će biti i prestanak zavisnosti savremene civilizacije od metala kao njene materijalno-fizičke tehnološke podloge.

Optoelektronika (Optronika) spada u red posve novih tehnoloških "kanala" kojima "teče" sveukupna treće tehnološka revolucija. Radi se o tipičnoj hibridnoj tehnologiji kako u pogledu njenog porekla tako i u pogledu mogućnosti njene primene, što je u procesu sveukupne evaluacije stavlja u sličan položaj kakav imaju novi materijali.

U suštini, ovaj tehnološki pravac se i zasniva na novim optičkim materijalima (optička vlakna i sl.) koji omgućuju integraciju raznih tehnologija, počev od tzv. starih elektromenhaničkih tehnologija, preko robotičkih (mehanotronika), komunikacionih i dr. stvarajući tzv. **optomatroniku** unutar koje se na optimalan način ostvaruje transformacija optičkih signala u elektronske i obratno (slika 4). Praktično, gotovo sve moderne tehnologije svetla (laseri, senzori, optički diskovi itd.) predstavljaju funkcionalnu integraciju optičkih i elektronskih komponenti zahvaljujući pre svega novim funkcionalnim materijalima, tj. njihovim fizičkim svojstvima u pogledu iskorišćenja svetlosnog spektra. Na taj način spoj optike i elektronike posredstvom mehatronike u tzv. optomatroniku prema predviđanjima mnogih istraživača predstavlja ključ sveukupnog budućeg tehnološkog razvoja. Ovu tvrdnju najbolje potvrđuju činjenice o inteizivnim ulaganjima u ovu oblast u svim vodećim zemljama sveta. Posebno su inteizivna istraživanja lasera. Svetlu i tehnologiji svetla kao da je sudbinski namenjeno da osvetli nove civilizacijske puteve.

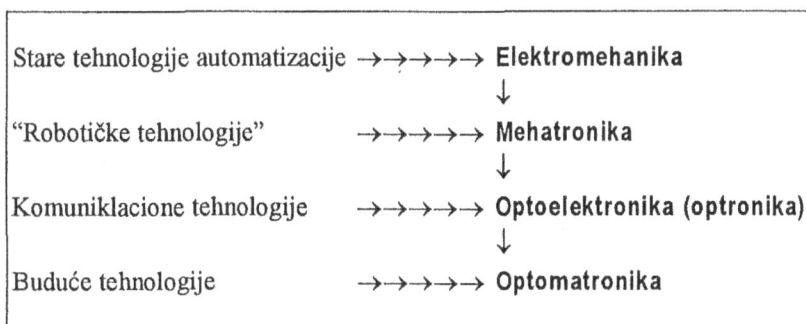

Stare tehnologije automatizacije →→→→→	**Elektromehanika**
	↓
"Robotičke tehnologije" →→→→→	**Mehatronika**
	↓
Komuniklacione tehnologije →→→→→	**Optoelektronika (optronika)**
	↓
Buduće tehnologije →→→→→	**Optomatronika**

Slika 4. Fuzija tehnologija prema optomatronici (Izvor: FAST, Brussels)

273

Biotehnologija je stara tehnološka disciplina (vrenje, kvasac i sl.) koja odnedavno doživljava potpuni preporod i uspon. Često se kaže da je biotehnologija "brak" između prirode i tehnologije koji je sklopljen početkom ovog veka upotrebom tzv. industrijske fermentacije. Danas biotehnologija otpočinje novu fazu u kojoj se ukršta genetski materijal i ostvaruju takve genetske manipulacije koje omogućuju pojavu novih živih organizama upotrebljivih u poljoprivredi, ribarstvu i šumarstvu, brojnim industrijama kao što su prehrambena, farmaceutska, fermentacijska i hemijska, zatim u medicini, zaštiti okoline, energetici itd. Savremena praksa je prepuna primera blistave primene kombinovanja naslednog materijala što nemerljivo podiže i produktivnost i kvalitet u poljoprivrednoj proizvodnji, podižući uporedo i biološka svojstva ratarskih kultura ili domaćih životinja.

Koreniti pomaci ostvareni su svuda gde se otpočelo sa primenom genetskog, proteinskog i hormonskog inženjeringa što je dalo snažan zamah ovoj grani koja je došla u red nejperspektivnijih oblasti tehnološkog razvoja uopšte. Širom sveta prisutan je rastući optimizam povodom mogućnosti koje poseduje biotehnologija, ali isto tako sve je ra   šireniji strah zbog mogućih zloupotreba ove **potencijalno najmoćnije tehnologije** obzirom da zadire u samu suštinu života, naslednih osobina živih bića, uključujući i čoveka. Zbog toga ova tehnologija više od bilo koje druge otvara i krupna etička i filozofska pitanja od čijih će odgovora uveliko zavisiti svekoliki smisao čitavog budućeg tehnološkog razvoja.

Mada se početak savremene biotehnološke revolucije obično vezuje za otkriće DNK (dezoksiribonukleinske kiseline), tog čudesnog molekula koji je odgovoran za genetski transfer naslednih osobina sa generacije na generaciju živih organizama, koreni ove revolucije su dosta stariji i tiču se prodora u genetici s početka ovog veka. Mnogi naučnici i futurolozi predviđaju da će kraj ovog veka i milenijuma proteći u znaku genetskog inženjeringa (1993. god. npr. i Nobelova nagrada za medicinu i za hemiju dodeljene su za istraživanja u oblasti DNK), u

274

spektakularnim uspesima u kloniranju nekih životinja, u kompjuterizaciji "genskih mašina" i zastrašujućim nagoveštajima da nije daleko dan kada će se rađati deca po narudžbi, na "sliku i priliku" svojih poručilaca (ne samo bogatih, nego očigledno i opasno narcisoidnih). Ko će moći poručiti i kome će biti potrebni preslikani ljudski primerci i u kojem "tiražu"? Međutim, već su se pojavili i krajnje upozoravajući primeri ("lude krave", npr.) gde je preterano nasilje nad "prirodnim redom stvari" podsetilo da i preveliko "znanje" nije uvek i jedino konstruktivna činjenica.

Energija kao izvor i simbol sveukupnog materijalnog razvoja i kretanja oduvek je predstavljala ključni preduslov ne samo progresivnih, već i svih promena, uopšte. Kada je reč o celini promena koje smo navikli da nazivamo trećom tehnološkom revolucijom, energetska dimenzija dolazi naročito do izražaja. S jedne strane sve je očiglednije da ritam i dinamika započetih promena postaje sve zavisnija od raspoložive količine energije svih vrsta, a s druge strane upravo na području traženja novih vrsta i izvora energije ostvaruju se kvalitativni naučni i tehničko-tehnološki prodori koji sami po sebi predstavljaju svojevrsnu tehnološku revoluciju. Tu ne mislimo samo na nuklearnu energiju, koja je pre pola veka označila početak tzv. atomske ere, nagoveštavajući mogućnost potpunog energetskog snabdevanja svih planetarnih potreba na dugi rok, već mislimo i na razne, više ili manje uspešne, napore u traženju tzv. alternativnih izvora energije.

Inače, tzv. nuklearna era, "atomsko doba" i na slične načine nazivan period u kome se očekivala masovnija primena nuklearne (fisione), pa i termonuklearne (fuzione) energije, ipak se nije ostvarila i teško je pretpostaviti kada će se to uošte desiti. Osim u Francuskoj, Rusiji, SAD, Kanadi, Velikoj Britaniji i još nekolicini zemalja gde se masovnije proizvodi električna energija iz termonuklearnih centrala, malo je još zemalja gde je atomska energija imala veću mirnodopsku upotrebu. Vredno je, razume se, pomenuti primenu u medicini, u poljoprivrdi, i nažalost u vojnoj industriji čije je atomsko oružje stvaralo nove načine razmišljanja o vođenju rata, o strategiji, o međunarođnoj politici i sl. Sve u svemu, atomska energija stvorila je više straha i otpora (anti-nuklearni društveni pokreti npr.) kod ljudi nego optimizma i vere u bo-ljitak, pogotovo posle nekoliko katastrofalnih havarija nuklearnih po-strojenja (Černobil, Ostrvo tri milje i dr.) i preteće radioaktivnosti. Ipak, to ne znači da čovečanstvo treba da odustane od nuklearne energije, već se radi samo o tome da neki drugi alternativni izvori ovog časa donose daleko manji zdravstveni i ekološki rizik.

Pored navedenog, energetskoj optimizaciji treba prići i sa stano-višta nekih drugih tehnologija. Tako npr. velike su mogućnosti koje pru-žaju novi superprovodljivi materijali kada je reč o prenosu i uštedama energije, zatim laki konstruktivni materijali, kvalitetni izolacioni mate-rijali što nas sve uverava da ova civilizacija ima energetsku budućnost.

Alternativnost se ovde mora razumeti kao strategija zamene tzv. klasičnih fosilnih (ugalj, nafta), tj. neobnovljivih izvora obnovljivim, kao i klasičnih obnovljivih (hidroenergija, vetar i sl.), efikasnijim ob-novljivim, ali zahvaljujući integrisanom korišćenju drugih tehnologija. Intezivno, na momente u pojedinim zemljama čak i panično, traganje za najboljom energetskom alternativom dovodi čovečanstvo i sav nje-gov tehnološki um pred neumitno suočavanje da je Sunce "alternativa svih alternativa" i nesumljivi energetski resurs koji se ne može potroši-ti, koji svima pripada i koji ne zagađuje.

Ipak, ova "**solarna utopija**" još uvek je teško ostvariva, jer pret-postavlja rešenje velikog broja tehničko-tehnoloških, ali i nekih druš-tvenih problema. Problemi ekonomičnog prikupljanja (solarne ćelije), čuvanja, prenosa, raspodele solarne energije danas izgledaju još isuviše krupni da bismo imali pravo na preterani optimizam i verovanje da je energetska budućnost čovečanstva tehnološki rešena. Nažalost ne, iako, razume se, konceptualno da, tj. sve dok traju termonuklearni procesi na Suncu biće i sunčeve energije na Zemlji koju ćemo i dalje koristiti bilo neposredno, bilo posredno preko biljaka i životinja, preostalih ili još neotkrivenih fosilnih ostataka u podzemnoj ili podmorskoj "utrobi" na-še Planete. Ipak, stalan porast potrošnje energije svakodnevno zaoštrava

276

pitanje "energetske gladi" kao problema koji ulazi u red najvažnijih koje savremena tehnološka revolucija tek treba da reši.

Robotika spada u red svakako najspektakularnijih tehnologija današnjice. Istovremeno, zbog rastućih mogućnosti robotike i kao samostalne tehnologije i posebno kao komponente fleksibilnih proizvodnih sistema (FMS)[1] i kompjuterski integrisanih proizvodnih sistema (CIMS)[2], robotika izaziva pažnju najrazličitijih istraživača i analitičara. Zbog brojnih uticaja na svet rada, a naročito sa stanovišta supstitucije živog rada, zatim njegove humanizacije, kao i nove organizacije rada i upravljanja, robotika kao vrh automatizacije industrijskih, ali i mnogih drugih, proizvodnih procesa sve više izaziva kontradiktorne ocene brojnih analitičara.

Sam naziv "robotika" potiče od češke reči "rabota" (težak fizički rad) koji je Karel Čapek upotrebio u jednoj svojoj drami gde je opisao čovekoliku mašinu (androidni automat) koji bi trebao da oslobodi ljude od "ropstva rada, ponižavajućeg i strahovitog rada, nečistog i ubitačnog robotanja". Mada je ovaj opis nastao pre skoro osam decenija on predstavlja sjajnu predodžbu efekata robotizacije do kojih je došlo mnogo kasnije, početkom 70-tih godina, kada otpočinje nova i do sada najspektakularnija proizvodna revolucija - robotička revolucija. Ono je sve do danas nesumnjivo najimpresivnije područje konstruktorskog nadmetanja i neodoljiv inženjerski izazov u oblasti mašinogradnje, automatskog upravljanja, preciznosti, efikasnosti i uopšte integracije celokupnog tehničkog znanja koje se agregira u tako složenoj i čudesnoj veštačkoj tvorevini kao što je robot.

Kao tipičan predstavnik tzv. hibridne tehnologije robotika gotovo podjednako budi i velike nade i velike strahove kako stručnjaka tako i laika, a to je dovoljan razlog da joj i ovde posvetimo srazmerno veću pažnju. Dodatni razlog je i u otme što je ovaj tekst prevshodno namenjen budućim, ali i sadašnjim inženjerima, dakle, ljudima koji će birati

---

[1] FMS - flexible manufacturing system

[2] CIMS - computer integrated manufacturing system

ili ne baš takav tehnološki nivo, stvarati ga i podizati, promovisati i širiti, uvek uz punu svest o svim prednostima i nedostacima robotike.

Iako relativno mlada tehnička grana robotika je doživela izuzetno buran razvoj i ekspanziju primene što je uslovilo intenzivna istraživanja, zatim ulaganja u kapacitete za proizvodnju robota, duboke promene u strategijama obrazovanja kadrova obučenih za rad u robotizovanim uslovima, za programiranje i održavanje robota. Već početkom 80-tih godina roboti postaju opšti i zaštitni znak razvijenosti mnogih značajnih industrija (automobilska, računarska, industrija satova, preciznih mernih, laboratorijskih i medicinskih uređaja i instrumenata, kosmička industrija, tekstilna i dr.) tako da se njihov broj i performanse javljaju kao svojevrsno merilo i pokazatelj industrijske razvijenosti ekonomski najznačajnijih zemalja sveta. Talas robotizacije i brz porast "populacije" robota ubrzo je zahvatio i manje razvijene zemlje, tako da je već krajem osme i početkom devete decenije ovog veka broj robota širom sveta porastao na nekoliko stotina hiljada komada. Osnovni razlog za ovako brzu difuziju robota leži u činjenici da se zahvaljujući integrisanom timskom naporu različitih stručnjaka (konstruktora, elektroničara, hidrauličara, tehnologa materijala, ergonoma i dr.) stvaraju sve naprednije generacije robota koji sve lakše nalaze primenu u najrazličitijim oblastima ljudskog rada.

Roboti se definitivno potvrđuju ne samo kao efikasni, već često i kao jedini sposobni (npr. kod specijalnih operacija izrade ili montaže mikrokomponenti složenih proizvoda i sl.) da zamene čoveka-izvršioca na tradicionalno opasnim i za zdravlje i život čovekov rizičnim poslovima (zamena radioaktivnog punjenja u nuklearnim reaktorima, rad u rudnicima, čišćenje minskih polja i sl.). Njihova mobilnost, upravljivost, senzibilnost i reagibilnost na razne spoljne nadražaje (svetlost, vlažnost, temperatura, atmosferski pritisak, koncentracija gasova, buka i vibracije itd.), inspiriše brojne autore da panegirički kliču robotiči kao konačnoj pobedi mašine nad čovekom, tj. mrtve nad živom prirodom. Naravno, uz sav respekt i divljenje robotici kao vrhunskom ostvarenju

278

mehatronike (mehanike i elektronike) već na ovom mestu želimo osporiti ovakav nekritički tehnološki optimizam.

Uprkos ogromnom napretku robotike postoji sve više dokaza i argumenata u prilog tvrdnji da je čovek još uvek neprikosnoveni i suvereni gospodar sveukupnog "tehnološkog univerzuma" pa samim tim i onaj koji širi, ali i sužava, dakle, **upravlja** razvojem robotike. Zato je možda već i ovde korisno podsetiti na već čuvena i široko poznata tzv. tri Asimovljeva zakona robotike[1], a koji glase: 1) robot ne sme povrediti ljudsko biće ili svojom neaktivnošću dozvoliti da ljudsko biće bude povređeno, 2) robot mora da sluša naređenje ljudskih bića, osim ako naređenja nisu u suprotnosti sa prvim zakonom, 3) robot mora da štiti vlastito postojanje sve dok ta zaštita nije u suprotnosti sa prvim i drugim zakonom. Iz ovoga jasno "probija" **humanocentrični** pristup Isaka Asimova i mi ga, razume se, prihvatamo, ali uz istovremeno neslaganje sa ovde implicitno iznetim stavom Asimova da su ljudi nesposobni upravljati samim sobom i da im je stoga potrebna nekakva misleća mašina koja će ih braniti od samih sebe. Suprotno ovome, mi smo ubeđeni da je upravo čovek taj koji jedini može spoznati šta mu je potrebno, kako, s kime a ne samo čime, zbog čega, kada i koliko treba i mora da **deluje**, a to znači aktivno realizuje svoju civilizacijsku misiju. Drugim rečima, jedino čovek ume da radi, tj. zna **svrhu** a ne samo cilj svoje aktivnosti.

Posle svega, može se reći da roboti nisu samo nova kategorija mašina i novi vid sofisticirane automatizacije, nego su i novi činilac dalekosežnijih promena proizvodne filozofije koja teži potpunoj supstituciji čoveka u procesu rada. Oni nas ubrzano približavaju ostvarenju nove realnosti "fabrika bez ljudi" (unmanned factory), tj. fabrika u kojima će ljudi, umesto u fabričkim halama, biti u laboratorijama, u projektnim biroima, radionicama softvera, u pogonima za održavanje i sl. Na taj način robotizacija otvara čitav niz potpuno novih pitanja o perspektivama ljudskog rada, njegovog karaktera, strukture, a zatim i njegovog

---

[1] Videti i kod nas prevedeno delo ovog znamenitog američkog pisca naučne fantastike "Ja, robot" (izdanje Jugoslavija, Beograd, 1976. g.).

merenja i vrednovanja, što se na socijalnom planu ispoljava kao problem zapošljavanja, na ekonomskom kao pitanje produktivnosti, a na filozofsko-antropološkom kao pitanje humanizacije rada i položaja čoveka u visokotehnologizovanom, ali nažalost i sve više depersonalizovanom i despiritualizovanom sistemu proizvodnje.

Sve to pokazuje da robotika predstavlja kvalitativno novu fazu u razvoju proizvodnih tehnologija i automatizacije rada, položaja čoveka u proizvodnji, upravljanju i uopšte u visokotehnologizovanom sistemu proizvodnje vrednosti, dakle u sistemu robnog privređivanja.

Genetsko inženjerstvo je najznačajniji deo biotehnologije budući da tehnikom rekombinovanja gena omogućuje veštačko dizajniranje karakteristika živog sveta.

Iako za sada ograničeno uglavnom na odabrane biljne vrste (poljoprivredne kulture, šumske i baštenske biljke i sl.), domaće životinje (goveda, svinje, živina) i ribe, genetsko inženjerstvo je već danas ovladalo najdelikatnijim metodama i sredstvima manipulacije naslednih osobina, tzv. genskim transferom, što otvara mogućnosti primene **rekombinacije DNK** (dezoksiribonukleinske kiseline) - tog čudesnog molekula (otkriven 1953. godine) koji upravlja naslednim osobinama živih bića - i na čoveku.

Ako se efekti primene genetskog inženjeringa kod biljaka mogu gotovo bez rezerve označiti kao pozitivni, primena kod životinja već nosi elemente izvesnih sumnji i strahova da neke vrste mogu zbog nekontrolisane komercijalizacije biti izložene opasnim degenerativnim procesima, dotle primena metoda genetskog inženjerstva na humanom materijalu otvara širok raspon stavova i ocena: od euforičnog optimizma da je čovek dobio do sada najefikasnije sredstvo u lečenju i prevenciji raznih bolesti, jačanju imunološkog sistema i sl., sve do panične uznemirenosti da će čovek moći inženjerski projektovati svog naslednika po meri i želji koju sam odabere. Takva biotehnološka mogućnost opravdano izaziva strahove zbog mogućih zloupotreba moći ljudskog znanja, ali i nameće pitanje ko će i kako kontrolisati te moći. Sve to govori da je genetski inženjering, kao znanje korišćenja genetske šifre koja se nalazi u lancima DNK, nesumljivo najmoćnije od svih znanja koje je do sada čovek osvojio, zbog čega ima smisla ponovo i opet postaviti prastaro filozofsko pitanje o smislu čovekovog delovanja.

Genetski inženjering kao vrhunska tehnologija današnjice koja će u neko, nadajmo se dogledno, vreme kao uostalom i sve druge tehnologije, postati dostupno svima, a to znači i nedovoljno odgovornim pojedincima i grupama, što na dramatičan način otvara **pitanje istorijske odgovornosti** za razvoj i primenu takve tehnologije. Više nego ikad ranije ima smisla postaviti i pitanje kakvu tehnologiju neko **želi, može, treba**, pa čak i sme[1] da razvija. Drugim rečima, može se postaviti pitanje kontrole ljudske kreativnosti koja se može "odmetnuti" u neželjenom pravcu kada i čitav dosadašnji civilizacijski domet može doći u pitanje. Na taj način znanje i tehnologija se na novi način potvrđuju kao najmoćnije poluge sveukupnog razvoja čovekove vrste, dakle razvoja, svih poznatih, a u budućnosti sve više i onih još neotkrivenih mogućnosti čoveka kao mere svega postojećeg, svega dosadašnjeg ali i budućeg. Zbog toga i sam pojam razvoja zaslužuje stalno redefinisanje svog značenja i sadržaja. Savremena tehnologija je upravo probni kamen za sve češće i sve dublje preispitivanje samog smisla razvoja i njegove dijalektike u realnom vremenu i prostoru. Jedan konceptualni okvir za ovo pruža i tzv. proces procenjivanja tehnologije (technology assessment) o čemu ćemo uskoro nešto više reći.

Svemir (space), kosmos ili vasiona, jeste poslednji pojam u našem akronimu TEKNOBERGS. U analiziranom kontekstu datog akronima svemir simbolizuje fizički, realni, prostorni beskraj čovekovih

---

[1] Poznato je da danas u svetu postoji opšta kontrola razvoja i primene npr. nuklearne tehnologije. Verovatno ce slična kontrola, mada će nju biti daleko teže sprovoditi, biti primenjena i u oblasti genetskog inženjeringa. Naravno, takva praksa je u potpunom neskladu sa principima slobode naučnoistraživačkog rada i posebno sa principima suvereniteta država. Ali, to je i dokaz da nauka i njena tehnološka primena dovode i do potrebe redefinisanja nekih klasičnih principa i standarda na kojima počiva država kao oblik organizovanja društva, pravo kao vid normi društvenog života, moral kao svest i praksa činjenja dobrih dela itd.

potencijalnih okvira aktivnog trajanja, mogućeg dopiranja i eventualnog bitisanja.

Iz celokupne beskonačnosti svemira čovekov stvaralački angažman još uvek je lociran na takoreći minimalnom prostoru jednog manjeg dela naše galaksije u kojoj se zadovoljavamo tek samo jednom njenom zvezdom - Suncem. A hiljade i milioni drugih zvezda za najveći broj stanovnika Zamlje još uvek predstavljaju više poetske nego fizičke činjenice i gotovo bez ikakvog stvarnog uticaja na život na Zemlji. Čovek je još uvek beznadežan taoc svoje zemaljske otadžbine, njene biosfere i svih drugih sfera čiji radijus jedva da prelazi nekoliko desetina hiljada kilometara, što je astronomski skoro zanemariva veličina. Još nije prošlo ni jedno stoleće od kako je čovek ovladao znanjem i sredstvima da se kreće atmosferom (avion), da leti, a već samo nekoliko decenija kasnije (1969. g.) čovek se obreo na Mesecu, Zemljinom najbližem svemirskom pratiocu i jedinom prirodnom satelitu. Takođe, čovek je u međuvremenu bliži kosmos oko Zemlje takoreći već "ispunio" stotinama veštačkih satelita (meteoroloških, telekomunikacionih, vojnih i dr.) i interplanetarnih stanica čime je definitivno potvrđeno da Zemlja neće ostati poslednje čovekovo stanište i do skora jedini ekološki prostor na kojem je moguć ljudski život.

Time je definitivno otpočela kosmička era, novo poglavlje tehnološkog uspona čovekovog, izazov koji donosi teško sagledive posledice. Ali, u isto vreme, ta era pokazuje i dramatično upozorava da uporedo sa veličanstvenim uzletima "na nebo" ljudi još uvek nisu sasvim rešili brojne probleme nasleđene iz davnih, ipak, ne sasvim iščezlih, epoha kao što su glad, siromaštvo, ratni sukobi, razne bolesti, neopravdane socijalne razlike i mnoge druge probleme koji se očogledno ne mogu u potpunosti rešiti samo i jedino tehničko-tehnološkim razvojem ma kako on bio impresivan. U stvari, očigledno je, da nedostaje neka drugačija tehnologija, nazovimo je sasvim uslovno, **društvena tehnologija**, koja uzima u obzir pored tehničko-tehnoloških i brojne druge pretpostavke, uslove i ograničenja razvoja čoveka kao civilizovanog bića.

282

∴

Sve do sada rečeno dovodi nas do ključnog aspekta naše analize, a koji se odnosi na složenu, višedimenzionalnu i slojevitu matricu najvažnijih tehničko-tehnoloških, društvenih, ekonomskih, ekoloških, kulturnih, obrazovnih, psiholoških, političkih, razvojnih i brojnih vidova sveukuopnog progresa, kao zajedničkog imenitelja i mere emancipatorskog prodiranja čoveka u nove i šire ne samo svemirske, nego pre svega ovozemaljske i ovovremene prostore slobode. Niti jedan, uzet pojedinačno (pa i više njih zajedno), aspekt napretka ne može biti dovoljan da se objasni smisao i svrha stvaralačkog čovekovog angažmana - njegove nascentne superiornosti u odnosu na materijalnost fizičkog sveta iz kojeg je i sam potekao i kojim sve efikasnije (ne uvek i efektivnije) upravlja, dok u isto vreme sve teže nosi breme rastućih problema koje ima i kao pojedinac i kao istovremeni pripadnik brojnih društvenih grupa - ako se ne uzme u obzir **celina** čovekovog postojanja, shvaćenog kao čudesna kosmička sinteza biološke i socijalne (istorijske) materije.

Zbog svega, iskorak u širi kosmički prostor što tehnika i tehnologija već uveliko čoveku omogućuju, postavlja i nove principe i kriterijume vrednovanja i procenjivanja ovozemljskih efekata kako tehničko-tehnološkog tako sve više i svakog drugog razvoja. Pri tome se, kao centralno, postavlja pitanje izbora odgovarajuce vrste, tipa i nivoa tehnologije polazeći od ciljeva ukupnog razvoja. Za nedovoljno razvijene zemlje i tzv, zemlje u razvoju[1] pitanje izbora tehnologije, odnosno traženje odgovarajućeg odgovora na njega, može da ima gotovo sudbinsko značenje, što uostalom veliki broj primera širom sveta rečito

---

[1] Ovu sintagmu još uvek koristimo za pojmovno određenje velike grupe zemalja koje se odlikuju izrazitom zaostalošću u odnosu na manji broj najrazvijenijih i koje pokazuju izvesnu razvojnu dinamiku, bez obzira na njihove međusobne razlike u pogledu razvojnih koncepata. U tom smislu ovaj pojam nema nikakvu političku konotaciju. Međutim, zbog sadašnjeg nivoa razvoja, zastoja u razvoju do kojeg je došlo proteklih nekoliko godina, zbog prepreka koje će morati da savlađuje (transfer inostrane tehnologije, dužnička zavisnost, odliv kadrova i sl.) sintagma "zemlje u razvoju" može se koristiti i za označavanje Jugoslavije kao članice međunarodne ekonomske zajednice.

potvrđuje. U stvari, time je ponovo tehnika i tehnologija na izvestan način izdignuta na nivo centralne veličine istorijskog procesiranja, tj. na nivo svojevrsnog **metafaktora** koji može (ali ne mora) da determiniše gotovo sve najvažnije procese unutar savremenih društava.

Zbog širine i penetriranosti tehnološkog u sve vitalne tokove socijalne i ekonomske reprodukcije širom sveta, kao i dubine, odnosno snage uticaja koji tehnika i tehnologija imaju na te tokove, sve je više očigledno da je mera savremenosti danas bitno određena merom savremenosti tehnike i tehnologije. U vezi s tim odmah se postavlja pitanje: da li se u savremenosti mogu očekivati, kao neke oaze, ostrva, "rezervati", koji će biti više nego ostali prostori sačuvani od najezde, stihijske ili kontrolisane, nove tehnologije? Da li to možda mogu biti autentični doprinosi i zaloge neke buduće savremenosti oplemenjene nostalgičnim sećanjem na prošlost u kojoj još tehnologija nije podvela celokupan život svojim zakonima racionalnosti i neke nove lepote? Ili će to postati preteško breme prošlosti koje toliko pritiskuje sadašnjost da se budućnost sporo pomalja, ili se nekima čak i ne nazire?

Dakle, izbor između realnih tehnoloških alternativa: tradicionalnog i novog, otkriva, makar posredno, više netehnološkog nego neposrednog tehnološkog sadržaja, ali i upućuje na mogućnost kompromisnog rešenja u kojem će biti pomirene ekstremne alternative i pronađeni najbolji putevi svestranim sadržajima obogaćenog razvoja, ako ne uvek svakog pojedinačno, a ono barem svih zajedno.

OSNOVNI MEGATRENDOVI
CIVILIZACIJSKOG RAZVOJA

Imajući u vidu ne samo "širinu fronta" treće tehnološke revolucije, nego i širinu, a naročito dubinu, ekonomskih, socijalnih, kulturnih, političkih i brojnih drugih posledica i efekata tehnoloških promena, prirodno je da sve veći broj naučnika i drugih mislećih ljudi pokušava definisati neke osnovne tendencije tehnoloških promena u bližoj i daljoj budućnosti. Ostavljajući ovom prilikom po strani brojne, više ili manje zanimljive i samo donekle tačne, futurološke prognoze, koje su po pravilu - valjda ponete optimizmom i nadom - pretpostavljale uglavnom eksponencijalni rast tehničko-tehnoloških otkrića i rešenja, želimo ukazati samo na neke osnovne megatrendove globalnog društvenog razvoja pod uticajem novih tehnologija.

Ozbiljno predviđanje budućnosti uvek je veoma težak i složen posao, jer podrazumeva izuzetno poznavanje i razumevanje svih najvažnijih dosadašnjih tehničko-tehnoloških ostvarenja i naročito njihovih brojnih posledica, kao i prepoznavanje nejrealnijih, najprihvatljivijih i najverovatnijih civilizacijskih ciljeva i potreba.

Koliko je danas neophodno i korisno posedovati pouzdano saznanje makar o najosnovnijim trendovima budućeg razvoja društva nije ni potrebno posebno naglašavati. Takođe, jasno je da u meri u kojoj se ubrzava ritam promena svaka prognoza postaje manje pouzdana, tj. rizik greške se povećava. I pored toga, sve to nije obeshrabrilo istaknute poznavaoce[1] savremene civilizacije da pokušaju prepoznati i uobličiti, a onda i predvideti neke najvažnije trendove (megatrendove) razvoja naše civilizacije.

Među najpoznatije autorske pokušaje takve vrste mogu se ubrajati radovi poznatog američkog naučnika Johna Naisbitt-a. Početkom 80-tih godina ovaj bivši savetnik za tehnologiju američkog predsednika definisao je 10 ključnih megatrendova koji opisuju osnovne karakteristike civilizacijskog razvoja u prvoj polovini ovog stoleća:

– od industrijskog ka informatičkom društvu;
– od klasične ka visokoj tehnologiji;
– od nacionalnih ka svetskoj (globalnoj) privredi;
– od kratkoročnih ka dugoročnim ciljevima;
– od centralizacije ka decentralizaciji;
– od institucija ka samopomoći;
– od predstavničke ka participativnoj demokratiji;
– od hijerarhijske ka mrežnoj (network) organizaciji;
– od Severa ka Jugu;
– od ili-ili ka višekratnim opcijama.

Za kraj ovog veka, punog najrazličitijih, i ne samo tehnoloških, revolucija, isti autor (u koautorstvu sa P. Aburdene[2]) osmislio je 10 novih megatrendova:

– ekonomski prosperitet je planetarni fenomen;
– umetnost zamenjuje sport kao najvažniji sadržaj slobodnog vremena;
– razvija se tržišni socijalizam (Kina);
– globalizacija stila života, uz jačanje kulturnog nacionalizma;

---

[1] Za ovu priliku možemo podsetiti na neke čuvene "trustove mozgova" koji su se bavili predviđanjem budućnosti, kao što su Pariski klub (osnivač J.J. Servan-Sehreiber), Rimski klub (osnivač A. Paccei), Hudson Institute, Brantova komisija (W. Brandt), zatim japansko Ministarstvo međunarodne trgovine i industrije (MITI) i brojni drugi (nezavisni ili vladini) ekspertski timovi zaokupljeni vizijama budućnosti koji bitno usmerava sadašnji razvoj tehnike i tehnologije.

[2] Nasbitt, J., Aburdene, P., "Megatrends 2000", New York, 1990

– privatizacija države blagostanja;
– region Pacifika postaje ekonomski centar sveta;
– porast uloge žena u biznisu i politici;
– nastupa "vek biologije" koji zamenjuje "vek fizike";
– uspon novih vrednosti kao što su etičnost, odgovornost, inicijativnost i kreativnost;
– trijumf individualnosti i personalnosti.

Umesto komentara ovih svakako zanimljivih ekspertskih viđenja, od kojih velika većina sasvim tačno opisuje razvojnu trajektoriju civilizacije tokom burnog 20. veka, želimo napomenuti da se mnogi od naznačenih trendova još uvek odvijaju, a neki tek treba da postignu potreban intenzitet da bi postali prepoznatljiv znak svoje epohe. U svakom slučaju, sama činjenica da se svet posmatra kao celina, samo u metodološkom smislu jedinstvena, a u realnosti izrazito raznolika i brojnim razlikama razjedinjena (bogati-siromašni; razvijeni-nerazvijeni; nezavisni-zavisni; svrstani-nesvrstani itd.), treba da ohrabruje jer može pomoći u traženju novih integrativnih tendencija.

Savremena tehnologija ima ogroman integrativni potencijal i može bitno unaprediti i obogatiti procese integracije na svetskom planu. Međutim, potrebno je savladati krupne prepreke koje proističu iz objektivno postojećih razlika u nivoima razvijenosti pojedinih delova sveta. Visoke tehnologije npr. zahtevaju ne samo visoka kapitalna ulaganja nego i visoke nivoe znanja i otvorenosti ka novim fleksibilnim rešenjima u oblasti obrazovanja, organizovanja, upravljanja itd. U tom smislu neophodno je imati u vidu i sledeće tri (mega)tendencije:
– na socijalnom planu potrebno je rešavati problem rastuće nestašice odgovarajućih kadrova, kao i rastuće diversifikacije tržišnih potreba odnosno raznolikosti tražnje (kastomizacija);
– na planu globalizacije i proizvodnje za svetsko tržište potrebno je liberalizovati uslove svetske trgovine i posebno olakšati transfer tehnologije u nerazvijene sredine, uz istovremenu zaštitu i standardizaciju intelektualne svojine;

287

– veoma je bitno da se uvažava ekološka svest o potrebi veće harmonizacije proizvodnje sa prirodom.

Pored navedenog savremeni razvoj karakteriše i tzv. "treći povratak **kvaliteta**" kao parametra ljudskog rada. Prvi uspon kvaliteta ostvario se u okviru zanatske proizvodnje i donekle manufakture gde je čak više i od količine i od produktivnosti dolazio u prvi plan kvalitet koji se ispoljavao prvenstveno kroz posebnu vrstu namene, neobične funkcionalnosti proizvoda, njegov naročiti (često umetnički) izgled itd.

Industrijski način rada, masovna proizvodnja i tražnja, tipizacija i standardizacija proizvoda itd. učinili su da u prvi plan dođe efikasnost, a pre svega produktivnost i ekonomičnost procesa proizvodnje, dok se kvalitet podrazumevao na nekom uobičajenom nivou. Tek u najnovije vreme, od početka 50-tih godina (E. Deming) naovamo, snažno se reafirmiše kvalitet kao centralna kategorija savremenog poslovnog ponašanja. Sada već nije preterano reći da se kvalitet izdigao u novi civilizacijski znak naše epohe. Trend ka podizanju kvaliteta, shvaćenog kao sposobnost i kapacitet nekog proizvoda ili usluge da zadovolji sve raznolikije i promenjivije potrošačeve potrebe, u novom svetlu afirmiše i poseban i najkopleksniji njegov vid - **kvalitet ljudskog života**. Već sada se može reći da to, doduše najpre u najrazvijenijim delovima sveta, postaje najvažniji megatrend savremenog civilizacijskog razvoja i nesumnjivo će u dogledno vreme postati osnovni kriterijum razvoja, progresa i prosperiteta i za sve ostale, manje razvijene sredine.

Značenje pojma "**kvalitet života**" veoma je teško odrediti i on nema nikakvu ni vremensku ni prostornu univerzalnost. Možda, jedino zdravlje i fizička bezbednost sadrže tu univerzalnost, a gotovo sve drugo tesno korelira sa determinantama socijalnog okruženja unutar kojeg opet tehnologija ima sasvim konkretnu i stalno rastuću ulogu. Kao sintetička imenica kvalitet života se odnosi na široko obuhvaćen sadržaj sveukupnog života ljudi (na radu i u slobodno vreme), počev od zdravstvenih uslova, materijalnog blagostanja, obrazovanja, ekološke i fizičke bezbednosti, pa sve do najrazličitijih građanskih prava i sloboda.

Razume se da ova kategorija nije uvek i jedino određena tehnologijom, ali ovom prilikom želimo bliže problematozovati sve jaču uslovljenost i međuzavisnost kvaliteta života i novih tehnologija. U tom smislu kvalitet života treba razumeti kao **najširi pojam** koji opisuje celokupan sadržaj života svakog pojedinca u svim ulogama, od kojih su uloge proizvođača, potrošača i upravljača obično najvažnije, ali naravno ne i jedine. Danas, upravo zbog protivrečnog iskustva sa novim tehnologijama, ne samo da ima smisla, nego je i fundamentalno važno, preispitati uslove i mogućnosti ostvarivanja i drugih čovekovih motiva i potreba, a pre svega onih koje se tiču realizacije najdubljeg stvaralačkog etosa svakog pojedinca, njegovog smisla za lepo, za dobro, tj. za "lepotu dobrote", za istinskom personalnošću i za pripadanjem, za altruizam i hedonizam, za kreaciju i destrukciju ("stvaralačku" - Šumpeter, kad god je moguće), za inovacijom i imitacijom i za bezbroj drugih samo čoveku važnih, privlačnih i ostvarivih poduhvata, što ga sve i čini tako jedinstvenom i kvalitetnom pojavom u prirodi.

Među ostalim važnim megatrendovima, a u kontekstu našeg sagledavanja tehnologije kao izvora društvenih promena, potrebno je ukazati i na snažan prodor tzv. antropocentrične proizvodne paradigme.

Inače još uvek vladajuća tehnocentristička proizvodna paradigma, zasnovana na konceptu jednog najboljeg rešenja, masovne proizvodnje, hijerarhijske organizacije i centralizovanog upravljanja, uveliko dolazi u pitanje. Ona već postepeno uzmiče pred novom, **antropocentričnom proizvodnom paradigmom**, koja se zasniva na dominaciji ljudskog faktora (liveware), na tzv. ravnoj (flat) hijerarhiji, inovativnosti, fleksibilnosti i visokoj tehnologiji. Ukratko, ovaj novi megatrend civilizacijskog razvoja treba da omogući jedinstvo koncepcije i egzekucije (mišljenja i činjenja); stalno podizanje nivoa znanja (učeće organizacije) i veština (skilling); jačanje kreativnosti i individulane inicijative; širenje primene participativnog menadžmenta, ekološke proizvodnje i održivog razvoja.

Razume se da i ovaj, kao i svi prethodni megatrendovi, treba da se postepeno stapaju u jedan jedinstven: podizanje kvaliteta života i sveopšte dezalijenacije čoveka.

PROBLEMI IZBORA TEHNOLOGIJE

Pristup problemu

Problematika izbora tehnologije nije nova tema u inače obimnoj literaturi koja se bavi različitim aspektima evaluacije savremene tehnike i tehnologije. O tome najbolje svedoči posebno bogata ekonomska literatura koja čitav problem izbora uglavnom redukuje na kriterijume ekonomske efikasnosti i rentabilnosti, mada neprestano obogaćujući svoj analitički instrumentarijum sve modernijim (i širim) shvatanjima i kriterijumima i uslova (društvenih, ekoloških itd.) za njihovu praktičnu primenu. Ipak, u osnovi svih tih pristupa leži faktorsko shvatanje prirode i karaktera tehnike i tehnologije što više nikako nije dovoljno za potpuno i celovito razumevanje svih merljivih i posebno nemerljivih uticaja tehnologije na tokove društvene reprodukcije. To se posebno odnosi na tzv. novu tehnologiju, tj. sve one vidove savremenih tehničko-tehnoloških promena koje smo agregirali u okviru akronima **TEKNO-BERGS**, koja u sebi nosi često enigmatske mogućnosti sa teško predvidljivim efektima, čime se rizik pogrešnog izbora nesumnjivo povećava.

Klasična dihotomija tehničko-tehnoloških pojava na tzv. radno i kapitalno-intenzivne, odnosno kapitalom i radom štedne, sve manje može objasniti u osnovi protivrečnu prirodu savremenih tehnoloških rešenja koja uveliko relativizuju i dosadašnje kriterijume tzv. neutralnosti odnosno neneutralnosti tehnoloških promena. Takođe, pojava novih tehnologija u značajnoj meri menja klasičan pristup ocenjivanju

291

efikasnosti investiranja, veličini i strukturi izdataka za istraživanje i razvoj (Research & Development), a i na planu razumevanja centralne ekonomske kategorije - produktivnosti - uočavaju se izvesni paradoksi. Isto tako, nove tehnologije, kao realna opcija u izboru, potenciraju više nego ranije mnoge socijalne kulturne i posebno ekološke probleme, ali i otkrivaju neke posve nove. Sve u svemu početni optimizam i neograničeno poverenje koje se gotovo neizbežno pojave pri prvom susretu sa novom tehnologijom, kao naizgled autonomnom snagom, može lako i vrlo brzo biti zamenjen nekritičkim pesimizmom, strahom i nevericom u njene mogućnosti, što u oba slučaja znači faktički zastoj u razvoju i primeni nove tehnologije, a to uvek znači i sigurno zaostajanje na globalnom planu.

Zbog toga što su brojna empirijska saznanja širom sveta ubedljivo odbacila svojevremeno nuđeni mit o tzv. neutralnosti tehnologije, potvrđujući istovremeno da su tehnološki razvoj i posebno izbor tehnologije u suštini politička pitanja, odnosno predmet političkih odluka. Više nema nikakve sumnje da se ta pitanja moraju rešavati u uslovima najšireg demokratskog procesa kako na mikronivou (preduzeće), tako i šire, na makroskopskom planu (društvu). I u jednom i u drugom slučaju izbor tehnologije tangira ljude i njihove interese koji su uvek širi od ekonomskih, izraženih kroz porast produktivnosti, profitabilnosti, kvantitativnog rasta i sl. Zato pri izboru tehnologije ne može postojati samo "jedan najbolji put" i zato istraživanje tehnoloških alternativa i njihovo procenjivanje (assessment) predstavlja jednako važan, ako ne i korisniji, napor i od samog istraživanja novih tehnologija jer se tim naporom otkriva ne samo što je moguće, nego i što je potrebno. Na taj način pokazuje se kako je uraganski tehnološki razvoj došao do raskrsnice na kojoj je **povratak čoveku**, njegovim interesima, potrebama i željama postao presudan uslov za bilo kakav dalji razvoj.

Primeri Japana i nekih zapadnih zemalja sve više pokazuju kolika se pažnja počinje posvećivati pitanjima tzv. **antropocentrizacije** tzv. napredne (advanced) tehnologije. Pod ovim podrazumevamo pre svega pokušaj balansiranja tehničkih i humanih aspekata u proizvodnji,

292

oslanjajući se u najvećoj meri na znanje i ljudske veštine zaposlenih koje moraju biti usađene u kulturu visokokolaborativnog rada. Drugim rečima, insistira se ne više i jedino na tehničkim sredstvima kao najznačajnijim činiocima produktivnosti i kompetitivnosti (konkurentnosti), već na **izboru najbolje kombinacije** (za svaki konkretan slučaj) visoke tehnologije, kadrova, organizacije rada i upravljanja (menadžmenta). To nam daje za pravo da zaključimo da tehnološki lideri sveta, tzv. **triada** (Japan, SAD, EEZ) jasno uviđaju neophodnost svojevrsne rehabilitacije čoveka kao krajnjeg korisnika tehnologije. Takođe, to onda znači da i sve druge, tehnološki manje razvijene zemlje moraju pitanju izbora tehnologije prilaziti sa stanovišta koje uvažava zahtev da tehnologija mora maksimalno odgovarati raspoloživim mogućnostima datih zemalja afirmišući, a ne ugrožavajući, njihove najvažnije resurse i vrednosti. A, razume se, svakome bi najvažniji i najdragoceniji resursi morali da budu upravo ljudi, tj. ljudski i civilizacijski integritet svake ličnosti, njeno fizičko i psihičko zdravlje, njena sloboda i osećaj socijalne i kulturne pripadnosti određenoj tradiciji itd.

Uz ovakav stav odmah se nameće i logično pitanje: ko je subjekt, odgovorno lice ili grupa, koji može kompetentno da odlučuje o tome kakva tehnološka opcija najviše odgovara, ne samo raspoloživim mogućnostima nego i očekivanjima široke populacije koja će, u krajnjem, osećati posledice (pozitivne ili negativne) određenog izbora? U zavisnosti od toga kome je dato takvo ovlašćenje uveliko će zavisiti i vrednosna orijentacija izbora tehnologije, jer je sasvim jasno da će različiti subjekti: radnici, poslodavci, sindikati, preduzetnici, država, slobodna tržišta itd., imati veoma različite potrebe i interese da optiraju uvek neki konkretan tip tehnologije, a ne bilo koji.

Koncept tehnološke alternative

Tačno pre četvrt veka, upravo kada je prodor mikroelektronike, robotike, genetskog inženjerstva i drugih tzv. visokih tehnologija optimistički najavljivao novu tehnološku epohu i novi prevrat u načinu proizvodnje i uopšte, u kulturi, istovremeno se počela uobličavati nova teorijska paradigma koja je po svemu bila kontrapunkt novom tehnološkom zanosu koji je donosila toliko obećavajuća tzv. mikroelektronska revolucija. Ali i pre toga bilo je dosta razloga i povoda da se mnogi autori zapitaju da li i koliko, a naročito, kakva, tehnologija, može pomoći najmanje razvijenim da se iščupaju iz zagrljaja prétećeg siromaštva i sve veće zavisnosti od bogatih. Ako bogati svakodnevno pokušavaju da dokažu kako je upravo napredna tehnologija najzaslužnija za njihov ekonomski prosperitet da li to onda znači da siromašne zemlje treba još više da se oslone na najnaprednju tehnologiju kao siguran ključ uspeha?

Čak kad bi odgovor mogao biti potvrdan uslovi za primenu tog "čarobnog" rešenja očigledno nisu bili obezbeđeni kod tadašnjih zemalja u razvoju. Bez obzira na njihove međusobne razlike i specifičnosti sve su, između ostalog, imale jednu bitnu zajedničku karakteristiku: hroničnu nestašicu znanja i kapitala. Znači, mora se tražiti neki novi put koji će biti alternativa tehnološkoj "eksploziji" zasnovanoj na visokim ulaganjima u kapitalom i znanjem intenzivne projekte. E.F.Schumacher je 1973. g. objavio svoju čuvenu knjigu "Small is Beautiful: A Study of Economics as if People Mattered"[1] u kojoj je pošao od gandijevske maksime da se "...*siromašnima u svetu ne može pomoći masovnom proizvodnjom, već samo proizvodnjom od strane masa...*"[2] ali i iskustava nekih zemalja, npr. mnogoljudne Indije, u kojoj su se primenjivale specifične strategije razvoja tzv. intermedijarne (prelazne, "nešto između") tehnologije. Jednostavno, Šumaher je izvanredno uočio problem tehnološkog zaostajanja nerazvijenih koje u perspektivi može dobijati sve veće razmere ako nerazvijeni ne pronađu odgovarajući odgovor. Polazeći od principijelno tačnih polazišta da je "...*tehnologija masovne proizvodnje inherentno nasilna, ekološki štetna, samouništavajuća s obzirom na neobnovljive resurse i zatupljujuća za ljudsko biće...*" on nudi alternativu u takvom tipu tehnoloških rešenja koja u

---

[1] Izdanje "Abacus", London, 1973. g.

[2] Cit. delo, str. 153

294

najvećoj mogućoj meri služe čoveku, a pri tome su jeftinija i slobodnija od supertehnologija bogatih. Ta rešenja, zato što polaze od najboljih saznanja i iskustava, od decentralizacije i proizvodnje od strane masa i zato što su znatno superiornija od primitivne tehnologije proteklih epoha, Šumaher naziva **intermedijarnom tehnologijom**, odnosno tehnologijom samopomoći, demokratskom ili narodnom tehnologijom, jer joj svako može prići. Ovakva tehnologija implicira i male organizacione forme (malo preduzeće, mala komuna, mali grad, mala država) i odgovarajući demokratski, tj. neposredniji oblik upravljanja i odlučivanja. Sve to je stvorilo dodatnu privlačnost ovoj koncepciji koja je ubrzo privukla veliku pažnju u nerazvijenom, tzv. trećem svetu, ali i u razvijenim zemljama, pogotovo kada je tzv. naftni šok, prvi 1973. g., a zatim i drugi, pokazao svu ranjivost dotadašnjeg modela efikasnosti proizvodnje zasnovane na rastrošnoj upotrebi sirovinskih i energetskih resursa.

Gledano iz današnje perspektive može se zaključiti da je E.F. Šumaher anticipirao mnoge od današnjih pristupa (npr. tzv. **lean production** ili resursno štedljiva proizvodnja) u konceptualizaciji tehnologije kao ključne varijable razvoja savremenih društava. Velika popularnost Šumaherovih razmišljanja uticala je na pokretanje praktičnih akcija primene suštinskih poruka njegovog koncepta što se ubrzo razvilo u tzv. **pokret za primerenu tehnologiju**[1].

U početku je primerena tehnologija ustvari bila sinonim za prelaznu (intermedijarnu) tehnologiju, a kasnije se pojam primerene ili odgovarajuće (appropriate) tehnologije počeo šire i potpunije tumačiti,

---

[1] Sve inicajitive i konkretne akcije (najviše obrazovnog i popularizatorskog karaktera) ovog društvenog pokreta koordinirala je tzv. Grupa za intermidijarne tehnologije (ITDG) koju je osnovao Šumaher 1965. godine u Londonu. Ubrzo se proširila velika mreža ogranaka ove organizacije po zemljama u razvoju.. Efekti njihovog rada bili su, naročito u početku, izvanredni. Grupa deluje i danas i ima jako razvijenu i publicističku aktivnost. Slična, ali manje agilna, organizacija deluje i u SAD. To je VITA (Volunteers in Technical Assistance). U međuvremenu se i u okviru Organizacije ujedinjenih nacija za industrijski razvoj (UNIDO) oformilo i razvilo jako odeljenje za podršku širenju i razvoju odgovarajućih tehnologija za zemlje u razvoju. Ipak, i nažalost, to nije moglo sprečiti sve veće tehnološko zaostajanje tih zemalja u odnosu na najrazvijenije zemlje.

tj. sa stanovišta cilja i interesa koji (čiji) se žele postići tom tehnologijom. A time se, u stvari dolazi do sržnog problema svake tehnologije: ko, kako, zašto želi da razvija baš tu, a ne neku drugu tehnologiju. To je, dakle, pitanje izbora koji dolazi izvan same tehnologije, tj. iz društva i njegovih struktura (vojnih, političkih, finansijskih i dr.) koje utvrđuju šta je primereno, tj. odgovarajuće u datom prostoru i vremenu.

Inače, kao najčešći elementi "privlačnosti" ovih tehnologija navode se sledeće karakteristike: razumljive su za sve; jeftine su; koriste domaće izvore i veštine; stvaraju zaposlenost; ne nose nikakav zdravstveni rizik; ne zagađuju okolinu; obezbeđuju zaštitu od spoljne kulturne dominacije; odgovaraju postojećoj socijalnoj infrastrukturi.

Sve do sada rečeno dovoljno jasno govori da problematici izbora tehnologije svako društvo u okviru svoje globalne i dugoročne strategije razvoja mora da posvećuje prvorazrednu pažnju. Ova kompleksna i osetljiva problematika ne može se rešavati bez dobrog poznavanja svih njenih aspekata među kojima se posebno izdvajaju oni koji u centar postavljaju pitanja:

1) ko je socijalni subjekt budućih tehnoloških promena;

2) koje pravce tehnoloških promena birati i

3) kako, odnosno kojim sredstvima i metodama izvršiti izbor.

Neke elemente za odgovore na postavljena pitanja daćemo u nastavku, opet kroz kritičku analizu tzv. intermedijarne tehnologije, kao realno moguće opcije.

Tako npr. najčešći argumenti kojima se brani izbor intermedijerne tehnologije u zemljama u razvoju su:

– nepostojanje uslova za sopstvenu proizvodnju naprednih (advanced) tehnologija u tim zemljama;

– nedostatak kapitala dovodi do takve njegove koncentracije u malom broju velikih i modernih kapaciteta zbog kojih zaostaje veliki broj malih, što može prouzrokovati nepoželjne strukturne i naročito regionalne disproporcionalnosti;

– nepoželjnost naglih i oštrih lomova tradicionalne ekonomske strukture zemalja u razvoju;

– jednostavne i manje sofisticirane tehnologije omogućuju masovniju primenu obrazovanja uz rad (learning-by-doing);

– veći profiti koji bi bili stvoreni u krupnim fabrikama primenom modernih tehnologija ne povlače automatski i veće koristi za zemlje u razvoju zbog neefikasnog tehnološkog transfera i nepovoljnih licencnih aranžmana.

Najčešći protivargumenti kojima se osporavaju gore navedeni razlozi za primenu intermedijernih tehnologija sastoje se u sledećim činjenicama[1]:

– savremena tehnologija je osnovna poluga koja može pokrenuti razvoj nerazvijenih zemalja i to prvenstveno kroz industrijalizaciju i reindustrijalizaciju;

– moderne (nove) tehnologije su uopšte produktivnije i efikasnije od intermedijarnih;

– nove tehnologije omogućuju bolju integraciju u međunarodnu podelu rada;

– moderne tehnologije su akumulativne i doprinose multiplikaciji ekonomskog rasta na dugi rok;

– nove tehnologije podstiču tzv. demonstracione efekte zbog komunikacione eksplozije.

Ova kratka lista "pro et contra" argumenata, naravno ni izdaleka, ne iscrpljuje svu složenost izbora jedne tehnološke alternative, jer lista realno postaje veća u zavisnosti od stanja okruženja u kojem se vrši izbor. Mada iz toga proizilazi principijelan stav da je svaka tehnologija odgovarajuća s obzirom na okruženje i ciljeve koje se njome žele postići - što znači da atribut "odgovarajuća" (appropriate) nije nikakav kvalitet, i obeležje "po sebi", već izvedeno svojstvo, kao funkcija prostora i vremena u kome i kada se tehnologija primenjuje u slučaju zemalja

---

[1] Uporedi: *Technology for Development*, ESCAP, Tokyo, 1984. god., str. 83

297

u razvoju primaran cilj je što brži izlazak iz stanja nedovoljne razvijenosti, a to se jedino može postići modernim tehnologijama. Stoga su za zemlje u razvoju odgovarajuće tehnologije upravo moderne tehnologije koje ne mogu imati nikakvu alternativu. Uostalom, da su danas najrazvijenije (tehnološki i ekonomski) zemlje sveta nekad činile ono što danas uporno nude nerazvijenom delu sveta, ne bi danas bile to što jesu.

Zbog svega, proces procenjivanja tehnologije kao naučno zasnovana metodologija, koja se inače primenjuje tek oko 25 godina, uvek ima dve dimenzije koje se moraju posmatrati povezano: **retrospektivno procenjivanje tehnologije**, koje se bavi proučavanjem efekata već uvedene tehnologije i **prospektivno procenjivanje tehnologije**, koje je prevashodno okrenuto budućnosti, tj. istraživanju mogućeg daljeg razvoja tehnologije i njenih mogućih posledica.

Složenost i suptilnost ovog procesa proističe najvećim delom iz toga kako bezkonfliktno povezati retrospektivu sa pogledom unapred (perspektiva), pogotovo što u razvoju i primeni tehnologije odavno ne važe nikakve linearnosti, a i svaki drugi oblici ekstrapolacije krajnje su nepouzdani. Videli smo i iz dosadašnje interpretacije najznačajnijih tehnoloških pravaca kako je česta upravo skokovitost u razvoju i primeni ključnih tehnologija, ali u poslednje vreme neke od tih tehnologija se razvijaju daleko sporije u odnosu na ranija očekivanja (npr. kosmička tehnologija, robotika, neke energetske tehnologije itd.). Sve to potvrđuje tezu o krajnje složenoj i multidimenzionalnoj prirodi procesa procenjivanja tehnologije, ali i o njegovom rastućem značaju (upravo u meri u kojoj i sama tehnologija dobija na važnosti i kao investicija i kao generator mnogobrojnih promena u savremenim društvima), kao procesa visokosofisticirane sistematske identifikacije i evaluacije mogućih konsekvenci uvođenja novih tehnologija. Međutim, to ne znači, da su u ovom procesu relevantna mišljenja i iskustva samo eksperata i stručnjaka, već su itekako dragoceni stavovi, očekivanja, sugestije i predlozi i tzv. laičke javnosti, dakle, svih ljudi koje nova tehnologija na ovaj ili onaj način tangira.

298

Društveni problemi izbora tehnologije

Time se, u stvari, praktično potvrđuje da je pitanje izbora određene tehnologije jedno od najvažnijih **egzistencijalnih pitanja** za najveći broj ljudi u svim zemljama, jer će od toga izbora mnogima zavisiti zaposlenost, tj. materijalna egzistencija, a nekima neretko i sama fizička egzistencija, zbog zdravstvenog rizika upotrebe tzv. opasnih i prljavih tehnologija. Drugim rečima, birajući tehnologiju ljudi uvek i svuda biraju, u krajnjem, okvire svoje slobode u svim njenim vidovima i značenjima, što implicira zaključak da je taj izbor i istinski probni kamen za demokratiju kao tip političkih odnosa. Takav stav potvrđuje već iznetu tezu da je izbor tehnologije u stvari **političko pitanje** (pri čemu u ovom kontekstu politiku treba razumeti u najopštijem značenju kao delatnost usmeravanja neke druge delatnosti, dakle, kao **javni proces**) samo u meri u kojoj se može dokazati ne samo da je politika = ekonomija, a ekonomija = tehnologija, već i tehnologija = ekologija, a ekologija = biologija, jer bez ove dve poslednje jednakosti gubi se svaki smisao javnog angažmana, pošto ne može postojati "mrtva javnost". S druge strane, pojam političkog u kontekstu izbora tehnologije treba shvatiti i kao izraz institucionalizovane volje, tj. kao postojanje državnih organa koji su zaduženi za celokupnost akcija, mera, sredstava i metoda koje uobičajeno zovemo tehnološka, odnosno šire, naučno-tehnološka politika. Postojanje tako osmišljene ekipirane i materijalno obezbeđene delatnosti novi je i sada već svuda u svetu afirmisan i neizostavan segment **državnog**, dakle **javnog**, dakle **političkog**, upliva u oblast tehnike i tehnologije kao javnog interesa. Time je legitimirana, makar i indirektno, posredstvom odgovarajućih državnih tela, prisutnost javnosti u izboru ključnih tehnoloških rešenja, tj. odluka o izboru određenih ključnih tehnologija.

Već iz do sada rečenog može se izvući zaključak da je problematika izbora tehnologije izuzetno značajna, ali i složena i slojevita materija kojoj se mora posvetiti najveća moguća pažnja. Zbog broja i snage uticajnih činilaca, a još više zbog posledica koje svaki izbor tehnološke alternative donosi, proces izbora nikako se ne može tretirati kao usko tehnološko pitanje. Naprotiv!

To je sasvim razumljivo ako se zna da izbor tehnologije pretpostavlja postojanje većeg broja kriterijuma, počev od toga **ko** će da bira tehnologiju (radnici, preduzetnici, tehnostruktura, državna birokratija i dr.), **kako** će se obaviti izbor, tj. kojim regulatornim mehanizmima (tržište, plan, referendum i dr.), **kakvu** tehnologiju birati (radno ili kapitalno intenzivnu, informaciono intenzivnu, visoku ili intermedijarnu, "prljavu" ili "čistu", small-scale ili large-scale itd.), za **koje** ciljeve (ekonomske, socijalne, ekološke, vojne i sl.) će tehnologija biti prevashodno korišćena, na **koji** vremenski horizont je usmereno njeno korišćenje (kratkoročan, srednjoročan, dugoročan), **kakve** promene ekonomske i socijalne strukture treba da izazove, iz kojih naučnih izvora će se napajati njen razvoj (pretežno domaći, pretežno inostrani ili podjednako) i dr.

Bez tačnih, celovitih i blagovremenih odgovora na sva ova (kao i druga, ovde izostavljena) pitanja, postavljena istovremeno, nije moguće obezbediti, efikasan, funkcionalan, uravnotežen i socijalno što manje konfliktan razvoj društva. Naprotiv, izostavljanje ili zanemarivanje tih odgovora tehnologija umesto pozitivnih može generisati negativne efekte.

Procenjivanje tehnologije

Iz svega iznetog jasno proističe neophodna potreba naučno zasnovanog analitičkog procesa procenjivanja tehnologije (technology assessment) kao ključne faze koja mora da prethodi samom izboru tehnologije. Konceptualno posmatrano, ovaj analitički proces obuhvata sledeća pitanja:

– koji su verovatni trendovi razvoja tehnologije;
– za koje namere i na koje načine će biti upotrebljena tehnologija;

300

– koja društvena, ekonomska i politička ograničenja će uticati na pribavljanje i primenu određene tehnologije;

– koji su mogući društveni, ekonomski, ekološki, kulturni i politički efekti primene tehnologije;

– koje društvene grupe će biti, i na koji način, pogođene primenom određenog tipa tehnologije.

U skladu sa odgovorima na ova važna pitanja, treba utvrditi odgovarajuću razvojnu politiku koja mora biti selektivno i ofanzivno usmerena i lišena svih lokalističkih i egalitarističkih nastojanja. Logika radikalnih umesto mirnih, ekstenzivnih (intermedijarnih) tehnoloških promena, pretpostavlja medij tržišne alokacije i distribucije razvojnih resursa, što opet podrazumeva daleko viši stepen samostalnosti i na njoj zasnovane odgovornosti privrednih jedinki (preduzeća). U takvom kontekstu **država** dobija ulogu nosećeg katalitičkog činioca u celini okrenutog ka promociji i sveopštoj podršci kursu dinamičke tehnološke obnove, uz istovremeno jačanje sopstvene sposobnosti da amortizuje eventualne neželjene efekte. Jednostavno, ona može i mora pružiti pomoć u traženju odgovora na sledeća pitanja:

1. Kako tehnologija funkcioniše?
   – Koji nivo obrazovanja i obučenosti se zahteva za potpuno razumevanje tehnologije?
   – Na kojem konceptualnom nivou će tehnologija biti razumljiva i za korisnike i za širu javnost?
   – Da li su neophodni tehnički podaci brzo i lako dostupni?
   – Koja su inherentna svojstva tehnologije?

2. Koje su tehnologije potrebne u proizvodnji?
   – Koliko iznose troškovi proizvodnje?
   – Kakva se znanja i kvalifikacije zahtevaju od radnika?
   – Kakva je pouzdanost i bezbednost proizvodnih procesa?

3. Kako i od koga se tehnologija koristi?
   – Koliki su ekonomski ili eksterni troškovi njene upotrebe?

301

- Kojim ciljevima služi upotreba tehnologije?
- Koliko je uspešna u ispunjavanju tih ciljeva?
- Ko donosi odluke i kontroliše primenu tehnologije?
- Kakve veštine mora posedovati korisnik tehnologije?
- Kakvi se fiziološki problemi i efekti javljaju tokom korišćenja tehnologija?

4. Kakvi su efekti za ne-korisnike?
- Ko dobija a ko gubi upotrebom izabrane tehnologije?
- U kakvoj je interakciji nova tehnologija sa društvom?
- Kakvi se eventualni društveni, ekonomski i eksterni poremećaji mogu pojaviti?

Navedena serija vrlo značajnih pitanja otkriva nam koliko je tehnologija složena, slojevita i višeznačna, pre svega društvena činjenica, a ne samo sistem znanja i sredstava kako i čime se rešava neki problem. U tom smislu tehnologija i mora biti predmet najšire pažnje ne samo odgovornih donosilaca odluke o njenom stvaranju i uvođenju, nego sve više i onih kojih se ta odluka ne tiče neposredno. Danas više niko ne može osporavati legitimno pravo svakom građaninu da kaže svoj stav npr. o uvođenju neke prljave tehnologije koja ugrožava njegovu životnu sredinu. Pri tome, čak nije važno da li se to dešava u susednoj ili nekoj udaljenoj državi, npr. proizvodnja opasnih bojnih otrova u jednoj zemlji ne može biti samo pitanje njenog suverenog odlučivanja, već o takvoj odluci imaju pravo da budu pitani i svi ostali građani sveta. Na taj način otvara se i novo poglavlje u međunarodno-pravnim odnosima, u oblasti tumačenja suvereniteta država, međunarodnoj saradnji itd., što na novi način pokazuje eminentno društvenu prirodu i karakter tehnologije i potvrđuje potrebu njenog svestranog procenjivanja.

Načini pribavljanja tehnologije

Navedeni proces tehnološkog procenjivanja, kao faza jednog šireg procesa izbora tehnologije, pretpostavlja određenu karakterizaciju tehnologija koja podrazumeva identifikaciju i objašnjenje osnovnih dimenzija date tehnologije. U tom smislu moguće je izdvojiti barem dve karakteristične dimenzije tehnologije:

1. Komercijalna, koja obuhvata: a) izvozno orijentisanu; b) na lokalno tržište orijentisanu; c) tehnologiju orijentisanu na zadovoljavanje tzv. skrivenih potreba (npr. kakav televizor ili automobil ponuditi kupcu koji ima dohodak od 100 dolara i sl.);

2. Prilagođenu nekom stupnju sofistikacije: a) visokom; b) intermedijarnom; c) elementarnom, u zavisnosti od raspoloživosti kadrova koje svaki stupanj tehnološkog razvoja zahteva.

Principijelno veoma značajan, a kada je reč o zemljama u razvoju, onda najčešće i najvažniji, momenat u okviru čitavog procesa izbora tehnologije, tj. donošenja odluka o uvođenju neke tehnološke varijante, tiče se samog načina sticanja (akvizicije) tehnologije. U osnovi, postoji šest najvažnijih **načina pribavljanja tehnologije** i to:

– kupovinom;

– integracijom;

– adaptacijom;

– sopstvenim razvojem;

– zajedničkim ulaganjima;

– industrijskom špijunažom.

Izbor nekog od ovih načina ili njihove kombinacije, kao što je i najčešći slučaj, zavisiće od brojnih okolnosti koje su definisane ekonomskim, socijalnim, međunarodno-političkim, kulturnim i drugim prilikama pojedinih zemalja.

Ali, isto tako polazeći od posledica koje svaki od navedenih načina proizvodi u pogledu nivoa tehnološke zavisnosti od inostranstva, izbor nekog od navedenih načina označava strateško opredeljenje neke zemlje za: a) više samostalan razvoj oslanjanjem na sopstvene snage ili b) razvoj koji će osnovne tehnološke inpute pribavljati nekim od oblika tehnološkog transfera iz inostranstva. Odmah treba reći da danas

niti jedna zemlja u svetu nije sposobna da potpuno samostalno obezbe-
đuje sve potrebne tehnologije već je upućena na određene vidove trans-
fera iz inostranstva. Ali, isto tako teško bi bilo pronaći neku zemlju ko-
ja opet u potpunosti zavisi od tuđih tehnoloških rešenja, već ima i svo-
jih sopstvenih, makar ona elementarna. Uvid u podatke o međunarod-
nom toku tehnologije jasno pokazuje da su upravo najrazvijenije zem-
lje sveta istovremeno ne samo najveći izvoznici tehnologije nego i nje-
ni najveći uvoznici. Za to postoji puno razloga, ali je najvažnije uočiti
da to itekako doprinosi samom razvoju tehnologije, skraćenju njenog
"životnog veka", tj. ubrzanom zastarevanju.

Međutim, u tokovima međunarodnog transfera postoji izrazita se-
lektivnost koja je neretko u funkciji ostvarivanja određenih političkih
ciljeva. Tako npr. često se koriste zabrane prodaje (embargo) određenih
tehnologija (vojnih ili onih koje mogu biti upotrebljene u vojne svrhe),
što je opet dokaz političke instrumentalizacije tehnologije, o čemu bi se
inače, moglo ispisati prava istorija beščašća, ucena, neprincipijelnih sa-
vezništava, državničkog licemerja, korupcionaških afera itd. Nažalost,
najmanje razvijeni, i obično najsiromašniji (ovo se, naravno, ne pokla-
pa, jer postoji dosta bogatih ali još uvek nerazvijenih zemalja, kao što
je slučaj sa većinom tzv. petrolejskih država), najviše su izloženi najne-
povoljnijim situacijama na svetskom tržištu tehnologija koje je, u prin-
cipu, veoma kontrolisano i na kojem preovlađuju monopoli i oligopoli.
Zato je najbolje, kada god za to postoje mogućnosti (finansijske, kadro-
vske, organizacione itd.), da svaka zemlja pribegne sopstvenom tehno-
loškom razvoju. To je nesumnjivo najteži, ali ipak i najizvesniji put ka
kakvoj-takvoj tehnološkoj nezavisnosti, jer treba uvek voditi računa da
niko nikad neće nikome isporučiti najbolju i najnoviju tehnologiju. Uos-
talom, zašto bi se lišavao svog najjačeg konkurentskog oružja?

Svaka zemlja, shodno svojim razvojnim ciljevima i mogućnosti-
ma može da se opredeli za neki, ili njihovu kombinaciju, od poznatih
tipova transfera tehnologije (slika 5). Razume se da svaki od njih ima
i svoje prednosti, ali i nedostatke, kako sa stanovišta oblika i načina
izvođenja, tako i sa stanovišta trajanja i finansijskog aranžmana.

304

OTVARANJE
FILIJALA
(1)

ZAJEDNIČKA ULAGANJA
(1-2)

ANGAŽOVANJE
EKSPERATA
(3-5)

T T T

POSLOVNO-TEHNIČKA
SARADNJA
Royality   Jednokratna isplata
(3)   (4)

USTUPANJE
TEHNIČKE
DOKUMENTACIJE
(4)

ISPORUKA OPREME
(5)

1. trajno
2. dugoročno
3. kratkoročno
4. jednokratno
5. povremeno

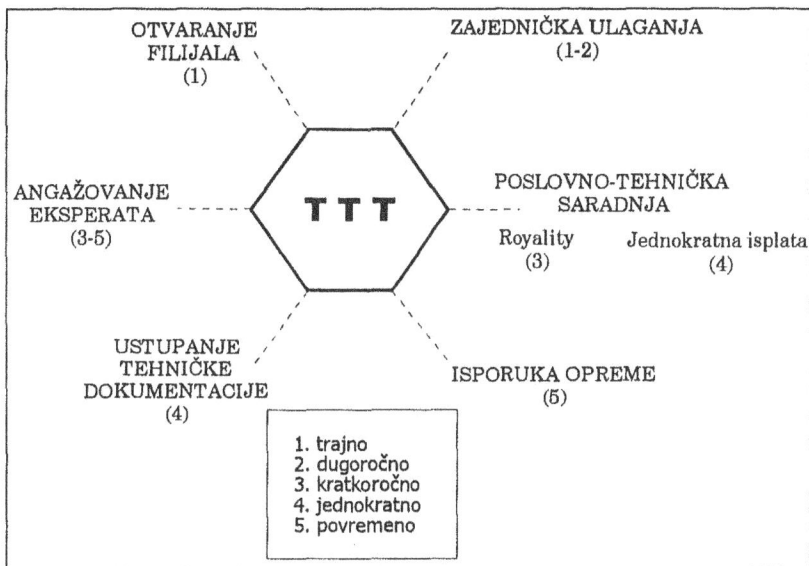

Slika 5. Tipovi transfera tehnologije (T T T) (Adaptirano prema: K.V. Swaminathan, *Technology Polocies for Development in India*, u zborniku "Technology Policies for Development and Selected Issues for Action", United Nations, New York, 1988, p. 89)

Budući da je komercijalna misija tehnologije najznačajniji način njenog širenja, posebno je važno sagledati kojim putevima se, u zavisnosti od stepena sofisticiranosti neophodnog za asimilaciju tehnologije, ona može pribaviti. O tome govori i donja tabela.

Komercijalna misija	Stupanj sofistikacije koji se zahteva za asimilaciju tehnologije		
	Visok	Srednji	Nizak
Izvozno orijentisana	Kupovina Integracija	Integracija Adaptacija	Adaptacija
Orijentisana na lokalno tržište	Adaptacija	Adaptacija, Razvoj	Adaptacija, Razvoj
Orijentisana da zadovolji skrivene potrebe	Zajednička ulaganja	Razvoj	Razvoj Obrazovanje

Pored toga što ova tabela pokazuje koji će način pribavljanja tehnologije biti preovlađujući, u zavisnosti od njene ekonomske, odnosno komercijalne namene, ona upućuje i na neophodnost procenjivanja i brojnih drugih efekata izabrane tehnologije. Tu se pre svega misli na značajne socijalne i kulturne, a zatim i sve druge, ne manje važne, posledice odgovarajućeg izbora tehnologije.

EKOLOŠKA ISKUŠENJA SAVREMENE TEHNOLOŠKE CIVILIZACIJE

Kriza produktivističke razvojne paradigme

Nezapamćeni dometi najnovijih tehnoloških ostvarenja, u gotovo svim oblastima ljudskog stvaralaštva, posebno u poslednje dve decenije, ukazuju istovremeno i na ozbiljna ograničenja dosadašnjih koncepata razvoja i na nedovoljnost dosadašnjih kriterijuma za vrednovanje i ocenu ostvarenog razvoja. Faktorsko poimanje tehnologije, ekonomističko i kvantitativno (takoreći kvantofrenično) merenje samo vidljivih efekata u osnovi dubinske transformacije savremene civilizacije, donekle je prikrilo, ili ostavilo po strani, često mnogo značajnije efekte, zbog čijih zanemarivnja mogu čak svi ostali doći u pitanje.

Ugrožavanje prirode i njene reprodukcione sposobnosti samo je jedan, ali ne i jedini, primer koji ukazuje na opasne zamke, stranputice i kratkovidost tehnocentrističke i produktivističke "filozofije" razvoja. Zato delimo mišljenje da se novi pristup razvoja mora zasnivati na novoj percepciji i nauke i tehnologije, dominantno u okviru nove ekološke umesto dosadašnje tehno-ekonomske paradigme. Mada je u tom smislu neophodno redefinisati čitav niz dosadašnjih kategorija, principa, kriterijuma i procedura, to ovom prilikom ne možemo do kraja učiniti, već samo u tekućim kontekstima, ali zato možemo najaviti opsežniji pledoaje za novo celovito i favorizovano antropo ili humanocentrično

307

situiranje čoveka i njegove životne sredine u procesima savremenih civilizacijskih vrtloženja. U stvari, makoliko i dalje verujemo u budući razvoj kao funkciju sve više usmeravanog (mada ne uvek i autonomnog) razvoja nauke i posebno tehnologije, još više smo uvereni da je došao trenutak da se izvrši reevaluacija mogućih dometa u okviru postojeće razvojne paradigme, s ciljem da se ona zameni novom u kojoj će nauka i tehnologija više biti u funkciji optimizacije **kvaliteta života** nego u funkciji maksimizacije ekonomske efikasnosti. Zapravo, radi se o tome da su **ekonomski, humani i ekološki kriterijumi komplementarni**, ali sve, ili gotovo sve, do sada primenjivane razvojne strategije to nisu dovoljno uvažavale. Zbog toga se savremeno čovečanstvo nalazi pred globalnim izazovima i izborom između penetracije dosadašnjih sadržaja (industrijalizacija, urbanizacija, automatizacija itd.) razvoja u još nerazvijene (prema sadašnjim kriteijumima) delova Planete, ili bitne promene tog sadržaja, makar i po cenu usporavanja rasta, omogućavajući da se sadašnji resursi prirode mogu sačuvati za korišćenje budućim generacijama (održivi razvoj).

Štaviše, širom sveta postoji već isuviše mnogo dramatično upozoravajućih dokaza da dosadašnji koncept industrijskog razvoja i dosadašnji način "upotrebe" prirode ne mogu biti dugotrajni načini reprodukcije čovekove vrste, jer opasno ugrožavaju energetske, hidrološke, atmosferske i ostale bitne pretpostavke same biološke reprodukcije. Dovoljno je podsetiti samo na nekoliko činjenica (npr. preko 6 miliona hektara obradivog zemljišta godišnje nestaje usled urbanizacije i industrijalizacije; ili, svake sekunde na Planeti nestaje 30 ari šume itd.) pa da se stvori slika prilično sumorne perspektive života na Zemlji, što nam, razume se, nije namera. Naprotiv, namera nam je da ukažemo da se u uslovima drugačijeg, a pre svega odgovornijeg, korišćenja dostignuća savremene tehnologije mogu ne samo sačuvati postojeći resursi prirode nego se mogu unaprediti, oplemeniti i obogatiti i u zdravom stanju "predati" budućim naraštajima.

Zaneta neodoljivom privlačnošću ekonomskog rasta i materijalnog uspona savremena civilizacija je ili precenila ili potcenila objektivne

308

mogućnosti prirodne sredine da izdrži takav svojevrsni skorojevićevski nalet sve ambicioznijih generacija proizvođača i potrošača, tako da je već sada neophodno preispitati sve razvojne strategije, a samim tim i njihove teorijske i filozofske temelje i osvežiti ih nekim novim vizijama i rešenjima.

Industrijski način rada koji je krajem 18. veka otpočeo da se brzo i masovno širi Planetom proizveo je brojne posledice, a među najkrupnije svakako spada nezaustavljivo širenje logike masovne proizvodnje i principa ekonomske racionalnosti. Ne samo isprva, nego i posle, tokom čitave I i II industrijske revolucije, a u velikoj meri i tokom aktuelne tzv. treće industrijske ili tehnološke revolucije, dominantno se uvažava princip "tehnologija predlaže - ekonomija odlučuje". Agresivni uzlet industrijalizma došao je u fazu hazarderskog sprinta kada u trci za kratkoročnim ekonomskim ciljevima dovodi u pitanje najveći deo časno i mukotrpno "pretrčanog" puta dugog dva veka i kada dosadašnji **tehno-logos** više nije dovoljan, makoliko bio potreban, već ga treba dopuniti novim **eko-logosom**.

Suština nove, po sadržaju izmenjene, a po domašaju proširene (planetarne), logike vrednovanja svega što je u dosadašnjoj industrijskoj civilizaciji uređeno svega što trenutno radimo, a naročito i posebno onog što tek nameravamo učiniti, svodi se na sada već čuvenu ali i relativno novu sitnagmu: **"tehnologija predlaže - ekologija odlučuje".** Ako je naša sadašnja ekonomska aktivnost s jedne strane materijalna pretpostavka ne samo opstanka nego i nastanka budućeg boljeg, s druge strane ta aktivnost je i istorijska potvrda odnosa prema prethodnom, bilo da s njim radikalno raskidamo (npr. tehničko-tehnološki uzleti) ili pak negujemo kontinuitet (npr. čuvanje prirode). Uostalom, bez diskontinuiteta nema ni kontinuiteta, i obrnuto, što najbolje pokazuju i tehnologija i čovekova večita borba za drugačije (raznolikost), više i jeftinije (ekonomičnost), bolje (kvalitet), lepše (estetičnost) itd., a što mu sve obezbeđuje održivost i razvojnost kao uslov i meru održivosti.

Višeznačnost i dalekosežnost koncepta "održivog razvoja"

Zbog svega navedenog ima puno smisla da se traže novi koncepti, paradigme, filozofije, strategije i politike razvoja koje će sve, bez izuzetaka, u prvi plan staviti **dugoročne**, celovite i uravnotežene potrebe i interese sadašnjih i budućih generacija. U tom smislu odmah se nameće i prvi cilj svih razvojnih napora, sadašnjih i budućih, kao conditio sine qua non ne samo bilo kog istinskog razvoja već i samog opstanka - očuvanje prirode i njenih resursa. Istovremeno, stavljanje ovakvog cilja u sam vrh razvojnih prioriteta podrazumeva bitno drugačiji način rangiranja i ocenjivanja svih ostalih razvojnih ciljeva, a posebno proizvodnih, ekonomskih, regionalnih i svih ostalih. **Održivi razvoj** i održivost razvoja otkrivaju se kao najurgentniji globalni problemi i već dve i po decenije, otkako su 1972. g. unete u United Nations Environmental Programme (UNEP), postale su važne oblasti istraživanja mnogih nauka (ekonomije, ekologije, tehnologije, biologije, geografije, sociologije, pravnih i političkih nauka, kao i mnogih drugih), i područja nacionalnih državnih politika kao i brojnih međunarodnih inicijativa i poduhvata. Protekli 35-godišnji period označio je suštinski prodor istinske filozofije globalizma i, ako još uvek ne potpuno planetarnog ono svakako sve šireg regionalnog, ekološkim razlozima iznuđenog, povezivanja i transnacionalne integracije sve širih delova sveta, što je nesumnjivi civilizacijski pomak od trajnog značaja i sa ogromnim perspektivama. Čovečanstvo najzad otkriva da Priroda ne poznaje i ne priznaje nikakve granice (državne, nacionalne, jezičke, kulturne, verske itd.), ali čovečanstvo još uvek ne zna dovoljno kako da se oslobodi sopstvene uskogrudosti, bahatosti, nezajažljivosti, sebičnosti, kompleksa superiornosti i svih drugih ograničenja koja se javljaju kao faktički nedostatak **vizije**.

Ekologija, kao nauka o opstanku, time što svakodnevno upozorava na rastuće rizike sve učestalijeg diskontinuiteta i opasnosti od njihovog predugog ili prejakog trajanja, istovremeno ima i ulogu **savesti** čovečanstva pomažući mu da sadašnje generacije "spase svoju dušu" pred sudom budućuh generacija. Danas se više ne možemo zadovoljiti samo kvantitativnim empirijskim dokazima o stvarnim razvojnim pomacima u odnosu na prethodnu generaciju, već je civilizacijski daleko važnije koliko i kakvog nasleđa ostavljamo dolazećim generacijama. **Kvalitet životne sredine** je svakako najcelovitiji kriterijum za ocenu ukupnog razvoja neke jedinice posmatranja (države, regiona, preduzeća itd.) u određenom periodu.

Zbog svega, kroz koncept **održivog razvoja** dolazi do tako potrebne simbioze ključnih kategorija i kriterijuma i ekonomije i ekologije, jer su obe okrenute ka razvojnim ciljevima sve većeg i većeg broja ljudi (2030. god. biće 10 milijardi ljudi, a već krajem sledećeg veka čak 30 milijardi) u uslovima realno sve ograničenijih prirodnih resursa. U tom smislu održavanje razvoja, odnosno održavanje uslova za razvoj, nije samo materijalna pretpostavka opstanka sadašnjih generacija, nego je i etičko pitanje odbrane civilizacijske časti pred budućim generacijama. U stvari, **održivi razvoj podrazumeva ravnotežu između potrošnje resursa i sposobnosti naših prirodnih sistema da zadovoljavaju potrebe budućih generacija.** Drugim rečima, **održivi razvoj znači održavanje kapaciteta Zemlje da omogući život svakom njenom još nerođenom stanovniku.** Razume se da odgovornost za to nosi svaka tekuća generacija koja mora pronaći najbolji način upravljanja ne samo raspoloživim resursima nego i načinima otkrivanja i korišćenja još uvek nepoznatih resursa.

U svemu tome uvek se velika pažnja poklanjala tehnologiji kao faktičnom uporištu svekolikih tehnocentrističkih ideologija, vizija i politika, kako onih sa optimističkim i **tehnolatrijskim** predznakom, koji u tehnologiji vide lek (panacea) za sve "bolesti" savremenog sveta, tako i onih pesimističkih, odnosno **tehnofobističkih**, koji opet tehnologiju optužuju za sve nesreće ovog sveta, otvoreno šireći strah od tehnologije i otpor prema njoj.

Ukratko, već na ovom mestu možemo zaključiti da se upravo preko ekologije može najbolje razumeti stvarna priroda i suština tehnologije kao sume čovekovih znanja **kako** da Priroda čoveku **trajno** služi.

Sve druge odrednice (razvoj, efikasnost, kvalitet) ove jednostavne relacije: **Čovek-Znanje-Priroda** nastajale su tokom istorijskog razvoja u kojem je čovek sve agresivnije ("produktivnije") nasrtao na Prirodu, uvek više vodeći računa o svojim trenutnim potrebama (i interesima) a manje o dugoročnim. Njegov "**tehne**" uvek je bio usmeren na rešavanje praktičnih problema života, ali takav instrumentalistički tretman tehnologije proizveo je takav tip društvene strukture u kojem propadanje okoline i ugrožavanje Prirode mogu biti uočeni i shvaćeni tek kada toliko odmaknu da postanu ozbljna pretnja po sam opstanak i Prirode i čoveka kao njenog dela.

Zbog svega, možemo reći da - kao misaona pretpostavka tzv. nove filozofije razvoja i svojevrsna "mentalna infrastruktura", neophodna prilikom osmišljavanja svake dalje (r)evolucije i upotrebe, posebno tzv. nove tehnologije - danas takođe, nedostaje i nova filozofija tehnike (tehnologije). Ona je danas neophodna kao jasan i snažan kritički demarš pogrešnoj predstavi da čovek mora dominirati nad Prirodom (što je naličje shvatanja o dominaciji čoveka nad čovekom), ali i kao misaoni pledoaje za radikalnu akciju očuvanja biosfere kao najvažnije od svih ljudskih potreba, a samim tim i kao najboljem od svih pokazatelja čovekovog razvoja.

NA PUTU KA INOVATIVNOM DRUŠTVU

Suštinska poruka iz prethodnog izlaganja o problematici izbora sadrži bazičnu ideju kako je važno da tehnologija omogući razvoj i napredak društva u celini, njegovo progresivno kretanje ka novim prostorima slobode za sve njegove članove. Misija tehnologije mora biti svestrano emancipatorska, a ne samo produktivistička, militaristička ili na neki drugi način redukcionistička, jer samo u prvom slučaju se može istorijski potvrđivati kao stvarna mera čovekovog civilizacijskog uspona. Nažalost, dobro je poznato da se u praksi veoma često dešava upravo suprotno, da smo isuviše često bespomoćni svedoci njene jednostrane i redukovane upotrebe, a neretko i tragične zloupotrebe (vojna tehnologija npr.) što baca nepotrebnu senku na brojne, znane i neznane, poslenike tehničko-tehnološkog razvoja koji se, eto, ne potvrđuje uvek i kao progres, za čoveka.

Nastajanje novog kao socijalni proces

Dosadašnji razvoj i tehnologije i društva jasno ističe nekoliko bitnih pretpostavki koje se moraju obezbediti u cilju stvaranja novog tipa društva koje se postepeno začinje u najnovije vreme (za sada više kao lokalna nego kao globalna pojava), a koje će se možda i roditi ako sadašnja civilizacija kao "majka" buduće, nove, civilizacije preživi period "trudnoće" i ne umre na "porođaju". Ove alegorijske slike upotrebljene

313

su u nameri da ilustrujemo, u najkraćem, novi konceptualni okvir društva u nastajanju, tzv. **inovativnog društva**, kao procesa koji se simultano odvija u nekoliko međusobno povezanih tokova.

Najpre, savremeni tehnološki razvoj neoborivo je afirmisao važnost **individualne inicijative** određene s jedne strane kao mere kreativnog etosa i potencijala i kao izraza unutrašnje motivacije da se čini nešto korisno, stvaralački menja i unapređuje, a s druge strane kao odraz društvenog ambijenta u kojem se dobronamerno i stimulativno svako odnosi prema svačijoj kreativnoj inicijativi. Drugim rečima, radi se o takvoj socijalnoj atmosferi u kojoj će **inventivnost** i njeni proizvodi-pronalasci **(invencije)** nastajati kao prirodna posledica stanja oslobođenog duha, a onda zatim i **inovacije** kao pokušaj prve praktične primene invencije. Inovativnost će postati prava i najbolja mera čovekovih kreativnih mogućnosti[1] u širokom rasponu od tehnoloških inovacija, preko proizvodnih, organizacionih, tržišnih, sve do toga kako usavršiti načine korišćenja sve većeg fonda slobodnog vremena što će predstavljati krupnu socijalnu inovaciju. **Intelektualizacija** je neizbežna pratilja ovih događanja koja bude i raspaljuju čovekovu intelektualnu radoznalost gurajući ga tako, čak i nehotično, u novi i širi krug inventivnosti i inovativnosti. Tako nastaju brojne nove (a stare se recikliraju i obnavljaju) **informacije** koje se zahvaljujući moćnoj **informacionoj infrastrukturi** (informacione mreže, banke podataka, kompjuterski terminali i sl.) neverovatnom brzinom šire Globusom i povezuju ljude ("premošćavanje prostora pomoću vremena") u bezbroj najrazličitijih formi, novih fleksibilnih **institucija**, formalnih i neformalnih grupa. Međutim, svi ovi procesi odvijaju se na realnoj materijalnoj podlozi koja se ekonomski može ostvariti kroz **investicije**, dakle, kapitalno ulaganje, ali pre svega u ljude (zdravlje, kvalitet života, obrazovanje, bezbednost i dr.) shvaćene kao najvažniji, tzv. "kadrovski resurs", ali i u sve druge tzv. materijalne resurse (oprema, sredstva rada, infrastruktura

---

[1] Čuveni pronalazač Thomas Edison jednom je izjavio da genija predstavlja 1% inspiracije i 99% perspiracije (znojenja, truda i upornosti). Bilo bi dobro da o ovome povedu računa mnogi samozvani "genijalci", odnosno razni lovci sumnjivog uspeha, slave i bogatstva.

i dr). Pri tome, već danas se jasno uočava a u budućnosti će još i više biti, da je svuda daleko najdeficitarniji resurs - kadrovi, tj. ljudi koji imaju ideju koju znaju, žele i mogu da pretvore u invenciju i inovaciju. A čega nema dovoljno, to je uvek i skupo, tako da je društvima strateški opredeljenim ka inovativnosti, kao sredstvu i načinu postizanja i očuvanja liderske pozicije u **internacionalnom** (globalnom) okruženju, izuzetno važno kadrovsko jačanje i ekipiranje. Mada je, makar indirektno, zaprećeno čoveku novim vidom njegove instrumentalizacije, odnosno svođenjem na novu varijantu "homo fabera", što se može osujetiti stavljanjem čoveka u aktivan i slobodan prostor kreativnog delovanja, to je neizbežno.

Proces **integracije** (tehnološke, regionalne, političke, vojne i drugih interesnih i funkcionalnih tipova), daje ovoj pojavi sve izražajniji globalni karakter. To je i novi razlog da se već sada zamislimo kako tek nastajućem inovativnom društvu pronaći još bolju, ljudskiju alternativu. A to je već novi prečnik istorijske spirale, nadamo se i verujemo, bez kraja, o kojoj možemo samo nagađati. Međutim, takvu misaonu avanturu nećemo izvoditi na stranicama koje slede, već želimo detaljnije analizirati samo jedan, ključni pojam iz prethodno opisanog "modela 10 i" - inovaciju, i to prevashodno tehnološku inovaciju, smatrajući je gravitacionom tačkom čitavog procesa tzv. treće **tehnološke revolucije**, kao mogućeg izvora **socijalne evolucije**.

Drugačije rečeno, inovacija je vododelnica starog i novog, kratak, "most" između prošlog i budućeg čovekovog istrajavanja na večitom putu traženja boljeg, lepšeg, uspešnijeg, rečju, naprednijeg. Koristeći pristup M. Maruyame[1] odnos starog i novog može se prikazati na sledeći način:

"**S t a r o**"	"**N o v o**"
Tehnocentrizam	Antropocentrizam
Konkurencija	Kooperacija, uzajamnost

[1] Uporedi u: M. Maruyame, *Toward Cultural Symbiosis*, Addison-Wesley, Reading, 1976

Hijerarhija	Zajedništvo, timski rad, sinergija
Vlast većine	Ravnopravnost manjina
Liderstvo vođe	Participativno upravljanje
Homogenost	Pluralizam
Nacionalizam	Mondijalizam
Rutina	Invencija
Količina	Kvalitet
Masovnost	Individualnost
Jednoobraznost	Raznovrsnost
Efikasnost	Efektivnost.

Bez obzira što ovo uparivanje starog i novog ne odražava, na strani novog, uvek dovoljno prepoznatljiv i realno postojeći sadržaj, značajno je da to "novo", makar i kao tendencija, ili čak samo kao težnja, donosi doista drugačiji i uveliko napredniji socijalni sadržaj. To, naravno, ne znači da novo nastaje kao potpuna negacija "starog" i da je svako staro po definiciji prevaziđeno i zrelo za odbacivanje. Štaviše, može se diskutovati i teza da "dublja" starost, tj. duže istorijsko istrajavanje nečeg, jeste svojevrsna potvrda određene vrednosti i potvrđene korisnosti, koje se ne treba brzopleto odricati. U svakom slučaju, svako društvo, u skladu sa svojim ciljevima, željama, mogućnostima, snagom istorijskog pamćenja i tradicije itd., će usloviti brzinu, način, oblike i metode potiskivanja starog od strane novog. Važno je pri tome imati u vidu da i društva koja danas po mnogočemu predstavljaju prave barjaktare i lučonoše novog i "inkubatore" promena, koje kao socijalna i kulturna "infekcija", brže ili sporije, zahvata sve ili najveći deo ostalog sveta, itekako ljubomorno čuvaju, neguju i koriste neka stara rešenja i navike, a naročito tradiciju, stare običaje, stil života itd. Ovo bi morali da imaju u vidu svi zastupnici nekritičkog, neselektivnog, linearnog i euforičnog zalaganja za novo, koje ipak treba podržati, čak i kada u ponečemu preteruju. Rečju, novo treba da pobedi, a staro ne treba u potpunosti da iščezne.

316

Pojam i suština inovacije

Imajući u vidu cilj ovog rada želimo ispitati procese generisanja tehnoloških inovacija kao faktora poslovne uspešnosti svakog privrednog subjekta u uslovima proizvodnje **vrednosti**, ali i kao činioca širih socijalnih promena. Pri tome posebno ćemo posmatrati preduzeća kao poslovno-tehničke i organizacione entitete i stvarna "mesta radnji" u kojima se odvija deo inovativne aktivnosti.

Principijelno posmatrano, svaka inovacija je svojevrsno napuštanje postojećeg, tradicionalnog. Sa stanovišta koliko su inovacije odgovor na identifikovanu potrebu, shvaćenu kao nedostatak nečega, inovacije možemo deliti na "potrebama generisane" ili "tržišno vučene" ("market pull") s jedne strane i "sredstvima generisane" ili "tehnološki gurane" ("technology push") s druge strane. Uopšte uzev, inovacije možemo tumačiti kao **kreativan proces u kojem se dve ili više postojećih činjenica na novi način kombinuju s ciljem da se proizvedu nove vrednosti**. Ovaj pristup podrazumeva niz aktivnosti, počev od konceptualizacije nove ideje sve do njene primene u praksi, a to znači, ako je npr. reč o proizvodnim inovacijama, od pronalaska (invencije) do masovne primene. Drugim rečima, inovacija u sebi obuhvata i **proces društvenih promena** koje se javljaju kao odgovor na primenu nove tehnologije.

U vezi s tim pojam inovacije se ne ograničava samo na tehniku i tehnologiju, nego se proširuje i na druge vidove stvaralaštva. Neki teoretičari smatraju da su tzv. socijalne inovacije (npr. osiguranje imovine i lica, prodaja robe na kredit i dr.), organizacione (hijerarhija, strateško upravljanje i dr.), političke (državne makroekonomske politike, "država blagostanja" i dr.) isto tako važne kao i tehnološke, a ponekad i važnije. Tehnološke inovacije se, prema primeni, dele još i na tzv. proizvodne i procesne. U tom smislu inovacije se tumače kao novovekovni fenomen, iako se, u širem smislu, inovativnost može objasniti kao imanentno svojstvo koje čoveka prati od najranijih početaka, jer je čovek uvek tragao za nečim novim, uvek je nešto inovirao. Ipak, najbolje je pomenuti mišljenje čuvenog filozofa Alfreda N. Vajtheda (Whitehead) koji je rekao da je najveće otkriće 19. veka upravo **otkriće metoda otkrića**, navodeći pimer Edisonove "fabrike otkrića", tj. njegove istraživačke laboratorije u Menlo Parku iz 1870. godine.

Inače, ovim pitanjima u literaturi posvećeno je izuzetno mnogo pažnje davno pre otpočinjanja tzv. treće tehnološke revolucije. Naime, još u periodu klasičnog industrijalizma neki su građanski ekonomisti uočavali znakove ekonomskog posustajanja kapitalističke privrede. Mnogi su te pojave objašnjavali tehnološkom insuficijencijom kapitalističkog načina proizvodnje. Najdalje u promišljanju uslovljenosti tehnoloških i ekonomskih pojava u kapitalizmu otišao je svakako J. Šumpeter (Schumpeter). Još kao mlad ekonomist (*Theory of Economic Development*, 1912) on je postavio model tzv. preduzetničkih inovacija (tzv. Šumpeterov I model) po kojem se tok bazičnih otkrića na neodređen način odnosi prema razvoju nauke. Ova otkrića su uglavnom egzogenog porekla u odnosu na postojeće firme i tržišne strukture. Stoga je, prema Šumpeteru, potrebno da se pojavi grupa izuzetnih preduzetnika (exceptional entrepreneuers), a ne prosečnih, koja je spremna preuzeti **rizik** daljeg razvoja i primene otkrića koja dolaze iz "spoljne" nauke (npr. univerziteta, instituta, razvojnih centara, laboratorija i sl.).

U svom drugom modelu (*Capitalism, Socialism and Democracy*, 1943) Šumpater uzima naučno-tehničke aktivnosti kao endogene veličine, koje nastaju unutar velikih firmi, i koje svoju moć pa i čitavu perspektivu, sve više, ili čak sasvim, crpe u istraživačko-razvojnom (R&D) radu. Ova svoja predviđanja Šumpeter je protegao do tvrdnje da će ova unutrašnja potreba za rastom firme kao svojevrsnim oblikom podruštvljavanja proizvodnje konačno dovesti do iščezavanja i samog kapitalizma. Nezavisno od toga koliko su ga kasniji tehnološki trendovi u mnogo čemu demantovali, bitno je uočiti da je Šumpater u svoj ekonomski sistem ugradio tehničko-tehnološku komponentu na jedinstven i originalan način koji ipak ne dopušta da se on jednostavno svrsta u zagovornike tzv. tehnološkog determinizma. Njegov pristup je daleko

318

suptilniji i slojevitiji, jer u tehnološkim promenama vidi početak istorijske spirale u kojoj on prepoznaje i brojne druge činioce, što se najbolje vidi iz njegovog razlikovanja 5 vrsta inovacija, kao novih kombinacija proizvodnih resursa: 1) uvođenje novih proizvoda ili novih kvaliteta starih proizvoda, 2) uvođenje novih proizvodnih procesa (koji nisu nužno bazirani na naučnim otkrićima), 3) osvajanje i širenje novih tržišta, 4) razvoj novih izvora ponude inputa i 5) promene u industrijskoj organizaciji[1].

Ovakav nešto širi prikaz Šumpeterovog učenja o inovacijama dajemo isključivo u nameri da pokažemo kako "nema ničeg praktičnijeg od dobre teorije", a to znači da smatramo da je Šumpeterova teorija i na njoj razvijena ekonomska misao značajno doprinela strateškom modeliranju kapitalizma kao naglašeno inovativnog društva, a posebno i naročito u oblasti tehnoloških inovacija. Uostalom, to je najbolje potvrdila i aktuelna, treća tehnološka revolucija koja se i začela (kao uostalom i prve dve) u krilu kapitalističkog načina proizvodnje. Zbog toga nije neobično što mnogi veruju da se socijalizam urušio zbog nerazvijene tehnološke inovativnosti, što naravno, nije dovoljan argument za potpuno objašnjenje drame socijalizma.

Delimično kao inspiracija, a delimično kao reakcija na Šumpeterov pristup inovacijama ubrzo je nastala bogata literatura[2] i brojni i

---

[1] J. Schumpeter, *The Theory of Economic Development*, Oxford Univ. Press, New York, 1961, str. 75

[3] Nemoguće je ovde navesti čak i sve važnije naslove istaknutih autora koji su se u okviru raznih nauka (ekonomije, tehnologije, sociologije, psihologije, menadžmenta, kadrologije i dr.) bavili odabranim aspektima inovativnosti. Šumpeterijanski pristup dugo je predstavljao vodeću koncepciju koju je kasnije uspešno razvijao J.K. Galbraith (*The New Industrial State*, 1967) takođe braneći prednosti velikih firmi u pogledu inovativnosti, i mnogi drugi njihovi sledbenici. Rodočelnik suprotstavljanja ovom stavu bio je J.M. Blair (*Economic Concentration*, 1972) ukazujući na "kreativnu tromost velikih" i ističući prednost malih kompanija na polju tehnološke, organizacione i tržišne inovativnosti. Iako se čini da je potonji razvoj dao za pravo Blair-u i njegovim sledbenicima, ipak ne može se ni danas izreći jednoznačna ocena o tome ko ima apsolutnu prednost u sveopštoj trci u inovativnosti kao preduslovu za ostvarenje cilja - kompetitivnosti (konkurentnosti). Izgleda da je jedino izvesno da sve prolazi relativno brzo, tj. da traje sve kraće i kraće, i da svi moraju da žure da postignu "novo i drugačije", umesto "više i bolje". Ili, još tačnije, svi moraju da stvaraju "novo i bolje" udovoljavajući zahtevima raznovrsnosti i kvaliteta.

značajni anlitički pokušaji što celovitijeg razumevanja širokog smisla i domašaja inovativnosti kao funkcije čovekovog stvaralaštva, motivisanosti, ambicioznosti, želje za uspehom, bogatstvom, slavom i moći. Razmah tzv. treće tehnološke revolucije početkom 70-tih dao je novi impuls istraživačima i analitičarima izvora, uslova, nosioca, metoda, a onda i posledica, sve ubrzanijeg naučnog, obrazovnog i posebnog tzv. istraživačko-razvojnog rada (R&D) kao vitalnih funkcija procesa tehničko-tehnološkog razvoja.

Pri tome se može, kao prethodni zaključak, izneti stav da se svi teoretičari i praktičari koji se bave inovativnim procesima, bilo na nivou preduzeća bilo na makronivou, slažu u tome da taj proces uvek i svuda započinje kao proces invencije, da se nastavlja kao proces razvoja proizvoda ili procesa, a završava kao proces osvajanja, ekspanzije ili pak neuspeha na tržištu. Prema tome, tržište je, ako ne uvek prva, a ono svakako poslednja i jedina prava scena na kojoj se inovacioni proces potvrđuje kao delotvoran i koristan napor, ili pak kao groblje promašenih ideja i investicija. Očigledno je dakle, da svaki inovacioni pokušaj prati značajna doza rizika, kao cene koju svaki preduzetnik kao inovator mora unapred da plati.

Ali, budući da su moguće koristi od inovacija izuzetno velike većina preduzetnika spremna je da preuzme taj rizik. Na slici 6 prikazano je čak 19 mogućih koristi od neke industrijske inovacije, što je dovoljan i razlog i motiv da se pokuša doći do nje.

Polazeći od toga šta određuje (determinante) inovaciju, kako, odnosno kojim faktorima se ona može objasniti i ko su glavni akteri inovacionih procesa, možemo razlikovati tri osnovne paradigme inovacionih pristupa: preduzetnički, tehnološko-ekonomski i strateški (tabela 2).

Zato se svuda u svetu, gde se inovativnost i preduzetništvo koriste kao poluge ekonomskog dinamizma, razvijaju različite strategije deobe rizika (strateške alijanse velikih firmi i tzv, klastera malih, državna podrška i sl.), pogotovo kada je reč o skupim poduhvatima. Takođe

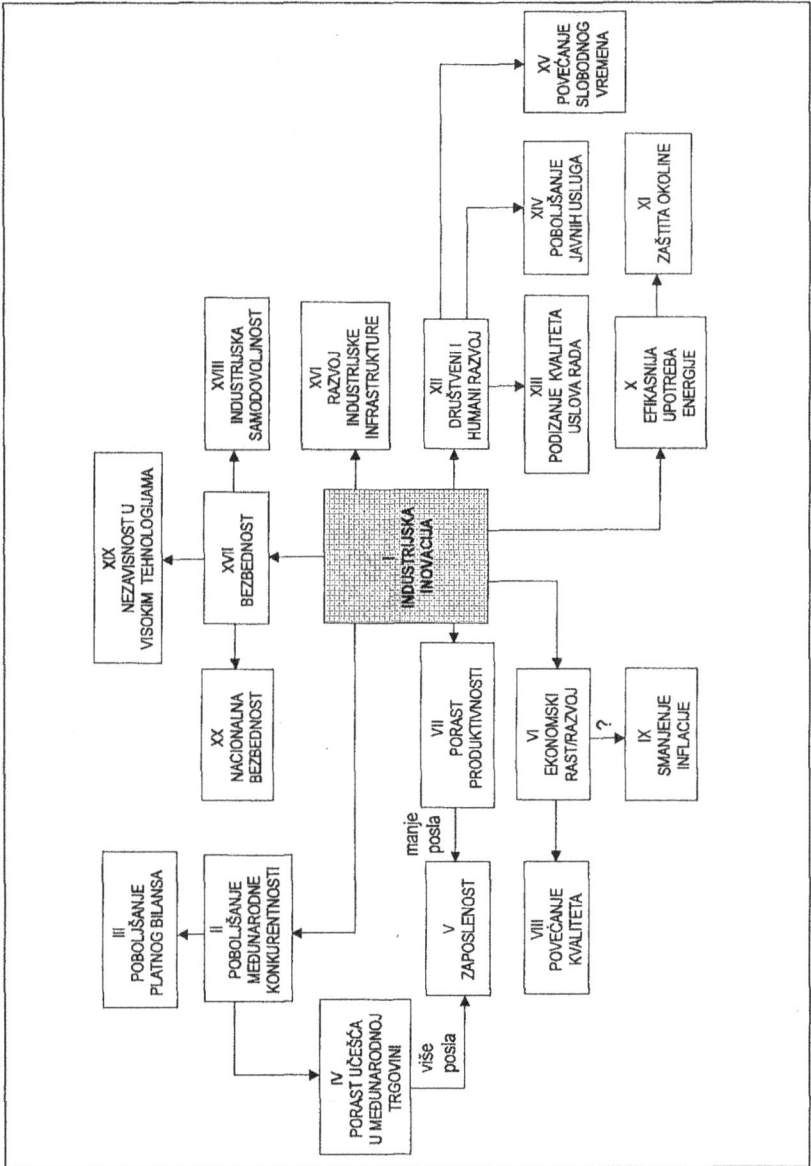

Slika 6. Moguće koristi od industrijske inovacije (Prema: Rothwell, R., Zegveld, W., *Industrial Innovation and Public Policy*, Frances Pinter, London, 1981, p. 58)

Tabela 2. Poređenje paradigmi inovacionih pristupa

	Preduzetnička paradigma	Tehnološko-ekonomska paradigma	Strateška paradigma
Determinante inovacije	Preduzetništvo	Tehnološki razvoj	Tržišno orijentisane strategije
Objašnjenje inovacije	Psihološko	Tehnološko	Sociološko
Glavni akteri	Početnici "amateri"	Tehničari, inženjeri	Profesionalni menadžeri

u takvim zemljama mogu se, uslovno, analizirati dva nivoa prakse inovativnosti: 1) nivo preduzeća (malog, srednjeg, velikog, privatnog, državnog, mešovitog itd.) kao osnovnog privrednog subjekta tržišne privrede i 2) nivo tzv. nacionalne privrede, ekonomije kao celine čiji "subjektivitet" oličava država, mada se naravno u stvarnosti ova dva nivoa više ili manje prepliću. O ovome će još biti reči u nastavku ovog teksta.

Na kraju može se zaključiti da moderan pristup inovativnom procesu uvažava činjenicu da je to multidisciplinaran i multidimenzionalan proces u kome uvek učestvuje veliki broj ljudi efikasno usmeravanih i vođenih ka cilju otkrivanja nečeg novog što može, ali naravno ne mora, da se desi, jer inovacije su uvek nepredvidiv proces. Nasuprot ovom pristupu nije sasvim iščezao i stari, klasični pristup koji bazira na individualnom, spontanom i niodkoga upravljanom, na upornosti, strpljenju i dugotrajnosti zasnovanom traženju nečeg novog. Dakako, ovi pristupi jedan drugog ne isključuju, već je najbolje ako postoje načini (strategije politike) da se oni dopunjuju i zajednički doprinose povećanju brzine i izvesnosti kao i smanjenju cene inovativnog uspeha. Drugim rečima, da svaki na svoj način i/ili zajedno doprinesu konkurentnosti kako pojedinačnih preduzeća, tako i čitave privrede jedne zemlje.

Neki opšti problemi upravljanja inovacijama

Kao složen proces sa brojnim učesnicima i neizvesnim rokom trajanja inovativni proces jeste izrazito stohastičan proces. Isto tako u njegovom toku postoje brojne prepreke, rasrksnice i zamke koje treba efikasno savladati. Pri tome se uvek moraju uvažavati izvesni principi inovativnog ponašanja od kojih se u praksi ne sme odstupati. Opravdanje za odstupanje ne mogu biti ni tzv. situacioni faktori (veličina preduzeća, nivo tehnologije, starost organizacije, centralizacija-decentralizacija i sl.), kao ni neodgovarajuće (inertno, "staromodno") ponašanje članova organizacije bilo kao individualno, bilo kao ponašanje u grupi.

Osim ovih unutrašnjih ograničenja koja mogu bitno uticati na kvalitet i efikasnost upravljanja inovacionim procesima javljaju se upravljački problemi zbog toga što je potrebno neprekidno ostvarivati simultane veze i saradnju sa brojnim R&D (univerziteti, instituti i sl.) državnim organima, agencijama i fondacijama, domaćim i međunarodnim. Ustvari, svako preduzeće koje ima organizovanu R&D jedinicu postaje faktički deo složene mreže[1] čija se veličina i gustina (broj učesnika) svakodnevno povećava, što samo po sebi zahteva povećanu pripremu preduzeća, posebno kadrovsku (obuku, stimulanse, lojalnost firmi i dr.), finansijsku i organizacionu da se lakše i uspešnije kreće u toj mreži. Iz ovakvih okolnosti proističu i neposredni menadžerski zahtevi koji se svode na podizanje kreativnosti članova organizacije, razvijanje i negovanje osećaja važnosti svakog člana organizacije, jačanje kulture saradnje i duha kooperativnosti što će doprineti smanjenju odliva iskusnih i najkreativnijih kadrova, a to je uvek i najveća pretnja svakom inovativnom procesu.

---

[1] Ovde se misli na brojne globalne naučne asocijacije, informacione mreže, standarde i propise i razne druge neformalne, vladine i privatne institucije koje imaju zadatak da ubrzaju i olakšaju tokove znanja i informacija. Svetsko tržište jeste takođe još uvek nedovoljno slobodna i otvorena forma strujanja roba (opredmećenog znanja i inovacija), znanja i informacija jer su prisutne regionalne i političke barijere i blokade.

Drugim rečima, upravljanje inovacijama, kao uostalom i svaki drugi upravljački proces, težište stavlja na ljude, na njihovu **kreativnost**, njihove želje za promenama, njihove ideje i motive da te ideje pretoče u nešto novo, u invencije, a zatim i u inovacije. Naravno, videli smo već da postoje i mnogi drugi činioci procesa upravljanja inovacijama (organizacija, tehnologija, tržište itd.) koji se, u krajnjem, opet svode na (ne)moć ljudskog činioca. Zato nije čudno što svi koji imaju viziju, svi stratezi ovog sveta (na nivou firme i na nivou države), najveću moguću pažnju posvećuju ljudima - **kadrovima** - i kao izvoru nade da ovi mogu i hoće da stvaraju i kao izvoru straha da neće **moći**, jer nemaju ideju (ne umeju) ili ne znaju (nisu dovoljno obrazovani i iskusni), odnosno neće **hteti** (nisu motivisani) da kreiraju nove ideje i da ih stvaralački pretvaraju u nove proizvode, procese, usluge, i uopšte u nova rešenja koja će koristiti ljudima.

Otpori inovacijama

Prema tome, pred upravljačkim strukturama nalaze se dve relativno različite grupe problema: 1) traženje, razvijanje i podsticanje različitih izvora inovativnosti i 2) stvaranje stimulativnog ambijenta (tržišna konkurencija) u kojem se inovativnost na neki način podrazumeva kao uslov ne samo rasta nego čak opstanka, dakle, kao svojevrsni indeks vitalnosti privrednih subjekata. Međutim, kod rešavanja i jedne i druge grupe problema potrebno je najpre savladati nekoliko tipičnih prepreka odnosno otpora promenama koji ometaju ostvarenje novog, drugačijeg.

Postoji nekoliko vrsta otpora inovacijama koji dolaze najčešće iz straha od promena ili iz loše procenjenih mogućih posledica koje će prouzrokovati pojava i difuzija inovacije.

U tabeli 3 uporedo se navodi lista očekivanih gubitaka i očekivanih koristi do kojih može doći usled uvođenja različitih inovacija u preduzeću. Razume se, ukoliko intenzitet strahova i nezadovoljstva (leva strana tabele) nadjača intenzitet očekivanih koristi i nadanja (desna

Tabela 3. Mogući otpori inovacijama (Adaptirano prema: Willcoks, L., Mason, D., *Computerising Work*, Paradigm, London, 1987, p. 26)

Očekivani gubici	Očekivane koristi
Strah na ekonomskoj osnovi	Očekivani ekonomski dobici
Strahovi u vezi lične neprijatnosti na poslu	Nada za veću ličnu prijatnost na poslu
Opadanje zadovoljstva radom	Očekivano zadovoljstvo radom
Socijalni strahovi	Socijalni dobici
Lična nesigurnost	Povećana sigurnost
Nezadovoljstvo upravljanjem promenama	Zadovoljstvo načinom kako se sprovode promene

strana tabele), pojaviće se otpori koji mogu blokirati i osujetiti svaki inovacioni pokušaj i tehnološke promene.

U tom smislu nosioci otpora mogu biti različiti: od radnika, rukovodilaca, sindikata, pa čak i poslodavaca kada smatraju da ih promene mogu samo puno koštati (investicije u R&D, u novu tehnologiju itd.), a da pri tome ničim nije garantovana rentabilnost ulaganja. Ipak, najvažniji, najmasovniji i uglavnom najbolje organizovani nosioci otpora mogu biti radnici koji svoj otpor promenama najčešće grade na raznim vidovima straha. Zato, menadžment mora biti spreman ponuditi realne alternative ovim strahovima u vidu liste očekivanih pozitivnih efekata čime će se potiskivati strahovi. Konkretno ispoljavanje ovih otpora ima različite forme, počev od tzv. "pasivnog otpora" koji se javlja uvek kada zaposleni ne vide nikakav konkretan doprinos promeni, odnosno poboljšanju radnih uslova, pa se taj početni otpor može postepeno pojačavati najpre u vidu apatičnog zatvaranja u sebe, izostajanje sa posla (apsentizam), a zatim i kroz porast osećanja gubitka smisla za bilo kakav angažman. Na kraju, nastupiće faza aktivnog otpora u vidu povremenih obustava rada, zatim štrajkova, a ponekad i neoludističkih erupcija kada zaposleni sabotiraju rad i uništavaju sredstva rada. Ipak, najoštrija forma otpora promenama je trajno napuštanje radnog mesta

325

tj. davanje otkaza i prelazak kadrova u drugo preduzeće ili, što je apsolutno najtragičnije, odlazak u inostranstvo (brain-drain) kada preduzeće, privreda i celo društvo trpe nenadoknadive štete.

Sve to pokazuje kako je upravljanje promenama, kao preduslov upravljanja inovacijama, neprocenjivo važna ali i složena problematika koja mora angažovati najkvalitetnije poznavaoce različitih aspekata promena, odnosno inovacija. Takođe, prethodna analiza potvrđuje i ranije iznetu tezu da se u upravljanju inovacijama moraju uvažavati i izvesni principi inovativnog ponašanja shvaćeni kao polazni stavovi koji usmeravaju čitav upravljački napor ka podizanju njegove efikasnosti.

Osnovni principi inovativnog ponašanja

Mada nedovoljno eksplicitno već je kroz čitavo dosadašnje izlaganje u ovom poglavlju kao crvena nit provučena ideja da se inovativnost, tehnološka posebno i naročito, mora bazično situirati u preduzeću[1] (velikom, malom, državnom, privatnom itd.) kao još uvek najvažnijem obliku organizovanosti privrednog života svuda u svetu. Sada ovu tvrdnju ističemo kao **prvi princip** uspešne inovativnosti dodajući odmah da se mere države moraju razumeti samo kao sekundarne, bilo kao katalizatorske, koje pospešuju inovativnost, bilo kao blokatorske koje otežavaju ili čak sasvim onemogućavaju inovativnost.

---

[1] Guru savremene literature o upravljanju inovacijama P. Drucker, govori o tzv. sedam izvora inovativnih mogućnosti navodeći ih po redosledu opadajuće pouzdanosti i predvidljivosti. Prva takva četiri izvora nalaze se u okviru samog preduzeća i to su: **neočekivano** - neočekivan uspeh, neočekivan promašaj, neočekivan spoljni događaj; **nepodudarnost** - između sadašnje stvarnosti i one koja bi mogla da bude ili kakva "bi trebalo da bude"; **inovacija** - zasnovana na potrebi nekog procesa (npr. proizvodnja); **promena u strukturi privrede ili tržišta**, koje svakog iznenade. Drugi set inovativnih mogućnosti obuhvata promene izvan preduzeća, odnosno van privrede i odnosi se na: **demografske promene; promene u opažanjima, raspoloženjima i značenjima; nova naučna i nenaučna saznanja.** (Videti: P.F. Drucker, *Inovacije i preduzetništvo, praksa i principi*, Privredni pregled, Beograd, 1991, str. 62)

Sa ovim u vezi odmah je i **drugi princip**: preduzeća su primorana da budu inovatori jer ih tržišna konkurencija kao mehanizam ekonomske prinude na to prisiljava. "Inovatori mogu da budu svi" jeste sadržaj **trećeg principa**, čemu odmah dodajemo da svakome treba omogućiti da razvije svoje inovatorske sposobnosti. **Četvrti princip** glasi: inovativnost i sklonost ka inoviranju jeste naročito stanje čovekovog duha. To je svojevrsno mentalno oponiranje postojećem stanju s ciljem da se ono poboljša, unapredi, usavrši, oplemeni, rečju, učini za čoveka boljim, lepšim i korisnijim. Inovativnost u sebi integriše više ciljeva, a najvažniji su utilitarni, estetski i etički, sadržaj je **petog principa**. Inovativnost ne potiče uvek iz kreativnosti kojoj je uvek svojstvena originalnost. Inovacija ne mora biti uvek originalno ostvarenje, kaže **šesti princip**. Inovativnost podrazumeva stalno traženje, rad, znanje i upornost, a talenat ili eventualno genijalnost su uvek dobro došli, ali nisu neophodni. Svaka inovacija je po svojoj prirodi rizična, ali to ne znači da je inovator svaki onaj ko je samo spreman i sposoban da preuzme neki rizik. Uspešan inovator zapravo nije sklon preuzimanju rizika: on je više skoncentrisan na mogućnost, nego na rizik. To je **sedmi princip** inovativosti, ali ne i poslednji, jer je moguće izneti još dosta opštih stavova (principa)[1] koji imaju značenje svojevrsnih putokaza u teškom, složenom, obično dugotrajnom, skupom i iznad svega teško predvidljivom traženju nečeg novog.

Uvažavanje ovih principa nije samo stvar izbora niti pojedinačnih učesnika u inovacionom procesu, a niti preduzeća kao organizacione sredine u kojoj se taj proces uglavnom odvija, već je za ponašanje u skladu s navedenim principima itekako važno kakvo je stanje u okruženju preduzeća, tj. da li postoji za inovativno ponašanje i odgovarajući

---

[1] U već citiranoj knjizi P. Drucker je takođe naveo nekoliko odabranih principa inovacije deleći ih na "*...stvari koje treba uraditi...*": 1) analiza mogućnosti kao početak sistematične inovacije; 2) "*...da se izađe napolje, da se traži, da se pita, sluša...*"; 3) da bi bila efikasna inovacija mora da bude jednostavna i da dođe u žižu javnosti; 4) efikasne inovacije počinju od malog. Među stvari koje ne treba uraditi, koje Drucker smatra principijelno važnim, navedeno je sledeće: 1) ne treba pokušavati da se bude pametan; 2) ne suviše diversifikovati, odnosno usitnjavati; 3) ne praviti stvari za budućnost, nego za sadašnjost (P. Drucker, cit. delo, str. 178).

socijalni, ekonomski, kulturni, obrazovni i drugi ambijent. Drugim rečima, važno je da li postoji odgovarajuća **inovativna klima**, a pre svega politika i strategija koja odražava interes društva kao celine da kod svih privrednih subjekata indukuje potrebu za inovativnošću. Do sada se svuda u svetu potvrdilo da najviše šta društvo, u stvari država, može u tom pogledu da učini jeste stvaranje uslova za slobodno i ravnopravno ispoljavanje kreativnih potencijala svih privrednih subjekata koji će u tržišnom mediju, konkurentski se međusobno suočavajući, suočavati zapravo sa samim sobom, sa sopstvenim slabostima i prednostima. Naravno, mi smo svesni činjenice da niti ijedna država u svetu nije do sada (a verovatno i nikad neće) stvorila tako čisto "tržišno ogledalo" u kojem bi svaki učesnik video svoju stvarnu sliku, iz prostog razloga što sve države imaju i tzv. meta ciljeve (odbrana, energija, hrana i sl.) zbog kojih će uvek postojati veći ili manji broj tzv. ekonomskih favorita, koji će uživati i naročite sistemske pogodnosti i kada je reč o inovativnosti. Najbolji dokaz za to je upravo tzv. vojno-industrijski sektor, ili recimo kosmički program kod malog broja zamalja koji ga razvijaju, koji pokazuje nadprosečnu stopu tehnološke dinamike i inovativnosti iako ga na to ne primoravaju tržišni razlozi i motivi[1].

Ekspanzija obrazovanja i upravljanje ljudskim resursima

Dosadašnja analiza inovacionih procesa u prvi plan je istakla znanje i uopšte sposobnost čoveka da kreativno traga za nečim novim, drugačijim, u večitoj nadi da će to biti i bolje. Naravno, svako novo jeste drugačije, ali ne mora biti i bolje, ali svako bolje je novo i drugačije u odnosu na prethodno, tako da je inovacija u stvari čovekova

---

[1] S tim u vezi zanimljiva su dva momenta: s jedne strane ovi, od države "maženi i paženi" sektori ostvare i vrlo značajne tehnološke prodore koji koriste u tzv. civilnom sektoru, a s druge strane već poslovična favorizovanost ovih sektora inspiriše mnoga, inače tržišno orijentisana preduzeća da dobiju angažman u vojnim i kosmičkim projektima lišavajući se time brige o finansiranju troškova finansiranja i rizika zbog eventualnog neuspeha. Nema sumnje da je ovakva inovativna strategija sasvim suprotna svim principima koja smo ranije naveli, Drucker-ovim i našim.

sudbina i sastavni deo života. Bitno je, u stvari, da čovek toga postane svestan i da tu svoju misiju realizuje s osećanjem uzvišenosti koji će ga stalno motivisati na nova pregnuća. Ovo saznanje i osećaj moraju postati okosnica savremenog obrazovanja, dakle pripreme za budućnost, i to na svim nivoima, kako formalnog tako i neformalnog obrazovanja.

Višestruka, višeslojna, višeznačna i uopšte višenamenska uloga i značaj ljudskih resursa povećava se upravo srazmerno veličini i kvalitetu obrazovanja. Najnovija faza razvoja svih društava u svetu, a posebno onih čije ekonomije funkcionišu na tržišnim principima, nedvosmisleno potvrđuju ulogu znanja, ideja, kreativnosti i uopšte svih intelektualnih izvora čovekove stvaralačke moći, kao **potrebnih** i neiscrpnih generatora svekolikih promena usmerenih u pravcu osvajanja novih prostora slobode i novih dimenzija kvaliteta života. Naravno, pored navedenih postoje i drugi tzv. potrebni uslovi, a verovatno se najvažniji odnose na ljudsko zdravlje (fizičko i psihičko), motivaciju za rad i zadovoljstvo sopstvenim statusom u užem i širem socijalnom okruženju. Kolika će biti mera tzv. **dovoljnih uslova** u nekom socio-ekonomskom prostoru u datom vremenu, zavisiće od brojnih okolnosti čiji će uticaj i snaga doći do izražaja na tržištu rada, kao naročitom mestu susretanja ponude i tražnje za radnom snagom, tj. specifičnom robom naročite upotrebne vrednosti.

Sva dosadašnja iskustva, posebno i pre svega najrazvijenijih tržišnih ekonomija u svetu, jasno potvrđuju tezu da se svi i strateški uspesi i strateški promašaji, mogu i moraju vezivati za pitanja razvoja i upravljanja ljudskim resursima. To je naročito prisutno u najnovijoj fazi savremene istorije, tj. u epohi tzv. treće tehnološke revolucije u kojoj se na dramatičan način sudaraju stari koncepti i strategije razvoja sa novim realnostima i izazovima koje donosi erupcija ljudske kreativnosti i "industrije znanja". Obrazovanje na svim nivoima dobija strateški značaj dubinskog činioca dalekosežnih promena u profilisanju novih "junaka našeg doba", a čiju udarnu snagu i okosnicu čini inventivnost i inovativnost, umesto rutine; inicijativnost i individualnost, umesto amorfnog pripadanja masi; zajedništvo i participacija u upravljanju, umesto konkurencije i autokratskog liderstva; kao i nove duhovne vrednosti i harmonija s prirodom, umesto isključivo materijalne efikasnosti i sebičnog odnosa prema prirodi.

Mada je osnovno "mesto radnje" gde se ovi procesi odvijaju: preduzeće, treba uočiti da država u tim društvima postaje glavni **partner** svakom ko želi i hoće da se uključi u ovaj istorijski proces svojevrsnog vraćanja ka čoveku, njegovoj stvaralačkoj moći, njegovoj neprolaznoj potrebi za samoaktuelizacijom, ali i njegovoj moralnoj vertikali, tj. **poštenom** odnosu prema radu, prirodi, tehnologiji, ali i životu u zajednici sa drugim ljudima. U tom smislu za savremenu civilizaciju, snažno oslonjenu na tehnologiju, jednako je važno da razvija ne samo kognitivne i druge sposobnosti i veštine ljudi, njihovu kreativnost, autonomiju, motivisanost, nego i poštenje kao meru odgovornosti prema drugima, ali i prema sebi.

Najvažnija misija obrazovanja ogleda se u tome da svakom njegovom učesniku (ne samo đaku i studentu, nego i njihovim edukatorima!) pomogne i olakša proces pripreme za sadašnji i budući život, a to znači da ga **uči** i **vaspitava**. Nagli rast populacije, porast materijalnog standarda i novi zahtevi proizvodne prakse uslovili su globalnu eksploziju obrazovnih potreba i najrazličitijih vidova masovne i individualne edukacije. Istovremeno, došlo je do bitne promene u shvatanju i tumačenju pojma "obrazovana ličnost". Takođe, duboke preobražaje doživljava škola kao ustanova i deo **sistema obrazovanja**. Pojavile su se nove veštine i znanja koja čovek mora savladati i posle završenog formalnog školovanja jer su se pojavile naknadno (npr. kompjutersko opismenjavanje, nove veštine komuniciranja itd.). Ali, znanje nije, niti je ikad bilo, bezlično. Ono uvek podrazumeva i vaspitanje i **znanje kako se znanje koristi**. Znanje uvek pripada nekom konkretnom pojedincu koji se mora osposobljavati za život sa milionima i milijardama drugih "vlasnika" obično nekih sasvim drugih znanja, ali, što je važnije, i sasvim drugih vrednosnih orijentacija, navika, tradicija itd.

Tehnologizacija rada, upravljanja, ali i učenja, sve više doprinosi da postavljamo pitanja "zašto", umesto "kako", da nešto uradimo. Dolazi vreme novih kognitivnih stilova, novih vizija i mudrih ideja što će, bez ikakve sumnje, biti najvažnije poluge moći u nadolazećem vremenu. Nove obrazovne tehnologije i brojne inovacije u procesu obrazovanja treba da pomognu i olakšaju sve većem broju ljudi da u svom mentalnom razvoju pređu sa "nivoa razuma" na "nivo uma". Imati ideju uvek je značilo biti posednik naročitog bogatstva, ali tek dolazi vreme kada će nove ideje dobijati neslućenu vrednost, nadamo se i priznanje.

Društveni život je velika "crna kutija", beskrajno prostranstvo nepoznatog, donekle poznatog i tek samo ponečeg prilično poznatog. Svaki čovek opaža oko sebe, registruje činjenice, upoređuje ih, meri, izračunava i na razne druge načine pribavlja saznanja o sebi i svojoj okolini (slika 7). U sledećoj fazi, više ili manje uspešno, vrši **analizu** prikupljenih činjenica i podataka da bi od njih dobio informacije. Ali, do znanja još uvek je dalek put, za mnoge pojedince, pa i čitava društva, često neprolazan, jer ne mogu (ne znaju) izvršiti potrebnu **sintezu**

Slika 7. Informacije u funkciji mudrosti života

("od drveća videti šumu"). Obrazovanje tu može (i mora) mnogo pomoći i danas je, u celini, naša civilizacija u tom pogledu otišla veoma daleko. Tmine nepoznatog su daleko manje, izlaz iz jednog tunela se nazire, ali ostaje pitanje kako izbeći neki novi rizik, varvarizam informatičkog ili nekog drugog doba. Iskustvo može puno pomoći, ali ne u potpunosti. Moral i moralno ponašanje, moralni imperativi koji nas u svakom trenutku podsećaju da "ne činimo drugom ništa što ne bismo želeli da se nama desi", mogu nam pomoći da se popnemo na vrh piramide ljudske moći koja se zove - mudrost.

Uz najveće uvažavanje svega što je čovek stvorio, koristeći svoju mudrost i razumnost (znanje) kroz čitav svoj život koji predstavlja jedinstvenu i invenciju i inovaciju Prirode, nadamo se da ga sa vrha piramide mudrosti neće niko (nikad - "nikad ne reci nikad") skinuti. Nadamo se, ali i strahujemo jer znamo da već sada posotje ljudi koji bi to mogli učiniti (na našoj Planeti već ima toliko zaliha nuklearnog i termonuklearnog oružja da je to dovoljno da se fizički razori "ova jedina Zemlja"). U našem "valjda to ipak neće učiniti" izražava se i nada, ali i očaj što sa ljudskim resursima, dakle sa samim sobom, još uvek nismo naučili da (samo)upravljamo. Istorija već hiljadama godina ima otvoren "konkurs" za ovu invenciju, ali, nažalost, pravi "pronalazač" se još uvek nije pojavio. Nadamo se da ga dosadašnji neuspešni pokušaji neće obeshrabriti, jer inovativnost uvek podrazumeva pored radoznalosti i hrabrost i upornost.

DRŽAVA I TEHNOLOŠKI RAZVOJ

Dosadašnja analiza uslova, tokova, rezultata i problema tehnološkog razvoja pokazala je da je to društveni proces u kojem učestvuje veliki broj aktera koji imaju različite, često vrlo protivrečne i nesaglasne ciljeve. Ekološka kriza to najbolje potvrđuje i pokazuje da je neophodna koordinacija, pomoć i intervencija države u njenom razrešavanju.

Međutim, uloga i prisustvo države u oblasti tehnološkog razvoja ispoljava se i u mnogim drugim segmentima i fazama procesa tehnološkog razvoja, počev od obrazovanja, istraživačko-razvojnog rada (Research & Development), transfera tehnologije, izgradnje materijalne infrastrukture, definisanja, implementacije i kontrole određenih tehničkih standarda itd. Sve to dokazuje koliko je država **aktivan učesnik** u procesu tehnološkog razvoja u svim njegovim fazama, pri čemu ona ne treba da ugrožava poslovnu samostalnost preduzeća koja moraju ostati bazična mesta razvoja i primene novih tehnologija. Kao legalni i legitimni zastupnik javnog interesa svaka država u savremenom svetu je neposredno odgovorna za razvoj sistema obrazovanja na svim nivoima, ali i drugih važnih pretpostavki razvoja, ne samo tehnološkog. Kada je reč o podsticanju tehnološkog razvoja i kao faktoru podizanja konkurentnosti na međunarodnom tržištu i kao faktoru podizanja standarda života svojih građana i činiocu nacionalne bezbednosti itd., država to može učiniti na veliki broj različitih načina, a najčešći su sledeći:

– pokrivanje troškova bazične infrastrukture (finansiranje osnovnih, visokorizičnih i na kratki rok niskoprofitnih istraživanja; finansiranje mehanizama za diseminaciju naučnih i tehničkih informacija, sistema obuke, stipendiranja mladih talenata itd.);

333

– oslobađanje od plaćanja poreza za deo profita koji se reinvestira u istraživačko-razvojni (R&D) rad i tehnološke inovacije;

– omogućavanje (putem specijalnih porudžbina i ugovora) neophodne zaposlenosti kapaciteta, stabilnog snabdevanja strateškim resursima i tehnologijom iz inostranstva itd.

Prema tome, intervencija države na području naučno-tehnološkog razvoja najintezivnija je u sledećim domenima: a) organizovanje funkcionalnog i efikasnog sistema obrazovanja; b) direktno investiranje u naučnoistraživački rad, posebno fundamentalni, na svim nivoima; c) podsticanje i materijalno pomaganje transfera i retransfera naučnih i tehnoloških informacija iz inostranstva; d) podsticanje i materijalno pomaganje širenja tzv. **kompjuterske pismenosti** i dr. Bitno je pri tome uočiti da kreiranje tzv. **nacionalnih inovativnih režima** postaje, pored odbrane i unutrašnje bezbednosti, jedna od najvažnijih funkcija savremenih država čime one neposredno pomažu sopstveni ekonomski razvoj i međunarodnu konkurentnost svim svojim preduzećima (malim i velikim, privatnim i javnim itd.), ali i opšti nivo kulture čitavog društva, nivoa kvaliteta života građana itd.

U svim tehnološki razvijenim društvima odavno je shvaćeno da je tradicionalni linearni model: **bazna istraživanja - primenjena istraživanja - razvoj - prototip - proizvodnja** značajno prevaziđen, jer je isuviše dug i spor, zbog čega je potrebno intervenisati tzv. interaktivnim povratnim spregama između svake faze inovativnog procesa, a to zapravo znači između isporučilaca tehnologije i njenih korisnika. Države u takvim društvima su se veoma rano osetile prozvanim da pomognu i u stvaranju i u skraćivanju vremena trajanja transfera tehnologije do mesta krajnje upotrebe, što je, pre svega podrazumevalo intezivnu komunikaciju i međusobno informisanje kreatora i korisnika tehnologije, pošto tržište, kao informacioni sistem, u ovom slučaju nije efikasno, jer daje tzv. ex post informacije. Takođe, države preduzimaju opsežne **edukacione kampanje** orijentisane na tzv. konkretne probleme u određenim - ciljnim (target) - industrijama postajući njihov svojevrsni **neprofitni partner.**

Tabela 4: Neki pokazatelji tehnološkog razvoja tri vodeća tehnološka regiona sveta
(Prema: European Commission DG XII, *Inventing Tomorrow*, Brussels, 1996, p.7)

	EU 15	USA	Japan
Ukupni R&D izdaci, 1994. (mil. ECU)	121.882	142.047	104.069
Ukupni R&D izdaci kao procenat GDP, 1995. (%)	1,91	2,45	2,95
Ukupni R&D izdaci po stanovniku 1994. (ECU)	329	545	833
Procenat ukupnih R&D izdataka finansiranih od strane džave, 1993. (%)	39,6	39,2	19,7
Procenat ukupnih R&D izdatak finansiranih od strane industrije, 1993. (%)	53,5	58.7	73,4
Broj istraživača, 1993.	774.071	962.700	626.501
Broj istraživača u preduzećima, 1993.	376.000	766.000	367.000
Broj istraživača u preduzećima na hiljadu zaposlenih, 1993.	2	6	6

Iako učešće direktnih ulaganja u R&D u većini najrazvijenijih zemalja ima tendenciju opadanja njihov značaj je i dalje ogroman, pogotovo što države u tim zemljama podstiču preduzeća na tu vrstu investiranja, dajući im razne poreske olakšice, kreditne povoljnosti, pomoć kod zapošljavanja istraživačkih kadrova i sl.

Za potpunije sagledavanje nekih elemanata stanja naučno-istraživačkog rada u tri tehnološki najrazvijenija regiona sveta mogu pomoći i podaci iz tabele 4.

Mada navedeni podaci sami za sebe govore dovoljno upečatljivo potrebno je podvući neke karakteristične činjenice. Pre svega, kada je reč o iznosima ulaganja važno je uočiti izuzetno visoka učešća (1,91-2,95%) tih ulaganja u društvenom bruto proizvodu (GDP) što, imajući u vidu njegovu veličinu, obezbeđuje tako fantastične iznose novca namenjenog istraživačko-razvojnom radu (104-142 mil. ekija, odnosno 115-156 mlrd. dolara, što otprilike odgovara desetogodišnjem iznosu

335

društvenog proizvoda naše zemlje!). Takođe, veoma je zanimljivo ukazati i na odnos ulaganja koje vrši država iz svojih fondova i budžeta, što kod zemalja Evropske unije i SAD iznosi oko dve petine od ukupnih ulaganja, dok je to u Japanu duplo manje i iznosi tek jednu petinu. Srazmerno tome je i udeo industrijskih izvora i kreće se od nešto više od polovine, kod evropske petnaestorice, i nešto malo više (58,7%) u SAD, sve do blizu tri četvrtine (73,4%) u Japanu. Preostali iznosi sredstava potiču iz inostranstva i raznih nevladinih i neprofitnih izvora. Posebno su važni indikatori koji se odnose na istraživačke kadrove, njihov ukupan broj, razmeštaj i udeo u ukupnom broju zaposlenih. Svi ovi pokazatelji govore da je osnovno mesto njihovog angažovanja - preduzeće, što potvrđuje i naše ranije iznete principe inovativnog ponašanja koje smo objasnili u prethodnom poglavlju.

Ipak, važniji od svih navedenih podataka su oni koji pokazuju gde, na koje namene i za koje svrhe se angažuje toliki novac, tolika armija istraživača i svega ostalog što su preduzeća ili njihove države spremne da obezbede. Iako, principijelno, svaki samostalni poslovni subjekt u velikoj meri smatra svoje istraživačke planove, akcije i projekte svojom poslovnom tajnom, mnogi od tih projekata se ipak odvijaju sasvim javno i za potrebe javnosti. Osim toga, veoma je izražena tendencija udruživanja više preduzeća na velikim i skupim projektima (strateške alijanse, konzorcijumi itd.) i to ne samo u okviru jedne zemlje. U okviru Evropske unije veoma je razvijena praksa objedinjavanja napora zemalja - članica u okviru tzv. EC Research and Technological Development Programmes (u toku je već četvrti, 1994-1998. g., petogodišnji program i uveliko se vrše pripreme, raspisuju konkursi, prikupljaju ideje i teme za istraživanja koja će se realizovati u okviru petog okvirnog programa). Već sada se može reći da se na području naučnog istraživanja i tehnološkog razvoja članice Evropske unije najlakše dogovaraju i da imaju izuzetno plodnu saradnju od koje korist ima i šire okruženje. Postoje brojni programi u koje se uključuju institucije i pojedinci iz zemalja koje još nisu članice EU. Nažalost, zbog poznatih političkih razloga naša zemlja već pet godina nema pristup ovim programima.

U strukturi istraživanja koja se realizuju u okrilju EU i pod njenom finansijskom podrškom obuhvata veoma širok spektar problema čijim će se rešenjima dobiti novi impulsi u tehnološkom razvoju uopšte, a pre svega u jačanju konkuretnskog položaja evropskih preduzeća u odnosu na američka i japanska.

Polazeći od sagledavanja budućeg značaja pojedinih tehnologija, kao i mogućih njihovih doprinosa ukupnom društvenom i ekonomskom razvoju, u okviru Cetvrtog okvirnog programa istražuju se sledeće oblasti (u zagradi se navodi iznos sredstava u milionima ekija)[1]: informacione tehnologije (1932); industrijske i tehnologije materijala (1707); nenuklearni izvori energije (1002); tehnologije zaštite okoline i klime (852); telematika (843); kontrolisana termonuklearna fuzija (840); obuka i usavršavanje istraživača (744); poljoprivreda i ribarstvo (684); komunikacione tehnologije (630); biotehnologije (552); međunarodna saradnja (540); bezbednost nuklearne fisije (414); biomedicina i zdravlje (336); načini diseminacije i eksploatacije rezulata (330); standardi, merenje i testiranje (288); transport (240); istraživanje mora i okeana (228); specijalna društveno-ekonomska istraživanja (138).

Odmah je vidljivo da u ovoj impozantnoj sumi od 12.300 miliona ekija (13.5 mlrd. dolara) dominaraju iznosi sredstava namenjeni za informacione tehnologije, proizvodne, energetske i ekološke, odnosno, za prvih šest oblasti namenjena je polovina planiranih sredstava. Nema sumnje da su ove zemlje, odnosno njihove vlade i nadležna tela i naučne institucije, mogle da opredele i neke druge prioritete za koje bi onda svi ostali, pa i mi u Jugoslaviji, verovali da su baš to najvažnije, najperspektivnije i verovatno najisplativije oblasti u koje treba ulagati i trud i novac i sve što je potrebno da se dođe do nekog novog i boljeg rešenja starog problema. Teško je, razume se, otkriti stvarne razloge ovakvog, a ne nekog drugačijeg, rangiranja istraživačkih prioriteta (posebno iz razloga što oni ne odražavaju samo civilni nego i vojni značaj i namenu), ali ipak možemo reći da bi - ne samo za čovečanstvo u celini, nego i za zemlje članice EU, tj. za njihove građane i poreske obveznike koji,

[1] Prema: European Commission: "RTD info", № 11, february 1996

u krajnjem, finansiraju sve navedene projekte - verovatno bilo bolje da su zdravstvene, ekološke i poljoprivredne tehnologije dobile veći značaj.

Nažalost, situacija u tom pogledu nije bolja ni u tehnološki najrazvijenijoj i ekonomski najbogatijoj zemlji sveta - SAD. Štaviše, u nekom smislu, ovde je još nepovoljnija namenska raspodela federalnih fondova za istraživanje i razvoj, jer postoji stalno najveće (mada je prisutna tendencija opadanja, što razume se, ohrabruje) učešće rashoda za vojna istraživanja (u Americi to zovu "rashodi za **odbranu**", što bismo voleli da je tako, ali nažalost znamo i za ofanzivne akcije). Donja tabela (tabela 5) pokazuje osnovna kretanja američkih javnih (državnih) rashoda za istraživanje i razvoj.

Osim već analiziranih aspekata učešća države kao zastupnika javnog interesa i u tako važnoj oblasti društvenog života, presudno značajnoj za razvoj čoveka pojedinca i društva u celini, javlja se i pitanje upravljanja osvojenim novim znanjem (naučnim, tehnološkim i dr.). Da li država, tj. personifikovana birokratska moć, njeni segmenti (npr. vojni establišment, razni lobiji, neformalne grupe itd.), ili paradržavne

Tabela 5. Struktura budžetskih rashoda za istraživanje i razvoj u SAD (prema: *National Science Foundation*, preneto u "Inventing Tomorrow" , p. 10)

	1990	1995	1996
Ukupan iznos (mil. $)	63.781	70.309	70.503
Odbrana	62,6	54,8	53,3
Zdravstvo	13,0	16,2	16,7
Kosmička istraživanja	9,0	11,2	11,2
Čista nauka (fundamentalna)	3,8	4,0	4,3
Energetika	4,3	4,1	4,4
Prirodni resursi i okolina	2,2	2,9	3,1
Saobraćaj	1,6	2,7	2,8
Poljoprivreda	1,5	1,7	1,7
Ostalo	2,0	2,4	2,5
Ukupno u %	100,0	100,0	100,0

strukture mogu biti pouzdani "čuvari" i diseminatori i dovoljno dobro-
namerni korisnici rastućih "stokova znanja" (raznih "banaka podataka"
i sl.) ili to treba da radi demokratska javnost? Naravno, nije moguće
dati jednostavan i jednoznačan odgovor na ovako složeno pitanje, ali
treba ga stalno i iznova ponavljati kako bi se iterativno, tj. postepeno i
postupno došlo do zadovoljavajućih rešenja koja će nas približiti sredi-
štu tzv. Hajekovog trougla (sloboda, efikasnost, pravda), tj. obezbediti
da rešenje bude doneto slobodnom voljom svih zainteresovanih, da bu-
de pravedno, dakle nikoga ne favorizujući, i najzad da bude efikasno.

U vezi s tim, u Evropi se već čuju upozorenja da porast privat-
nog finansiranja istraživanja nekontrolisano povećava **privatne "sto-
kove znanja"**, a bilo bi - kaže se u poznatoj studiji EEZ[2] - bolje da ras-
tu javni stokovi znanja, jer oni mogu lakše i brže podstaći šire procese
difuzije novog znanja. U tome posebno mogu pomoći univerziteti ko-
je će država ohrabriti da jačaju kooperaciju sa kompanijama, naročito
u tzv. prekonkurentskom području istraživanja (fundamentalna
istraživa-nja) čime se, između ostalog, smanjuje i opasnost od monop-
olizacije znanja od strane privatnih organizacija.

Prema tome, uloga države u tako osetljivom području kao što je
naučno i tehnološko istraživanje je višestruka i daleko nadilazi njenu
tobože neutralnu medijatorsku misiju, jer se sve češće nalazi u
otvorenoj ulozi svojevrsnog javnog preduzetnika motivisanog idejom
opšte dobrobiti, tj. idejom korisnog delovanja za sve građane.

---

[2] *The Future of Industry in Europe*, FOP 365, Brussels, 1993, str. 200

INFORMACIONO DRUŠTVO

Sveopšta tehnologizacija društvenog života nužno je dovela do upotrebe i novog kategorijalnog aparata sociološke (i drugih) analiza. Među novijim izrazima koji su ušli u rečnik sociologa, ekonomista, ili bilo koga ko pokušava da identifikuje nove fenomene, procese i strukture savremenog društva, nalazi si i sintagma "informaciono društvo".

Mada je i ranije bilo pokušaja uvođenja zvučnih naziva novog društva, koje se počelo rađati na podlozi tehnoloških i njima izazvanih promena, kao npr. postindustrijsko društvo (Bel); tehnotronsko društvo (Bžežinski); superindustrijsko društvo (Tofler); programsko društvo (Turen); organizacijsko društvo (Presthas); menadžersko društvo (Bernham); postkapitalističko društvo (Druker); digitalno društvo (Tapskot) itd., najveću popularnost i upotrebu doživljava sintagma "informaciono društvo" koju je uveo J. Masuda, a nešto kasnije i A. Šaf.

Konceptualizacija informacionog društva bazira se na pretpostavci intenzivnog širenja informatičke tehnologije, dominacije umnog rada i znanja s ciljem da se postigne tzv. sinergična privreda u kojoj će dominirati tzv. intelektualne industrije, organizovane po modelu matrične strukture, a sa osnovnim ciljem maksimizacije bruto nacionalnog zadovoljstva. Upravljanje ovakvim društvom treba da se zasniva na pri-ncipima participativne demokratije, klase će biti zamenjene tzv. fun-kcionalnim grupama, a pokretači društvenih promena biće razni građa-nski pokreti, a ne klasna borba.

Prema Masudi, ovo društvo ipak neće biti bez problema, a svodiće se uglavnom na terorizam i ugrožavanje privatnosti slobodnih građana koji se u svom ponašanju rukovode samodisciplinom i individualnim doprinosom društvu. Obilje znanja i informacija doprineće efikasnom odlučivanju u kojem će učestvovati svi, u informacione mreže povezani, građani ("netizens") koji sačinjavaju novi tip građanskog društva. Ono u svemu mora biti naprednije, ali i pravednije, od prethodnog industrijskog društva (tabela 6).

Ipak treba reći da vizija tzv. informacionog društva jeste samo još jedna nova, u nizu već lansiranih socijalnih utopija, koje nekritički sagledavaju moguće domete same tehnologije kao i realne interese najvažnijih socijalnih aktera na čitavoj planetarnoj istorijskoj sceni. Fascinantne činjenice o masovnom širenju informatičke tehnologije, informacionom umrežavanju Planete i afirmacija globalizma itd. makoliko pružale osnove za konceptualizaciju novog tipa društvenog života, još uvek postoji dosta prepreka i teškoća koje stoje na putu ostvarenja tzv. informacionog društva. Inercija starog, ekonomska oskudica, neravnomernost u razvoju, relativno nizak nivo obrazovanja (procenat nepismenih i u najrazvijenijim društvima kreće se čak do 20%), nepoznavanje informacione tehnologije (naročito softvera i programiranja itd.), samo su neki od razloga što ostvarenje vizija informatičkog društva ide sporijom brzinom od one koju su očekivali njegovi idejni začetnici. Posebno je nejasno kako će se informaciono društvo razvijati u nerazvijenim i zemljama u razvoju koje su još na nivou "prvog

Tabela 6. Poređenje industrijskog i informacionog društva (prema: Masuda, Y., *The Information Society as Post-Industrial Society*, Bethesda, MD, 1983, prevedeno u članku *Kompjutopija*, časopis "Pitanja", 1-2/88, str. 4)

	Industrijsko društvo	Informaciono društvo
Inovacione tehnologije		
Jezgro	Parna mašina (energija)	Računar (memorija, izračunavanje, kontrola)
Osnovna funkcija	Zamena i uvećanje fizičkog rada	Zamena i uvećanje umnog rada
Proizvodna moć	Materijalna proizvodna moć (rast proizvodnje per capita)	Informaciona proizvodna moć (rast mogućnosti za izbor akcije)

Tabela 6. Poređenje industrijskog i informacionog društva (prema: Masuda, Y., *The In-formation Society as Post-Industrial Society*, Bethesda, MD, 1983, prevedeno u članku *Kompjutopija*, časopis "Pitanja", 1-2/88, str. 4)

- nastavak -

	Industrijsko društvo	Informaciono društvo
Društveno-ekonomska struktura		
Proizvodi	Roba i usluga	Informacija, tehnologija, znanje
Proizvodni centar	Moderna fabrika (mašine, oprema)	Informacione službe (informacione mreže, banke podataka)
Tržište	Novi svetovi (kolonije, kupovna moć potrošača)	Proširivanje granica znanja, informacionog prostora
Vodeće industrije	Prerađivačka industrija (mašinska, hemijska)	Intelektualne industrije (industrija informacija, znanja)
Industrijska struktura	Primarne, sekundarne, tercijarne industrije	Matrična industrijska struktura (primarne, tercijarne, kvartarne – sistemske industrije)
Privredna struktura	Robna privreda (podela rada, razdvajanje proizvodnje od potrošnje)	Sinergetična privreda (udružena proizvodnja i zajedničko korišćenje)
Društveno-ekonomski princip	Zakon cena (ravnoteža ponude i potražnje)	Zakon ciljeva (princip sinergijske sprege)
Društveno-ekonomski subjekt	Preduzeće (privatno, državno, treći sektor)	Dobrovoljne zajednice (lokalne i informacione)
Društveno-ekonomski sistem	Privatno vlasništvo kapitala, slobodna konkurencija, maksimizacija profita	Infrastruktura, princip sinergije, prioritet društvene koristi
Oblik društva	Klasno društvo	Funkcionalno društvo (multicentričnost, funkcionalnost, autonomija)
Nacionalni cilj	GNW (bruto nacionalno blagostanje)	GNS (bruto nacionalno zadovoljstvo)
Oblik uprave	Parlamentarna demokratija	Participativna demokratija
Snaga društvene promene	Radnički pokreti, štrajkovi	Građanski pokreti, građansko-pravni sporovi
Društveni problemi	Nezaposlenost, fašizam, rat	Šokovi budućnosti, terorizam, ugrožavanje privatnosti
Krajnja etapa razvitka	Masovna potrošnja	Omasovljavanje znanja

343

Tabela 6. Poređenje industrijskog i informacionog društva (prema: Masuda, Y., *The Information Society as Post-Industrial Society*, Bethesda, MD, 1983, prevedeno u članku *Kompjutopija*, časopis "Pitanja", 1-2/88, str. 4)

- n a s t a v a k -

	Industrijsko društvo	Informaciono društvo
	Vrednosti	
Merila vrednosti	Materijalne vrednosti (zadovoljavanje fizioloških potreba)	"Vremenska vrednost" (zadovoljenje potrebe za postizanjem cilja)
Etička merila	Osnovna ljudska prava, humanost	Samodosciplina, doprinos društvu
Duh vremena	Renesansa (oslobađanje čoveka)	Globalizam (simbioza čoveka i prirode)

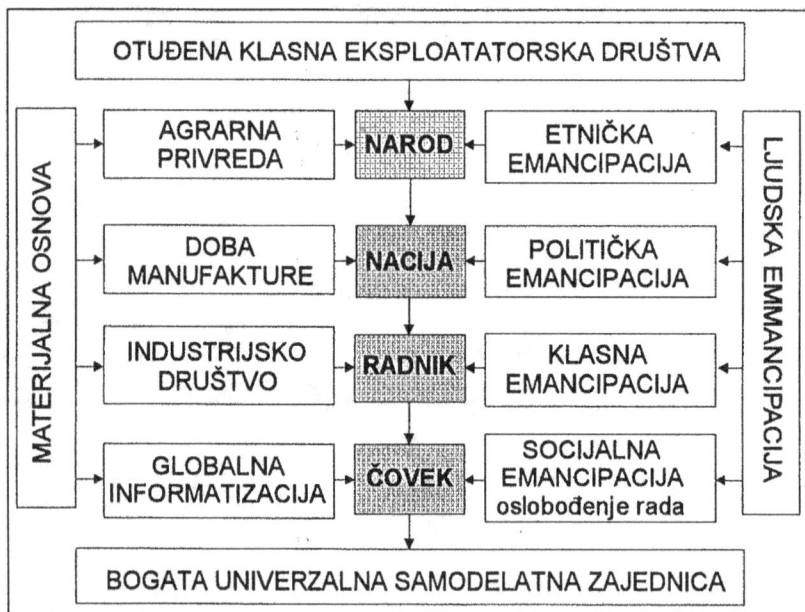

Slika 8. Tokovi emancipacije čoveka (prema: Dragićević, A., *Politička ekonomija informacijskog društva*, 1994, str. 53)

344

talasa" (agrarni razvoj) ili delimično drugog (industrijski razvoj). Za sada nema jedinstvenog stava o tome da li će ove zemlje - slično kao što izvode "žablje skokove" npr. u oblasti telekomunikacija, kada uvode celularnu telefoniju a još nemaju ni tradicionalne žičane telefone (!) - izvoditi takve skokove i u ostalim područjima tehnološke modernizacije.

Zbog svega, ideja, koncept i praksa informacionog društva u sociološkom smislu ima analitičku, metodološku i empirijsku vrednost utoliko što nam pomaže u razumevanju najnovije faze razvoja čoveka kao društvenog bića na svojem dugom emancipatorskom putu ka univerzalnoj zajednici samodelatnih pojedinaca (slika 8). Pri tome, materijalno-tehnološka osnova je samo jedna strana tog svetsko-istorijskog procesea i ona se razvija relativno i brže i lakše i bogatije (svi vidovi tehničko-tehnoloških revolucija, uključujući i informatičku), od druge strane koja se tiče sporog, teškog i samo delimično ostvarenog procesa svekolike čovekove emancipacije i osvajanja novih sloboda.

TEHNOLOŠKI REALIZAM NASUPROT TEHNOLOŠKOM DETERMINIZMU

Svuda u svetu danas je široko prihvaćeno uverenje da živimo u doba tehnološke revolucije pod čime se neretko podrazumevaju veoma različite stvari. U isto vreme nisu retke ocene o dubokoj socijalnoj krizi i raspadanju klasičnih institucija društvenog života, kao i one koje ukazuju na novu globalizaciju ljudske zajednice, novi sinergizam života utemeljen na novim tehnološkim i informacijskim pretpostavkama.

Ne ulazeći na ovom mestu u šire kritičke osvrte na sve ove ocene zadržaćemo se samo na onom njihovom misaonom sadržaju koji se može označiti kao nepobitan determinizam tehnološkog u gotovo svim procesima istorijskog dešavanja. Najnovija erupcija tehničko-tehnoloških otkrića i njihova brza i masovna difuzija na svoj način podstiče razmišljanja o svekolikoj prisutnosti i gotovo demonskoj snazi tehnološke komponente u svakom, znači i netehnološkom, događaju. Na takvoj podlozi širi se i svojevrsna tehnologizacija svesti sve većeg dela javnosti čija percepcija tehnologije nije uvek primerena stvarnom značenju tehnologije kao činjenice savremenog života.

Nedovoljno poznavanje stvarne prirode i karaktera tehnologije kao društvenog odnosa, kroz koji se ne ogleda samo moć čoveka prema prirodi već i prema drugim ljudima; zatim instrumentalističko redukovanje tehnike u istorijskim uslovima proizvodnje vrednosti (kada se tehnologija proizvodi kao roba) i najzad, svojevrsna fascinacija tzv. visokim tehnologijama (mikroelektronika, informatika, robotika, biotehnologija i dr.) utiču na jačanje procesa svojevrsne bipolarizacije

347

stručne, a posebno laičke javnosti povodom tehnike kao činioca savremene istorije. Sasvim uslovno, danas i kod nas možemo govoriti o tzv. tehnološkim optimistima, ljudima koji u razvoju tehnike i tehnologije vide osnovne poluge kako ekonomskog rasta, tako i čitavog društvenog i uopšte kulturnog razvoja. Tehnici i tehnologiji se pripisuje osnovni, a u nekim najekstremnijim slučajevima i jedini i isključivi atribut progresa. Tehnika i tehnologija se shvata kao univerzalni lek (panacea) za sve društvene probleme, čak i one za koje se priznaje da nisu, barem ne direktno, uzrokovani tehničko-tehnološkim faktorima. Ovakvo nekritičko oduševljevenje uzletima savremene tehnike i tehnologije predstavlja tehnolatrijsku zaslepljenost koja izvire iz nemoći raspoznavanja suštine i pojave "tehničkog" koje sve više posreduju čovekov odnos prema prirodi, ne samo u proizvodnji nego i u drugim vidovima ljudske prakse.

Ove koncepcije optimističkog tehnološkog determinizma, naročito razvijene na Zapadu (W. Rostow, R. Aron, D. Bell, Z. Brzezinski, P. Drucker i drugi), u osnovi minimiziraju aktivnu ulogu socijalnog i intelektualnog faktora u istorijskom procesu što u sebi nosi i duboku antihumanističku poruku i naboj. Koncepcije tzv. "postindustrijskog društva", "elektronske demokratije", "do-it-yourself economy", "fabrika budućnosti" i sl. predstavljaju vrhunac tehnokratske zablude građanskog individualizma i faktičke ljudske neslobode u uslovima nabujalih proizvodnih snaga zasnovanih na novim tehnološkim mogućnostima, ali suštinski sukobljenih sa istorijski prevaziđenim socijetalnim okvirima otuđenog rada i upravljanja.

Faktorsko poimanje tehnike i tehnologije kao osebujnih činilaca ekonomskog razvoja još uvek nije napuštena forma jednostranog pristupa tehnici i tehnologiji koje ne smemo posmatrati kao entitet "po sebi", kao merljiv, univerzalno i uniformno primenjiv činilac kojim se ostvaruje zadati cilj. Ovakvo instrumentalno prilaženje tehnologiji poslednjih godina i kod nas dobija sve više sledbenika, delom zbog faktičkog dugotrajnog i neopravdanog zanemarivanja sopstvenog tehničko-tehnološkog razvoja, a delom i zbog pogrešnog verovanja da samo

348

tehničko-tehnološki uzleti mogu preokrenuti ekonomske i razvojne trendove u željenom pravcu. Ovu iluziju o tehnološkom izlasku iz naše ekonomske i društvene krize svakodnevno podgrevaju saznanja o novim tehnološkim prodorima koji nastaju širom sveta, ali uz takvu podršku za koju mi još uvek nismo i još dugo nećemo biti sposobni i spremni (šira društvena i pre svega materijalna podrška naučno-istraživačkom radu, stvaranje inovativne klime konkurencija znanja i sl.).

Pitanje socijalnog nosioca kako definisanja cilja, tako i izbora načina, sredstava, tehnika i tehnologija njegovog ostvarenja, ukazuje na krupne društvene i istorijske, dimenzije svake tehnike i tehnologije i na njihovu neneutralnost.

Ove činjenice zanemaruje i "drugi pol" tehnološki deteminisanih autora koje uslovno nazivamo "tehnološkim pesimistima". Među njih spadaju protagonisti rzličitih vidova tehnofobija koje se zasnivaju na negaciji bilo kakvog pozitivnog doprinosa tehničko-tehnološkog razvoja u istoriji. Po njima, svaka tehnika je "antropološko zlo" i skrnavljenje prirode zbog toga što mašina uništava ljudsku slobodu, pretvarajući čoveka u živi privezak mašine što nužno generiše strah od svakog napretka tehnike i tehnologije. Depersonalizacija čoveka-proizvođača, despiritualizacija, dekvalifikacija, gubitak radnih mesta usled primene mašine (jeftiniji minuli rad potiskuje skuplji živi rad) i drugi izvori strahova od tehničko-tehnološkog napretka nisu ni danas sasvim otklonjeni. Ali izvor tih fobija može biti samo onaj razvoj tehnike i tehnologije koji nije u funkciji razvoja čoveka, njegovog oslobađanja i razotuđenja. A to onda više nije domen tehnike i tehnologije nego socijalnog ambijenta, tj. uslova i načina njene upotrebe što samo potvrđuje ranije izrečenu tezu da ne postoji tehnika i tehnologija kao takva, već uvek i kao uzrok i kao posledica širih i indukovanih civilizacijskih procesa. Danas je potpuno jasno da tehničko-tehnološki napredak posmatran samo kao napredak tehnike i tehnologije ne donosi bezuslovno i "automatski" ni viši kvalitet života, ni viši nivo socijalne pravde, ni više sreće i zadovoljstva za čoveka. Štaviše, sve je veći broj primera koji ukazuju na realne opasnosti od jednostranog produktivistički i profiterski usmerenog korišćenja tehnike i tehnologije, kao što su: ekološka ugroženost, gubitak radnog mesta i socijalne sigurnosti, dekvalifikacije posla, porast rizika nuklearnog uništenja i dr.

Tako je realna, fizička prisutnost tehnike (hardware) proizvela specifičnu "duhovnu i političku dinamiku" ne ostavljajući nikog mislećeg ravnodušnim naspram razvoja tehnike. Tehnologizacija svesti ima i svoj konkretni politički oblik artikulacije u različitim ekološkim, neoludističkim, mirovnim i drugim alternativnim društvenim pokretima koji imaju pretenziju da preuzmu ulogu "probuđene savesti čovečanstva".

Svestrana informatizacija i sofistikacija ljudskog rada i posebno proizvodnje, mada na dramatičan način menjaju prirodu i karakter rada, ničim ne samo da ne ugrožavaju dominantnu ulogu čoveka i njegove stvaralačke prakse u istoriji, već, naprotiv, predstavljaju najsnažniju potvrdu njegove kreativne moći koja postaje izvor i zaloga njegove budućnosti. Tehnika i tehnologija mogu i moraju pomoći čoveku u procesu njegove kreativne transformacije materije i energije usmerenom ka takvim ciljevima koji oslobađaju nove prostore stvaralaštva i podstiču nove radosti življenja. Takvu poziciju nikad neće imati nikakva veštački "opamećena materija", nikakav kompjuter, robot, "veštački inteligentni sistem" ili ma koje drugo čudo tehnike koje će nužno biti lišeno emocija i svesti o sopstvenom položaju. Svoju superiornost u prirodi čovek će sačuvati ako neprestano usavršava ne samo tehniku i tehnologiju proizvodnje materijalnih uslova svog života, nego i svoje sposobnosti zajedničkog života s drugim ljudima. A za to mu je potrebno ne samo znanje, nego i htenje (volja), strpljenje (tolerancija), a iznad svega poštenje (moral). Stoga i tehnološki optimizam i tehnološki pesimizam moraju biti zamenjeni tehnološkim realizmom koji tehnologiju i tehniku izvodi iz čoveka, njegovih potreba i mogućnosti, želja i aspiracija, a nikako obrnuto.

∴

Završavajući ovaj prilog o nekim najvažnijim pitanjima odnosa tehnologije i društva u savremenim uslovima, iznećemo još nekoliko konkretnih napomena koje se tiču promišljanja uslova za implementiranje modernih tehnologija u savremenom jugoslovenskom društvu. Prethodna analiza svetskih iskustava treba nam pomoći u boljem koncipiranju sopstvene, jugoslovenske strategije kao odgovora na tehnološke izazove. To ćemo izložiti kroz koncept "20E", tj. kroz ukazivanje na sistem od 20 referentnih pojmova koji svi počinju slovom E i koji ovde ima značenje našeg autorskog pokušaja davanja doprinosa konceptualizaciji **alternativne strategije** svim do sada analiziranim strategijama s osnovnom namerom da se ponudi celovit pristup evaluaciji tehnologije u istorijskoj perspektivi.

Mada redosled nabrajanja ne odražava rang važnosti pojedinih kategorija počećemo sa **ekonomijom** koja danas predstavlja složenu retortu različitih pojavnih oblika i stanja u kojima se prepoznaje snažan uticaj različitih tehnoloških rešenja, ali i prepoznaju šanse za nove tehnološke uzlete. Nažalost, u nekim društvima (a takvo je doskora bilo i jugoslovensko) toga nema dovoljno što je nesumnjivo posledica preduge prevlasti antiekonomije nad ekonomijom, odnosno **etatizma** ispoljenog u supremaciji državnih i paradržavnih subjekata u glavnim tokovima reprodukcije, bez inicijative kreativnih preduzetničkih inovatora i drugih stvarnih nosilaca promena. Etatizovana ekonomija, principijelno posmatrano, deformiše princip **efikasnosti** (produktivnost i ekonomičnost) poslovanja, kao "činjenja stvari na pravi način", a i pojam **efektivnosti**, kao "činjenja pravih stvari", nedopustivo relativizira, jer unosi previše arbitrarnosti u ocenjivanju šta je racionalno u pojedinoj situaciji. Nadalje, preterana regulacija privrednog života, propisivanje formi organizovanja i sputavanje pune poslovne samostalnosti privrednih subjekata, jeste pogrešno odabran način smanjivanja **entropije** privrednog sistema i u savremenim uslovima tehnološkog i ekonomskog povezivanja ne predstavlja uvek dovoljno adekvatnu intervenciju javnog (države) u privatno i lično. Zbog toga, polazeći od konkretnih uslova i potreba svake lokalne sredine, potrebno je vršiti neprestanu

eksploraciju (ispitivanje i istraživanje) usklađenosti postojećih rešenja (organizacionih, tehnoloških, pravnih i dr.) sa savremenim normama i zahtevima koji dolaze iz šireg okruženja. Osluškivanje okruženja, kao fizičkog i kulturnog prostora i dolazećeg vremena (anticipacija, predviđanje, prognoziranje) uvek podrazumevaju najsuptilnije i najumnije (um i razum) **ekspertize** koje će sprečiti da se u budućnosti ide po scenariju **eksperimenta** i u stilu "videćemo kada se desi" (a to je onda isuviše kasno). Takođe, to je i krajnje neodgovorno prema sebi sopstvenom narodu i građanima, što onda otvara i krupna **etička** pitanja.

Takođe, etika rada i ponašanja postaje sve bitnija činjenica koja opisuje socijetalne uslove razvoja i primene moderne tehnologije. Ova etika je, dakako, u uzročno-posledičnoj vezi sa ekonomijom i ne može se posmatrati izolovano, po sebi. Gubljenje motivacije za rad sredstvima u društvenoj i državnoj svojini ("tihi", a sve češće i javni štrajkovi velikog broja zaposlenih, zatim stalni pad produktivnosti rada, neshvatljivo nisko iskorišćenje fonda radnog vremena i raspoloživih proizvodnih kapaciteta itd.) praćen je širenjem svojevrsne ideologije i prakse "snađi se" kao duboko neetičkih pojava. U takvim uslovima tehnologija, kao razvojna varijabla, dobija, naravno, sasvim efemeran značaj.

Estetika rada, shvaćena kao radost i lepota stvaranja, ne sme da iščezava, jer ona uvek treba da ostane najbolja potvrda čovekove superiornosti u prirodi, a **emancipacija** širokih slojeva društva shvaćena kao proces ljudske samoidentifikacije posrće pred naletima sve dehumanizovanijih odnosa među pojedincima koji su sve više zaokupljeni ličnim sudbinama, gubeći osećaj i želju za druženjem, zajedništvom i solidarnošću. Ovaj koloplet usložnjavaju i rastuće **ekološke** fobije i **ergonomske** frustracije, kao i druge **emocije** straha i srdžbe, što sa svoje strane kod jednog broja ljudi stvara negativnu tehnologizaciju svesti i jača tobožnju argumentaciju pobornika tzv. alternativnih i intermedijarnih tehnologija, pristalica "tehnološke bonace", odnosno status quo-a. S ovim se, naravno, nikako ne možemo složiti, jer smo ubeđeni da bez radikalnog okretanja ka tzv. radikalnim tehnologijama nema ni radikalnog iskoraka iz sadašnje sveprisutne krize u našem društvu. Za takav radikalan izbor (**elekciju**) pored ogromne duhovne (volja, htenje, hrabrost) **energije** potrebna je i fizička energija koja, na nivou pojedinca, najviše zavisi od stanja njegovog zdravlja, a na nivou necionalne ekonomije ovde mislimo još i na sve prirodne energetske izvore i potencijale (mineralni izvori, hidroenergija, sunce, vetar itd.).

U opisanu mrežu okolnosti idealno se uklapa i postojeći obrazovni (**edukacijski**) sistem koji je sav u funkciji stvaranja kadrova sposobnih za analitičko i sistematično saznavanje detalja, dok savremeni razvoj tehnologije traži lako konceptualizirajuće kognitivne stilove zasnovane na fleksibilnosti i intuiciji. Na ovom mestu se javlja i pitanje univerziteta, posebno i kao naučno-istraživačke i kao obrazovne institucije koja "proizvodi" sada i već duže vreme naš najeksportniji proizvod - diplomirane stručnjake, magistre i doktore nauka. Ovaj "E" (**eksport**) simbolizuje u stvari našu nužnost otvaranja prema međunarodnom okruženju (ne samo putem izvoza roba, usluga ili "sive materije"), a pre svega u smislu pripadanja **evropskim** i širim svetskim civilizacijskim tokovima. Ovi tokovi globalizacije i mondijalizacije u tehnološkom, privrednom, pa i kulturnom razvoju imaju svoj pandan i u najsuptilnijem duhovnom prostoru, religijskom, kada se govori o tzv. **ekumenizaciji**. Ne ulazeći na ovom mestu u bližu analizu sadržaja ovog procesa izraz ekumenizacija u našem modelu koristi se isključivo za označavanje duhovne transparentnosti koja može biti bilo posledica materijalne dominacije (tehnologija je uvek deo toga) bilo uzrok, odnosno priprema terena za materijalnu, tj. stvarnu (ekonomsku, vojnu i dr.) dominaciju.

Ovim se, naravno, ne iscrpljuje sva relevantna problematika savremene stvarnosti posmatrane kroz prizmu odnosa društvo-tehnika, pa čak ni ona koju opisuju pojmovi čije je početno slovo E, ali ovaj 20-ugaoni poligon dovoljno ukazuje i na složenost i na protivrečnost savremene situacije, a to je ono što istinske stvaraoce oduvek najviše i privlači. Pored znanja potrebne su i emocije, jer "bez emocija nikad nije bilo traženja istine".

LITERATURA

1. Aristotel, *Politika*, IV izd., Beograd, 1984.
2. Berger H., *Filozofija tehnike*, Zagreb, 1975.
3. Carrol J., *Surviving the Information Age*, London, 1997.
4. Dragićević A., *Politička ekonomija informacijskog društva*, Varaždin, 1994.
5. Drucker P., *Inovacije i preduzetništvo praksa i principi*, Beograd 1991.
6. Drucker P., *Postkapitalističko društvo*, Beograd, 1995.
7. Dubonjić R., *Ekonomija i menadžment*, Beograd, 1993.
8. Džuverović B., *Sociologija i savremeno društvo*, Beograd, 1993.
9. Ezrahi, Y. (ed.), *Technology, Pessimism and Postmodernism*, Amsterdam, 1994.
10. Franklin U., *The Real World of Tehnology*, Toronto, 1996.
11. Frejzer Dž. Dž., *Zlatna grana*, Beograd, 1977.
12. From E., *Bekstvo od slobode*, Beograd, 1964.
13. Grupa autora, *Društvo i tehnika*, Beograd, 1988.
14. Grupa autora, *Tehnologija i razvoj*, Beograd, 1989.
15. Hegel G.V., *Filozofija povijesti*, Zagreb, 1951.
16. Heidegger M., *Pitanje o tehnici-Uvod u Heideggera*, Zagreb, 1972.
17. Horvat B., *Politička ekonomija socijalizma*, Zagreb, 1984.
18. *Istorija od početka civilizacije do danas*, Beograd-Ljubljana, 1969.
19. Leonard-Barton D., *Wellsprings of Knowledge*, Boston, 1995.
20. Lynch J.J., *Cyberethics*, London, 1996.
21. Fojerbah L., *Predavanja o suštini religije*, Beograd, 1955.
22. Marks K., Engels F., *Dela*, Beograd, bez god. izd.

23. Markuze H., *Kraj utopije, esej o oslobođenju*, Zagreb, 1972.
24. Naisbith J., *Megatrends Asia*, London, 1997.
25. *Nauka i teorija u XX veku*, Niš, 1973.
26. Niče F., *Volja za moć*, Beograd, 1976.
27. Noble D.F., *Progress without People*, Toronto, 1995.
28. Pečujlić M., Milić V., *Sociologija*, Beograd, 1991.
29. Plehanov G.V., *Protiv revizionizma*, Beograd, 1967.
30. Pokrajac S., *Tehnologija i društvene promene: strategije inovacija i upravljanja*, Beograd, 1994.
31. *Povijest svijeta*, Zagreb, bez god. izd.
32. Radenović P., *Opšta sociologija*, Beograd, 1996.
33. *Rani srednji vek*, Beograd, 1976.
34. Reder D.G., Čerkasova E.A., *Istorija staroga veka*, Sarajevo, 1972.
35. *Religije svijeta*, Zagreb, 1987.
36. Sartr J.P., *Egzistencijalizam i marksizam*, Beograd, 1970.
37. Scott P.B., *The Robotics Revolution*, Oxford, 1989.
39. *Srednji vek i renesansa*, Beograd, 1984.
40. Tapscott D., *Digital Economy*, New York, 1996.
41. Willcocks L., Mason D., *Computerising Work*, London, 1987.
42. Wobbe W., *Anthropocentric Production Systems*, Brussels, 1991.

www.ingramcontent.com/pod-product-compliance
Lightning Source LLC
Chambersburg PA
CBHW062156270326
41930CB00009B/1549